D1544900

PANTAGRUEL ET LES SOPHISTES

ARCHIVES INTERNATIONALES D'HISTOIRE DES IDÉES

INTERNATIONAL ARCHIVES OF THE HISTORY OF IDEAS

63

GÉRARD DEFAUX

PANTAGRUEL ET LES SOPHISTES

CONTRIBUTION À L'HISTOIRE DE L'HUMANISME CHRÉTIEN AU XVIᵉᵐᵉ SIÈCLE

GÉRARD DEFAUX

PANTAGRUEL ET LES SOPHISTES

CONTRIBUTION À L'HISTOIRE
DE L'HUMANISME CHRÉTIEN
AU XVIÈME SIÈCLE

MARTINUS NIJHOFF – LA HAYE – 1973

© *1973 by Martinus Nijhoff, The Hague, Netherlands*
All rights reserved, including the right to translate or to
reproduce this book or parts thereof in any form

ISBN 90 247 1566 0

PRINTED IN THE NETHERLANDS

Pour Anne

Sunt bona, sunt quaedam mediocria, sunt mala plura
quae legis hic; aliter non fit, Avite, liber.

Martial, *Epigr.*, I, 16.

TABLE DES MATIERES

INTRODUCTION

I «ANCIENNE» ET «NOUVELLE» CRITIQUE
HISTORISME ET *ESTHÉTISME*

Il n'est plus possible de l'ignorer: la critique rabelaisienne a désormais sa querelle des anciens et des modernes, et tout nouveau postulant à l'exégèse de l'œuvre, avant même de partir à la recherche du «plus haut sens» et de la «doctrine plus absconce» dissimulés sous le «sens literal» et «d'exterieure apparence», se voit d'abord confronté à la nécessité de prendre parti et de définir sa méthode. Il se sent tenu de préciser sa position vis-à-vis de deux tendances critiques contradictoires, pour ne pas dire hostiles. La première et la plus ancienne de ces tendances – et aussi, par conséquent, la plus décriée, *tant sont les humains curieux de nouveauté*[1] – est la tendance historique, celle qui tout en reconnaissant volontiers les limites du travail entrepris par Lefranc et son équipe, utilise cependant une méthode critique fondamentalement identique à la sienne, insistant sur la nécessité de connaître tout ce qui, en dehors du texte même, dans l'histoire des idées, les événements de l'époque, les affrontements politiques, religieux, culturels, et dans la vie même de l'auteur, a pu contribuer à lui donner forme. R. Marichal est peut-être celui qui a le mieux exprimé le credo fondamental de cette tendance, illustrée aujourd'hui par des critiques tels que A. J. Krailsheimer, V. L. Saulnier, M. A. Screech et E. V. Telle: il est impossible, affirme-t-il, de «comprendre l'œuvre de Rabelais, même comme œuvre d'art, sans en sortir, sans la replacer en son temps.» Ou encore, cette autre prise de position tout aussi significative: «Qu'on le veuille ou non, commenter un auteur ancien, c'est faire œuvre d'historien.»[2]

---

[1] Hylactor, le chien bavard du quatrième dialogue du *Cymbalum Mundi* («que c'est grand peine de se taire, mesmement à ceulx qui ont beaucoup de choses à dire comme moy!»), f° Gii r° du facsimilé de l'édition originale de 1537 donné par P. P. Plan en 1914 (Paris, Société des Anciens Livres): «et peult estre que a ceste cause ilz me vouldroyent adorer en Grece, ainsi que lon a faict Anubis en Egypte, tant sont les humains curieux de nouveauté.» Hylactor, qui regrette tant de ne pas savoir lire comme son compère le sage Pamphagus: «Tu es bien heureux de te cognoistre ainsi aux livres, où l'on voit tant de bonnes choses.»

[2] *Etudes Rabelaisiennes*, tome VI, Genève, Droz, 1965, pp. xiii-xiv de la Préface.

L'autre tendance trouve son origine et ses principes de base chez le regretté Leo Spitzer, et à un moindre degré chez le formaliste russe Mikhaïl Bakhtine. Les attaques vigoureuses – et souvent injustes – lancées par Spitzer contre les «Rabelaisants» restent dans les mémoi-res.[3] Spitzer leur reproche essentiellement «d'étouffer la poésie sous l'histoire» et de perpétuellement «s'envoler vers les régions de la chi-mère historique». L'approche historique d'un texte poétique et my-thique comme celui de Rabelais lui paraît le contresens capital, le crime majeur de lèse-esthétique: «le bric-à-brac pseudo-historique étouffe le trésor authentique de poésie que Rabelais a déployé devant les yeux émerveillés» du lecteur. Il faut donc «savoir ne pas s'appesan-tir sur la valeur *documentaire* d'une œuvre qui a une valeur *en soi*: une valeur artistique». Avec des nuances de méthode et des réussites diver-ses, A. Glauser, M. Beaujour, J. Paris et M. Tetel peuvent être rat-tachés à cette approche critique qui conjugue résolument Rabelais *au futur*, refuse toute préoccupation du passé, et fait plus souvent appel à Chomsky, Jakobson et Lévi-Strauss qu'à la Bible, Aristote, Platon, ou la pensée scolastique. La règle du *jeu* critique consiste à afficher osten-siblement un certain mépris pour la recherche historique, ravalée au rang d'une avilissante enquête de police dans les poubelles du fait-divers bourgeois.

Le présent travail démontrera, je l'espère assez clairement, que j'entends me ranger dans la première de ces tendances. Face à une œuvre qu'il s'agit avant tout de *comprendre* – ce qui ne va pas de soi[4] – l'approche historique me semble devoir nécessairement précéder les autres, qu'elles soient stylistiques, structuralistes, ou linguistico-socio-logico-anthropologico-lexicologico-marxistes. Comprendre – essayer de comprendre – ce que Rabelais a voulu dire me paraît définitivement

---

[3] Elles s'expriment dans deux articles assez virulents, «Le prétendu réalisme de Rabelais,» *Modern Philology*, Nov. 1939, pp. 139-150; et «Rabelais et les 'Rabelaisants',» *Studi Francesi*, 4 (1960), pp. 401-23.

[4] Cf. l'étude magistrale de M. A. Screech, *The Rabelaisian Marriage*, Londres, 1958, Chapitre I, p. 5:|«One can if one wishes read Rabelais as if he existed and wrote in a vacuum, laughing at what is still amusing, emphasizing what is still immediately understandable, or seems to be so. Such pleasure as Rabelais then affords is essentially impure, for he wrote to be understood – indeed he often wrote with a direct desire to persuade. His novel, in other words, is in part a work of propaganda. But time has obscured his meaning; the books he read and the ideas he assumes that we are familiar with are no longer current. His very vocabulary is often allusive and fails to awake the sensations and associations he was entitled to expect. . . he needs to be put back into his context.» Cette déclaration de principe a inspiré toutes les recherches ultérieures de M. A. Screech dans le domaine des études rabelai-siennes. Voir, par exemple, son dernier article «Emblems and colours» dans les *Mélanges d'Histoire du XVIe siècle offerts à Henry Meylan*, Droz, 1970 (Travaux d'Humanisme et Renais-sance, CX); essentiellement sa conclusion, p. 80.

préférable à lui faire dire ce à quoi il n'a jamais pensé, ce à quoi il n'aurait jamais pu penser dans sa situation historique d'homme du XVIe siècle commençant. L'œuvre de Rabelais, par sa nature même de texte *ancien*, et par ses ambiguïtés voulues, exige un véritable et prudent travail de décodage. La culture, la foi, les problèmes et les habitudes mentales de Rabelais et de son siècle ne sont plus les nôtres. Le lecteur d'aujourd'hui n'a rien de comparable à celui du XVIe siècle. Il ne lit plus de la même façon. Encore moins lit-il les mêmes livres. De telle sorte que ce qui était clair aux yeux de l'humaniste et du bourgeois (ou de l'*archilecteur*) des années 1530 est devenu ténèbres aux nôtres. Face au texte de Rabelais, le lecteur moderne se trouve dans la position d'Epistémon et des autres apostoles de Pantagruel devant les richesses prometteuses et inattendues de l'armée des Dipsodes: *Qui potest capere capiat.*[5] La tâche prioritaire, la condition *sine qua non* de tout autres spéculation, consiste donc à restituer à l'œuvre sa richesse originelle de signification à l'aide d'une documentation historique aussi large que possible, afin d'éviter les contresens, les interprétations aventureuses et injustifiées, et les anachronismes.

Mais, une fois cette base acquise, et édifié ce garde-fou indispensable, rien bien sûr n'oblige à en rester là. M. A. Screech l'a dit: «L'érudition d'un bon Rabelaisant n'est pas un but, mais elle est un outil indispensable.»[6] Elle a pour but de faciliter l'approche des richesses plus proprement esthétiques du texte. Il faut donc se garder d'accorder à l'information historique une importance exclusive. Le texte rabelaisien possède toujours une dimension comique ou parodique, que la critique ne néglige qu'à ses risques et périls. Rabelais ne peut jamais se réduire à ses seules idées.

L'histoire d'abord, donc. Mais qu'elle reste la servante; qu'elle ne s'arroge jamais la position de maîtresse. Si le chapitre VIII de *Pantagruel* est généralement pris très au sérieux, c'est parce qu'on s'obstine à

---

[5] *Pantagruel*, édition critique sur le texte original par Verdun L. Saulnier, Genève-Paris, Droz-Minard, rééditée depuis 1946. Au chapitre XVI, p. 138: «Comment, dist Epistemon tout le monde chevauchera, et je mèneray l'asne? Le diable emport qui en fera riens. Nous userons du droict de guerre: *Qui potest capere capiat.*» Replacée dans son contexte, et rapprochée de sa source (Matthieu XIX, 12), l'expression prend un sens littéral inattendu. Ce n'est pas la dernière fois que nous surprenons ainsi un héros pantagruélien en flagrant délit d'*aequivocatio*, grivoise ou non.

[6] *ER*, Tome VII, 1967, p. 131: «Réponse à M. Tetel.» On y trouve aussi ces affirmations (cf. note 4): «Il [le bon critique selon M. A. Screech] saura, surtout, combien il est difficile de comprendre Rabelais – au sens le plus ordinaire du mot *comprendre*. Il saura que, pour saisir ses idées – or il faut les comprendre, si l'on veut goûter le comique de maint épisode – il est aujourd'hui nécessaire de chercher, de trouver et de lire les livres qui étaient accessibles à Rabelais et à son public. . .»

y voir un exposé en forme des idées de Rabelais et de l'Humanisme renaissant, et à n'y voir que cela, alors qu'il s'agit tout autant d'une scène comique géniale destinée à dévoiler le caractère d'un personnage et ses ridicules, et non pas les «idées» de l'auteur. La recherche de ce que Rabelais *pensait* et *croyait* a parfois mené si loin – pour aboutir à des résultats tellement contradictoires – qu'on en a perdu de vue les trésors de comédie psychologique que renferme son œuvre. On a même aujourd'hui tendance à croire que Rabelais ne s'intéressait guère à ses personnages, et que ceux-ci étaient à ses yeux de simples utilités sans individualité définie.[7] Pour sauver «l'unité» de Panurge, on se croit alors obligé de faire appel à «une perplexité à tendance obsessionnelle» et de voir en Rabelais un «précurseur des réalistes modernes».[8] Il eût mieux valu partir du texte, et s'en tenir à lui. En matière de création psychologique, Molière ne fera pas mieux que Rabelais.

Parfois aussi, la recherche des sources historiques contemporaines fait totalement perdre de vue la valeur essentiellement parodique de tel ou tel épisode. Il est certain que la nature parodique du texte rabelaisien – évidente surtout dans le *Pantagruel* et le *Gargantua*, où Rabelais joue à l'historiographe scrupuleux et parodie constamment les «chroniques» chevaleresques et historiques du temps – rend absolument nécessaire la recherche de telles sources. Toute parodie suppose en effet l'existence – et la perception – d'un rapport de référence entre un niveau *parodié* et un niveau *parodiant*: elle ne peut être saisie qu'à partir d'un ensemble de faits et de réalités extérieures au texte, à partir d'une

---

[7] Voir, par exemple, G. Lote, *La vie et l'oeuvre de F. R.*, 1938, p. 358: «A cause de l'allure brisée de l'œuvre, poussée dans des directions différentes selon les nécessités du moment ou la fantaisie d'une inspiration sans cesse changeante, les premiers rôles, dont la plupart restent partout très vivants, perdent souvent le caractère qu'ils avaient lorsqu'ils nous ont été présentés pour la première fois.» Cette affirmation sur Panurge, p. 369: «Le personnage manque d'unité»; sur les géants, p. 373: «Le manque d'unité que l'on constate chez Panurge est un fait courant dans l'œuvre de Rabelais, car ses trois géants ne laissent pas apercevoir plus de continuité dans leur caractère.» Point de vue repris par V. L. Saulnier, dans l'Introduction à son édition critique de *Pantagruel*, p. xlvii: «Rabelais s'est très peu soucié de raccorder le caractère des héros primitifs au développement ultérieur de leurs qualités et défauts. A l'origine, Panurge est brave» etc. Voir aussi l'étude de R. Lebègue, «Le personnage de Pantagruel dans les *Tiers* et *Quart Livres*,» *F. R., Quatrième centenaire*, Genève – Lille, Droz – Giard (1953), pp. 164-170: «Une première question se pose: dans ses débuts de romancier, s'est-il efforcé de donner à ses personnages une individualité précise et cohérente?» M. Lebègue affirme que rien, chez le Pantagruel de 1532, ne laisse prévoir la piété évangélique qui se révèle soudainement pendant la guerre des Dipsodes, et qu'il n'existe aucun rapport entre le Gargantua de la mort de Badebec et celui de la lettre à Pantagruel. Mais M. Lebègue souligne, en revanche, la «cohérence» du personnage de Panurge.

[8] Mario Roques, «Aspects de Panurge,» dans *François Rabelais, ouvrage publié pour le quatrième centenaire de sa mort*, Droz – Giard, 1953, p. 129. L'auteur voit dans l'évolution du caractère de Panurge «un cas simple de trouble mental naissant, observé ou reconstitué par ce médecin qu'était Rabelais.» On ne prête décidément qu'aux riches.

tradition littéraire, d'une *paideia* dont la connaissance est indispensable à l'appréciation du jeu parodique et de ses finesses. On ne saurait goûter Lucien sans le situer par rapport à la culture livresque que son œuvre parodie. Cette observation vaut aussi bien pour Rabelais. Le *Pantagruel* et le *Gargantua* n'acquièrent toute leur richesse comique que lorsqu'on les compare aux véritables «Chroniques» d'historiographes comme Molinet, Chastellain, Olivier de la Marche, ou Enguerrant de Monstrelet. L'épisode du deuil de Gargantua et celui de la haute dame de Paris supposent, pour être pleinement appréciés, la connaissance de faits littéraires et culturels précis. Mais ce recours à la documentation extérieure, rendu indispensable par la nature du texte considéré, peut être dangereux dans la mesure où il risque de faire oublier cette nature même du texte qu'il a pourtant pour mission d'éclairer. La glose finit souvent par étouffer le texte, et par déformer, ou par faire oublier, les intentions de l'écrivain. Le travail que M. A. Screech a consacré dernièrement aux chapitres VIII et IX de *Gargantua* est d'une telle érudition que l'aspect parodique et comique de l'épisode, pourtant essentiel – c'est peut-être le passage de ce *livre seigneurial* où Rabelais s'amuse le plus à jouer à l'historiographe minutieux, empressé à justifier les prétentions héraldiques de son noble maître, tout comme Olivier de la Marche n'hésite pas à faire remonter à Priam la *Seignourie d'Austrice*, passant son temps à blasonner les armes de la noble maison qui le nourrit[9] – est passé totalement sous silence, l'auteur insistant au contraire sur le sérieux avec lequel Rabelais aurait abordé le problème des

---

[9] *Mémoires d'Olivier de la Marche*, publiés par H. Beaune et J. d'Arbaumont, Paris, Renouard, 1883-88, 4 volumes (Société de l'Histoire de France). La table des matières est très révélatrice de l'importance des considérations héraldiques dans l'esprit de la noblesse médiévale (et, nous le verrons, post-médiévale): «Le prologhe de l'acteur; et comment il presente son livre à l'archeduc Phelippe, son prince, son seigneur et son maître./La declaration de l'advenement d'Austrice. . . *et le blason des vielles armes* d'Austrice (et que d'Austrice yssit le premier roy de France. . .). Ensemble du *blason des armes nouvelles d'Austrice*, et pourquoy on les nomme vielles et nouvelles/. . . . Comment Boniface, comte de Pavie, conquist le serpent que portent les ducz de Mylan *en leurs armes, et le blason d'icelles.*/De Mons. Maximilien, Roy des Rommains, et comment il se maria à Madame Marie de Bourgoingne. . . *et queles armes ils portoient,»* etc. Dans la première partie de son œuvre, Olivier, «seigneur de la Marche, chevalier,» montre et *declare au vray* à son maître «combien il est gentilhomme,» et lui expose «la genealogie et tres haulte descente» dont il est issu. C'est dans son premier chapitre qu'il fait remonter à Priam l'origine de la maison d'Autriche, avec une attaque qui rappelle celles de Rabelais: «Je trouve par les anciennes chronicques. . .,» dit-il; et maître Alcofrybas dira (*Pant.* IV): «Je trouve, par les anciens historiographes et poètes. . .» et (*Garg.* VII): «Par les anciennes pantarches, qui sont en la Chambre des Comptes à Montsoreau, je trouve que. . .» Au total, comme le souligne lui-même notre conteur au début du *Pantagruel*, «tous bons historiographes ainsi ont traicté leurs *Chronicques*. . .» Je reviendrai sur cette parodie constante à laquelle se livre Rabelais. Elle est, me semble-t-il, d'une importance capitale.

emblèmes et celui de la signification des couleurs.[10] Il est difficile,
malgré tout le talent de M. A. Screech, de croire avec lui que l'art
des emblèmes constituait pour Rabelais un aspect important de la
«restitution des bonnes lettres» (d'autant plus que cette expression elle-
même, qui est une addition de 1542, a, dans son contexte, une nette
valeur comique), et que Rabelais «se range fièrement du côté des légistes humanistes»[11] contre les héraldistes ignorants.

Il demeure cependant nécessaire, pour comprendre ce que Rabelais
a voulu dire, de commencer par «faire un effort pour redécouvrir ce qui
importait à l'auteur et à son temps.»[12] Car Rabelais compose son œuvre
les yeux continuellement fixés sur les problèmes et sur les événements de
son époque. Rabelais est un écrivain politiquement, religieusement, et
culturellement engagé. Dans les années 1530, appartenir au clan politique des Du Bellay et reconnaître en Erasme son père spirituel sont des
faits lourds de signification. Dans cette atmosphère de crise spirituelle
profonde qui caractérise les années pendant lesquelles Rabelais écrit,
il est difficile de concevoir, ne serait-ce qu'un instant, qu'un tel génie
ait pu rester sur les hauteurs et s'enfermer dans l'éther pur de la création ahistorique. Le XVIe siècle, a dit Marguerite Yourcenar, est «une
de ces époques où la raison humaine se trouve prise dans un cercle de
flammes»: une époque où écrire est un acte qui fatalement engage toute
l'existence. Et le lecteur de la geste pantagruélique s'aperçoit vite que
Rabelais, s'il va dans son œuvre bien au delà de la réalité, ne la perd
cependant jamais de vue. J'ai ainsi récemment tenté de donner une
nouvelle dimension satirique à l'épisode des Cloches de Notre-Dame
en l'éclairant à l'aide de faits historiques survenus à Paris en mai
1533.[13] Toutes les études sérieuses récentes tendent à montrer en
Rabelais un grand génie satirique «over and over concerned with mat-
ters of genuine, and often urgent, concern to him and his immediate

---

[10] «Emblems and Colours. The Controversy over Gargantua's colours and devices
(Gargantua 8, 9, 10),» article déjà cité. M. A. Screech y affirme, p. 68, que «Rabelais in
chapter nine is about to champion against ignorance the new emblems of Alciati favoured
by Chabot,» qu'il ne peut supporter les «rébus de picardie» et les calembours des «glorieux
de cour et transporteurs de noms,» contre lesquels il part en guerre au nom de la «restitution
des bonnes lettres.» Plus loin (p. 70), il écrit: «The crux of the matter is that Rabelais took
emblems *very seriously indeed*. . .» Et p. 78: «More than one reader has noticed in chapter ten
of *Gargantua* an undercurrent of irritation. Rabelais is engagé. This is not at all surprising,
once the essential *gravity* and *dignity* of the subject has been grasped.»
[11] J'emprunte cette expression à l'édition critique que M. A. Screech a récemment donné
du *Gargantua* sur le texte de l'*editio princeps*, avec la collaboration de Ruth Calder (Droz –
Minard, Genève – Paris, 1970). M. A. Screech y reprend son interprétation sérieuse d'un
épisode essentiellement parodique et bouffon, pp. 64 et ss.
[12] Expression de M. A. Screech, Introduction à son édition de *Gargantua*, p. liv.
[13] Voir *ER*, IX (1971): «Rabelais et les choches de Notre-Dame,» pp. 1-28.

contemporaries.»[14] Cette qualité satirique du texte rabelaisien ne peut que renforcer la nécessité, déjà soulignée, de l'information historique. Mais celle-ci n'étant qu'un point de départ, il s'ensuit que l'alternative classique *historisme – esthétisme* est une fausse alternative, essentiellement dictée par des prises de position polémiques, conscientes ou non. Ceux qui s'en tiennent à l'histoire sont comparables à ces dialecticiens médiévaux condamnés par Jean de Salisbury et par Vivès pour avoir fait une fin en soi d'un art primitivement destiné à être l'instrument de tous les autres. Inversement, ceux qui ne veulent pas sortir du texte et qui refusent l'approche historique se privent à leurs risques et périls de précieux instruments d'analyse.

On en revient ici, comme toujours en pareil cas, à cette constatation élémentaire qui consiste à souligner les bienfaits et les vertus de la voie moyenne et du juste milieu. Le choix n'est certes pas nouveau. On en connaît les formules: *Virtus consistit in medio; Ne quid nimis; Mediocritas ad omnem cultum usumque vitae referenda est, in omnibus rebus est optima.*[15] Il paraît en tout cas particulièrement pertinent puisque Rabelais, à travers la parabole de Couillatris, fera de la médiocrité *aurée* le dernier mot de la sagesse de Pantagruel: «Médiocrité est *en tous cas* louée», pas seulement en «matière de coignée.»[16]

Les dialecticiens médiévaux, s'inspirant des *Catégories* d'Aristote,[17] possédaient un concept qui peut nous aider à définir cette approche critique idéale: celui de *medium per participationem*. Le grand Petrus Hispanus distingue deux espèces de contraires, les contraires *médiats* et

---

[14] M. A. Screech, «Eleven-month pregnancies: a legal and medical quarrel a propos of Gargantua, Chapter III, Rabelais, Alciati and Tiraqueau,» *ER*, tome VIII, Droz, 1969, p. 94. La même idée est aussi exprimée par le critique anglais dans sa «Préface» au même tome des *ER*, p. 9: «Rabelais est avant tout et surtout un auteur de son temps, écrivant pour ses contemporains, touchant très souvent, dans ses écrits, à des questions qui avaient une actualité immédiate. Essayer de remettre Rabelais dans son contexte historique n'est pas faire de lui un objet de musée. C'est au contraire, le seul moyen, je crois, de le faire briller de son véritable éclat.» Un moyen certes nécessaire; mais insuffisant.

[15] Ces adages sont à l'époque lieux communs. Voir, par exemple, *Le Petit Jehan de Saintré* p'Antoine de la Sale, édition de Jean Misrahi et Charles A. Knudson, Genève, Droz, 1965, d. 45: «...car de tous estas le moien est le meilleur, ainsi que dit le Philosophe en ses Ethiques ou il dit: *Virtus consistit in medio*. C'est-à-dire, mon ami, que la vertu consiste, en choses moyennes.» L'usage que fait de l'érudition l'hypocrite et rusée Dame des Belles Cousines rappelle souvent, par sa dérision et ses allures parodiques, celui qu'en fait maître Alcofrybas Nasier, beau bailleur de balivernes.

[16] Prologue du *Quart Livre*, édition R. Marichal, pp. 15-31.

[17] Les *Categoriae vel Praedicamenta* constituent le premier des traités de l'*Organon* d'Aristote. Sur l'*Organon* lui-même, consulter la traduction française de J. Tricot, publiée chez Vrin, de 1936 à 1939 (6 volumes: I Catégories; II De l'interprétation; III Les Premiers Analytiques; IV Les Seconds Analytiques; V Les Topiques; VI Les Réfutations Sophistiques). Sur le premier livre, voir l'édition de L. Minio-Paluello, *Aristoteles Latinus, I I-5, Categoriae vel Praedicamenta*, Bruges – Paris, Desclée de Brouwer, 1961, chapitre 10, p. 30 pour la *translatio Boethii*, p. 69 pour l'*editio composita*, p. 108 pour la traduction de Guillaume de Moerbecke.

les contraires *immédiats (mediata* et *immediata)*. «Mediata sunt inter quae mediat aliqua species sui generis quodammodo participans naturam utriusque contrariorum, ut inter album et nigrum mediat rubeum, fuscum et croceum, quae quodammodo participant naturam albedinis et nigredinis. Et dicuntur talia contraria mediata, quia habent medium per participationem.»[18] Rabelais qui connaissait ses *Summulae Logicales*

[18] J'ai eu la chance de pouvoir consulter, à la «Rare Book Room» de Bryn Mawr College, une édition très représentative d'un état d'esprit et d'une culture aujourd'hui disparus: *Petri Hispani Summulae Logicales, cum Versorii Parisiensis clarissima expositione. Parvorum item Logicalium eidem Petro Hispano ascriptum opus, nuper in partes ac capita distinctum...* Venetiis, Apud F. Sansovinum, MDLXVIII. Le problème des «opposites,» si important pour la dialectique médiévale et la *disputatio*, y est abordé dans le *Tractatus tertius, Pars tertia: De Post-praedicamentis*, fol. 109 r°. Petrus Hispanus distingue quatre gens d'oppositions: «Dicitur autem alterum alteri opponi quadrupliciter. Oppositorum enim, alia sunt relativae opposita, ut pater et filius, duplum et dimidium, dominus et servus. Alia sunt privative opposita, ut privatio et habitus, ut visus et caecitas, auditus et surditas. Alia sunt contrarie opposita, ut album, et nigrum. Alia sunt contradictorie opposita, ut sedere et non sedere.» Et le commentateur d'énumérer alors les points importants de sa glose: «Primo sciendum quod... Secundo sciendum quod...Tertio...Quarto...» Puis de les réfuter point par point: «Sed contra praedicta arguitur primo sic...Secundo sic...Tertio sic... Quarto sic...» Pour, enfin, donner la solution: «Ad argumenta. Ad primum dicitur quod...Ad secundum dicitur quod...Ad tertium...Ad quartum...etc.» Ce procédé d'exposition se répète inlassablement sur plus de 600 pages serrées. Voici, par exemple, comment Versor commente le passage des *Summulae* cité plus haut, fol. 109 v°: «Quarto sciendum, quod oppositio dividitur in quatuor species, scilicet in oppositionem relativam, contrariam, privativam, et contradictoriam. Quarum sic habetur sufficientia. Omnis oppositio est repugnantia duorum extremorum vel ergo est inter ens, et ens, vel inter ens et non ens. Si inter ens et ens, hoc est dupliciter. vel illa extrema se expellunt ab eodem subjecto secundum actum tantum, et se permittunt secundum potentiam, et sic est oppositio contraria, vel se expellunt secundum actum et potentiam simul respectu ejusdem, et sic est relativa oppo[sitio]. Si inter ens et non ens, hoc est dupliciter. vel inter ens et non ens simpliciter, et sic est contradictoria oppositio, cuius unum extremum est non ens simpliciter, vel inter ens et non ens secundum quid, et sic est privativa oppositio.» A lire ceci, on comprend que M. N. Janotus de Bragmardo ait quelque peu l'esprit et le verbe en déroute. C'est seulement après avoir digéré ces distinctions qu'on en arrive aux contraires *médiats* et *immédiats* (fol. 110 v°): «Sciendum quod duplicia sunt contraria, scilicet mediata et immediata. Mediata sunt... Sed contraria immediata sunt, inter quae non mediat aliqua species sui generis, ut sanum et aegrum, inter quae non est aliqua species media, sed semper necesse est unum illorum in proprio subjecto ipsorum esse, quia quodlibet animal vel est sanum vel aegrum, et non est dandum medium, quia in quolibet animali est adaequatio humorum, et sic est sanum, vel inadequatio, et sic est aegrum. Et illa contraria dicuntur immediata per carentiam medii per participationem, licet habeant medium per abnegationem, de quo ambo extrema vere negantur, ut de lapide simul negatur sanum et aegrum, et de utriusque illorum contrariorum intelligitur definitio prius posita.» Sur l'importance de Pierre d'Espagne dans l'histoire de la logique médiévale et dans l'ensemble de l'enseignement scolastique, consulter essentiellement l'édition des *Petri Hispani Summulae Logicales* de I. M. Bocheński, Turin, 1947; Joseph P. Mullaly, *The Summulae Logicales of Peter of Spain*, Notre-Dame, Indiana, 1945, étude qui comprend une bibliographie très impressionnante de l'œuvre du logicien portugais (166 titres), et qui pourtant ne mentionne pas l'édition de 1568 que j'ai utilisée; P. Boehner, *Medieval Logic. An outline of its development from 1250 to 1400*, Manchester, 1952; Walter J. Ong, *Ramus, Method, and the Decay of Dialogue*, Harvard U. P., Cambridge, Mass., 1958, surtout le chapitre IV («The distant background: scholasticism and the quantification of thought») p. 55: «For the last decade or two, the impression has been growing that Peter of Spain is probably the most important of all scholastics and his *Summulae Logicales* the most widely read of all scholastic works»; p. 58: «Indeed the *S.L.* is one of the very few works by a medieval scho-

sans doute «par cœur au rebours» a repris ce concept dans son *Tiers Livre* en l'enrichissant de la notion de temps: «Ainsi ... mettons nous neutre en medicine et moyen en philosophie, par participation de l'une et l'autre extremité, et par compartiment du temps, maintenant en l'une maintenant en l'autre extremité.»[19]

On ne saurait désirer plus grande souplesse ni plus grande absence de rigueur dogmatique. Il semble d'ailleurs qu'en matière de «méthodologie critique» les hommes du moyen âge et du XVIe siècle n'avaient rien à envier aux spécialistes d'aujourd'hui. Leur méthode d'analyse textuelle, cette quadruple exégèse qu'ils n'appliquaient pas seulement à la Bible, mais aussi aux textes profanes, mettait en jeu la documentation la plus large et faisait appel aux connaissances les plus variées. Dans son *De Doctrina Christiana*, Saint Augustin recommande, pour l'interprétation des *signes* de l'Ecriture, une somme de connaissances proprement encyclopédique. Car le pire des péchés, pour l'exégète, est de prendre *literaliter* les expressions figurées. Entendre *literaliter* ce qui a été dit dans un sens figuré, c'est penser selon la chair. Ne rien voir au delà du sens littéral est la preuve d'une misérable servitude de l'âme. L'intelligence doit donc s'armer de science pour se rendre capable de s'élever au sens spirituel, en se libérant de la *servitude des signes*. C'est parce qu'il n'a pas retenu cette leçon que Thaumaste, malgré sa bonne volonté apparente, repartira en Angleterre sans avoir particulièrement convaincu le lecteur de sa sagesse. «Nam in principio cavendum est, ne figuratam locutionem ad litteram accipias. Et ad hoc enim pertinet, quod ait Apostolus: Littera occidit, Spiritus autem vivificat.»[20]

---

lastic mentioned in the statutes of the Arts faculty at Paris, where the work figures side-by-side with the works of Aristotle. Together with Aristotle's logical works, this work of Peter of Spain was commented on from at least the fourteenth to the sixteenth century by nominalist and realist, scotist and thomist alike. . . At the university, where theologians studied their Lombard, law students their Gratian, and medical students their Galen, every one of them had previously studied the *S.L.* in the arts course. . .» Au total, Pierre d'Espagne est «the key figure in medieval scholastic logic» (p. 59). On comprend alors les attaques de Montaigne (*Essais*, III, 8): «Qui a pris de l'entendement en la logique? Où sont ses belles promesses? «Nec ad melius vivendum, nec ad commodius disserendum.» Voit-on plus de barbouillage au caquet des harengères qu'aux disputes publiques des hommes de cette profession?. . .»

[19] *Tiers Livre*, éd. M. A. Screech, XXXV, l. 60. Sur la notion de temps en logique, voir les commentaires de Versor au troisième traité des *Summulae Logicales*, f° 105 r°: «De praedicamento *Quando*, et eius proprietatibus.»

[20] St. Augustin, *De Doctrina Christiana, libri quatuor*, tome VIe des *Oeuvres Complètes*, Paris, Louis Vivès, 1872-1878. Le problème des ambiguïtés de l'Ecriture est traité au troisième livre, très important pour une appréciation de l'épisode Thaumaste du *Pantagruel*. Au chapitre XI, p. 519 («Quis signorum servitute premitur, quis non»), on lit: «Sub signo servit qui operatur aut veneratur aliquam rem significantem, nesciens quid significet.» N'est-ce pas le cas de Thaumaste?

II. LE PROLOGUE DE *GARGANTUA:*
LA «SUBSTANTIFICQUE MOUELLE».
LES SENS DE L'ÉCRITURE

Rabelais, franciscain et *scriptor ordinis*,[21] homme d'une érudition théologique solide et précise – toute son œuvre le prouve[22] – ne pouvait ignorer cette méthode d'analyse des signes de l'Ecriture – et de toute écriture. Il y fait allusion, on le sait, dans le Prologue de *Gargantua*, c'est-à-dire – point qui me paraît important – au seuil même de l'œuvre reconstituée dans son «déroulement» historique, quand il invite le lecteur bénévole à «rompre l'os et sugcer la substantificque mouelle.» L'opposition traditionnelle qu'il y dessine entre le «sens literal» et le «plus hault sens» suggère une approche critique qui, tout en s'appuyant sur la lettre du texte, sache, à l'aide d'une documentation appropriée, aller au-delà pour découvrir «par curieuse leczon et méditation fréquente» «doctrine plus absconce et tresaultz sacremens et mysteres horrificques.»

On objectera bien sûr que Rabelais fait allusion à cette méthode pour aussitôt s'en gausser.[23] Ne vous laissez pas prendre aux apparences frivoles de mon livre, commence-t-il par dire, sachez en dépasser le sens littéral et vous en découvrirez toutes les richesses insoupçonnées. Mais c'est pour ajouter aussitôt après que jamais Homère et Ovide, en composant leurs chefs-d'œuvre, n'ont songé aux «allegories» que d'imprudents et sots commentateurs ont cru y découvrir. Le moins qu'on puisse dire est que, dans ce passage, Rabelais n'est pas clair, qu'il semble même se contredire à plaisir.

Comme tout passage obscur et difficilement saisissable, celui-ci a suscité des gloses innombrables: *Unusquisque in suo sensu abundet.* Y-a-t-il une *substantificque mouelle*? Faut-il croire Rabelais lorsqu'il nous invite à la glose? Faut-il le croire lorsqu'il nous met en garde contre les interprétations des Frères Lubins? Les réponses ont été contradictoires, les arguments également convaincants de part et d'autre: de telle sorte que le pauvre lecteur ne sait plus trop sur quel pied danser. Il est dans

---

[21] Sur ce point, se reporter à E. Gilson, «Rabelais Franciscain,» étude incluse dans *Les Idées et les Lettres*, Paris, Vrin, 1932, et A. J. Krailsheimer, *Rabelais et les Franciscains*, Clarendon Press, Oxford, 1963.

[22] Voir, à ce sujet: J. Plattard, «L'écriture sainte et la littérature scripturaire dans l'œuvre de Rabelais,» *RER*, VIII, pp. 257-330, et *RER*, IX («Additions et Corrections»),pp. 423-36; E. U. Bertalot, «Rabelais et la Bible d'après les quatre premiers livres,» *ER*, tome V, 1964; surtout, M. A. Screech, *L'Evangélisme de Rabelais; aspects de la satire religieuse au XVIe siècle*, Genève, Droz, 1959, et «The sense of the *Enigme en prophétie*,» *BHR*, XVIII, 1956.

[23] C'est le cas de Leo Spitzer, «Rabelais et les 'rabelaisants,'» article déjà cité, pp. 407 et ss.

la pénible situation du roussin de Buridan, ou dans celle de Gargantua ne sachant s'il doit pleurer pour la mort de sa femme, ou rire pour la joie de son fils.

La réponse à ce problème, c'est, je crois, dans le rire qu'il faut la chercher. Rabelais commence par dire blanc, puis il dit noir. Cette contradiction de sa pensée peut être attribuée soit à une incapacité – momentanée – de raisonner correctement, soit à une volonté délibérée et consciente de dérouter le lecteur. Je pense que personne ne m'en voudra d'opter pour la seconde hypothèse, et d'accepter l'idée que ces contradictions sont voulues en fonction d'une certaine fin. Il est clair en effet que dans ce passage Rabelais a consciemment et à tout jamais rendu sa pensée ambiguë, qu'il a volontairement placé le lecteur dans une position où il aime à placer aussi ses personnages. Rabelais est en effet friand de ces mises en déroute de la raison, il aime enfermer lecteurs éventuels et personnages présomptueux dans un filet de contradictions, il est le maître du *pro* et *contra* et du *pot à deux anses* dont parlera Montaigne. «Prenez-la – Ne la prenez pas, Mariez-vous – Point ne vous mariez, Ne l'un ne l'aultre, et tous les deux ensemble,» s'entendra dire Panurge, empêtré au *Tiers Livre* dans les «lacs de perplexité.» Glosez mon œuvre, et vous deviendrez sage, glosez-la et Frère Lubin trouvera «couvercle digne de chaudron,» s'entend dire le lecteur du *Gargantua*. Le jeu est le même dans les deux cas: c'est Rabelais qui le mène à sa guise, suivant ses propres règles, et qui gagne si le personnage ou le lecteur accepte de jouer avec lui. Panurge ne sort pas de son dilemme, et le lecteur non plus. Et le lecteur, comme Panurge, est responsable de ses hésitations et de son impuissance. Il a donné tête baissée, et bravement, dans le piège habilement tendu. Car l'ironie supérieure de Rabelais consiste ici, par une ambiguïté voulue, méditée, concertée, à avoir rendu *impossible* l'interprétation cohérente d'un passage qui parle justement de glose, et à avoir par conséquent suscité à propos de ce même passage les gloses les plus contradictoires. Songeons-y: Rabelais veut – ironiquement – administrer à son lecteur la preuve que son œuvre ne doit pas être reçue à «derision et gaudisserie,» le convaincre qu'il ne doit pas s'en tenir à l'enseigne extérieure, et ne pas condamner «les œuvres des humains» sur les seules apparences, car l'habit ne fait point le moine. Si vous ouvrez mon livre, dit-il, et que vous pesiez «soigneusement ce qui y est deduict,» vous serez vite persuadé que «les matieres icy traictées ne sont tant folastres comme le tiltre au-dessus pretendoit.» Or, c'est bien ce qui arrive dès que le lecteur s'attache, «par curieuse leçon et méditation fréquente,» à examiner le prologue:

plus il pèse soigneusement ce qui y est déduit, et plus il se persuade que les matières en sont ardues. En fin de compte, le lecteur suffoque comme le pauvre Gargantua, ne parvenant pas à gloser cette invitation ambiguë à la glose, ne sachant s'il doit gloser ou non, posant *in modo et figura* des arguments plus ou moins sophistiques qui se détruisent l'un l'autre, et qui le promènent gaillardement du *oui* au *non*, dans un balancement comique indéfini de pendule à mouvement perpétuel.

L'attitude à adopter face à l'ambiguïté du Prologue de *Gargantua* sera donc faite de prudence et de non-engagement. Le lecteur qui donne dans le panneau et essaie de résoudre les contradictions de la pensée de Rabelais n'y parviendra jamais d'une manière satisfaisante.[24] Au contraire, celui qui a deviné de quoi il s'agit n'essaiera pas de comprendre ce que Rabelais a délibérément voulu et rendu *incompréhensible*, et n'en goûtera que mieux la finesse du meneur de jeu et la perfection du *canular*.

Il importe donc fort peu de savoir si Rabelais nous invite véritablement ou non à gloser son œuvre. Pour lui, l'essentiel était ailleurs, dans cette perplexité où il allait plonger son lecteur, dans cette démonstration comique, entreprise aux dépens du dit lecteur, de la richesse intérieure d'un livre capable de défier à ce point l'exégèse et de susciter tant d'interprétations diverses et contradictoires. Il demeure néanmoins – qui pourrait le nier? – que Rabelais attire inévitablement l'attention du lecteur sur le problème de l'interprétation possible de son œuvre. Et ce qui en définitive doit compter, au delà même de l'ambiguïté concertée et de la bouffonnerie joyeuse et déroutante du Prologue, c'est la présence, dans l'œuvre, d'épisodes dont la nature même semble appeler une interprétation allégorique; c'est ensuite le fait que des travaux récents ont obtenu des résultats probants et remarquables en appliquant cette méthode d'exégèse; c'est enfin que Rabelais luimême n'hésite pas, à l'occasion, à gloser certains de ses chapitres et à en extraire la signification profonde et exemplaire. Dans le *Gargantua*, par exemple, les «Fanfreluches antidotées» et l'«Enigme en prophétie» invitent, par delà leur sens – ou plutôt leur non-sens – littéral, à la recherche d'un sens caché, et l'épisode des pélerins mangés en salade,

---

[24] La solution proposée par M. A. Screech dans son édition récente (Introduction, p. liii, et Prologue, p. 12, l. 59 et p. 15, l. 89) m'apparaît relever quelque peu du *distinguo* sophistique. Selon lui, Rabelais ne se contredirait pas, mais distinguerait entre l'exégèse sérieuse et traditionnelle, la recherche légitime de l'*altior sensus*, inspirée de Saint-Paul d'une part, et «les allégories plus ou moins arbitraires mises à la mode par Plutarque, le pseudo-Plutarque, le pseudo-Héraclite du Pont, et d'autres exégètes homériques» de l'autre. Rabelais serait donc profondément sérieux dans son Prologue. Il est permis d'en douter.

outre une critique des pélerinages, revient sur le problème des interprétations allégoriques de l'Ecriture sainte. Dans le *Pantagruel*, le jeu
de l'écriture a tendance à se constituer en invitation permanente à
la glose. Certains langages de Panurge (*«Entendez-vous* rien là?»), les
plaidoyers fatrasiques de Baisecul et d'Humevesne («Nous l'avons
véritablement ouy: mais nous n'y avons *entendu*, au diable, la cause.»),
la *disputatio* entre Thaumaste et Panurge («Hà, j'*entends*, dist Thaumaste,
mais quoy?»), «l'exposition d'ung mot escript en ung aneau,» et la
référence qui est faite à la lettre vierge de toute écriture et aux efforts
déployés par Panurge pour «lire lettres non apparentes,» trahissent ce
goût pour le sens caché et pour l'approche allégorique du texte. L'écriture y est considérée comme un ensemble de signes porteurs de significations dissimulées et appelant l'interprétation.

D'autre part, certains épisodes ont été glosés avec un tel succès qu'il
est désormais très difficile de nier l'existence d'un «plus haut sens» dans
l'œuvre rabelaisienne. Je pense notamment à certains travaux de M.
A. Screech, dont les résultats lumineux et définitifs montrent que
Rabelais travaille essentiellement par allusions et par références di-
rectes à l'actualité intellectuelle ou historique la plus brûlante de son
temps, et que sa pensée ne peut être comprise et appréciée que par
rapport à cette actualité à laquelle elle ne cesse de se référer. Les interprétations de l'épisode de la *disputatio* par signes, de l'«Enigme en
prophétie,» son étude magistrale sur le *Tiers Livre*,[25] constituent –
entre autres – autant de preuves du bien-fondé d'une méthode critique dont la pertinence ne saurait d'ailleurs être mise en doute, puisqu'elle est suggérée par Rabelais lui-même.

Car Rabelais donne l'exemple d'une telle approche. C'est lui qui
signale au *Quart Livre*, dans l'épisode de la Tempête, l'interprétation
tropologique de l'épisode du clos de Seuillé dans le *Gargantua*.[26] Il est
facile de ne voir dans la défense héroïque de Frère Jan qu'un morceau
de bravoure comique, simple parodie des massacres épiques des chan-
sons de geste. Il est autrement plus intéressant d'y découvrir l'expression
allégorique d'un problème théologique, celui de la coopération de

---

[25] *The Rabelaisian marriage. Aspects of Rabelais's Religion, Ethics, and comic Philosophy*, Edward
Arnold Publ., London, 1958; «The Sense of the *Enigme en prophétie*,» *BHR*, XVIII, 1956,
pp. 392-404; «The meaning of Thaumaste», *BHR*, XXII, 1960, pp. 62-72.
[26] *QL*, xxiii, 48, édition R. Marichal, Droz, 1947.: («Je me donne au Diable, dist Frere Jan
(Je en suys de moitié, dist Panurge), si le clous de Seuillé ne feust tout vendangé et destruict,
si je ne eusse que chanté *Contra hostium insidias* (matiere de breviaire), comme faisoient les
aultres Diables de moines, sans secourir la vigne à coups de baston de la croix contre les
pillars de Lerné.»

l'homme avec la grâce divine, problème tellement central dans l'univers rabelaisien qu'il apparaît dès le *Pantagruel* avec l'épisode du combat contre Loupgarou et les trois cents géants. Là encore, on peut se contenter de ne voir qu'une parodie de combat épique, avec tous les poncifs du genre, le méchant et gigantesque champion sarrazin, le frêle défenseur chrétien (tout est relatif), la «prière du plus grand péril,» la description de «l'horrible bataille.»[27] En fait, il y a bien davantage. Rabelais oppose dans cet épisode l'attitude outrecuidante de Panurge, comptant pour vaincre *uniquement* sur ses propres forces («Autant vault l'homme comme il s'estime»), à l'attitude d'humilité de Pantagruel, qui sait que «tout bien vient de Luy de lassus,» et que l'homme n'est rien sans l'aide de la grâce («Omne datum optimum, et omne donum perfectum, deursum est, descendens a Patre luminum» dit *Jacques* I, 17). De telle sorte que le chapitre entier apparaît comme une parabole destinée à illustrer les paroles que Pantagruel adresse au Dipsode prisonnier dans le chapitre précédent: «Je ne te dys pas, comme les caphars, *Ayde-toi, Dieu te aydera*: car c'est au rebours, *Ayde-toi, le diable te rompra le col*. Mais je te dys: metz tout ton espoir en Dieu, et il ne te délaissera point. Car de moy, encores que soye puissant, comme tu peuz veoir, et aye gens infiniz en armes, toutefois je n'espère point en ma force, ny en mon industrie: mais toute ma fiance est en Dieu, mon protecteur...»[28] Rabelais n'a pas attendu le *Tiers Livre* pour exprimer l'essentiel de sa pensée à l'aide d'épisodes apparemment sans justification. Sous chacun des chapitres du *Pantagruel* se cache une *pensée de derrière*. L'oeuvre de Rabelais est dès le début pensée incarnée. Chaque situation, chaque personnage, chaque détail (ou presque) de *Pantagruel* possède ainsi une valeur symbolique, une signification exemplaire.

Rabelais nous suggère donc lui-même une méthode d'analyse textuelle dont la critique moderne, entraînée trop souvent par des modes passagères et des disciplines trop nouvelles encore pour être réellement maîtrisées, devrait méditer la mesure et l'étendue. On sait avec quelle

---

[27] *Pant.*, édition V. L. Saulnier, xviii, 168. Pour bien apprécier la parodie, comparer le *Pantagruel* avec, par exemple, dans *Li Coronemenz Looïs*, édition de E. Langlois, CFMA, Champion, le combat entre le preux Guillaume et le Sarrazin géant Corsolt. Ou encore, rapprocher du lyrisme d'Alcofrybas («O qui pourra maintenant racompter comment se porta Pantagruel contre les troys cens géans! O ma muse, ma Calliope, ma Thalye, inspire moy à ceste heure, restaure-moy mes espritz. . .» etc.) celui de Molinet dans ses *Chroniques*: «Ou est la plume maintenant qui porra souffire à mettre par escript la glorieuse victoire que ce tres cler et resplendissant duc a aujourd'huy embracée? Vous les explorateurs des excellentes ancyennes besongnes, qui lisiez les histoires d'Hercules et de Jason, de Alixandre et de Sanson, avez vous lut chose plus admirable, avez vous veu chose pareille. . .?»

[28] *Pant.*, xvii, pp. 145-146, édition V. L. Saulnier.

minutie la Patristique avait élaboré l'instrument de son exégèse.[29] On
n'a sûrement pas fait mieux depuis. Elle distinguait – elle le fait encore – deux sens fondamentaux dans l'Ecriture «*literalem* sive *historicum*,
et *spiritualem* sive *mysticum*»: «Literalis est quem verba immediate prae
se ferunt. Spiritualis est qui alio refertur, quam ad id, quod verba
immediate significant.» Elle précise ensuite cette distinction capitale.
Le sens littéral est double «alius *simplex*, qui consistit in proprietate
verborum alius *figuratus*, quo verba transferuntur a naturali significatione ad alienam.» Le *spiritualis sensus* reçoit pour sa part une triple
acception: *allegoricus, tropologicus, anagogicus*. Le sens allégorique indi-
que de tel fait passé qu'il annonce telle vérité de l'histoire du Christ
ou de l'Eglise (Paul, *Galat.* IV, 21–31). Le sens tropologique ou moral
précise la leçon à tirer de ce fait passé (Paul, *I Corinth.*, IX, 8–14), et le
sens anagogique révèle ce que ce fait annonce au sujet de la vie éternelle et du Salut (Paul, *Heb.*, IV).[30]

L'exégète averti utilisera cet outil perfectionné d'analyse textuelle a-
vec discernement. Il s'agira d'abord pour lui de comprendre que
l'Ecriture ne se prête pas toujours à l'interprétation mystique ou spirituelle. Le tabernacle de l'Ecriture n'a pas toujours quatre pieds. Croire
le contraire a mené à voir la duchesse d'Etampes dans la grande ju-
ment de Gargantua.[31] Il ne faut donc pas vouloir à tout prix gloser des
textes qui ne se prêtent pas toujours automatiquement à la glose. Il

[29] Voir, sur ce point essentiel pour la compréhension de la littérature médiévale (et de
celle du XVIe siècle): H. de Lubac, *Exégèse Médiévale, Les quatre sens de l'Ecriture*, 4 volumes,
Aubier, Paris, 1959-1964.

[30] J'emprunte ces renseignements à l'ouvrage suivant: *Ioannis Gerhardi Theologi quondam
jenensis celeberrimi Loci Theologi cum pro adstruenda veritate tum pro destruenda quorumvis contradicentium falsitate per theses nervose solide et copiose explicati.* Denuo edidit. . .Io. Fredericus Cotta
Theologus Tubingensis. . .Tubingae, sumtibus Io. Georgii Cottae, MDXXLXII, Tome
premier, p. 67 (Loc. II, cap VII: Varii Scripturae sensus): «*Allegoricum* vocant cum verba
Scripturae praeter literalem sensum significant aliquid in Nov. Testamento quod ad
Christum vel ecclesiam pertineat. Sic *Galat.* IV. ostendit apostolus, quod Abraham, qui
revera ad literam habuit duas uxores, unam liberam, et unam ancillam, et duos filios Isaac
et Ismael, Deum autorem duorum testamentorum et patrem duorum populorum signifi-
cavit. *Tropologicum* appellant, cum verba aut facta referuntur ad aliquid significandum, quod
pertineat ad mores. *Deut.* XXV. *Non allibagis os bovi trituranti*, quod intelligitur ad literam de
veris bobus, significat spiritualiter, non debere prohiberi concionatores, quando victum
accipiant a populo, ut explicat apostolus I *Cor.* IX. *Anagogicum* vocant, cum verba aut facta
referuntur ad significandam vitam aeternam, quomodo illud *Psal.* XCIV. *Quibus juravi in
ira mea, si introibunt in requiem meam*: quod ad literam intelligitur de terra promissionis, spiritualiter refertur ad vitam aeternam, ut apostolus explicat *Heb.* IV.»

[31] *Ib.*, p. 67: «Ex his sensibus literalis invenitur in omni sententia tam Vet. quam Nov.
Test. nec est improbabile, interdum plures sensus literales in eadem sententia reperiri. At
Spiritualis quidem invenitur omnis in utroque testamento. Nam de Testamento Veteri
nemo dubitat, quin habeat sensum allegoricum, tropologicum et anagogicum, de Testamento Novo idem sentiunt permulti et merito. Sed quanquam haec ita se habeant, tamen
non invenitur Spiritualis sensus in omni sententia Scripturae, nec in Testamento Veteri,
nec in Novo. Illud enim, *diliges Dominum Deum tuum*, et similia praecepta, non habent nisi

s'agira ensuite pour l'exégète modèle de se pénétrer de l'absolue pri-
mauté et de l'importance capitale du sens littéral – le seul dont on
puisse jamais être sûr – et au contraire du caractère douteux et aventureux de toute interprétation spirituelle – l'intelligence et la science
humaines sont faillibles et limitées: «ex solo sensu literali peti debere
argumenta efficacia, nam eum sensum, qui ex verbis immediate colligi-
tur, certum est sensum esse Spiritus Sancti. At sensus mystici et spiritua-
les varii sunt, et licet aedificent, cum non sunt contra fidem aut bonos
mores, tamen non semper constat, an sint a Spiritu S. intenti.» En
définitive, les «expositions» sont toujours «arbitrariae unius literalis
sensus accommodationes», de telle sorte que l'interprétation allégorique
doit être menée en toute humilité et avec la plus extrême prudence.[32]

Il faut à la fois, comme le dit saint Augustin, éviter de sacrifier les
significations allégoriques possibles au seul sens de la lettre, et en même
temps, ne pas sacrifier ce sens littéral, le seul certain, aux «figures» et
aux exégèses sans fondement: «Mihi sicut multum videntur errare,
qui nullas res gestas in eo genere literarum aliud, praeter id, quod eo
modo gestae sunt, significare arbitrantur, ita multum audere, qui
prorsus ibi omnia significationibus allegoricis involuta esse contendunt.»[33] Réflexion que le critique rabelaisien se doit de méditer.

III. REMERCIEMENTS

Je ne revendique, dans ce travail, que les maladresses, les imperfec-
tions, et les erreurs. S'il a en effet quelque mérite, il le doit aux travaux de ceux qui m'ont précédé, et sans lesquels je n'aurais jamais osé
entreprendre un essai d'explication de l'œuvre de Rabelais. Je pense en
particulier à Robert Marichal, M. A. Screech et V. L. Saulnier dont les
œuvres critiques, les conseils directs et les encouragement répétés, soit
verbaux, soit écrits, ont constitué pour moi une source inépuisable de
lumières, une véritable *manne céleste de honneste savoir*. Ma dette est
grande aussi envers J. M. Ferrater Mora qui a aimablement mis à ma
disposition son temps, son savoir encyclopédique d'historien des idées, et

---

unum sensum, id est, literalem.» Sur les errances de la critique historique, et les identifica-
tions fantaisistes de la méthode allégorique, se reporter à l'avant-propos de Robert Marichal
au *Rabelais* d'A. Lefranc, Paris, A. Michel, 1953, pp. xiv-xviii.

[32] *Ib.*, pp. 67 et 68: «Acceptamus ergo illud Bellarmini, *quod ex solo sensu literali peti possint
et debeant firma et efficacia argumenta.*.. Approbamus illud Hieronymi super *Matth.* XIII. *Ex
mysticis sensibus fidei dogmata non possunt efficaciter confirmari.*»

[33] Saint Augustin, *De Civitate Dei*, XV, cap. 27: «Augustinus...asserit, non esse illis
consentiendum, qui solam historiam recipiunt sine allegorica significatione, nec illis, qui
solas figuras recipiunt, repudiata historiae veritate.» La citation du texte est aussi empruntée
au *De Civ. Dei*, XVII, cap. 3. D'après Io. Gerhard, *ib.*, p. 68.

sa sagesse de philosophe; et envers M. Beaujour et F. Rigolot qui ont bien voulu accepter de lire ce travail, et dont les commentaires constructifs et éclairés m'ont été très utiles, malgré – ou plutôt grâce à – nos divergences théoriques fondamentales en matière de critique littéraire. Le *Conseil des Arts du Canada*, qui m'a permis de passer deux étés studieux à la Bibliothèque Nationale et d'acquérir des photocopies très précieuses, acceptera ici l'expression de ma reconnaissance. J'ai trouvé à *Bryn Mawr College* toute l'aide matérielle et le temps dont j'avais besoin: mes remerciements vont surtout à la doyenne de la «Graduate School,» Mrs. Foster, et à mon collègue et ami Michel Guggenheim. A Bruce Dutton, qui a bien voulu accepter de taper mon manuscrit, je dois d'avoir évité bien des erreurs. Qu'il en soit ici remercié. Enfin les mots me manquent pour dire tout ce que je dois à mon regretté maître Georges Gougenheim qui a bien voulu m'honorer de sa confiance, qui n'a jamais ménagé ni son temps, ni ses conseils, ni son érudition à la fois précise et large, et à qui je dois d'avoir découvert le divin Pantagruel et le sophiste Panurge.

Etant donnée la nature de mes recherches, j'ai cru devoir citer largement mes sources, surtout celles qui n'avaient été jusqu'ici que peu exploitées, et pour lesquelles il n'existe pas encore d'édition moderne. Le lecteur me pardonnera, je l'espère, d'avoir tant fait appel, entre autres, à Pierre d'Espagne, Jean de Salisbury, H. C. Agrippa, et J. L. Vivès. Tous méritent d'être connus des seiziémistes autrement que par ouï-dire. En puisant à pleines mains dans leurs richesses, j'ai été guidé par le seul et constant souci d'apporter les preuves de ce que j'avançais et de présenter un exposé aussi complet que possible de la question traitée. Aussi bien mon but, je tiens à le préciser ici, n'a-t-il jamais été exclusivement littéraire. Je ne me suis pas proposé pour seule fin l'analyse du texte de Rabelais. J'ai aussi tenté d'éclairer un aspect, que je crois fondamental, de l'histoire des idées au XVIe siècle. Et j'ose espérer que l'on me tiendra compte du fait que je n'aurais pas pu, sans le secours de cette érudition historique, proposer de *Pantagruel* l'interprétation que je propose. Il demeure toutefois – j'en suis conscient – qu'une telle méthode ne va pas sans risques, surtout pour qui est amené comme moi, dans le sillage de Rabelais, à faire le procès de l'Ecolier limousin et de sa «verbocination latiale,» et à partir en guerre contre le jargon hermétique et le verbalisme creux des sophistes. Mais que le XVIe siècle parlât latin, et que le nôtre ait plutôt tendance, en fils ingrat, à ne plus le parler, ce sont là deux faits dont je ne me sens nullement responsable.   G. D.

CHAPITRE I

L'HISTOIRE DE GORGIAS

«j'en ay composé ung grand livre. . .»

I. ÉTAT PRÉSENT DE LA CRITIQUE RABELAISIENNE: LE *GARGANTUA*; LE *PANTAGRUEL* ET SES REMANIEMENTS STYLISTIQUES

Dans *L'Oeuvre au noir*, Marguerite Yourcenar nous offre de Rabelais une image conventionnelle, et qui a la vie dure. L'un des personnages du roman, le bourgeois Philibert, est au lit, enfoui dans de mols oreillers, son drageoir à portée de la main, en train de lire *Pantagruel*, en cachette de sa femme, «pour *se distraire* entre deux dictées.» Rabelais n'engendre certes pas la mélancolie. Mais le réduire au Rire, à l'obscénité, aux joies de la bouteille et du sexe, c'est le caricaturer, ramener le silène à son apparence, le vider de sa substance.

C'est pourtant bien ce que le nom de Rabelais évoque encore communément aujourd'hui: la braguette et la bonne chère, «sans offense de Dieu ni du Roi.» Et si Rabelais est encore lu, il est généralement mal compris. Les épithètes *rabelaisien* ou *pantagruélique* marquent toujours leur homme d'un soupçon de gloutonnerie «à ventre déboutonné» et de paillardise sans délicatesse ni discernement. C'était, somme toute, la vue de Faguet. Faguet voyait en Rabelais «un brave homme» sans problèmes, qui a composé son œuvre à ses heures *digestives* pour se délasser et réjouir ses malades. Ses livres sont «onguents pour la brûlure des soucis.» Ils ne renferment aucun mystère. La philosophie de Rabelais est tout simplement celle du bon sens: un stoïcisme gai dont l'esprit général n'est pas très sublime («Vivez joyeux et portez vous bien»). Au total: un «homme très peu singulier, très peu mystérieux, et même assez peu profond»; un «livre très sain, écrit par un très honnête homme, qui était raillard, dans un temps où l'on n'était pas bien élevé.»[1]

[1] E. Faguet, *Etudes Littéraires, Seizième siècle*, Paris, Société française d'imprimerie et de librairie, s.d., pp. 77-126.

Je sais bien que l'on a fait depuis Faguet des progrès considérables. Mais ces progrès sont inégaux, mal répartis; il laissent subsister, dans l'œuvre, des zones d'ombre. Ce sont surtout le *guallant tiercin* et le *joyeulx quart de sentences Pantagruelicques* qui ont suscité les commentaires éclairés des spécialistes. Par delà la dite «querelle des femmes,» M. A. Screech a définitivement su donner au *Tiers Livre* ses véritables dimensions, celles d'un affrontement exemplaire et symbolique entre Pantagruel, le sage humaniste et chrétien, et le diabolique Panurge, dominé par la Φιλαυτία et séduit par l'esprit malin, celles aussi d'une méditation sur la nature de la sagesse et de la folie.[2] D'une façon moins systématique – la synthèse reste à faire – R. Marichal, V. L. Saulnier et E. V. Telle ont glosé avec bonheur – quoi qu'en ait dit Spitzer – bon nombre d'épisodes du *Quart Livre*.[3] Mais les réussites sont moins brillantes en ce qui concerne le *Gargantua*, et surtout le *Pantagruel*. *Maledictii ii qui ante nos nostra scripserunt*: La dernière édition critique de *Gargantua*, qui pourtant s'orne des noms de M. A. Screech et de V. L. Saulnier,[4] offre une interprétation toute traditionnelle du chef-d'œuvre. L'érudition a certes progressé depuis l'édition dite magistrale donnée – en partie – par Lefranc et ses apostoles. M. A. Screech a notamment jeté des lueurs nouvelles sur certains épisodes, l'étrange nativité de Gargantua, la signification des couleurs blanc et bleu, l'Enigme en prophétie.[5] Mais l'interprétation d'ensemble piétine depuis Lefranc et Lebègue.[6] On en reste aux poncifs habituels et troisième-républicains

[2] *The Rabelaisian Marriage*, déjà cité. Il est regrettable que Michel Foucault ne fasse aucune allusion au *Tiers Livre*, et même à l'ensemble de l'œuvre de Rabelais, dans son *Histoire de la Folie* (Plon, 1961). «Liée à toutes les expériences majeures de la Renaissance,» la folie est un des thèmes centraux de la réflexion rabelaisienne. Et Rabelais me semble autrement représentatif que Louise Labé. La folie est chez lui comme chez Brandt et Erasme, châtiment d'une science déréglée, inutile et oiseuse, punition du savoir et de sa présomption ignorante, châtiment moral et fruit de l'aveugle *philautie*.

[3] Citons surtout, de R. Marichal, «L'Attitude de Rabelais devant le Néoplatonisme et l'Italianisme,» *F.R.*, *quatrième centenaire*, Genève – Lille, 1953, pp. 181-209, «*Quart Livre*: commentaires,» *ER*, tomes I (1956) et V (1964), respectivement pp. 151-202 et 65-162; de V. L. Saulnier, «Pantagruel au large de Ganabin ou la peur de Panurge,» *BHR*, 1954, pp. 58-81, «Le festin devant Chaneph ou la confiance dernière de Rabelais,» *Mercure de France*, I-IV-1954, pp. 649-665, «Le silence de Rabelais et le mythe des paroles gelées,» *F.R.*, *quatrième centenaire*, Droz, 1953, pp. 233-247, et *Le dessein de Rabelais*, Paris, 1957; d'E. V. Telle, «L'île des Alliances ou l'Anti-théléme,» *BHR*, 1952, pp. 159-175.

[4] *François Rabelais*, *Gargantua*, Première édition critique faite sur l'*editio princeps*. Texte établi par Ruth Calder. Avec introduction, commentaires, tables et glossaire par M. A. Screech. Préface de V. L. Saulnier, Genève – Paris, Droz – Minard, 1970 (Série des «Textes Littéraires Français»).

[5] Respectivement, *L'Evangélisme de Rabelais*, *Mélanges d'Histoire du XVIe s. offerts à H. Meylan*, et *BHR*, XVIII, 1956, travaux déjà cités.

[6] A. Lefranc, *Rabelais*, *Etudes sur Gargantua, Pantagruel, Le Tiers Livre*, Paris, A. Michel, s.d. [1953]: l'étude sur *Gargantua* date de 1912. R. Lebègue: «La pensée de Rabelais dans le *Gargantua*,» *Mercure de France*, I-IV-1954, pp. 630-644. Sans oublier, P. Jourda, *Le Gargantua de Rabelais*, Paris, S.F.E.L.T., s.d. [1948].

sur la pédagogie rabelaisienne (Rabelais nous donnerait dans le *Gargantua* un exposé complet, sérieux et détaillé de son système pédagogique, «précisant les méthodes, détaillant l'horaire»[7]) et l'épopée picrocholubuesque. Sur certains points, on est même surpris de voir l'information historique la plus élémentaire marquer un net recul par rapport à Lefranc. M. A. Screech – qu'il me pardonne – commet dans son introduction des erreurs historiques assez graves. Il donne l'impression d'avoir résumé Lefranc, qui résumait déjà imparfaitement Herminjard. C'est ainsi qu'il affirme que «Béda avait été exilé dès le mois de mai 1533 (ce qui est exact), accusé de lèse-majesté (ce qui est faux à cette date), surtout pour avoir condamné le *Miroir de l'âme pécheresse* de Marguerite» (lequel ne fut condamné qu'en *octobre* 1533), et, qu'au moment de l'amende honorable de Béda (fin février 1535) deux autres sorbonagres, Leclerc et Picard, «croupissaient sous les verrous»[8]: or, Bulaeus nous apprend, d'après les registres de la Faculté de médecine, que les deux prisonniers furent délivrés fin novembre 1534.[9] D'autre part, ni M. A. Screech ni V. L. Saulnier ne font allusion aux placards qui furent affichés sur les murs de Paris en mai 1533

---

[7] Préface de V. L. Saulnier, p. x de l'édition citée. Et cette affirmation, p. xix: «Rabelais, dont tout l'ouvrage pantagruélique a pour idéal la formation de l'homme, et qui s'intéresse à la pédagogie au point d'y consacrer dans les deux livres plusieurs exposés en forme, nous a donné lui-même, en passant du *Pantagruel* au *Gargantua*, une grande leçon de pédagogie pratique.»

[8] Introduction de M. A. Screech, p. xlix de l'édition citée.

[9] Bourrilly-Weiss, dans leur étude sur «Jean du Bellay, les Protestants et la Sorbonne (1529-1535),» *BHSPF*, 1904, no 2, signalent (pp. 112-113) le fait: «Le samedi 21 [novembre, 1534] . . .le docteur en théologie Lullier demanda à ses collègues s'il ne conviendrait pas de profiter de cette occasion pour supplier le roi de faire délivrer Noël Bédier, Nicolas Leclerc, et François Picard qui étaient toujours détenus dans les cachots de l'évêque de Paris. La Faculté n'osa pas prendre sur cette proposition une délibération officielle, mais le procès-verbal de la séance, que nous ont conservé les Commentaires de la Faculté de médecine, ajoute que, peu de jours plus tard, sans doute à la suite d'une démarche officieuse, Clerici [Leclerc] et Picard furent effectivement relâchés.» Voilà qui est clair. On retrouve aussi la trace de cette séance de l'Université dans Herminjard, *Correspondance des Réformateurs dans les pays de langue française*, Genève – Paris, 1866-1897, 9 volumes in-8° (réédition photographique Nieuwkoop/B. de Graaf, 1965), tome III, no 459, qui retranscrit Bulaeus, *Historia Universitatis Parisiensis*, 6 vol, in-f°, 1665-1673; on lit au tome vi («ab anno 1500 ad annum 1600»), p. 249: «Supplicuit quidam Doctor Theologus cognomento Lullier ut mitterentur Oratores ad Regem nomine et expensis totius universitatis pro liberatione Natalis Bedae et Nicolai Clerici Doctorum Theolog. qui tunc ex mandato Regis detinebatur [sic] captivi in carceribus D. Paris. Episcopi, et cujusdam etiam licentiandi Theologi cognomento Picard. Ad hanc supplicationem respondit Facultas una cum aliis Facultatibus rem maturo consilio tractandam esse, neque ita praecipitanter Regem pro huiusmodi negotio adeundum esse, ne oleum adderemus camino et moveremus camarinam. Parata tamen fuit Facultas omnem favorem et quod posset auxilium illis impartiri, data occasione. *Clerici et Picard liberati sunt post aliquot dies*, sed Beda missus est in exilium, unde iam semel fuerat revocatus, factus prius Populo spectaculum, quod multa ut ferebatur, in consulte et ausu nimis temerario contra Regiam maiestatem et dicto et facto attentasset.» Sur l'essai de condamnation du *Miroir de l'âme pécheresse* en octobre 1533, voir Herminjard, *Correspondance*, III, no 438, lettre de Calvin à ses amis d'Orléans, datée de la fin d'octobre 1533. *Matière de bréviaire*, dirait Frère Jan.

à l'instigation de Béda (alors que Rabelais, lui, y fait allusion), ni aux événements importants de cette période (exil de Béda et de trois complices; envoi d'une ambassade sorbonicole au Roi pour demander leur grâce) qui non seulement jettent, à mon avis, un jour tout nouveau – et savoureux – sur l'épisode des cloches de Notre-Dame, mais permettent encore de le dater avec une précision plus que suffisante.[10] Surtout, on est déçu de voir ce livre présenté uniquement comme un exposé en forme des *idées* de Rabelais (le penseur, dit V. L. Saulnier, se présente en «pédagogue» dans le *Gargantua*; il se révèle avant tout soucieux «de faire comprendre plus profondément et plus largement une pensée,»[11]) alors qu'il manifeste essentiellement, me semble-t-il, des préoccupations de nature esthétique. Si Rabelais, avec *Gargantua*, refait, en l'élargissant, son *Pantagruel*, ce n'est pas pour répéter des idées déjà exprimées pour l'essentiel, c'est d'abord pour prendre possession de son univers romanesque, pour en préciser les lois, pour construire dans l'ordre et l'harmonie un monde qu'il n'a pu qu'ébaucher imparfaitement et dont il n'a pu qu'entrevoir les possibilités et les richesses dans son premier livre. Car celui-ci ne le satisfait pas. Il ne cesse de le remanier, de le reprendre, de redistribuer la matière en chapitres. Au contraire, la composition étudiée et minutieuse du *Gargantua* dit bien la nature esthétique des motifs de Rabelais. Il ne veut plus d'oeuvre «improvisée sans plan bien ferme.»[12] Il cherche à composer, avec le *Gargantua*, autre chose qu'un nouveau «spectacle bigarré» relevant des «tréteaux» ou du «plateau de chansonnier»[13]: un ensemble cohérent, organisé, dominé, un peu trop classique (question de goût), aux belles avenues claires et fermement tracées, noir sur blanc, un monde lumineux où l'on finirait peut-être par regretter la spontanéité géniale du *Pantagruel*, n'étaient la richesse et la truculence du style, le bonheur

---

[10] Sur ces placards, très célèbres à l'époque, voir notamment Herminjard, *Correspondance*, III, no 418, pp. 54-61, lettre de Pierre Siderander à Jacques Bédrot, de Paris le 28 mai 1533; no. 422, p. 72, lettre de Jean Sturm à Martin Bucer, de Paris, le 23 août 1533; L'édition que François Juste donne à Lyon le 12 juillet 1533 de l'*Adolescence Clémentine* de C. Marot (la date est éloquente), et qui contient 1) le texte d'un des placards affiichés par les Sorbonicoles: «Ce que aulcuns Theologiens plaquerent à Paris quand Beda fut forbanny voulans esmouvoir le peuple a sedition contre le Roy» 2) la «Responce» du poète sous forme d'un rondeau à rentrement; enfin Bulaeus, au tome VI (p. 238) de son *Historia Univ. Paris.*: «Die ultime maij [1533], ut legitur in Actis Medicinae, vocata est Universitas ad Math. super libellis famosis à quibusdam licentiâ maledicendi spargi et affigi solitis.» L'épisode des cloches de Notre-Dame, qui d'après moi se fait l'écho de ces événements survenus en mai 1533 à Paris, peut ainsi être daté de juin 1533, ou plus largement, du milieu de l'année.
[11] Préface de V. L. Saulnier, p. xix de l'édition citée.
[12] *Ib.*, p. xii. Cf., pour juger de la permanence de l'appréciation, la préface au *Pantagruel* de 1946 (p. xxviii): «une œuvre improvisée de verve.»
[13] *Ib.*, p. xix.

inégalé du détail et de l'invention verbale. La vision optimiste qui clôt le livre, Thélème, conçue généralement comme l'expression utopique des espoirs politiques et religieux des humanistes érasmiens, trahit surtout un désir de beauté. L'abbaye est «cent foys plus magnificque que n'est Bonivet». Ce ne sont partout que ruissellements de splendeurs, miroitements d'étoffes rares, symétries architecturales. Seuls y sont admis «les beaulx, bien formez et bien naturez» et les «belles, bien formées et bien naturées.»[14] Le manichéisme, jusque-là éthique, y devient esthétique. Le Bien se confond avec le Beau et l'Harmonie, le Mal avec la Laideur et le Désordre. Dans cette perspective esthétique, la chasse aux «idées de Rabelais» devient aventureuse. En effet, dans ce monde structuré par le principe de l'opposition des contraires, «bien et mal, vertu et vice, froit et chauld, blanc et noir, volupté et douleur, dueil et tristesse,»[15] toute idée ne peut être jugée en soi puisqu'elle n'a de valeur et de réalité que par rapport à son contraire, et que sa justification est le plus souvent de nature esthétique, et non pas idéologique. Si la critique ne veut pas se condamner à piétiner indéfiniment devant le *Gargantua* autour des mêmes poncifs historiques elle devrait s'habituer à y voir autre chose qu'un sermon humaniste érasmien.

La situation est encore moins brillante en ce qui concerne le *Pantagruel*. Le premier né de Rabelais, ours mal léché, géant grandi trop vite, est délibérément sacrifié aux romans postérieurs. L'esprit français, qui a toujours entendu vanter les grandeurs éternelles du Classicisme – le Grand Siècle –, qui a assimilé les règles, les bienséances, les convenances, les usages, les lois, les décrets des doctes académiques, a tendance à se faire de la littérature une conception codifiée, hiérarchisée, aseptisée. Et tout ce qui échappe à cette conception dérange, paraît suspect et inférieur, suscite une moue à tout le moins dubitative, consciemment ou non. Même lorsqu'on fait appel au «baroque,» ce n'est jamais qu'un pis-aller, un sauvetage, une justification. En vingt cinq ans, V. L. Saulnier n'a apparemment pas changé d'avis sur le *Pantagruel*; ce livre reste pour lui en 1970 ce qu'il était en 1946: un «repos du plus grand travail,» «un recueil de bons mots ou de saynètes satiriques» (*c'est image*, précise l'éminent critique: mais les mots restent), «une sorte de revue» où l'auteur teste ses pouvoirs, un coup d'essai «pour se faire les dents.»[16] Et M. A. Screech glisse rapidement

---

[14] *G.*, L, p. 283.
[15] *G.*, IX, p. 70.
[16] Préface au *Gargantua* cité, pp. xviii et xix.

sur le *Pantagruel* pour mieux en venir au génial *Tiers Livre*: «his first rather dull novel of 1532,» dit-il, parlant de Rabelais.[17]

Par son attitude – je viens d'y faire allusion – Rabelais lui-même semble accréditer cette condamnation. Il a constamment, d'édition en édition, remis son *Pantagruel* sur le métier.[18] Ces remaniements sont révélateurs à bien des égards. L'insouciance – affichée – du créateur vis-à-vis de sa création est décidément feinte. N'en déplaise à Faguet, Rabelais a sûrement passé à la composition et à la rédaction de ses «joyeuses et nouvelles chronicques» plus de temps que «celluy qui estoit estably à prendre [sa] refection corporelle». La conscience critique et esthétique de Rabelais est très vive. Les 23 chapitres de l'édition originale (Cl. Nourry, Lyon, 1532) sont de longeur très inégale. Rabelais introduit un nouveaux découpage en 29 chapitres dans l'édition F. Juste de 1534; il ajoutera encore trois autres chapitres en 1537, et deux enfin en 1542. Outre cette redistribution d'ensemble, qui trahit un souci d'équilibre et d'harmonie (il y a en Rabelais un «classique» qui sommeille), Rabelais, littéralement parlant, se forge un style. Brunet l'avait déjà remarqué: l'édition de Nourry présente le texte «dans toute sa simplicité primitive»; «en la comparant avec l'édition de 1534, on reconnaît combien l'auteur a travaillé son style,» combien il s'est livré à «un travail grammatical suivi.»[19] Brunetière, à ce sujet, a des formules très heureuses: «Si 'naturel' qu'il soit, affirme-t-il, le style de Rabelais est un style savant et un style très travaillé... Il n'y a pas de prose, en notre langue française, qui soit moins improvisée que

---

[17] M. A. Screech, *Aspects of R.'s Christian comedy*, Publications Dept., University College, London, 1968, p. 10.

[18] Sur les différentes éditions de *Pantagruel*, se reporter à l'étude de Jacques Boulenger, «Etude critique sur les rédactions de Pantagruel,» *Revue du Seizième Siècle*, VI, pp. 201-275, et à P. P. Plan, *Les Editions de Rabelais de 1532 à 1711*, Paris, 1904 (réédition Nieuwkoop – B. de Graaf, 1965). Les plus importantes étant celles 1) de Claude Nourry, Lyon, 1532: (A) 2) de François Juste, Lyon, 1533: (G) 3) du même, Lyon, 1534: (H) 4) du même, Lyon, 1542: (M). A signaler que le seul exemplaire de l'édition Juste de 1533 a disparu, pendant la dernière guerre, de la bibliothèque de Dresde.

[19] J. C. Brunet, *Recherches bibliographiques et critiques sur les éditions originales des cinq livres du roman satirique de Rabelais*, Paris, 1852, p. 15. Voir aussi l'introduction de A. Lefranc au catalogue de Jean Porcher, *Rabelais, Exposition organisée à l'occasion du quatrième centenaire de la publication de Pantagruel*, édition des Bibliothèques nationales de France, 1933: «il semble que le texte de 1532 puisse être considéré comme l'un des meilleurs, sinon le meilleur... Une autre caractéristique de ce premier texte est le désir évident de modernisme, si l'on peut dire, qui apparaît chez l'auteur en matière de langue et d'orthographe...» Le texte primitif a été écrit «avec une simplicité naturelle dont l'auteur s'est ensuite éloigné à dessein... Il est certain que Rabelais a usé plus tard de l'archaïsme comme d'un procédé voulu. En 1532, il n'a pas encore résolu d'y recourir avec calcul et d'une manière constante. Il en résulte que notre rédaction offre un caractère plus spontané peut-être que celui des textes qui ont suivi. Une constatation de ce genre offre un intérêt réel pour l'étude de l'évolution littéraire de l'écrivain.»

la sienne.»[20] Cette création consciente d'un style va, on le sait, dans une direction inattendue. Le *Pantagruel* de 1532 est syntaxiquement parlant le plus proche du lecteur moderne: celui de 1542 est beaucoup plus «archaïque» d'apparence. Rabelais semble aller à contre-courant de l'évolution générale. Je dis *semble*, car rien ne prouve que ce soit là le but qu'il ait toujours réellement recherché.[21] Ce qui est par ailleurs remarquable, c'est que ce retour en arrière se décide brutalement et massivement dans l'édition Juste de 1534.[22] C'est là que Rabelais opère son grand virage stylistique et syntaxique. L'édition Juste de 1533 ignore encore les corrections que le lecteur moderne a tendance à qualifier d'archaïsantes.[23] Rabelais s'y montre au contraire plutôt

[20] F. Brunetière, *Histoire de la littérature française classique (1515-1830). Tome Premier: de Marot à Montaigne (1515-1595)*. Paris, C. Delagrave, 1904-05, p. 142 de la première partie («Le mouvement de la Renaissance»). Et cette affirmation de Thuasne, *Etudes sur Rabelais*, 1904, p. 391: «Il n'atteint au naturel que par un labeur assidu.»

[21] Si certaines corrections syntaxiques et stylistiques paraissent en effet devoir trahir une volontaire affectation d'archaïsme (suppression des pronoms personnels sujets et des auxiliaires de négation, remplacement de la forme tonique *moi* par la forme atone du pronom sujet *je*, et de la forme atone du réfléchi *se* par la forme accentuée *soy* devant l'infinitif et le participe présent, etc.), il est certain que l'archaïsation n'explique pas tout. Voir, à ce sujet, l'article de Charles Béné, «Contribution à l'histoire du texte de Pantagruel, l'édition lyonnaise de 1533,» *ER*, tome V, 1964, notamment p. 16. Sur le problème de l'archaïsme de la prose des conteurs du XVIe siècle, consulter R. Marichal, *ER*, Préface du tome I, pp. 4-5 («Brunot n'a pas vu que les conteurs, de Marguerite à Rabelais, archaïsent: son tableau archaïse avec eux»), et tome VI, 1965, sa note «De l'archaïsme de Rabelais. La place du sujet dans la phrase,» pp. 107-112.

[22] Comment interpréter cette attention soudaine portée par Rabelais au style de son premier né? La convergence remarquable des corrections laisse percevoir un dessein mûrement concerté. Nina Catach, dans son ouvrage *L'orthographe française à l'époque de la Renaissance (Auteurs – Imprimeurs – Ateliers d'imprimerie)*, Droz, 1968, souligne l'apparence «archaïque» de l'œuvre de Rabelais, que l'on se place au point de vue de la langue ou à celui de l'orthographe (p. 160). Rabelais a systématiquement refusé toute modernisation typographique en ce qui concerne sa geste pantagruélique, alors qu'il l'acceptait par exemple, pour la *Sciomachie*, éditée chez Gryphe en 1549. Elle suggère (p. 154) que «la volonté délibérée de continuer les 'croniques' anciennes et populaires,» «de ne pas dérouter le public,» a pu d'abord jouer son rôle. Elle ajoute – point très important – que «l'anachronisme lui était d'autant plus précieux qu'il y gagnait, ou pensait y gagner, un anonymat prudent, et ce n'est pas exagérer sans doute (je souligne) *de supposer que son orthographe constituait une partie de son travestissement vis-à-vis de la Sorbonne.»* Et encore: «L'orthographe au XVIe siècle [fait] étroitement corps avec le choix littéraire, esthétique, *avec la personnalité même de l'auteur.»* Ce que N. Catach dit de l'orthographe, je l'appliquerais volontiers au style et à la syntaxe. Les bouleversements opérés par Rabelais dans son édition de 1534, dus sans doute à une prise de conscience consécutive à la rédaction du *Gargantua*, font partie du personnage Alcofrybas Nasier, historiographe du «temps des hauts bonnets.» C'est peut-être ainsi le jeu parodique auquel se livre Rabelais par l'intermédiaire du «je» de sa narration qui expliquerait les remaniements de l'édition de 1534. La parodie est affaire de style autant que de thèmes. Un livre qui est composé *gotticquement* par un «vieil buveur» du temps jadis, se doit d'avoir un style *gothique*. Rabelais n'a pas seulement, «en accord avec son imprimeur attitré, choisi les caractères et l'orthographe qui lui semblaient convenir le mieux à son texte» (Catach, p. 159): il a aussi choisi le style qui convenait le mieux au personnage d'Alcofrybas.

[23] Au contraire, en 1533, Rabelais va dans le sens de son édition originale (Cl. Nourry). Il se montre surtout soucieux d'en corriger les erreurs et les lourdeurs. Voir l'article de

soucieux de supprimer les archaïsmes et de corriger les fautes grammaticales et les lourdeurs de l'édition Nourry. Tout change avec l'édition de l'année suivante, et dans des proportions réellement extraordinaires. Je ne donnerai ici que quelques exemples parmi les plus significatifs. Celui de l'expression de la négation d'abord: Rabelais supprime en 1534 un très grand nombre d'auxiliaires de négation (64 suppressions de l'auxiliaire *pas*, et 23 de l'auxiliaire *point*, en négatives; 10 suppressions de *pas* en interro-négatives).[24] Il recherche l'expressivité: *goutte* (4 cas) et *mie* (5 cas) remplacent *pas* et *point*.[25] Pour juger de l'ampleur du bouleversement, ce chiffre: l'expression négative ou interro-négative *ne...pas*, qui compte 84 occurrences en 1532, n'en compte plus que 10 en 1534. Le même phénomène se reproduit dans le domaine des pronoms personnels.[26] Rabelais, dans son édition de 1533, n'a pas encore adopté à leur égard une politique syntaxique bien définie. En 1534, au contraire, on décèle chez lui une nette tendance à supprimer les pronoms personnels sujets (17 disparitions) et les réfléchis atones (8 cas)[27], à remplacer systématiquement les formes obli-

---

Béné, pp. 15-16 sur les corrections grammaticales, p. 16 sur les suppressions de latinismes (*obediens, depromer, transmigrer, transfreta, ministere*). Il ne songe pas encore à bouleverser son style. Les incorrections typographiques nombreuses sont sans doute dues à une question de temps, Rabelais ayant dû changer soudainement d'imprimeur à la mort du Prince (Cl. Nourry). L'édition que donne F. Juste en 1534 est très soignée.

[24] Donnons quelques exemples. Prologue, l. 26 de l'édition Lefranc: «ce ne sont [pas] fariboles»; P60: «car ne croyez [pas] que»; P61: «je ne suis [pas] né en telle planette»; I164: «Et, parce que n'estoys [pas] de ce temps là»; IV 32: «car il ne sçavoit encores [pas] bien parler»; IV 40: «car les nourrisses ne luy avoyent [pas] bien torché les babines»; V 37: «Mais il ne s'en contenta pas de leur réponse» devient en (H): «Mais il ne se contenta de leur réponse» (le *en* pléonastique étant supprimé en (G)); citons encore: V 61, V 65, VIII 42, VIII 59, VIII 66, VIII 82, VIII 85, X 25, XI 40, XI 53, XI 80, XI 93, XII 7, XII 34, XII 53, XII 100, XII 119, XIII 14, XIV 101, XIV 147, XV 122, XV 133, XV 143, etc. Chaque fois, l'auxiliaire apparaît en (G). Il n'est supprimé qu'en (H). Pour l'auxiliaire *point*: I 3: «Ce ne sera [point] chose inutile ne oysifve» (à noter ici, une erreur de l'édition Saulnier, qui ne retranscrit pas l'auxiliaire); I 162: «au nombre desquelz n'est [point] mys ledict Hurtaly»; I 167: «ledict Hurtaly n'estoit [point] dedans l'arche»; II 13: «et ne fut [point] au temps de Helye»; V 33: «qu'il n'y avoit point d'autre cause» devient en (H): «que n'estoit aultre cause»; Autres cas: VII 21, VIII 30, VIII 78, VIII 132, VIII 136, XI 22, XII 81, XIV 67, XV 22, XV 29, etc. Pour les tournures interro-négatives: X 68: «Ne vault il pas beaucoup mieulx les ouyr» devient en (H): «N'est ce le mieulx ouyr»; XV 21: «Scez tu [pas] bien ce que dist Agesilaus»; XXVIII 97: «Seroit ce [pas] bon que encloasse toute leur artillerie?» XXI 103: «N'estes vous [pas] amoureuse de moy?» Autres cas: XV 17, XXIV 87, XXVI 82, XXI 75, etc.

[25] Passage de *ne...pas* à *ne...mie*: IX 44 («le diable n'y mordroit *mie*»), XIV 39 («encores ne me mettroys je *mie*»), XV 40 («Ne le dictes doncques *mie*»), XVI 47 («il ne s'en soucioit *mie*»); de *ne...point* à *ne...goutte*: II 57 («que de humeur il n'y an avoit *goute* en l'air»), VI 43 («mammone ne supergurgite *goutte* en mes locules»), XIV 38 («de ne boire *goutte* de vin), XXX 22 («ne pleurez *goutte*»); de *ne...point* à *ne...mie*: V 90 («il ne le faisoit *mie*»).

[26] J'ai étudié ce problème dans un mémoire (non publié) de DES, Sorbonne, 1963: *Syntaxe et morphologie des pronoms personnels dans Pantagruel et Gargantua*, 183 p.

[27] En ce qui concerne les pronoms personnels, l'édition Juste de 1533 hésite. Elle supprime quelques pronoms sujets (III 28: «que [je] suis ayse»; XIV 108: «item [il] avoit»); XXIV

ques toniques en fonction de sujet (moi, toi) par les formes atones correspondantes (je, tu),[28] à se débarrasser de toutes les tournures impersonnelles, en leur substituant des tournures personnelles équivalentes, généralement avec le verbe *être*, ce qui a pour effet de faire apparaître un sujet postposé[29]; enfin, à éliminer toutes les tournures du type *s'en* aller, *s'en* fuir, *s'en* partir, pour les remplacer pas les verbes simples, *aller, fuir, venir, partir* (32 cas).[30] On note encore, dans cette

62: «[il] n'avoit point dit»; XVII 120: Et si [tu] vouloys te raslier»), mais il lui arrive aussi d'en rajouter (XV 134: «depuis que *je* suis en ceste ville»; XX 44: «et dadvantaige *ilz* se estoient altérés»; XXVII 114: «frappez de ce pau tant que *vous* pourrez»; et: XVIII 46, XXIX 145, XXX 189, XXX 192, XXXI 181, XXXII 43, XXXIII 8; avec cette très caractéristique addition en XX 22: C'est quand *luy et moy* nous avons. . .» Au contraire, la règle est à la suppression dans l'édition de 1534: III 5 («[il] ne sçavoit que dire»), III 34 («[Et en] ce disant [il] ouyt la letanie») III 54, VII 5, XIV 72, XVI 27-28, XIX 86, XXVI 33, XXVI 109, XXXII 28, XXXII 41. Cette suppression s'accompagne souvent d'un changement du pronom relatif (adoption de la forme composée): P 53: «à celuy *dont* nous parlons» devient: «à celluy *duquel* parlons»; I 32: «Noé, le sainct homme, *à qui nous* sommes tant obligez» devient: «. . .homme, *auquel* tant sommes obligez.» Voir aussi I 77, II 27 et XIII 63. Même tendance à supprimer les réfléchis atones: VII 4, XIX 121, XXVI 53, XXVIII 17, XXVIII 51, etc.

28 L'intention parodique, dans ce cas précis est évidente: il y a recherche concertée d'anachronisme. Citons quelques exemples. VIII 64: (A)-(G): «à difficulté seroys *je* receu en la premiere classe des petitz grimaulx, *moy* qui. . .»; (H): le *moy* est supprimé. XVIII 158: (A)-(G): Doncques, dist Panurge, si *moy*, qui suis petit disciple de mon maistre. . .» devient en (H): «Doncques, dist Panurge, si *je*, qui suis. . .»; XXIV 98-104-109-113: (A)-(G): «*Moy* (dist Panurge) *j'*entreprens. . . *Moy* (dist Epistemon) *je* sçay. . . *Moy* (dist Eusthenes) *je* entreray. . . *Moy* (dist Carpalim) *je* y entreray. . .,» tournures modernes remplacées en 1534 par: «*Je* (dist P.) entreprens. . . *Je* (dist E.) sçay. . . *Je* (dist E.) entreray. . . *Je* (dist C.) y entreray. . .»; XXV, 96: «Et *moy*, dist Eusthenes, quoy. . .» devient: «Et *je*, dist Eusthenes. . .»; XXIX 13: «*Moy* doncques qui» devient «*Je* doncques qui.» Et cet exemple caractéristique: P 57: «Voulant doncques, *moy* vostre humble esclave, accroistre vos passetemps davantaige, *je* vous offre de present. . .,» devient en (H): «Voulant doncques *je*, vostre humble esclave, accroistre vos passetemps dadvantaige, vous offre de present. . .» Exemple à rapprocher de cet autre, qui apparaît dès l'édition originale (p. 170, éd. V. L. Saulnier): «Ce pendant, *je*, qui vous fays ces tant véritables contes, m'estoys caché. . .»; et de ces autres, empruntés à Molinet et à Olivier de la Marche: «Et pour ce que le trespuissant et tresredoubté duc Charles, desirant accroistre sa renommee par toutes terres et provinces au decorement de ceste maison tresrelucente, s'est nouvelement tiré sur les frontieres et limites de Germanie et a planté son siege devant la tres forte ville de Nuisse, *je*, Jehan Molinet, lointain imitateur des historiographes, me suis avancé par son commandement de rédiger et mettre par escript les glorieuses proesces. . .» etc., etc.; «Et ainsi, noble prince, *je*, Oliver, Seigneur de la Marche, chevalier. . . à cause de mon viel eage ne vous puis faire service personnelement selon mon desir. . .»

29 Là encore, il s'agit de vieillir *intentionnellement* la tournure de phrase, puisque la suppression de la tournure impersonnelle fait apparaître un sujet postposé. Citons quelques exemples caractéristiques: P67 (A)-(G): «et sçavoir *s'il y avoit* encores en vie nul de mes parents»; (H): «et sçavoir si en vie *estoyt* parent mien aulcun.» II 9: «Vous noterez qu'en icelle année *il y avoit* si grand seicheresse»; (H):» Vous noterez qu'en icelle annee *fut* seicheresse tant grande»; XII 8: «et *y auroit* des aureilles maintes sur terre»; (H): «et *seroient* aureilles maintes sur terre.» XXVIII 47: «et luy conta comment [il] estoit venu un grand geant.» Et lorsque Rabelais conserve la tournure impersonnelle, il la réduit à *y a*, supprimant le *il* impersonnel de la rédaction originelle.

30 Quelques exemples: V 42: «Ainsi [s'en] retourna»; V 43: «et [s'en] vint à Bourdeaulx»; V 76: «Ainsi [s'en] vint à Bourges»; XIV 103: «Alors je [m'en] vins»; XVI 24: «et puis

très importante édition de 1534, une nette tendance à supprimer les gérondifs, les prépositions (notamment *de* : 23 disparitions), les articles définis (9 suppressions), les conjonctions (114 disparitions de *et*); un cas remarquable de cette tendance étant constitué par la suppression de la construction prépositive des infinitifs (24 cas).[31] Mais un exemple précis montrera mieux la nature de ces remaniements que tous les chiffres, qui ne sont jamais parlants (ou presque jamais), et auxquels, quand ils parlent, l'on peut faire dire ce qu'on veut:

Edition Nourry, 1532, chapitre VII; f°D, r°: [32]

«Après que Pantagruel eut fort bien estudie a/*Orleans*, il *se* delibera *de* visiter la grande uni-/versite de Paris, mais devant que partir *il* fut/adverty qu'*il y avoit* une grosse et enorme cloche/a sainct Aignan dudict Orleans, *qui estoit* en terre *pres de*/*troys cens ans y avoit*: car elle estoit *si* grosse que par *nul*/engin *l'on ne la povoit mettre* seulement hors de terre...»

Edition Juste, Lyon, 1534, chapitre VII, p. 16 v°: [33]

«Apres que Pantagruel eut fort/bien estudié en Aurelians, il de-/libera visiter la grande univer-/sité de Paris, mais devant que par-/tir fut adverty que une grosse et enor-/me cloche estoit a sainct Aignan dudict/Aurelians, en terre: passez deulx cens/quatorze ans: car elle estoit tant grosse que/par engin aulcun ne la povoit on mettre/seullement hors de terre...»

[s'en] fuyoient; XXI 60: «Adoncques [s'en] sortit Panurge»; XXII 58: «il *s'en* partit,» devient en (H): «partit de là.» Et ce cas intéressant, XXII 78: «sinon *s'en* aller en son hostel,» devenant en (H): «sinon *soy* retirer en son hostel,» construction qui est de règle chez Molinet ou Chastellain.

31 Toutes ces suppressions ne peuvent guère s'expliquer par des considérations parodiques. Au contraire: car là où Rabelais supprime la préposition dans la construction des infinitifs régimes (par exemple, XVIII 136: «commencerent [à] frapper des mains»; XIX 77: «Thaumaste commença [à] suer»; XXI 10: «il entreprint [de] venir»; XXIV 85: «il seroit bon [de] deliberer»; etc.), Molinet la maintient (tome I, p. 331, 344, etc.). Le remaniement est pourtant très conséquent: 49 constructions prépositionnelles, 8 non-prép. en 1532 (A); 54 prép., 5 non-prép. en 1533 (G); 29 prép., 31 non-prép. en 1534 (H); 18 prép. et 41 non-prép. en 1542 (M). Elles ont ceci de commun qu'elles laissent de la place libre sur la page, et qu'elles permettent à l'imprimeur (le papier est très cher au XVIe siècle) de «rattraper» les additions, très nombreuses, on le sait, en 1534. C'est dire que des considérations proprement techniques, matérielles, ont dû aussi intervenir pour expliquer les remaniements syntaxiques auxquels se livre Rabelais à cette date.

32 Pantagruel//Les horribles et espovēta =//bles faictz et prouesses du tresrenōme// Pantagruel Roy des Dipsodes//filz du grand geāt Gargan =//tua. Cōposez nouvelle =// ment par maistre//Alcofrybas//Nasier.// ❧On les vend a Lyon en la maison//de Claude nourry/dict le Prince//pres nostre dame de Confort. Je possède une photocopie de cette édition (B.N. Réserve Y² 2.146).

33 PANTAGRVEL//ΑΓΑΘΗ ΤΥΧΗ//LES HORRI.//BLES FAICTZ//et prouesses espouē//tables de PAN-//TAGRUEL//roy des Dipsodes,//composes par M.//ALCOFRIBAS//abstracteur de quin// te essence.//M.D.XXXIIII. Je possède une photocopie de cette édition (B.N. fonds Rothschild, no 3063).

Ce court passage enregistre de 1532 à 1534 la suppression d'un pronom sujet (*il* fut adverty), d'un pronom réfléchi (il *se* delibera), d'une préposition (il se delibera *de* visiter), de deux tournures impersonnelles (*il y avoit* une grosse et enorme cloche, pres de troys cens ans *y avoit*); la substitution de *aulcun* à *nul* et de *tant* à *si*; l'inversion d'un pronom sujet indéfini (*l'on* ne la povoit mettre, ne la povoit *on* mettre).

Je me suis permis de fournir ces quelques précisions parce qu'elles nous offrent de Rabelais une image inhabituelle: celle d'un créateur minutieux, lucide, attentif, conscient à l'extrême, et hanté par son œuvre. Rabelais n'aurait certainement pas apporté tant de constance à corriger, amender, et perfectionner la forme d'une œuvre si celle-ci ne lui avait pas tenu singulièrement à cœur. Aucun des autres livres de la geste pantagruélienne n'a subi autant de retouches. On exagérerait à peine en disant qu'il n'y a pas une phrase de ce livre qui n'ait été reprise, à un moment ou à un autre, et avec une telle conscience dans le dessein et une telle continuité dans le propos qu'il n'existe peut-être pas, dans toute notre littérature, d'œuvre qui ait subi un aussi profond bouleversement stylistique et syntaxique. A cet égard, le *Pantagruel* de 1542 est tout le contraire d'une œuvre improvisée. Et quelles que soient les raisons précises qui lui aient dicté ces remaniements cohérents – ce n'est pas ici mon propos de les discuter[34] – il demeure que Rabelais a manifesté à son *Pantagruel* un attachement qui doit retenir l'attention. Pour que l'*écorce* l'ait tant préoccupé, il fallait que la *moelle* lui fût particulièrement chère, et qu'il crût au bien-fondé de ses efforts. Car, on l'aura remarqué, toute l'attention de Rabelais s'est portée sur la forme, non sur le fond – comme s'il était sûr du fond, et qu'il n'ait eu pour seule intention, en se corrigeant, que de lui fournir un style et un

---

[34] Je voudrais cependant proposer ici une hypothèse, qui demande, pour devenir fait indubitable, quelques vérifications aisées, mais fastidieuses, à entreprendre. Rabelais, on le sait, change brusquement d'éditeur à la mort du «Prince» en 1533. A partir de l'édition (G) du *Pantagruel*, il reste fidèle à François Juste. Toutes les éditions de *Pantagruel* et de *Gargantua* qu'il revoit et qu'il corrige sortent des presses de cet imprimeur lyonnais: *Pantagruel*, 1534, 1537, 1542, et *Gargantua*, 1534, 1535, 1537, 1542. La présentation (format, caractères) est identique d'une édition à l'autre: petit in-8° gothique. Ces œuvres furent des succès de librairie, comme le prouvent les nombreuses contrefaçons et le nombre même des éditions successives. L'imprimeur avait donc intérêt à garder ces œuvres constamment prêtes pour l'impression. Mais Rabelais ne cesse de corriger, d'amender, surtout de rajouter des passages entiers. Au fur et à mesure des rééditions, le catalogue de Saint-Victor, les langages de Panurge, les propos des bien ivres, pour ne parler que des exemples les plus connus, s'allongent. D'après la description bibliographique donnée par Babeau, Boulenger, et Patry dans l'Introduction à leur édition du *Pantagruel* de 1533 (Paris, Champion, 1904), celui-ci comprend «*88* feuillets, signés *Aij – Liiij*, formant 11 cahiers tous complets.» L'édition de 1534 possède *92* feuillets, marqués *Aij-Miij*. Si l'on songe à l'importance des additions, le nombre de pages rajoutées est, on le voit, peu important. Une comparaison page à page, et ligne à ligne, des deux éditions permet d'entrevoir que l'imprimeur, autant que faire se peut, cher-

cadre dignes de lui. Lorsque, dans les éditions postérieures à celle de Nourry, Rabelais revient sur sa pensée, ce n'est jamais pour la préciser ou pour la corriger, c'est toujours au contraire pour la souligner, pour l'accuser.[35] Si le style du *Pantagruel*, et sa forme, lui ont de toute évidence posé des problèmes, il semble au contraire avoir été singulièrement sûr de la pensée qu'il y avait enfermée.

Mais, cette pensée, quelle est-elle?

II. L'UNITÉ DU *PANTAGRUEL*; UN «ORDRE SOURD». RÉFLEXIONS MÉTHODOLOGIQUES; LES CHAPITRES VI ET VIII

> – Comme tu rabâches toujours les mêmes choses, Socrate.
> – Non seulement les mêmes choses, Calliclès, mais sur les mêmes sujets.
>
> Platon, *Gorgias*, 490e.

Il faut bien l'avouer, les apparences sont plutôt décevantes. Le *Pantagruel* est certainement l'œuvre la plus improvisée (j'entends à

che à respecter la disposition de ses pages, et en dernier ressort, de ses lignes. La ligne, en effet, semble être pour l'imprimeur l'unite typographique à respecter coûte que coûte. Lorsqu'une addition de l'auteur vient, d'une édition à l'autre, introduire un décalage dans une ligne, l'imprimeur n'a de cesse qu'il n'ait rattrapé sa disposition initiale. Et pour ce faire, il introduit des abrévations, il supprime tous les espaces vides, mais aussi les auxiliaires de négation, les pronoms personnels, les conjonctions, les prépositions, si le besoin s'en fait sentir. Le cas est net surtout en ce qui concerne les éditions 1534 et 1535 du *Gargantua*, car l'édition de 1533 du *Pantagruel* a été imprimée si hâtivement que Juste a dû la refondre presque totalement l'année suivante, en resserrant au maximum la présentation. Donnons un exemple. A la fin du chapitre VIII de *Gargantua*, la disposition des 11 dernières lignes est la même en 1535 qu'en 1534. Seul le texte des deux dernières lignes diffère :

A (1534)	B (1535)
par une chascune peut estre designe, si le	par une chascune peut estre designe, si le
prince le veult et comēdē: cil qui en cōm̄	dieu me saulve le moulle du bōnet cest le
dāt ensemble donne et pouvoir et scavoir.	pot au vin cōme disoit ma mere grand.

Il est clair que Juste aurait dû supprimer l'article *le* en 1535 à la fin de la première ligne retranscrite: «Si *le* dieu me saulve. . .» ne veut rien dire. La présence de l'article dans l'édition (B) montre bien, à mon avis, que l'imprimeur se souciait avant tout de la disposition de ses lignes. Il y aurait donc, à l'origine des remaniements syntaxiques et stylistiques opérés par Rabelais sur son texte, des raisons d'ordre purement matériel, technique. Raisons que Rabelais aurait ensuite consciemment et systématiquement exploitées pour créer à son conteur Alcofrybas, historiographe et *maistre* es arts, vieux *resveur* de l'ancien temps, et cerveau à *bourlet*, une langue digne de lui, de son personnage anachronique et de son archaïsme existentiel.

[35] V. L. Saulnier le dit bien dans sa préface, édition citée. p. xlvii: «Rabelais ajoute, et accuse ses procédés: c'est là le plus clair.»

l'origine), la moins contruite de Rabelais. Ce livre paraît manquer d'unité. Le lecteur, d'abord charmé par les exploits précoces herculéens et les études buissonnières du jeune Pantagruel, perd soudain de vue son héros pendant quelques longs chapitres où domine la silhouette inquiétante et séduisante de Panurge, et il remarque vite – cela saute aux yeux – que les épisodes y sont de toute évidence artificiellement reliés les uns aux autres, et tout aussi artificiellement introduits. Il a l'impression de se trouver en face d'une collection hétéroclite de morceaux choisis comiques, d'une accumulation gratuite de scènes et de dialogues farcesques, de fabliaux, de combats bouffons, juxtaposés tant bien que mal dans le cadre passe-partout du roman chevaleresque, enfances – éducation – exploits guerriers. Il n'y découvre nulle part les belles symétries classiques du *Gargantua*, et ses paysages manichéens de ténèbres et de lumières, structurés par le principe esthétique et éthique de l'antithèse. Le génie certes s'y affirme, mais maladroitement. L'écrivain y paraît certes déjà en possession de toutes ses ressources verbales, mais son langage prestigieux se déploie au sein d'un univers encore informe et chaotique. L'année 1532 est pour Rabelais, en somme, l'année des grosses mesles, celle des «enfleures bien estranges,» des croissances prodigieuses et soudaines, quelque peu grotesques et anarchiques. C'est l'aube d'un monde qui se place d'emblée sous le signe de la fécondité: temps de la genèse, où la matière tâtonne à la recherche de ses formes viables, où les frontières s'esquissent à peine, où les lignes de forces demeurent incertaines, et où la pensée commence seulement à se définir et à se poser par rapport à son siècle. L'esprit du créateur y flotte encore, indécis, à la recherche de ses lois. Le *Pantagruel* apparaît comme un géant qui a trop vite brisé son berceau et s'est trop tôt émancipé de la tutelle de son père nourricier.

Au total, un *fagotage* à la Montaigne: «Que sont-ce icy aussi à la vérité que crotesques et corps monstrueux, rappiecez de divers membres, sans certaine figure, n'ayant ordre, suite, ni proportion que fortuité?»[36] Un fagotage dont Rabelais a voulu se racheter puisque, reprenant le même cadre d'ensemble, il a refait son premier livre avec le second, passant du «dessein farouche et extravagant» du *Pantagruel*, qui en reste à l'esquisse et à la recherche, à ce «tableau riche, poly, et formé selon l'art» qu'est le *Gargantua*.[37]

Et c'est bien ainsi d'ailleurs que la critique rabelaisante présente le

---

[36] Montaigne, *Essais*, Club Français du Livre, 1962, p. 192 (I, XXVIII: De l'Amitié).
[37] *Ib.*, p. 192.

plus souvent le *Pantagruel*: comme une «galimafrée de divers articles.»[38] Dans l'ensemble – et je me réfère ici au jugement de V. L. Saulnier à l'époque de sa première édition du *Pantagruel*,[39] – une volonté délibérée de bouffonnerie, un conte pour rire, une «œuvre de verve» qui porte la trace de «franches séances de bien-boire,» et qui révèle «l'état d'esprit et le vocabulaire du savant en vacances»: *spécimen génial* de la littérature de foire et de colportage, «délassement d'humaniste» et «repos de plus grand travail» (on voit la permanence du jugement). Avec par voie de conséquence, ce défaut évident et fâcheux de composition, le hors-d'œuvre Panurge s'expliquant par le fait que Rabelais, rédigeant de verve, a cédé à la «tentation du feuilletoniste.» Livre qui, «comparé aux quatre autres, offre des faiblesses de composition,» disait déjà Lefranc.[40] Et Lote: «une espèce de fourre-tout, un ouvrage omnibus.»[41] Et Jourda: Le *Pantagruel*, comparé au *Gargantua* où se révèlent l'artiste et le penseur dans leur maturité, reste une «œuvre primitive.»[42]

Donc, un livre mal fait, improvisé à la va-vite, «tout le contraire d'une œuvre lentement macérée»: un *ballon d'essai*, un «chef-d'œuvre baroque» (quand même), à l'opposé de la simplicité et de la netteté de «l'art exact,» de son équilibre et de sa cohérence; un livre de «séduction immédiate et fugitive,» qui ne s'engage pas sur «le plan de l'éternité,» mais reste prisonnier de son temps.[43]

Pourtant, la pensée n'est pas absente de cette œuvre bouffonne et baroque. M. Saulnier le dit bien: «il s'y intègre, chemin faisant, quelque préoccupation d'apostolat humaniste.»[44] Cette bonne humeur de samedi soir – «vivre en paix, joie, santé, faisant toujours grande chère» – se double d'une leçon «ouvertement avouée,» et qui s'inspire essentiellement d'Erasme. Rabelais apparaît bien en effet dans le *Pantagruel* à la remorque d'Erasme. Il y dénonce les dangers de cette *hydre* d'Antiphysie dont les trois têtes se nomment *la Glose, le Sophisme*, et *la Formalité*,[45] et milite en faveur d'une foi évangélique, débarrassée de

[38] *Ib.*, I, XLVI: Des noms, p. 304.
[39] Edition citée, 1946. Essentiellement, les pages xxiii-xxxiv: «Pantagruel, roman de verve,» «Pantagruel et les Prognostications, repos du plus grand travail,» «Pantagruel improvisé.»
[40] A. Lefranc, *Rabelais*, 1953 (déjà cité): reprise de la préface de l'édition critique.
[41] G. Lote, *La vie et L'œuvre de F. R.*, déjà cité.
[42] P. Jourda, introduction aux *Œuvres Complètes* de F. R., classiques Garnier, pp. xiii-xiv.
[43] Formules qui me paraissent ne pas devoir rendre à Rabelais la justice qu'il mérite, on le verra: p. xliii de l'introduction, *éd. citée*.
[44] *Ib.*, p. xxvii.
[45] *Ib.*, p. xx: «C'est la leçon même de tout l'humanisme de 1530, dans le sillage d'Erasme: critique, en tous domaines, de la Glose, pour le recours direct aux textes; de la Formalité, pour une considération concrète des témoignages et des réalités expérimentales; du Sophisme, pour la formation critique d'un jugement simple et droit.» Voir aussi «Rabelais et le

toutes les inventions et superstitions humaines, d'une raison raisonnable et amie de l'homme, d'un jugement droit inspiré par l'Amour et
la Charité. Telles sont les leçons que tout lecteur peut tirer des chapitres relatifs à la librairie de Saint-Victor, à la fameuse lettre du bon
Gargantua, au procès non moins fameux de Baisecul et d'Humevesne, et
à ls *disputatio* par signes qui oppose Thaumaste à Panurge. Sans oublier,
avant le combat contre le méchant Loupgarou, la belle et émouvante
prière de Pantagruel.

Certes, tout cela est vrai, d'une vérité qui n'est pas seulement celle
de «l'autorité reçue et approuvée de toute ancienneté,» mais aussi celle
du simple bon sens, de la raison *philosophicque* et *manifeste*.[46] Cette définition du *Pantagruel,* quelque décevante qu'elle puisse apparaître
dans sa simplicité, révèle certainement une attitude plus sage et plus
réaliste dans sa modestie, donc en fin de compte plus efficace et plus
pertinente pour l'analyse de l'œuvre, que celle qui consiste à inventer
après coup une unité plus ou moins factice à un livre qui a été conçu
sans souci apparent de plan d'ensemble. Il est difficile, lorsque Panurge
narre ses exploits de *rostisseur lardé* chez les Turcs, puis enseigne à
Pantagruel «une maniere bien nouvelle de bastir les murailles de Paris,»
pour continuer par la fabliau du lion, du renard, et de la vieille – «Au
temps que les bestes parloient (il n'y a pas trois jours)» –, et déboucher
en dernier lieu sur la fable de la besace, d'affirmer que tout se tient
dans cette œuvre «de la farce la plus triviale à la méditation la plus
prophétique»[47] : le lecteur y passe d'une parodie burlesque des luttes
chrétiennes contre l'Infidèle, dont la saveur «espaule de mouton»
évoque la «Sottie des Coppieurs et Lardeurs,» à un débat sophistique
issu des *Progymnasmata* d'Hermogène ou d'Aphthone[48], qui lui-même

Populaire, Essai d'une présentation synthétique de *Pantagruel*,» *Lettres d'Humanité*, t. VIII,
1949, pp. 149-179. On y lit, p. 151 : «En matière générale d'humanisme, et de pensée,
Rabelais se contente de plaider par voie de parodie contre les aspects généraux de la même
hydre à trois têtes, qui se nomment la Glose, le Sophisme, et la Formalité. . .»
[46] Expressions empruntées au sophiste Alcofrybas, *Garg.*, Ch. VIII.
[47] L'affirmation est de J. Paris, *Rabelais au Futur*, p. 147. Citons aussi, même page: «Il
en va des récits de Rabelais comme des drames de Shakespeare ou des romans de Dostoïev-
sky : leur trop célèbre 'confusion' ne reflète que notre impuissance à percevoir la logique qui
les sous-tend.»
[48] Consulter : Ch. S. Baldwin, *Ancient Rhetoric and Poetic*, New York, The Macmillan Co.,
1924, et surtout, *Medieval Rhetoric and Poetic*, 1928, qui contient des pages très importantes
sur l'héritage sophistique aux IIe- IVe siècles de notre ère. Baldwin y donne notamment une
liste des thèmes de *declamatio* d'après Philostrate, thèmes en général identiques à ceux de
Sénèque le Rhéteur. L'un des thèmes rapportés par Philostrate est le suivant: «Les Lacédé-
moniens délibèrent au sujet d'un mur.» Sujet traité, paraît-il, par des maîtres aussi prestigieux qu'Isaeus et Aristide. Il est vrai qu'au XVIe siècle, le problème des fortifications
pouvait naître d'autre chose que d'un exercice de rhétorique. C'est ainsi que Guillaume
Paradin des Cuyseaulx fait état, dans ses *Mémoires de l'Histoire de Lyon* (Lyon, Antoine

précède un obscène conte gaulois et une moralité ésopique, lesquelles se concluent par un hymne vibrant et chaleureux à la «commodité des longues braguettes». On ne peut guère concevoir amalgame plus fantaisiste et plus décousu.

Il demeure cependant que toute «confusion» de ce genre peut révéler et signifier davantage qu'un «ordre» visible, dans la mesure où elle est portée, structurée, par les obsessions majeures et les hantises de l'écrivain. Il paraît légitime de distinguer dans une œuvre littéraire deux sortes d'unité, deux types et deux niveaux de structure. D'abord, celle que l'auteur impose à sa création de l'extérieur, par un dessein esthétique conscient et voulu: c'est la structure la plus superficielle, la plus aisément repérable, celle justement dont le *Pantagruel* est dépourvu et qui apparaîtra dans le *Gargantua*. Ensuite, celle que les obsessions conscientes ou inconscientes de l'auteur imposent à l'œuvre de l'intérieur et qui la sous-tend, la porte et l'explique, ramenant le désordre à l'ordre, l'incohérent au cohérent, la confusion apparente à la logique interne. Ce que Montaigne affirme des *Essais* («je n'ai pas plus fait mon livre que mon livre ne m'a fait») vaut aussi bien pour tout créateur, et toute création. Toute œuvre est pour son créateur un moyen d'identification de soi, de découverte des profondeurs. «Tout artiste, dit J. Rousset, porte en lui un secret que la création a pour but de lui révéler.»[49] Or, il apparaît qu'à ce point de vue le *Pantagruel* est une œuvre beaucoup plus cohérente qu'on ne le croit généralement. Une obsession majeure s'y découvre. «Il n'y a de forme saisissable, écrit encore J. Rousset, que là où se dessine un accord ou un rapport, une ligne de force, une figure obsédante, une trame de présences ou d'échos, un réseau de convergences: j'appellerai «structures» ces «constantes for-

Gryphius, 1573), «D'une sédition du menu peuple de Lyon, à cause de l'impost faict sur l'entree des vins, pour les fortifications, l'an MDXXIX.» De 1529 à 1532, l'intervalle est bref, et la solution inattendue proposée par Panurge pour bâtir, en «bonne symetrie d'architecture,» murailles «à bon marché», contre «quelque bon pot de vin» (coïncidence fortuite?), possédait sans doute, au moment où parut le *Pantagruel*, une saveur d'actualité qu'elle a perdue depuis: «. . .ayant le roy fait commandement que l'on eust a conduire a fin et parachevement ce somptueux commencement de boulevards, et fortifications de la ville, il fut question de trouver argent. . . A ceste cause fut faite assemblee du consulat, où il fut mis sur le bureau et en deliberation de mettre quelque impost, ou sur le bled, ou sur le vin. . . Ce qu'un grand tas de taverniers, et petits artisans trouverent si mauvais, qu'ils conciterent la populace à faire et esmovoir une grosse sedition. . .» (pp. 282 et ss.). Baldwin présente aussi les *Progymnasmata* d'Hermogène (fable, conte, chrie, proverbe, encomium, prosopopée, ecphrasis, etc.). Sur cette question, voir aussi Donald L. Clark, «The Rise and Fall of Progymnasmata in Sixteenth and Seventeenth century grammar schools,» *Speech Monographs*, 29, 1952, pp. 259-63; et Aphthone, *Progymnasmata cum scholiis A. Loricii*, Londres, 1956.
[49] J. Rousset, *Forme et Signification, essai sur les structures littéraires de Corneille à Claudel*, J. Corti, 1962.

melles,» ces liaisons qui trahissent un univers mental et que chaque artiste réinvente selon ses besoins.»[50] Dans le *Pantagruel*, cette *ligne de force*, cette *trame de présences ou d'échos*, cette *figure obsédante* existent, et donnent à l'œuvre une unité réelle que les apparences lui refusent à juste titre.

Ce qui empêche généralement de la percevoir, c'est à mes yeux une fondamentale erreur de méthode: celle qui consiste à étudier le livre épisode par épisode, chapitre par chapitre, et à considérer chaque épisode et chaque chapitre comme indépendants de leur contexte. C'est de cette façon, par exemple, que R. Lebègue et V. L. Saulnier se sont livrés à une exégèse du chapitre VI.[51] L'écolier Limousin a été disséqué tel qu'en lui-même enfin l'éternité le change, tel aussi qu'en lui-même l'isolement le pétrifie. M. Lebègue croit pouvoir dégager de l'épisode une «pensée sérieuse»: «N'hésitons pas à emprunter des mots au latin et au grec, quand la langue française ne nous fournit aucun terme pour l'idée ou l'objet que nous voulons faire connaître. Empruntons aussi des mots au latin pour rehausser le style des morceaux de ton élevé. Mais n'écorchons pas le latin immodérément et à tort et à travers,»[52] etc. V. L. Saulnier, peu séduit par ces extrapolations en effet quelque peu aventureuses, se refuse à croire que Rabelais ait voulu décrier l'abus du latinisme chez les écumeurs ses contemporains. Il ne voit dans ce chapitre aucune «substantificque moelle.» L'écolier limousin lui apparaît essentiellement comme un personnage comique traditionnel, un type tout fait de *bonhomme à rire*. Il souligne dans l'épisode «le primat de la verve sur l'intention de pensée»: «machine éternelle de rire,» «comique potache,» certes, mais non pas «machine polémique d'époque.»[53] Mais ni le premier ni le second ne songent à replacer la scène et le personnage dans leur contexte. Et que dire du fameux et controversé chapitre VIII? On considère généralement qu'il tranche sur le reste du livre comme le sérieux tranche sur le bouffon. A vrai dire, c'est même très souvent le seul passage que l'on retienne de l'œuvre entière, qui finit ainsi par se réduire à l'un de ses épisodes, à un «morceau choisi» de belle éloquence. Ce faisant, on en reste, inconsciemment ou non,

---

[50] *Ib.*, p. xii.
[51] R. Lebègue, «L'Ecolier limousin,» *Revue des Cours et Conférences*, mai 1939, pp. 303-14; Verdun L. Saulnier: «Rabelais devant l'Ecolier Limousin,» *Mercure de France*, 1948, pp. 269-75. Jean Paris (ouvrage cité, p. 147) dénonce cette méthode avec beaucoup d'à-propos: «Et cette logique [de l'œuvre], ce n'est pas en isolant tel ou tel passage de son contexte que nous aurons chance d'y accéder. Nulle œuvre ne se constitue par addition de ses parties, puisque c'est elle, au rebours qui leur donne place et fonction. . .»
[52] Article cité, p. 314.
[53] Article cité, p. 275.

à l'attitude de Voltaire face aux chefs-d'œuvre «monstrueux» de Shakespeare: on isole le pur génie de sa fange, de sa gangue de boue et d'ordures, de ces taches malodorantes offensant le «bon goût français» et la «mesure» classique. A telle enseigne qu'une œuvre en substance essentiellement comique, bouffonne, obscène et parodique, est en fin de compte représentée par le seul moment sérieux, décent et digne – ou prétendu tel – qu'elle renferme. Partant de cette métamorphose inattendue, on ne peut alors que s'exclamer devant cette belle page farcie jusqu'au goulot de belles couleurs de rhétorique *ciceroniane*: page enthousiaste, admirable, où se révèle – enfin, mais pas pour longtemps – l'humaniste épris de grec, le correspondant de Budé et d'Erasme, le savant encyclopédique et l'érudit amateur d'«antiquaille»! Et l'*hymne* de se mettre à chanter «le chant triomphal de la Renaissance,»[54] l'enthousiasme exalté de l'humaniste pour le savoir encyclopédique retrouvé, la «restitution des bonnes lettres,» les grandeurs du Mariage légitime et de la Paternité. «Je crois qu'il n'y a pas dans *Pantagruel* de chapitre qui arrête plus le lecteur moderne que le huitième, tant il tranche magnifiquement sur le ton et l'allure bouffonne du reste du livre,»[55] s'écrie M. Telle. Et M. Screech affirme que Rabelais, dans cette lettre de Gargantua à son fils, monte en chaire pour prêcher un véritable *sermon*.[56] Il y a là, me semble-t-il, une confusion dangereuse entre les idées de Rabelais et celles de Gargantua. Je ne veux pas dire que Rabelais ne prenne pas position en faveur du mariage contre le célibat; ni qu'il reste indifférent face au progrès des «bonnes lettres» humaines. Mais je crois que le point important à considérer ici est que ces idées soient formulées par Gargantua, Roi des Utopiens, issue en ligne directe de *Happemousche, Bolivorax, Foutasnon* et *Vitdegrain*, et qui, à l'occasion, *pleure comme une vache et rit comme un veau.* A se couper de ces donnés-là, on risque les pires contresens. Cette lettre n'est donc pas seulement un sermon éloquent, un exposé en forme où Rabelais exprimerait un idéal qui lui tient à cœur. C'est aussi, comme le souligne M. Saulnier, «une page de roman, un épisode qui a sa place dans le développement de l'intrigue romanesque,»[57] et qu'il faut avant tout considérer comme telle.

[54] L'expression est de Bourciez, *Les mœurs polies et la littérature de cour sous Henri II*, Slatkine reprints, Genève, 1967, p. 139.

[55] E. V. Telle, «A propos de la lettre de G. à son fils,» *BHR*, XIX, 1957, p. 208.

[56] M. A. Screech, *Rab. Marriage*, p. 12: «Indeed he has a special liking for the serious oratorical form of Cicero, which he often uses when he has a sermon to preach; Gargantua's letter to Pantagruel is but one of several examples.» Voir aussi l'analyse du ch. VIII, «chapter two,» pp. 14-27.

[57] V. L. Saulnier, «Rabelais et le populaire,» p. 151. Et cette autre formule, p. 152:

C'est dans ce sens que je voudrais progresser, en reprenant notamment, pour les compléter, les remarquables analyses de G. J. Brault et de Baldwin.[58] Il m'apparaît en effet que le *Pantagruel* tire son essentielle unité de la présence d'une figure obsédante qui se manifeste à travers tous les personnages de premier plan de l'œuvre, à savoir Gargantua, l'Ecolier Limousin, Pantagruel, Thaumaste et Panurge: celle, inquiétante, du *Sophiste*.

III. IMPORTANCE DE LA DISPUTATIO SCOLASTIQUE *PRO* ET *CONTRA* DANS LE *PANTAGRUEL*. L'ÉPISODE THAUMASTE: SOPHISME ET VÉRITÉ. LE SAGE ET LE SOPHISTE, DE SOCRATE À PASCAL. SOCRATE ET GORGIAS. PASCAL ET LES CASUISTES. ST. AUGUSTIN ET LA SECONDE SOPHISTIQUE: LE *DE DOCTRINA CHRISTIANA*. LE *METALOGICON* DE JEAN DE SALISBURY. LE TRIOMPHE DE LA DIALECTIQUE. RAMUS ET LA RAISON

«Un historisme désuet»
Leo Spitzer.

Rabelais nous le dit au début de *Gargantua*: ne vous laissez pas prendre aux apparences, ouvrez la boîte, et vous verrez. Si l'on ouvre le *Pantagruel*, qu'y voit-on?

L'évidence est statistique, elle saute aux yeux: le thème majeur de l'œuvre, celui sur lequel Rabelais ne cesse de revenir, à travers ses épisodes et ses personnages, c'est celui de la *disputatio* scolastique *pro* et *contra*. L'inventaire est impressionnant. Parcourons-le. Dès le chapitre III, Rabelais nous offre le monologue hautement comique du pauvre Gargantua, hésitant entre le rire et les larmes, et suffoquant de ne pouvoir résoudre les arguments *sophisticques* qu'il a pourtant su si bien poser *in modo et figura*; et le chapitre dans sa totalité, structuré par le principe du *pour* et *contre*, apparaît finalement comme une satire et une parodie de *disputatio*. Au chapitre VIII, Gargantua – encore lui – conseille à son fils, dans cette admirable épître sur laquelle j'aurai l'occasion de revenir, de tenir conclusions publiques *in omni re scibili*, «envers et contre tous,» afin d'*essayer* son savoir. Ce vœu, paternel et fortement

«Ainsi, en même temps qu'une page d'humanisme, la Lettre de Gargantua est un morceau romanesque, de circonstances, né d'abord de la plume d'un héros de roman.»
[58] G. J. Brault, «'Ung abysme de science': on the interpretation of Gargantua's letter to Pantagruel,» *BHR*, vol. 28, 1966, pp. 615-32. Ch. S. Baldwin, *Renaissance literary theory and practice*, Columbia University Press, 1939, pp. 207 et ss.

gothique, se voit réalisé par le fils obéissant au second chapitre IX de l'édition originale donnée par Claude Nourry[59]: «Pantagruel, bien records des lettres et admonition de son père, voulut ung jour essayer son sçavoir: et de faict, par tous les carrefours de la ville, mist conclusions en nombre de sept cens soixante, en tout sçavoir, touchant en ycelles les plus fort doubtes qui feussent en toutes sciences. Et premièrement, en la rue du Feurre, tint contre tous les régens, artiens et orateurs, et les mist tous de cul. Puis en Sorbonne, tint contre tous les théologiens, par l'espace de six semaines, despuis le matin quatre heures jusques à six du soir[...] Et à ce assistèrent la plus part des seigneurs de la Court, maistres des requestes, présidens, conseilliers, les gens des comptes, secrétaires, advocatz et aultres...» Après l'humiliation qu'il impose, malgré tous leurs *ergotz* et *fallaces*, aux théologiens sorboniques («il les feist tous quinaulx, et leur monstra visiblement qu' ilz n'estoient que veaulx»), Pantagruel acquiert à Paris une réputation comparable à celle dont Démosthène jouissait à Athènes. Les gens *lettrez*, «qui sont tant à Paris comme ailleurs,» le jugent désormais «sçavant dessus la capacité du temps de maintenant.» C'est pourquoi il est appelé pour résoudre, dans le respect des formes légales, le procès pendant entre Baisecul et Humevesne. Mais Pantagruel, d'une façon tout à fait inattendue, refuse de jouer le jeu suivant les règles habituelles des conseillers et docteurs des Parlements et du Grand Conseil. Lui, le champion de la *disputatio*, part soudain en campagne contre ces «babouyneries,» ces «tromperies, cautelles diabolicques de Cepola, et subversions de droict»: «Car je suis sœur, dit-il, que et vous et tous ceulx par les mains desquelz a passé le procès, y avez machiné ce que avez peu *pro* et *contra*, et, au cas que leur controverse estoit patente et facile à juger, vous l'avez obscurcie par sottes et desraisonnables raisons et ineptes opinions de Accurse, Balde, Bartole, de Castro, De Imola, Hippolytus, Panorme, Bertachin, Alexandre, Curtius, et ces aultres vieulx mastins, qui jamais n'entendirent la moindre loy des Pandectes...» Après cet éloquent réquisitoire de légiste humaniste, Pantagruel, promu juge-arbitre, préside à l'audition des

---

[59] On sait en effet que l'édition originale comprend deux chapitres IX: 1) «Cōment Pantagruel trouva Panurge/lequel il ayma toute sa vie.» (f° E r°); 2) «Cōment Pātagruel equitablement jugea dune controverse merveilleusement obscure et difficile si justement q̄ son jugemēt fut dit plus admirable que celluy de Salomon.» (f° Eiii r°). L'édition Juste de 1533 accentue la confusion, puisqu'elle comporte *trois* chapitres IX! «Les trois chapitres qui suivent le *viije* sont numérotés *ix*, précisent Babeau – Boulanger – Patry (éd. citée, p. vi); on a sauté le chiffre *x* pour passer au chiffre *xi*.» Il faut attendre l'édition suivante (Juste, 1534) pour que tout rentre dans l'ordre. Encore ma photocopie laisse-t-elle apercevoir un grattage devant le chiffre x, au fol. Dii v°, comme si l'on avait effacé le *i* de *ix*.

parties et rend son étonnant verdict à la suite d'une procédure qui évoque une fois encore le déroulement d'une *disputatio* scolastique: *sciendum quod pro* Baisecul, *sed contra praedicta arguitur* Humevesne, *ad argumenta* Pantagruel. Et c'est dans une position semblable, celle de *cathédrant*, qu'il assiste à la *disputatio* par signes entre Thaumaste et Panurge, cette «satire du formalisme creux des discussions scolastiques.»[60]

Si l'on ajoute que ces épisodes, déjà nombreux, s'intègrent dans un très riche ensemble centré sur l'évocation de la vie intellectuelle universitaire française – chapitre V: tour des universités provinciales; VI: rencontre du «gallant» Ecolier limousin, pur produit du célèbre enseignement de l'*inclyte* académie que l'on *vocite* Lutèce; VII: catalogue des chefs-d'œuvre de la «magnificque» librairie de Saint Victor; IX: rencontre de Panurge babélien, maître en tous langages, et possesseur d'un savoir universel; XII: description des *gabs* anti-sorboniques de Panurge à Paris – on peut conclure 1) que le problème de l'éducation forme le cœur du *Pantagruel* 2) que Rabelais y condamne sans équivoque possible l'exercice de la *disputatio* scolastique publique et le type d'enseignement dont elle est le couronnement, c'est-à-dire cet enseignement qui accorde à la dialectique, art de la *dispute* (ou à la *logique*, les deux termes, nettement distincts chez Aristote, ayant fini par devenir synonymes),[61] une place prééminente dans l'ensemble du *curriculum*.

Cette méditation de Rabelais sur le problème de l'éducation est l ;

---

[60] La formule est de V. L. Saulnier, éd. citée, p. 109.

[61] Chez Aristote, la dialectique n'est qu'une partie de la logique. Elle correspond aux *Topiques*, cinquième traité de l'*Organon*. Voir l'introduction de J. Tricot à sa traduction (2 vol., 1939): «Les huit livres des *Topiques* ont pour objet l'étude de la Dialectique considérée comme l'instrument de la connaissance probable... L'argumentation est ici profondément différente de la démonstration scientifique qui a été approfondie dans les *Premiers* et les *Seconds Analytiques*: le nécessaire fait place au probable, et la science à l'opinion.» Lambert d'Auxerre, cité par G. Wallerand, *Les Œuvres de Siger de Courtrai*, Louvain, 1913 (pp. 21-22), est très clair à ce sujet: «Quae sit differentia inter logicam et dialecticam? Ad hoc dicendum quod logica secundum quod est ars et secundum quod est scientia securior est ad dialecticam. Logica enim scientia est de omni syllogismo docens, dialectica de syllogismo dialectico solum vel apparenti dialectico... Unde Logica traditur in omnibus libris logicae quae sunt sex, scilicet: liber Praedicamentorum, liber Perihermenias, qui nunc dicuntur vetus logica, liber Priorum, Posteriorum, Topicorum et Elenchorum, qui quattuor dicuntur Nova logica. Dialectica vero traditur in libro Topicorum et Elenchorum solum.» La confusion vient de l'importance prise par la *disputatio*, et de l'essor de l'*ars opponendi et respondendi*, qui en découle, au détriment du reste de la Logique. Pierre d'Espagne confond déjà parfois les deux termes. Ramus ne les distinguera plus. Ong, ouvr. cité, note que Ramus identifie la dialectique à la logique, confondant le probable et le scientifique, l'enthymeme et le syllogisme. Erreur fréquente au XVIe siècle, commise aussi par J. Sturm (*Partitionum dialecticarum libri duo*, Paris, 1539): «Oratiorum syllogismum... Aristoteles enthymema vocat... Est enim enthymema syllogismus non plenus.»

fruit et d'une situation historique précise et d'une certaine conception de l'homme, de sa nature et de ses fins, laquelle débouche sur des considérations dont l'importance dépasse de beaucoup le niveau de l'Histoire. A un premier niveau, en effet, Rabelais s'attaque très précisément aux méthodes d'enseignement et au type de culture prodigués par la Faculté des Arts de Paris et par la Sorbonne. Il s'en prend nommément à certains théologiens célèbres, Béda Bricot, Brulefer, Mair, Tateret, Ortuinus, etc. Mais sa satire dépasse très vite le plan des réalités concrètes de l'histoire pour atteindre celui, plus essentiel, d'une opposition fondamentale entre deux conceptions de l'homme et de la culture.

L'épisode de la *disputatio* par signes est à cet égard décisif pour l'appréciation et la compréhension de l'œuvre dans sa totalité et dans sa profondeur. Rabelais y souligne pour la première fois avec netteté une opposition qui ne va plus désormais cesser de structurer tous ses romans, celle du *Sage* et du *Sophiste*, et qui engage résolument le *Pantagruel* sur le «plan de l'éternité» (ce qui, si l'on en croit M. Saulnier, le rapprocherait de «l'art exact»). Car le problème des fins de la culture – donc de l'homme –, celui de la sagesse et de la folie, et cette méditation essentielle sur les deux attitudes humaines fondamentales possibles face au monde, à l'action, à la vérité et à Dieu, dépassent largement les circonstances historiques précises qui leur ont donné naissance et dans lesquelles ils s'insèrent. Ce sont toutes les valeurs les plus authentiques, toute l'Ethique d'une civilisation qui se trouvent par là mises en cause. Or, c'est bien à cela qu'aboutissent les déclarations capitales de Thaumaste et de Pantagruel. En faisant dire à l'Anglais son refus de disputer *pro* et *contra* «comme font ces folz *sophistes* de ceste ville et de ailleurs,» parce que c'est «chose trop vile,» tout juste digne de ces «maraulx de *Sophistes*, Sorbillans, Sorbonagres, Sorbonigères, Sorbonicoles, Sorboniformes, Sorbonisecques,» etc., et à Pantagruel son désir d'être «hors de ces frappemens de mains, que font ces *sophistes* quand on argue, alors qu'on est au bon de l'argument,» d'éviter le «tumulte,» et de *ne point chercher l'honneur ny applausement des hommes, mais la vérité seule,* Rabelais ne condamne pas seulement les maîtres de la Sorbonne et leur enseignement, il ramène aussi inévitablement le lecteur à la fameuse querelle qui opposa dans le monde grec, aux Ve et IVe siècles avant J. C., Socrate et Platon, puis Aristote, au puissant mouvement sophistique représenté par Protagoras, Gorgias de Leontinoi, Prodicos de Céos, Antiphon, Hippias d'Elis, et Isocrate – qui devait être, plus que Platon, le véritable éducateur de la Grèce. Il dépasse largement, on le voit, les problèmes culturels, intellectuels et éthiques de son temps – pour mieux peut-être nous les faire comprendre. Car l'affrontement entre Socrate et Gorgias fut un affrontement exemplaire. On sait que les sophistes, ces «maîtres du savoir,» prirent une importance considérable en Grèce au Ve siècle, à l'occasion d'une très grave crise culturelle qui bouleversa la conception même du savoir et la nature des spéculations philosophiques, et à la faveur d'un ensemble de facteurs historiques dont les principaux furent la découverte d'un nouveau monde en Orient, la formation d'une conscience grecque nationale, et l'accession des masses à la vie politique. C'est le moment crucial où, de «cosmologique,» la philosophie grecque devient «anthropologique.»[62] L'esprit redescend sur terre, ses démarches se font pragmatiques, elles débouchent sur l'action immédiate et efficace. La science politique acquiert une importance capitale, et tout ce qui touche à l'homme, à la société, et à l'éducation. Par voie de conséquence, un nouveau type d'intellectuel fait son apparition. Le sage n'est plus un homme solitaire, perdu dans sa contemplation méditative et ses monologues intérieurs, avant tout soucieux de vérité, et désireux de comprendre l'univers. Il est désormais l'homme en société, qui discute au lieu de monologuer, qui agit au lieu de contempler, façonne la vie sociale et politique, oriente et domine les affaires publiques, celui donc pour qui la parole et l'art de s'en servir acquièrent une importance décisive. Il devient une force sociale, il s'auréole d'un prestige et prend une envergure politique qu'il ne possédait pas auparavant. En même temps que ce nouvel idéal humain un nouveau type d'éducation se propose au monde grec. Résolument engagés dans la vie de la Cité, les Sophistes font du savoir un instrument de conquête du pouvoir politique. La science ne mène plus à la sagesse et au bonheur mais à la domination d'autrui. Ils se proposent, à l'aide d'un enseignement approprié, de former des citoyens meneurs d'hommes, des *leaders* politiques, capables de s'imposer, de faire prévaloir leur cause et triompher leur point de vue, d'avoir raison en toute circonstance. L'art qu'ils enseignent – la rhétorique – vise exclusivement à l'efficacité pratique, en dehors de toute considération éthique. Avec eux, l'art de persuader se fait impur, il n'est pas nécessairement mis au service du Bien – sauf lorsque le Bien coïncide avec l'intérêt personnel. Le Sophiste digne de ce nom doit être capable, suivant les circonstances et la conjoncture, de prêcher avec un succès

---

[62] J'emprunte ces précisions au magistral *Diccionario de Filosofía* de José Ferrater Mora, Buenos-Aires, 1965. Consulter aussi *Sofisti. Testimonianze e frammenti*, a cura di Mario Untersteiner, La Nuova Italia Editrice, Firenze, 1949, 2 vol.

égal le *pour* ou le *contre*. La vérité, dans ces conditions, n'est plus absolue, mais relative à des considérations d'intérêt et de tactique. Ce prag-
matisme cynique, qui voit l'arme suprême dans la parole habile, suscita, on le sait, l'opposition vive et radicale de Socrate et des Socrati-
ques.[63] Contre les Sophistes, dont la fin est utilitaire et qui ne voient
dans le savoir qu'un instrument de domination et de conquête du pouvoir, Socrate, porte-parole de la vieille tradition aristocratique, anti-
démocrate, et moraliste plus soucieux de vertu que de *virtù*, maintient
fermement l'exigence de la vérité et le primat de l'éthique. Il affirme
que le sage doit rechercher la vérité, non pas le triomphe personnel ou
le succès politique, et que le seul vrai pouvoir n'est pas celui que l'homme acquiert sur autrui, mais sur ses propres passions. D'une façon
identique, la rhétorique pour Platon n'a de sens que mise au service du
Bien,[64] et Aristote affirmera qu'elle a pour but de servir la cause de la
Vérité, et non pas celle de l'Orateur.[65] On voit donc en quoi Rabelais
rattache son *Pantagruel* à cette opposition tout ensemble historique et
éternelle: *La vérité seule*, c'est Socrate; *l'honneur et applausement des
hommes*, c'est le sophiste.

Rabelais n'eut d'ailleurs pas besoin de lire Platon pour la découvrir.
Son propre temps la lui imposa, et aussi ce qu'il pouvait connaître du
monde médiéval. Car la civilisation chrétienne n'hérite pas seulement
des richesses de la civilisation grecque: elle hérite aussi de ses problèmes.
Le sage et le sophiste continuent, dans le monde médiéval et au delà, à
vivre pour se combattre et se tourmenter, au nom cette fois-ci de valeurs chrétiennes. L'affrontement est de toutes les époques. Pascal s'en
fait le témoin actif lorsqu'il reproche aux pères jésuites, dans ses *Provinciales*, d'être des *mystiques* dégradés en *politiques*, d'agir au nom d'une
politique de parti, et de vouloir gouverner le monde par la corruption
du Christianisme. Le but des casuistes, dénonce Pascal, est exclusivement politique.[66] Leur goût des compromis et des accommodements,

---

[63] Consulter, par exemple, l'étude de H. I. Marrou, *Histoire de l'éducation dans l'antiquité*,
Ed. du Seuil, Paris, 1965 (6ème éd.).

[64] Platon, *Gorgias*, 527c, édition de A. Croiset, Paris, Société d'édition «Les Belles
Lettres,» 1923.

[65] Aristote, *Rhétorique*, livre I. Consulter: *Aristoteles. Ars Rhetorica*. Recognovit brevique
adnotatione critica instruxit W. D. Ross. Oxonii, Typographeo Clarendoniano, 1959; ou:
Aristote, Rhétorique, texte établi par M. Dufour, Paris, Société d'édition «Les Belles Lettres,»
1960. Ch. S. Baldwin donne un excellent compte-rendu de l'ouvrage dans son *Ancient
Rhetoric and Poetic*, déjà cité. Pour Aristote, «La rhétorique est l'art de donner de la force à
la vérité.» Pour Cicéron, elle sera «l'art de donner de la force à l'orateur.» Changement
capital de perspective.

[66] Pascal, *Les Provinciales*, édition de L. Cognet, Garnier, 1965. C'est un thème central de
la polémique pascalienne. Première lettre: les Molinistes «ne faisant qu'un seul corps et
n'agissant que par un même esprit,» p. 12; Seconde lettre, p. 23: «il faut ménager davantage

leur relativisme pragmatique de pères Tout-à-tous, leur éthique laxiste et légaliste, s'expliquent par le désir mal dissimulé de gagner toutes les consciences et d'étendre partout leur puissance et leur crédit. Ces «gens sans parole, sans foi, sans honneur, sans vérité, doubles de cœur, doubles de langue» forment «un corps uni, sous un seul chef»: «Votre but n'est pas la vérité, ni la défense de Dieu, mais le maintien du crédit et de la gloire de votre compagnie... Vous ne mesurez la foi et la vertu des hommes que par les sentiments qu'ils ont pour votre société... Attaquer votre société, c'est être hérétique... Vous écrivez, *non pas selon la vérité, qui ne change jamais, mais selon votre intérêt, qui change à toute heure.*»[67] Les accusations que Pascal lance contre les casuistes rappellent étrangement, on le voit, celles que Socrate adresse aux sophistes. Le parallèle n'est d'ailleurs pas seulement phonique. Comme les sophistes, les casuistes savent que «le monde se paie de paroles» et que «peu approfondissent les choses.» La loi morale leur apparaît comme une source d'exceptions et de compromis, non comme un impératif catégorique. C'est que le sophiste peut changer de nom, il reste toujours égal et semblable à lui-même. De telle sorte que ces accusations de Pascal contre les théologiens de la Sorbonne, leurs «querelles de mots,» leurs artifices de langage, leur «doctrine des équivoques» (ah Panurge!), leur façon commode d'interpréter les termes, leurs mensonges diaboliques («c'est *se jouer de paroles* de dire que vous êtes d'accord à cause des termes communs dont vous usez, quand vous êtes contraire dans le sens»),[68] évoquent non seulement Socrate, mais aussi bien le Diderot du *Neveu de Rameau*, qui hésite entre le sophiste cynique et le philosophe moraliste (lequel des deux «rira le dernier»?), ou le Rabelais du *Pantagruel* et ses prises de position satiriques contre les Sorbonicoles ergoteurs et fallacieux de son temps. De Socrate à Rabelais, et de Rabelais à Pascal et à Diderot, les valeurs en cause sont identiques. Et malgré les différences d'époque et de nature entre les écrivains, il est certain que

ceux qui sont puissants dans l'Eglise. La Société est trop politique pour agir autrement.» Troisième lettre, p. 48: «j'admire leur prudence et leur politique.» La cinquième et la dix-septième lettres, en particulier, analysent la politique «mondaine» des Jésuites, et leur désir de puissance temporelle. On a pu voir dans les *Provinciales* un «manuel de l'antipolitique.»

[67] *Ib.*, quinzième et dix-septième lettres.

[68] *Ib.*, première lettre, p. 17, à propos du *pouvoir prochain* et de la *grâce efficace*. «Je ne discute jamais du nom pourvu qu'on m'avertisse du sens qu'on lui donne,» dit Pascal (p. 16) Ou encore (seconde lettre, p. 28): «il y a deux choses dans ce mot de grâce *suffisante*: il y a le son, qui n'est que du vent; et la chose qu'il signifie, qui est réelle et effective. Et ainsi, quand vous êtes d'accord avec les Jésuites touchant le mot de *suffisante*, et que vous leur êtes contraires dans le sens, il est visible que vous êtes contraires touchant la substance de ce terme, et que vous n'êtes d'accord que du son.» Et ceci, p. 33: «Les noms sont inséparables des choses.» Formule qui scandaliserait Panurge.

la lecture des *Provinciales* et du *Neveu de Rameau* constitue, avec celle du *Gorgias* de Platon, la meilleure introduction au *Pantagruel.*

La meilleure peut-être, mais sûrement pas la seule. Car si l'affrontement du sage et du sophiste dépasse par son importance les moments particuliers de l'Histoire pour atteindre à l'ordre de l'universel, il se retrouve cependant présent à tous ces mêmes moments de l'Histoire. On le décèle surtout aux époques de crise intellectuelle et morale (mais quelles époques ne sont pas de crise?). Saint Augustin, par exemple, est un autre témoin privilégié de cette lutte où chacun des antagonistes reste toujours sur ses positions et triomphe dans sa sphère, le sophiste dans le monde, et le sage philosophe dans la littérature. Ce qui montre bien, s'il fallait encore en administrer la preuve, que les idées et les valeurs morales ne gouvernent pas le monde: tout juste existent-elles pour engendrer des chefs-d'œuvre. Dans son *De Doctrina Christiana,* Saint Augustin, le Socrate de la seconde Sophistique,[69] dénonce la rhétorique creuse du triomphe personnel enseignée et mise en honneur par les nouveaux sophistes, aux IIe–IVe siècles de notre ère. Il lui oppose cette conception de l'éloquence, issue de Platon et d'Aristote, qui met les pouvoirs et les prestiges de la parole au service du bien et de la vérité.[70] Le but du Sophiste, qu'il soit Polémon ou Aristide, est la gloire personnelle. Sa rhétorique est recherche de l'effet, étalage d'artifice, d'affectation, de virtuosité pure. Il se soucie peu de la matière qu'il traite, encore moins du bien-fondé de la cause qu'il défend ou qu'il attaque. Car la vérité est pour lui affaire de persuasion. Baldwin rapporte que le sophiste Prohaeresius, pour démontrer son habileté et la solidité de sa mémoire, était capable, sur un thème imposé par le public, d'improviser d'abord le pour et le contre avec un égal bonheur, puis de recommencer son discours sans changer un mot ni une intonation à ce qu'il venait de dire.[71] Comme le souligne Méridier,

---

[69] Sur la seconde sophistique, voir l'excellente synthèse de B. P. Reardon, *Courants littéraires grecs des IIe et IIIe siècles après J. C.*, Paris, Société d'édition «Les Belles Lettres,» 1971. Sur St. Augustin, consulter Baldwin, *Medieval rhetoric and Poetic*, Chapitre II: «St. Augustine on preaching,» pp. 51-73.

[70] Baldwin écrit (ouvr. cité, p. 51): «With this elaborate pedagogical tradition [*i.e.* la seconde sophistique] a clean break is made by St. Augustine. The fourth book of his *De Doctrina Christiana* has historical significance in the early years of the fifth century out of all proportion to its size; for it begins rhetoric anew. It not only ignores sophistic; it goes back over centuries of the lore of personal triumph to the ancient idea of moving men to truth. . . [Augustine] set about recovering for the new generation of Christian orators the true ancient rhetoric.»

[71] Baldwin, *Med. Rhet.*, p. 14; d'après W. C. Wright, *Philostratus and Eunapius, the lives of the sophists*, with an english translation, London and New-York, Loeb Library, 1922, p. 493. Même virtuosité chez Isaeus, au dire de Pline: exemple rapporté par Baldwin, *Ancient Rhet.*, p. 95.

la grande affaire, pour le sophiste, «c'est de donner au public l'impression d'un tour de force surprenant éxécuté sans difficulté apparente. Le sophiste est proprement un virtuose qui est capable de jouer, sur n'importe quel thème, des variations brillantes. Indifférent aux sujets qu'il traite, il s'applique à multiplier les difficultés de la forme.»[72] A ce type d'éloquence, destiné à faire valoir les qualités personnelles de l'orateur, Saint Augustin en oppose un autre, destiné à servir la cause sacrée de la vérité et de la parole de Dieu. Les sophistes et leur «libido rixandi et puerilis quaedam ostentatio decipiendi adversarium» sont condamnés au non même de l'Ecriture: «Quod genus captiosarum conclusionum Scriptura, quantum existimo, detestatur illo loco, ubi dictum est: Qui sophistice loquitur, odibilis est (*Eccl.* XXXVII, 23).»[73] L'orateur ne doit jamais chercher à plaire pour le seul but de plaire, ou à vaincre pour le seul plaisir de vaincre ou d'humilier l'adversaire, et pour la gloire qui en découle. Il doit certes, comme le recommande Cicéron, instruire (*docere*), plaire (*delectare*), et toucher (*movere*): «docere ut instruat, delectare ut teneat, flectere ut vincat.» («Docere necessitatis est, delectare suavitatis, flectere victoriae»).[74] Mais il instruira, plaira et touchera non pour obtenir «l'honneur et applausement des hommes,» mais les larmes et le changement de vie de l'auditoire, cette conversion du cœur dont parlera Pascal. Car il faut aimer non les paroles, mais la vérité contenue dans les paroles.

Ce débat entre la vérité et la persuasion acquiert une intensité inégalée à partir du XIe et du XIIe siècles, avec l'assimilation totale de l'*Organon*[75] d'Aristote, et la fameuse querelle des Universaux. Dans les premières décades du XIIe siècle, l'Occident chrétien ne connaissait de l'*Organon* que les *Catégories* et le *De Interpretatione*.[76] Ces deux traités

---

[72] L. Méridier, *L'influence de la seconde sophistique sur l'œuvre de Grégoire de Nysse*, Paris, 1906 Cité par Baldwin, *Mediev. Rhet.*, p. 12.

[73] St. Augustin, *Œuvres Complètes*, édition des Bénédictins, Paris, Louis Vivès, 1873, tome VIe, p. 501-502: «Quid juvet Dialectica» (Cap. XXXI du Livre II).

[74] *Ib.*, Livre IV, chapitre XII, p. 563: «Oratoris est docere, delectare, flectere, ex Cicer. in *Oratore*. Quo modo haec tria praestare debet.» Et chap. XIII, p. 564: «Dicendo demum flectendi animi.»

[75] Sur la découverte de l'*Organon* au XIIe siècle, consulter P. Renucci, *L'aventure de l'Humanisme européen au Moyen âge (IV–XIVe siècle)*, Paris, Les Belles Lettres, 1953. Et Ph. Boehner, *Medieval logic*; J. P. Mullaly, *The Summulae log. of Peter of Spain*, introd. pp. 37-38 (ouvrages déjà cités). Surtout, W. Kneale, *The Development of Logic*, Oxford, Clarendon Press, 1962.

[76] Minio-Paluello, *Aristotelis Categoriae et Liber de Interpretatione*, Oxford, 1949. Dans sa *Dialectica* (II, 146 11-12) Abélard souligne que seuls les deux premiers traités de l'*Organon* sont connus: «Sunt autem tres quorum septem codicibus omnis in hac arte eloquentia latina armatur. Aristotelis enim duos tantum, *Praedicamentorum* scilicet et *Periermenias* libros, usus adhuc Latinorum cognovit; Porphyrii vero unum, qui videlicet *De Quinque Vocibus* conscriptus (genere scilicet, specie, differentia, proprio et accidente), introductionem ad ipsa

formaient avec l'*Isagoge* de Porphyre, les commentaires et les traités de
Boethius (*In Isagogen Porphyrii commenta, In Categorias Aristotelis libri IV,
In librum Aristotelis De Interpretatione, Introductio ad categoricos syllogismos,
De Syllogismis categoricis, De Syllogismis hypotheticis, De Differentiis topicis,
De Divisionibus*) et le *De Sex Principiis* de Gilbert de la Porrée, le corpus
de ce qu'on appellait la *logica vetus*.[77] C'est sans avoir accès aux autres
traités de l'*Organon* qu'Abélard fit faire au début du XIIe siècle des
progrès considérables à la dialectique, et employa les subtilités et les
distinguos de l'art de raisonner à soutenir les vérités de la Foi contre les
sophismes des hérétiques.[78] Ses triomphes personnels de dialecticien
habile et ses succès en tant que professeur lui valurent des jalousies et
des critiques également vives. Bien qu'il ait toujours affirmé que la logique devait être et rester *ancilla theologiae* («nolo sic esse philosophus ut
recalcitrem Paulo: non sic esse Aristoteles ut secludar a Christo»),[79]
certains, comme Bernard de Clairvaux, n'hésitèrent pas à voir en lui
le «héraut de l'Antéchrist,» le champion de la raison subversive et le

praeparat *Praedicamenta*; Boethii autem quattuor in consuetudinem duximus, *Librum* videlicet
Divisionum et *Topicorum* cum *Syllogismis* tam *Categoricis* quam *Hypotheticis*.» Pour une discussion sur ce point, voir l'édition que L. M. de Rijk a donné de la *Dialectique* de Petrus Abaelardus, Assen, 1956, pp. xiii-xxi (étude des sources). De Rijk note que Adam Parvipontanus
donne, dans son *Ars disserendi* de 1132, des commentaires inspirés des *Topiques* et des *Réfutations Sophistiques*.

[77] Sur la *Logica vetus et nova*, voir les excellentes mises au point de L. M. de Rijk, *Logica
Modernorum*, Vol. I: *On the twelfth century theories of fallacy*, Assen, 1962; Vol II: *The origin and
early development of the theory of Supposition*, Assen, 1967; respectivement, pp. 14-17 et pp. 117
(note 6).

[78] L. M. de Rijk, *Petrus Abaelardus, Dialectica*, p. 469: Tractatus Quartus *De Hypotheticis*,
Prologus: «Novam accusationis calumniam adversum me de arte dialectica scriptitantem
aemuli mei novissime excogitaverunt, affirmantes quidem de his quae ad Fidem non attin-
ent, christiano tractare non licere. Hanc autem scientiam non solum nos ad Fidem non instruere dicunt, verum Fidem ipsam suarum implicamentis argumentationum destruere. . .
Est enim scientia veritatis rerum comprehensio, cuius species est sapientia, in qua Fides
consistit. . . Haec autem est dialectica, cui quidem omnis veritatis seu falsitatis discretio ita
subjecta est, ut omnis philosophiae principatum dux universae doctrinae atque regimen
possideat. Quae fidei quoque catholicae ita necessaria monstratur, ut schismaticorum
sophisticis rationibus nullus possit, nisi qui ea praemuniatur, resistere.» Pour Abélard, le
savoir est nécessairement un *bien*. «Scientia autem omnis bona est, et ea quae de malo est,
quae iusto deesse non potest. Ut enim iustus malum caveat, eum praenosse malum necesse
est; neque enim vitaret nisi praenosceret. Cuius itaque mala est actio, bona potest esse
cognitio, ut, cum malum sit peccare, bonum est tamen peccatum cognoscere, quod aliter
non possumus vitare. Ea quoque scientia cuius nefarium est exercitium, quae mathematica
[*i.e.* astrologia] appellatur, mala putenda non est. Neque enim crimen est in sciendo quibus
obsequiis aut quibus immolationibus daemones nostra vota perficiant, sed in agendo. Si
enim et hoc scire malum esset, quomodo ipse quoque Deus malitia absolvi posset? Ipse
quoque qui omnium scientias quas creavit, continet ac solus omnium vota cogitationesque
universas inspicit, scit utique et quae diabolus desideret et quibus factis eius assensum consequi possimus. *Si ergo scire malum non est, sed agere, nec ad scientiam sed ad actum referenda est
malitia.*» On admire ici l'habilité du Sophiste.

[79] Cité par L. M. de Rijk, *Dialectica*, p. xci de son excellente introduction. Sur ce problème capital des rapports de la Raison et de la Foi, voir I. G. Sikes, *Peter Abailard*, Cambridge, 1932, pp. 31-60 (*Faith and Reason*).

destructeur des vérités de la Foi («intelligo, ut credam»).[80] A partir d'Abélard, le monde intellectuel chrétien se divise définitivement entre partisans et adversaires de la dialectique. Un fort courant polémique antidialecticien se développe dans la seconde moitié du XIIe siècle chez les humanistes et les théologiens. Le *Metalogicon*,[81] écrit pour la défense de la logique attaquée par Cornificius (Et quia logice suscepi patrocinium, METALOGICON inscriptus est liber),[82] en dénonce cependant les abus avec vigueur, et affirme que la grammaire doit occuper la première place parmi les arts libéraux (Est enim Gramatica scientia recte loquendi scribendique et origo omnium liberalium disciplinarum. Eadem quoque est totius philosophie cunabulum, et (ut ita dixerim) totius litteratorii studii altrix prima.)[83] Jean de Salisbury

---

[80] De Rijk, éd. citée, pp. lxxxix – xc. C'est encore, par exemple, l'image que donne de lui E. Pasquier dans ses *Recherches de la France* (Paris, Toussainct Quinet, MDCXXXIII, Livre 6ème, pp. 507-513) : «Tout ainsy qu'il ne pouvoit estre oiseux, aussi estoit il naturellement noiseux. . . Il composa un livre *De la Trinité*, laquelle il vouloit prouver par raisons humaines, soustenant qu'on ne devoit croire une chose, dont one ne pouvoit rendre raison. Qui estoit en bon langage destruire le fondement general de nostre foy. *Nihil posse credi*, disoit-il, *nisi primitus intellectum, et ridiculorum esse aliquem praedicare aliis, quod nec ipse, nec aliquos doceret intellectu capere possent: Domino ipso arguente quod caeci essent doctores caecorum.* Comme ordinairement toutes nouveautez plaisent, aussi ne despleut ce livre aux âmes foibles.»

[81] *Ioannis Saresberiensis, Episcopi Cartonensis Metalogicon Livri III*, recognovit et Prolegomenis, apparatu critico, commentario indicibus instruxit Clemens C. I. Webb, Oxonii, E typographeo Clarendoniano, MCMXXIX. Et: *The Metalogicon of John of Salisbury. A twelfth-century defense of the verbal and logical arts of the Trivium*, translated with an introduction and notes by Daniel D. McGarry, Univ. of California Press, Berkeley – Los Angeles, 1955.

[82] *Met.*, Prologue, p. 3 (824d, 1. 16-17). Sur le sens de cette défense, voir l'étude de D. McGarry, «Educational theory in the *Metalogicon* of John of Salisbury,» *Speculum*, XXIII, 4, oct. 48, pp. 659-675.

[83] *Met.*, livre I, chapitre 13, p. 31 (840a, 1. 15-19). Cf. *Simonis Daci Opera*, éd. de A. Otta, Hauniae, 1963. p. 3: «Grammatica est omnium artium liberalium fons et origo, totius eloquentiae fundamentum.» Point de vue qui se fait de plus en plus rare avec l'essor pris par la logique à partir du XIe siècle grâce à la querelle des Universaux et à la redécouverte progressive de l'*Organon*, et malgré la renaissance littéraire du XIIe siècle dont Jean de Salisbury est le plus insigne représentant. Sur l'histoire générale du *Trivium*, consulter essentiellement Ch. S. Baldwin, *Medieval Rhet. and Poet.* (p. 151: «At the fall of Rome the Trivium was dominated by *rhetorica*; in the Carolingian period, by *grammatica*; in the high middle age, by *dialectica*».) ; L. Paetow, *The Arts cours at Medieval universities with special reference to Grammar and Rhetoric*, Champaign (Illinois), Illinois Univ. Press, 1910, et *Two medieval satires on the University of Paris. La Bataille des VII Ars of Henri d'Andeli and the Morale Scolarium of John of Garland*, edited with renderings into english by L. J. Paetow, Berkeley, Univ. of California Press, 1927. H. d'Andeli nous fait assister à la défaite de *Grammaire* face à *Logique*, et Jean de Garlande plaide pour la cause des belles-lettres, défendues au XIIIe par l'université d'Orléans qui se dresse contre l'Aristotélisme parisien. Paetow souligne fort justement la cause essentielle du déclin de l'étude des «classiques» à partir du XIIe siècle (Introduction à son édition, p. 20): «After all, however, the most important cause of the decline of the classics and of purely literary pursuits generally, was the rise of dialectic to indisputed eminence among the arts». Il faudra attendre la *Rhétorique* de Gaguin (1471) pour voir refleurir en France l'étude des humanités et l'amour du beau langage. Garin, (*L'éducation de l'homme moderne*, Paris, Fayard, 1968, p. 39) le dit bien: «Les conflits des arts, ainsi que les diverses manières de les coordonner, la suprématie de l'un ou de l'autre, tout cela exprime précisément le mouvement de l'histoire et de la culture.»

décoche les traits de sa meilleure ironie contre ces *nugiloqui ventilatores* qui ne jurent que par la logique, ignorent toutes les autres sciences, et passent leur vie en de vaines disputes, malgré les conseils d'Aristote (Hec ille. Sed illi, eo inconsulto, immo et prohibente, semper, ubique, et de omnibus eque disputant; forte quia notitiam omnium eque habent).[84] Rien n'est plus digne de mépris, dit Jean de Salisbury citant Sénèque, que la recherche de la subtilité pour elle-même (odibilius subtilitate, ubi nichil aliud est quam subtilitas).[85] Et il consacre un chapitre entier de son livre à montrer *Quod inefficax est dialectica, si aliarum destituatur subsidio.*[86] Il est particulièrement dur pour les sophistes. La sophistique, dit-il, «apparens sapientia est, et inducit ad statuendam opinionem plerumque non quod verum aut verisimile, sed quod alterutrum videatur. Interdum autem utitur et iis; cavillatrix enim est, et sepe a veris et manifestis per minutas interrogationes aliasue doli sui insidias ad dubia et falsa progreditur. Transfigurat enim se in ministram lucis,[87] et Neptuni more quem in devia abducit,[88] aut periculis exponit aut risui. Philosophus autem, demonstrativa utens, negociatur ad veritatem; dialecticus ad opinionem, siquidem probabilitate contentus est. Sophiste autem sufficit, si vel videatur esse probabile.»[89] Et plus loin, il précise ses critiques dans un passage tellement central pour mon propos qu'on me pardonnera de le citer presque *in extenso* (c'est tout Panurge qui s'y profile): «[Sophistica] est apparens sapientia, non existens; unde et sophista copiosus ab apparente sapientia, sed non existente. Hec autem omnium disciplinarum

---

[84] *Met.*, livre II, chapitres 7 et 8, pp. 72-76 (864b-866b).

[85] *Met.*, livre II, chap. 8, p. 74 (865b. l. 13-15).

[86] *Ib.*, livre II, chapitre 9, pp. 76-77. Le chapitre entier mériterait d'être cité (p. 76, 866c-d): «Nam, sicut gladius Herculis in manu Pigmei aut pumilionis inefficax est, et idem in manu Achillis aut Hectoris ad modum fulminis universa prosternit; sic dialectica, si aliarum disciplinarum vigore destituatur, quodammodo manca est et inutilis fere. Si aliarum robore vigeat, potens est omnem destruere falsitatem; et, ut minimum ei ascribam, sufficit de omnibus probabiliter disputare. Neque enim magnum est si more nostrorum iugiter in se rotetur, se circumeat, sua rimetur archana, et in illis dumtaxat versetur que nec domi, nec militie, nec in foro, nec in claustro, nec in curia, nec in ecclesia, immo nusquam nisi in scola prosunt.»

[87] Cf. Saint-Paul, II *Corint.*, XI, 13-15: «Nam eiusmodi pseudoapostoli sunt operarii subdoli, transfigurantes se in apostolos Christi. Et non mirum, ipse enim Satanas transfigurat se in angelum lucis. Non est ergo magnum si ministri eius transfigurentur velut ministri justitiae. . .» Rabelais fera allusion par deux fois à ce très important passage de St. Paul dans son *Tiers Livre*, XIV et XLIV: «car souvent l'ange de Sathan se transfigure en ange de lumière,» dit Pantagruel; et Epistémon: «la fraulde du Calumniateur infernal, lequel souvent se transfigure en messagier de lumiere par ses ministres, les pervers advocatz, conseilliers, procureurs, et aultres telz suppotz, tourne le noir en blanc. . .» Voir le commentaire de M. A. Screech, *Rab. Marr.*, pp. 118-19.

[88] Allusion à l'histoire d'Hippolyte, selon McGarry, qui renvoie à Ciceron, *De Offic.*, I, 10, 32. *Ib.* chez C. Webb («Ad fabulam Hippolyti respicere videtur»).

[89] *Met.*, livre II, chap. 5, p. 68 (861c, l. 10-20).

emulatrix est, et sub earum specie suas omnibus tendiculas parat, incautosque subvertit. Frustra sine hac se quisquam gloriabitur esse philosophum; cum nequeat cavere mendacium aut alium deprehendere mentientem. Hoc utique in unaquaque disciplina opus scientis est. Videas huius ignaros, cum ab aliis vel a se paralogizentur, homines Nichodemianos, cum fuerint subplantati, dicentes pre stupore: Domine, quomodo possunt hec fieri? Nichil autem est quod minus deceat aut glorie aut victorie captatorem. Sane litigiosus victoriam, sophista glorium querit, finisque utriusque in disceptationibus et contentionibus plurimum placet. Unde et ad frasim conciliandam et totius philosophie investigationes sophistice exercitatio plurimum prodest; ita tamen ut veritas, non verbositas, sit huius exercitii fructus. Sic enim veritatis et sapientie famula est; alioquin adultera, prodens amatores, quos excecatos exponit erroribus et in precipitium ducit. Ait Sapientia: Qui sophistice loquitur, odibilis est; *sed plane odibilior est qui sophistice vivit; error enim vite quam verbi perniciosior* (je souligne). Vix est tamen qui in vita non imitetur sophistam, cum hi, qui non sunt, velint videri boni, et hoc modis omnibus agant; et qui boni sunt, aliorum sepe querant circumvenire judicia, ut meliores quam sint videantur. Quod quidem est in ratione vivendi sophistam induere.»[90] Au total, la dialectique et la sophistique sont utiles entre les mains des sages, comme servantes soumises des autres sciences. Mais l'homme ne doit jamais perdre de vue sa faiblesse et ses limites. La raison humaine est imparfaite. Elle ne saurait percer tous les mystères du dogme, ni se rendre maîtresse, en une si courte vie, de la multitude des branches du savoir. Elle ne tire sa force et sa science que de Dieu. L'Ecclésiaste l'a dit: «Altiora te ne quaesieris, et fortiora te ne scrutatus fueris; sed quae praecepit tibi Deus, illa cogita semper, et in pluribus operibus ejus ne fueris curiosus. Non est enim tibi necessarium ea quae abscondita sunt videre oculis tuis. In supervacuis rebus noli scrutari multipliciter, et in pluribus operibus ejus non eris curiosus. Plurima enim super sensum hominum ostenta sunt tibi; multos quoque supplantavit suspicio illorum, et in vanitate detinuit sensus illorum.»[91] La raison humaine ne peut rien sans la foi («credo ut intelligam»): «quia tam sensus quam ratio humana frequenter errat, ad intelligentiam veritatis primum fundamentum locavit in fide.»[92]

---

[90] *Ib.*, livre IV, chap. 22, pp. 188-89 (929b-d).

[91] *Liber Ecclesiastici*, III 22-26. Cité par Jean de Salisbury, IV, 41, p. 215.

[92] *Met.*, livre IV, chap. 41. C'est tout le passage qu'il faut citer, tant il éclaire à mes yeux l'attitude des humanistes évangélistes érasmiens de la première moitié du XVIe siècle face au problème des rapports de la raison et de la foi, et à celui de la légitimité du *Savoir* en

La critique de la dialectique et de la sophistique aboutit donc à une affirmation des limites de la raison humaine, incertaine et corrompue, et de la toute puissance de la grâce, sans laquelle l'homme ne peut rien. La dialectique et la sophistique apparaissent alors dans ce contexte, comme les armes mêmes de Satan: Satan le grand sophiste, qui se transfigure en ange de lumière. Tous les antidialecticiens insistent sur ce point au XIIe siècle, qu'il s'agisse de Pierre de Blois, Etienne de Tournai, Neckham ou Pierre le Chantre.[93] Mais c'est Gauthier de Saint Victor, dans son *Contra quatuor labyrinthos Franciae*, qui a la meilleure formule: *dialecticus proponit... diabolus concludit*.[94]

Le courant dialecticien était cependant trop fort, même à ses origines, pour pouvoir être endigué. La dialectique et la *disputatio* font rage au XIIe siècle dans les universités d'Europe. A partir des années 1130, de nouvelles traductions d'Aristote viennent enrichir la *logica vetus*, notamment celles de Jacques de Venise: «Iacobus clericus de Venicia, transtulit de Greco in Latinum quosdam libros Aristotilis, nous apprend un chroniqueur pour l'année 1128; scilicet *Topica*, *Analytica Priores* et *Posteriores*, et *Elenchos*.»[95] Ces nouveaux traités, réunis sous la dénomination de *Logica Nova*, constituent avec le corpus précédent la *Logica Antiquorum*, à laquelle viendront rapidement s'ajouter les traités

général (944b-945a, pp. 215-216): «Cum ergo sciri quedam non possint pre eminentia dignitatis, quedam pre multitudine aut magnitudine quantitatis sue, quedam propter inconstantiam et lubricitatem sui; cui potissimum insistendum sit, et quid maxime expediat, Ecclesiasticus docet. Altiora, inquit, et ne quesieris, et fortiora te ne scrutatus fueris. Ecce temeritatem eorum cohibet, qui deifice Trinitatis archana, et ea quorum visio in vita eterna promittitur, irreverenti verbositate discutiunt. Unde, etsi scientia videatur augeri, devotio certe minuitur. In supervacuis, inquit, rebus noli scrutari multipliciter et in pluribus eius operibus non eris curiosus. Multos enim subplantavit suspicio eorum, et in vanitate detinuit sensus eorum. Hic quoque illorum audaciam reprimit, qui sollicitantur de omnibus, et volunt de universis reddere rationem, cum constet auctoritate Salomonis in Ecclesiaste quod nec minime rei, que sub celo est, nedum celestium aut supra celestium, plenam possit homo reddere rationem. Porro in quibus oporteat philosophantis ingenium exerceri filius Sirac docet: Que precepit Deus, cogita illa semper, et in pluribus operibus eius non eris curiosus. Quia enim de radice sensuum, qui frequenter falluntur, scientia manat, et decepta infirmitas quid expediat parum novit, data est per clementiam Dei lex, que utilium scientiam aperiret et indicaret de Deo quantum sciri licet aut quantum expedit querere. Illa enim divinam potentiam in creatione, sapientiam in dispositione, bonitatem manifestat in conservatione rerum; sed hec maxime eminent in hominis reparatione redempti. Voluntatem quoque Dei patenter exponit, utsciat quisque quid ipsum oporteat facere. Et quia tam sensus quam ratio humana frequenter errat, ad intelligentiam veritatis primum fundamentum locavit in fide. Hinc est illud Philonis in libro Sapientie: Qui confidunt in Domino, intelligent veritatem, et fideles in dilectione adquiescunt illi, quoniam donum et pax est electis Dei.» Le Pantagruélisme est fort proche de cette attitude.

[93] Consulter John W. Baldwin, *Masters, Princes and Merchants, The social views of Peter the Chanter and his circle*, 2 vol., Princeton U.P., Princeton, 1970.

[94] Gauthier de Saint-Victor, *Contra quatuor labyrinthos Franciae*, éd. de P. Glorieux, *Archives d'Histoire doctrinale et littéraire du Moyen âge*, XIX, 1950, p. 274.

[95] Cité par L. M. de Rijk, *P. A. Dialectica*, p. xviii de son Introduction.

des *Parva Logicalia* sur les *Proprietates terminorum* (*De Suppositionibus, De Relativis, De Ampliationibus, De Appellationibus, De Restrictionibus, De Distributionibus*),⁹⁶ dont on fait généralement remonter l'origine à Petrus Hispanus, et qui forment La *Logica Modernorum* des *Terministae*. La diffusion massive de cet arsenal logique assura définitivement la victoire des Dialecticiens sur leurs adversaires, et entraîna une véritable révolution pédagogique, culturelle et même religieuse, que le débat philosophique sur les Universaux avait d'ailleurs déjà amorcée au siècle précédent lorsque les *Sophistae* des deux bords avaient fait largement appel aux subtilités de l'argumentation dialectique pour soutenir leurs prises de position respectives.⁹⁷ La logique acquiert au sein du *cursus studiorum* une prééminence que rien jusqu'à Descartes ne pourra désormais remettre en question. Elle envahit toutes les sciences, y compris, ce qui est grave, la théologie. La grammaire et l'élégance de la belle *latinitas* sont sacrifiées aux arcanes et aux arguties de l'art du raisonnement. La dispute devient l'exercice-roi du monde intellectuel universitaire. Dans les écoles «tunc nihil nisi clamores audiebantur, altercationes, novarum subtilitatum inventiones.»⁹⁸ Et sur quoi dis-

⁹⁶ Les *Parva Logicalia*, que M. A. Screech, dans son édition de *Gargantua*, attribue à tort à Alexandre de Villedieu pour avoir mal lu Erasme (p. 126, note 42), constituent le septième traité des *Summulae Logicales*, f° 207 r°: «Iste est septimus Tractatus Summularum magistri Petri Hispa. In quo determinatur de *Parvis Logicalibus*.»

⁹⁷ *Historia Universitatis Parisiensis*, authore Caesare Egassio Bulaeo, tome I, 1665, p. 443 (Pour l'année 1067): «Nominalium Princeps et Antesignanus fuit Ioannes quidam cognomento *Sophista*. de quo sic author historiae a Roberto Rege ad mortem Philippi I. *In dialectica hi potentes extiterunt Sophistae*: Ioannes qui eandem Artem Sophisticam vocalem esse desservit. . . Et quia vir iste magnum sibi nomen adinventis in Dialectica subtilitatibus comparavit, effecit, ut qui cumque caeteris doctiores esse putarentur, Sophistae appellarentur: quales multi leguntur apud Ordericum. Hinc Lanfrancus et Anselmus *Profundi Sophistae* dicti. Item Robertus Parisiensis, Galo Episcopus Leonensis, Pontius Abbas Cluniacensis eodem nomine appellati. . . Item idem Ordericus ad an. 987. multos Gerberti Discipulos commemorat, quos ait fuisse *Fulgentes in choro Sophistarum*. . . Porro materia communis totius disputationis erat Universale Logicum, in quo scilicet consisteret. Nam cum eorum quae existunt in rerum natura nihil sit nisi singulare: non detur autem scientia singularium, quia incerta sunt et mutabilia, scientia autem est cognitio certa rei necesseriae, non contingentis, non mutabilis ac proinde habere debet objectum universale, quaestio mota est, quodnam esset illud objectum universale. Vetus opinio naturam ipsam realem esse tenebat universalem: Nova contendebat nullam dari naturam universalem, sed quidquid est, esse singulare, solasque voces seu nomina universalia dici posse. Hincque alii Nominales dicti, alii Reales.»

⁹⁸ *Ib.*, pp. 511 et ss. («Methodus docendi»): Du Boulay souligne que la querelle des Universaux a fait naître des habitudes qui ont révolutionné l'enseignement. En 1215, «Robertus Cardinalis legatus eius quidem Dialecticam legi permissit, metaphysicam vero et Physicam prohibuit. Legent libros Aristotelis de Dialectica tam de veteri quam de nova in scholis ordinarie et ad cursum. . . Adde quod Philosophi illi palam et publice praedicabant non esse studendum praeceptis eloquentiae, ut pote vanis et inutilibus, sed statim vel leviter imbutis Grammaticâ accedendum esse ad Dialecticam. Itaque haec agendi ratio, haec subtilitatum et distinctionum fabricatio tantae laudi dari coepit, ut prae ea caetera negligerentur. Nihil enim putabant posse quenquam de ingenio praesumere, qui difficultatum propositarum nodos non enodaret, qui non subtiliter et acutè disputaret, novos ter-

pute-t-on? «Insolubilis in illa philosophantium scola tunc temporis questio habebatur, an porcus, qui ad venalicium agitur, ab homine an a funiculo teneatur. Item, an capucium emerit qui cappam integram comparavit» dit Jean de Salisbury.[99] Pour vaincre, il suffit de crier plus fort que l'opposant: «Ita quidem, si intellectui rerum que videbantur in quaestione versari operam dabat, sufficiebat ad victoriam verbosus clamor; et qui undecumque aliquid inferebat, ad propositi perveniebat metam.»[100] Et l'on méprise les Poètes et les Humanistes épris de beauté: «Poete historiographi habebantur infames, et si quis incumbebat laboribus antiquorum, notabatur, et non modo asello Archadie tardior, sed obtusior plumbo vel lapide, omnibus erat in risum.»[101] La Rhétorique et l'éloquence ont perdu leur prestige. Dame Rhétorique n'a plus les allures de reine («veluti potens rerum omnium Regina») qu'elle possédait chez Martianus Capella.[102] La dialectique est devenue une fin en soi, au lieu d'être seulement un instrument d'organisation des autres sciences. Elle étend son empire sur les autres arts libéraux, et sur l'ensemble de toutes les sciences, médecine, loi, théologie.

minos, novas distinctionum formulas non excogitaret. . . Ex hac methodo seu potius perversitate docendi prodiit in Academiam barbaries quaedam latinitatis, inscitiaque Grammaticae et Eloquentiae. Nam cum omnes ad Dialecticam et Theologiam illam altercatricem statim se conferrent, ut ingenii subtilitatem proderent, quae minus patebat in professione caeterarum artium, elegantiores artes in quibus severiori meditatione opus est, negligebant et quasi inutiles reiiciebant. Donec tandem sequente seculo Bernardus Cartonensis, Theodoricus, Willielmus de Conchis, et alii insignes viri praeclaras artes quasi postliminio revocarunt, summumque eis splendorem et gloriam restituerunt: quanquam nec desierunt Philosophi illi nugatores litterarum rudes et imperiti barbariem suam praeferre et litteraris viris insultare: ut pote qui male edocti male quoque Discipulos edocerent: quos inter cornificium quendam exagitat Saresberiensis, quem delirum et insulsum senem appellat.»

[99] Jean de Salisb., *Metalogicon*, livre I, ch. 3, p. 10 (829a, l. 21-23). Cf. Pierre d'Espagne, *Summ. Log.*, Tractatus III, *De Praedicamentis*, f° 108 r°: «De Praedicamento Habitus, et eius accidentibus propriis: Habitus est corporum et eorum quae circa corpus sunt adiacentia ut tunicatum esse et bracatum esse. Et tres sunt proprietates eius. Prima est quod habitus suscipit magis et minus, ut eques est armatior pedite. Secunda est quod habitus non habet contrarium. Tertia est quod habitus semper est in pluribus, scilicet in habente et habito. [Commentaire de Versor]: Primo sciendum quod habitus non est res habens, non res habita, sed est quodammodo accidens respectiuum inter rem habitam et habentem, *sicut esse capuciatum non est res habens capucium, nec ipsum capucium, sed dicit esse accidentale hominis sibi proveniens ex adiacentia capucii. . .»*

[100] *Ib.*, livre I, ch. 3, p. 11 (829b, 1. 8-11).

[101] *Ib.*, I, 3, p. 11 (829b-c, 1. 11-15).

[102] Ch. S. Baldwin, *Medieval Rhetoric and Poetic*, pp. 91 et ss. Dans son *De Nuptiis Philologiae et Mercurii* (édit. Dick, Leipzig, Teubner, 1925, V, 426-27) Martianus Capella décrit ainsi Dame Rhétorique: «Sed dum talibus perturbatur multa terrestrium plebs deorum, ecce quaedam sublimissimi corporis ac fiduciae grandioris, vultus etiam decore luculenta femina insignis ingreditur, cui galeatus vertex ac regali caput majestate sertatum, arma in manibus, quibus se vel communire solita vel adversarios vulnerare, fulminea quadam coruscatione renidebant. . .denique creditum quod instar Iovis eadem posset etiam fulmina iaculari. Nam veluti potens rerum omnium regina et impellere quo vellet et unde vellet deducere, et in lacrimas flectere, et in rabiem concitare, et in alios etiam vultus sensusque convertere tam urbes quam exercitus proeliantes, quaecumque poterat agmina populorum.»

Une comparaison éclairera l'évolution subie au XIIe siècle par la pédagogie et la conception du savoir mieux que toute accumulation de faits. Hugues de Saint Victor propose dans son *Didascalion* une classification des branches du savoir avant le triomphe d'Aristote et de l'*Organon*. La logique n'y est qu'une partie de la philosophie (*quarta pars philosophiae*). On y découvre ces formules: «est autem philosophia amor et studium et amicitia quodammodo sapientiae... Philosophia est *disciplina omnium rerum humanarum atque divinarum rationes plene investigans... Philosophia est ars artium et disciplina disciplinarum*, id est ad quam omnes artes et disciplinae spectant.»[103] Tout change après l'assimilation complète du trésor aristotélicien. La logique devient la base de l'enseignement, la méthode universelle d'exposition et de démonstration. Petrus Hispanus le dit dans ses *Summulae Logicales*,[104] ce traité capital d'introduction à la logique et à la dialectique d'Aristote que J. *Major* (*De modo faciendi boudinos*), régent de Montaigu, saluera encore en 1521 comme «la porte à toute logique» («Summularum liber, totius logices janua»),[105] et qui symbolisera aux yeux de tous les humanistes, plus que les œuvres de Scot ou Saint Thomas, la barbarie de la dialectique scolastique: «Dialectica est ars artium, scientia scientiarum, ad omnium methodorum principia viam habens. Sola enim Dialectica probabiliter disputat de principiis omnium aliarum scientiarum. Et ideo in acquisitione omnium aliarum scientiarum Dialectica debet esse prior.»[106]

---

[103] *Hugonis de Sancto Victore Didascalion. De Studio legendi*, A critical text...by Brother Charles H. Buttimer, The Catholic Univ. of America Press, Washington D.C., 1939 (I, 2; I, 4; II, 1). Selon Hugues, la philosophie est divisée «in *theoricam* (théologie, mathématique, physique), *practicam* (éthique, économique, politique), *mechanicam* (navigation, armement, agriculture, médecine, etc.), *logicam* («dividitur in grammaticam et in rationem disserendi»). II, 30: «Ratio disserendi integrales partes habet inventionem et iudicium, divisivas vero demonstrationem, probabilem, sophisticam. Demonstratio est in necessariis argumentis et pertinet ad philosophos; probabilis pertinet ad dialecticos et ad rhetores; Sophistica, ad Sophistas et cavillatores. Probabilis dividitur in dialecticam et rhetoricam... Grammatica est scientia loquendi sine vitio; dialectica, disputatio acuta verum a falso distinguens. Rhetorica est disciplina ad persuadendum quaeque idonea.»

[104] Ed. citée, f° 2 v° (Tractatus primus: Quid dialectica, et eius ad caeteras artes utilitas).

[105] Cité par Ong, *Ramus, Method*, p. 57.

[106] Formule qui se retrouve chez tous les dialecticiens médiévaux. Lambert d'Auxerre (cité par Prantl, *Geschichte der Logik in Abenlande*, Leipzig, S. Hirzel, 1855-85, 4 vol., vol. III, p. 26): «Dialectica est ars artium ad principia omnium methodorum viam trahens»; Ockham (*Summa Logicae*, edited by Ph. Boehner, published by the Franciscan Institute, St. Bonaventure, New York, 1951-; vol. I, p. 7): «Logica est omnium artium aptissimum instrumentum, sine qua nulla scientia perfecte sciri potest. Et le *Prologus fratris et magistri Adam de Anglia* précise: «Aristoteles, auctor praecipuus huius scientiae, nunc introductioram methodum, nunc sciendi modum, nunc scientiam omnibus communem et viam veritatis appellat, dans ex his intelligere, quod nulli ad sapientiam patet accessus nisi in scientia logica erudito.» *Summule Philosophie//rationalis: seu logica: excellentissimi artium et//theologie professoris Magistri Nicolai Dor//belli: secundum doctrinam doctoris subtil Scoti*, Basel, M. Furter, 1493 (f°

De la philosophie à la dialectique, l'évolution n'est pas seulement celle d'une pédagogie. C'est toute une culture, toute une éthique, et la conception même de l'homme et de son rôle dans l'univers qui sont en cause. Le sage chrétien, *amator sapientiae*, se tourne vers la vérité, vers la morale et vers Dieu. Il met en doute les pouvoirs de la raison humaine, et insiste sur la toute-puissance de la grâce. Le sophiste, au contraire, au nom de l'efficacité et du triomphe personnel, rompt avec toutes les valeurs traditionnelles. Il se libère de tout souci de l'éthique. Il se révolte même contre les limites que Dieu impose à sa nature. Il est celui qui croit à la toute-puissance de la raison humaine pour dominer l'univers et ses semblables. La science devient pour lui la fin suprême, et non plus la sagesse.

Le choix ou le refus de la dialectique est donc un choix lourd de conséquences, un choix auquel l'Humanisme du XVIe siècle se trouva naturellement confronté. Car la dialectique ne meurt pas avec l'Humanisme. Elle forme encore au XVIe siècle la base et le couronnement des études universitaires. Paris connaît notamment au XVe siècle et au début du XVIe siècle une intense activité dialectique, essentiellement sous les espèces d'une lutte d'influence entre deux écoles, celle du nominalisme de Guillaume d'Occam et de ses sectateurs (Buridan, Pierre d'Ailly, Dorp, Albert de Saxe) qui, suivant les termes de Renaudet, enseigna pendant un siècle et demi «une science des mots orgueilleuse et vide,» et celle issue du réalisme de Duns Scot et de Thomas Aquinas,[107] représentée essentiellement par Nicolas des Orbeaux, Tartaret, et Bricot. La réforme de l'université de Paris entreprise en 1452 par le

---

I r°): «Hic auctor ponit diffinitionem dyalectice: in qua reddit auditores benivolos et attentos. . .dicens quod dialectica est ars artium et scientia scientiarum. . .» La troisième des *Quaestiones Logicales Magistri Johannis Maioris Hadyngthonani Theologi, ac Philosophi Parisiensis* (Parisiis, Apud J. Parvum ac Aegidium Gormontium, MDXXVIII) est: «An omnis scientia per logicam acquiritur.» W. Risse (*Die Logik der Neuzeit 1 Band 1500-1640*, p. 51) cite Leonardus Botallus (*Disputatio de Dialectice facultate. . .*, Paris, 1576): «Dialectica est instrumentum aliarum scientiarum,» et même Ph. Melanchthon, dialecticien humaniste, disciple de R. Agricola, reprend encore la formule dans ses *Erotemata dialectices* (Risse, p. 89). La continuité Moyen âge – XVIe siècle est ici sans faille.

[107] A. Renaudet, *Préréforme et Humanisme à Paris pendant les premières guerres d'Italie (1494-1517)*, 2ème édition, d'Argences, 1953. Du Boulay (*Historia Univ. Paris.*, tome V, MDCLXX) se fait l'écho de ces heurts (sub anno 1473): «Sub hoc Procuratore et Rectore M. Fanuche gravissimi conflictus fuerunt in Universitate propter sententias Nominalium et Realium. Rex authoritatem suam in ea re interpositam voluit. . .» Louis XI lance un édit «contra Nominales»: «Visum est eis rursus doctrinam Aristotelis, eius commentatoris Averrois, Alberti Magni, S. Thomae de Aquino, Aegidii de Roma, Alexandri de Halles, Scoti, Bonaventurae, aliorumque Doctorum Realium quae quidem doctrina retroactis temporibus sana securaque comperta est, tam in Facultate artium quam Theologiae, in praedicta universitate deinceps more consueto esse legendam, dogmatizandam, discendam, et imitandam, ac eandem ad sacro-sanctae Dei Ecclesiae ac fidei Catholicae aedificationem, Iuvenumque studientium eruditionem longe utiliorem esse et accommodatiorem, quam sit

cardinal d'Estouteville n'a fait que renforcer, s'il pouvait l'être, le règne d'Aristote et de la logique sur la vie intellectuelle universitaire.[108] Ce règne est tellement universel et despotique que la dialectique s'infiltre jusque dans la poésie courtoise et dans les Arts de seconde rhétorique.[109] D. Poirion a pu voir en Charles d'Orléans un prince aristotélicien, et soutenir que l'esprit d'Aristote menace, à l'époque de la Prérenaissance, la vision courtoise du monde – dont les sources lointaines remontent au Platonisme – et la nature même de la poésie – qui tend fâcheusement au didactisme et au raisonnement syllogistique.[110] Quoi qu'il en soit, la dialectique – et ses subtilités, son formalis-

quorundam aliorum Doctorum renovatorum doctrina, ut puta Guillelmi Okam, Monachi Cisterciensis, de Arimino, Buridani, Petri de Alliaco, Marsilii, Adam Dorp, Alberti de Saxonia, suorumque similium, ut dictum est, eiusdem universitatis studentes, quos Nominales, Terministas vocant, imitari non verentur.» L'édit royal interdit la *lecture* des Nominalistes et ordonne la confiscation de tous les ouvrages contenant leur doctrine. Leur purgatoire durera jusqu'en 1481: «Anno 1481, nous dit Bulaeus, resurrexit Nominalium secta exilio et carceribus ab anno 1473. damnata, hocque annum postliminio revocata est: redditi libri magistris, et catenis soluti Mandato Regis.»

[108] Renaudet, *Préréforme et Humanisme*, souligne le fait, p. 59. Du Boulay, toujours très précieux, donne le texte de la Réforme (t.V, pp. 562 ss.) En ce qui concerne la Faculté de théologie, citons ce passage, qui est à rapprocher de *Pantagruel* (éd. Saulnier, ch. XIII): «Statuimus et ordinamus ut scholares, etiam magistri in Artibus non admittantur ad primum cursum Theologiae, si rixas aut clamores insolentes in suis Nationibus excitare, aut alias dissoluti, vagabundi, aut mala conversationis esse dicantur.» Pour la *Reformatio Facultatis Artium* (p. 570), le Cardinal souligne d'abord la nécessité d'enseigner Aristote et ses commentateurs, point par point, et chapitre par chapitre. Puis il ajoute: «Districtius volumus et mandamus observari quod scholares, antequam ad determinandum in Artibus admittantur, congrue sint in Grammatica edocti, et *Doctrinale* et *Graecismus* legerint, vel audierint, dummodo in Studiis, aut aliis locis, ubi Grammaticam didicerunt, dicti libri legantur. Ad praedicta vero adjicimus districtius inhibentes magistris, ne permittant Scholares ad Logicales sectiones conscendere, nisi prius in praedictis, et in arte metrificandi fuerint competenter edocti. Item sequens approbamus statutum, quod Scholares priusquam admittantur ad determinandum, audiant veterem artem totam, librum *Topicorum* potissime quoad quatuor libros, et libros *Elenchorum*, *Priorum* et *Posteriorum* complete, etiam librum *De Anima* in toto vel in parte.» A quoi s'ajoutent (*innovamus*) d'autres œuvres du Stagirite: la *Physique*, le *De generatione et corruptione*, le *De caelo et mundo*, les *Parva Naturalia*, la *Métaphysique*, le *liber Ethicorum*. Et le Cardinal souligne à nouveau: «Ad hoc autem statutum quod pernecessarium est, adiicimus praecipientes, ut praedicti libri audiantur non cursim et transcurrendo, sed studiose et graviter.» On voit que malgré les efforts faits pour redonner vie à la grammaire et à la poétique Aristote reste le maître incontesté du *curriculum*.

[109] Daniel Poirion, *Le Poète et le Prince. L'évolution du lyrisme de Guillaume de Machaut à Charles d'Orléans*, PUF, 1965. E. Langlois, *Recueils d'arts de seconde Rhétorique*, Paris, Imprimerie Nationale, MDCCCCII. *Le Jardin de Plaisance et Fleur de Rhétorique*, reproduction en facsimilé de l'édition publiée par Antoine Vérard vers 1501, Paris, F. Didot, MDCCCCX.

[110] D. Poirion, p. 582. «La Prérenaissance, écrit-il encore (p. 585) est surtout marquée, dans la littérature didactique, par une consolidation du système aristotélicien.» Ce n'est pas seulement Ch. d'Orléans qui lit l'*Ethique à Nicomaque*, c'est aussi A. Chartier, docteur en Décret, qui tend à confondre raisonnement logique et poésie, c'est toute la poésie lyrique qui se trouve envahie par des habitus hérités de la dialectique. «Les proportions triangulaires de la ballade sont en profonde harmonie avec les habitudes de la pensée médiévale, souligne Poirion (p. 374). Trois séries... trois volets... trois étapes logiques.» Le poème se bâtit sur l'antithèse, sur le jeu sophistique de l'opposition des contraires. La poésie médiévale, surtout au XVe siècle, est en fait absorbée par la rhétorique, la dialectique, et la musique. Elle n'est, pour le grand rhétoriqueur, qu'une *seconde* rhétorique. Elle devient

me, son jargon – survit au XVIe siècle, égale à elle-même. Une redoutable armée de logiciens existe à Paris au début du XVIe siècle:
Juan de Celaya, Gaspar Lax, Antoine et Louis Coronel, Jean Dolz,
Dullaert, Tartaret, Jean Mair; armée que Vivès, qui étudia à Paris de
1509 à 1512, prend à parti dans son pamphlet *Adversus Pseudodialecticos*
(1519).[111] Ce n'est qu'en 1535 que les maîtres de grammaire et de
rhétorique seront mis pour l'obtention des bénéfices sur le même pied
que les dialecticiens.[112] Mais les études continueront, dans les «écoles
de la parlerie,» à avoir pour but suprême la dispute, et le régent ren-
contré par Montaigne sur la route d'Orléans lui dira encore, montrant
son collègue avec une moue de dédain: «Il n'est pas gentilhomme. C'est
un grammairien, et je suis logicien.»[113] En 1551, Galland reprochera à
Ramus de faire perdre le temps de ses élèves à l'étude des Poètes – en
qui il ne voit que des maîtres de délires et d'erreurs («Poetas, deliriorum
et errorum magistros), et affirmera que la «philosophie» est trop sérieuse
pour s'encombrer de grammaire, de rhétorique, de poétique et d'histoire.[114] En 1624, Gassendi reprochera encore aux sectateurs d'Aristote
et de la dispute, qui méprisent les considérations grammaticales («non
curamus de verbibus, sed de sensis») d'oser dire que «les solécismes sont
la gloire et la parure des philosophes.» Un siècle plus tôt – même plus
d'un siècle – G. Lax, maître en philosophie de Vivès appelait Homère
«insanus senex nugarum omnium parens»: permanence du sophiste.[115]

L'humanisme n'a donc pas vaincu la dialectique scolastique. Tout
juste a-t-il pu croire un moment qu'il l'avait assimilée, grâce essentiellement aux efforts d'humanistes ouvers à la fois à la beauté et à la

simple jeu sur les mots, exploitation d'équivoques, et prétexte à *débats* dans le cadre de formes
fixes. Dans son *Naufrage de la Pucelle*, poème allégorique, Molinet assimile la poésie chantée à
l'art du Sophiste. Dans tous les *Arts de seconde rhétorique*, une très grande place est faite à
l'analyse de l'*aequivocatio*. L'auteur de l'*Art et Science de Rhétorique* (Langlois, pp. 265 ss.)
explique les beautés de la «doublette» (un couple de rimes masculines, un couple de fémini-
nes, en alternance) par un adage dialectique: «car il est notoyre que opposita juxta se
posita, magis elucescunt.»
   [111] *Joannis Ludovici Vivis Valentini Opera Omnia, distributa et ordinata in argumentorum classes
praecipuas A Gregorio Majansio.* . . Tomus III, Valentiae Edetanorum, in officina Benedicti
Monfort, anno MDCCLXXXII. Consulter aussi: *Juan Luis Vives, Obras Completas*, primera
traslacion castellana integra y directa. . . por Lorenzo Riber, M. Aguilar, Madrid, 1947-48,
2 vol.
   [112] Ch. Thurot, *De l'organisation de l'enseignement dans l'Université de Paris au Moyen Age*,
Paris, 1850, p. 91.
   [113] Cité par R. Radouant, «L'union de l'éloquence et de la philosophie au temps de
Ramus,» *RHLF*, XXXI, 1924, p. 163. Montaigne, *Essais*, I, 26 («De l'institution des
enfants»), p. 177.
   [114] *P. Gallandii.* . . *contra novam academiam P. Rami oratio*, Paris, 1551, f°⁵ 14 et 20. Cité par
Radouant, p. 163.
   [115] Renseignements empruntés à Radouant, art. cité, p. 163, d'après A. Namèche,
Mémoire sur la vie et les écrits de Jean-Louis Vivès, Bruxelles, 1841. p. 15.

vérité, comme R. Agricola (*De Inventione dialectica*), Sturm (*Partitionum dialecticarum libri duo*), Melanchthon (*Erotemata Dialectices*), et Ramus (*Dialecticae Institutiones, Aristotelicae Animadversiones, Dialectique*). Mais cette assimilation, loin de diminuer l'importance de la dialectique, aboutit au contraire à la renforcer. Il est vrai qu'en humaniste soucieux du beau style Agricola fit évoluer l'art du raisonnement d'une technique de spécialistes à un instrument d'amateur lettré, soucieux de pédagogie pratique et d'éloquence.[116] Il rendit la première place aux belles lettres et à Cicéron dans une dialectique essentiellement d'inspiration rhétorique. Il continuait par là les efforts des humanistes et pédagogues italiens comme Lorenzo Valla et Vittorino de Feltre.[117] Mais son influence, quoique considérable, fut vite effacée par celle de Ramus.[118] Ramus a reçu une éducation typiquement scolastique. Il a subi le jargon et le formalisme de la dialectique médiévale, l'apprentissage type du *Summulista*. Il a ses raisons de le haïr, et de le vouer aux gémonies: «Quand je vins à Paris, dit-il, je tombé es subtilitez des Sophistes, et m'apprit-on les arts libéraux par questions et disputes, sans m'en montrer jamais un seul autre ni profit ni usage.»[119] Il ne cessera d'affirmer, tout au long de sa carrière, que ce type d'enseignement est absolument inutile, parce que rien ne s'y rapporte à la vie humaine, et que l'étudiant y apprend des choses telles que, devenu homme et citoyen, il lui faut les oublier. Ramus veut former des hommes «plus avisés à bien délibérer et plus prompts à bien éxécuter.»[120] Son désir d'allier l'éloquence à la philosophie («De conjugenda eloquentia cum philosophia»)[121] constitue en fait une tentative de synthèse entre l'humanisme et la scolastique, synthèse où la «pholosophie,» en définitive, a la partie belle. Car la philosophie pour Ramus, c'est essentiellement la dialectique. Et Ramus intègre la rhétorique à la dialectique, il réduit la *scientia bene dicendi* à la portion congrue. Des

---

[116] Sur Agricola, consulter W. J. Ong, *Ramus, Method*, qui souligne son importance. Agricola remplace Pierre d'Espagne, il est «le logicien de l'âge nouveau» (chap. V: «Agricola's place-logic.») Voir aussi R. Radouant, article cité. Pour l'œuvre d'Agricola: *De Inventione Dialectica Lucubrationes*, facsimile of the edition Cologne 1539, Nieuwkoop – B. de Graaf, 1967.

[117] Consulter sur ce point deux ouvrages essentiels: 1) E. Garin, *L'éducation de l'homme moderne. La pédagogie de la Renaissance (1400-1600)*, traduit de l'italien par J. Humbert, Fayard, 1968. 2) C. Vasoli: *La dialettica e la retorica dell' Umanesimo. Invenzione e metodo nella cultura del XV e XVI secolo*, Feltrinelli, Milano, 1968. Pétrarque fut bien sûr le premier à partir en guerre contre la dialectique médiévale et ses vaines subtilités. Dans *The Renaissance Philosophy of man*, édité par E. Cassirer, P. O. Kristeller et J. H. Randall Jr. (The Univ. of Chicago Press, Chicago, 1948), figure une lettre de l'humaniste italien à Tommaso Caloria de Messine (12 mars [1335]?), virulente invective contre une «nouvelle espèce de monstres,» les dialecticiens («A disapproval of an unreasonable use of the discipline of dialectic,» pp. 134-139).

cinq parties traditionnelles de la rhétorique (*inventio, dispositio, memoria, elocutio, pronunciatio*), il ne conserve que l'*elocutio* et la *pronunciatio.* l'«invention,» la disposition,» et la «mémoire» sont absorbées par la dialectique. La rhétorique se réduit ainsi au style, à l'ornement. La dialectique sort donc plus puissante que jamais des mains de Ramus. Elle joint désormais à sa rigueur et à ses subtilités les charmes de l'éloquence. Ramus reste donc essentiellement un logicien. La logique est pour lui «la plus noble et la plus libérale des disciplines.»[122] Elle est supérieure à la rhétorique comme la pensée l'est à la parole: «Il n'y a pas d'art, avouera-t-il, que j'aie enseigné avec plus de passion que la dialectique. Je ne connais dans les lettre humaines rien de plus haut, ni

---

[118] Sur l'importance de Ramus au XVIe siècle, voir surtout W. J. Ong, *Ramus and Talon Inventory*, Harvard U. P., Cambridge, Mass., 1958; W. S. Howell, *Logic and Rhetoric in England, 1500-1700*, Princeton U. P., 1956; F. Pierrepont Graves, *P. R. and the educational reformation of the sixteenth century*, New York, 1912. Plusieurs œuvres de Ramus ont été éditées récemment. Citons, outre la *Dialectique (1555)*, de Dassonville, les *Dialecticae institutiones, Aristotelicae animadversiones*, Faksimile – Neudruck der Ausgaben Paris 1543, éd. de W. Risse, Stuttgart – Bad Cannstatt, 1964; et *P. R. Scholae in tres primas liberales artes, videlicet grammaticae, rhetoricae. . .dialecticae. . . recens emendatae per Joan. Piscatorem Argentinensem*, Frankfurt a. M., 1965; ou l'édition de W. J. Ong, Hidesheim – New York, G. Olms, 1970.

[119] Cité par Waddington, *Ramus*, Paris, 1855, pp. 23 et 414. *Remonstrance de P. de la Ramée faite au conseil privé. . .le 18 de janvier 1567 touchant la profession royale en mathématiques*, (1567). Ramus poursuit: «Après que je fus nommé et gradué pour maistre ès artz, je ne me pouvois satisfaire en mon esprit, et jugeois en moy-mesme que ces disputes ne m'avoient apporté autre chose que perte de temps. Ainsi estant en cest esmoy, je tombe, comme conduit par quelque bon ange, en Xénophon, puis en Platon, où je cognois la philosophie socratique, et lors comme espris de joye, je mets en avant que les maistres ès artz de l'Université de Paris estoient lourdement abusez de penser que les artz libéraux fussent bien enseignez pour en faire des questions et ergos, mais que toute sophisterie délaissée, il en convenoit expliquer et proposer l'usage.»

[120] *Remonstance*, cité par Waddington, pp. 413-414: «Un jour vint que les seigneurs d'Athènes, par curiosité, demandèrent à leur grand dieu Apollon qui estoit le plus sage entre tous les Grecs: ils eurent oracle et responce que c'estoit Socrates. Or, messieurs, entre les grandes et admirables parties de la sagesse de Socrates, une fut qu'il maintenoit que tous les arts libéraux se debvoient rapporter à la vie humaine, pour faire l'homme plus avisé à bien délibérer et plus prompt à bien exécuter, et qu'il y avoit ès escoles trop d'enseignemens et de livres, trop de subtilités et d'orgoteries sans utilité, sans usage; que pour estre nautonnier, maçon, laboureur, n'est point assez de sçavoir parler des règles de nautique, de maçonnerie, de labourage, mais qu'il falloit mettre la main à l'œuvre, et bien naviger, bien maçonner, bien labourer. . .»

[121] Sa préface aux *Scholae in liberales artes*, Bâle, 1569, porte ce titre. Il a édité en 1546 un *De studiis philosophiae et eloquentiae conjungendis*. «Son œuvre entière, affirme Radouant (p. 170) est consacrée au développement théorique ou à l'application pratique de cette idée.» Ramus, on le sait, fut en 1551 au Collège Royal professeur «d'éloquence et de philosophie.» «The story of Ramism, in fact, affirme W. J. Ong (*Ramus, Method*, p. 49) is largely the story of unresolved tensions between the logical and the rhetorical tradition.» Sur ce point, consulter aussi l'introduction de Michel Dassonville à son édition de la *Dialectique (1555)* de Pierre de la Ramée (Genève, Droz, 1964).

[122] Radouant, article cité, p. 179. «On ne saurait nier, écrit-il par ailleurs (p. 175), que par cette réforme Ramus ne fasse de la dialectique le couronnement des études et que, s'il la modernise sur certains points, il ne lui conserve ou même n'augmente son prestige.» Vérité capitale qui n'a pas échappé à F. Rabelais.

de plus sublime.»[123] Ramus ne rompt qu'en apparence avec le passé. Ce qu'il reproche à Aristote et aux dialecticiens médiévaux, ce n'est pas d'avoir été dialecticiens, c'est d'avoir été de mauvais dialecticiens. Il continue à voir dans la dialectique – une dialectique embellie et élégante, parée des prestiges de l'éloquence et de la poésie – le couronnement des études. Plus – ou pire – il fait de la dialectique la science capable de mener l'homme à la vérité de Dieu, et de le libérer des liens de l'ignorance. Ramus croit à la «souveraine lumière de la raison»:[124] comme Panurge. Il affirme même que «la *divinité* de l'homme ne reluit en nulle partie de la raison si amplement qu'au soleil de cet universel jugement» (*i.e.* de la dialectique).[125] La dialectique était pour Pierre d'Espagne «ars artium, scientia scientiarum.» Elle est pour Ramus «un art général pour inventer et juger toutes choses.»[126] De Pierre d'Espagne à Ramus, rien n'a changé, sauf le temps. Ramus est un sophiste frotté de belles-lettres – ce que sera Panurge au *Tiers Livre* –, un dialecticien éloquent.

C'est la raison pour laquelle Rabelais, au prologue de son *Quart Livre*, renverra Ramus et Galland dos à dos, ce *Rameau* et ce *Galland* qui,

---

[123] P. Rami, *professoris regii et Audomari Talaei collectaneae praefationes, epistolae, orationes*, Paris, 1577, p. 520.

[124] Expression tirée de la *Dialectique* de Ramus (p. 153). Ong a très bien vu ce point dans son analyse de «La Dialectique ramiste» (chap. VIII). La dialectique est pour Ramus *la* Science, celle qui mène aux vérités cachées, qui hausse l'esprit humain jusqu'au Divin et à la contemplation de la cause première. Elle est pour lui ce qu'était l'*Ars Magna* pour Raymond Lulle, la panacée universelle. Car Ramus croit que «d'homme a en soy naturellement la puissance de cognoistre toutes choses» (*Dialectique*, p. 100). Tout esprit, affirme-t-il en substance, a la puissance de voir la vérité comme tout œil a la puissance de voir les couleurs: Ramus – Prométhée est un nouveau voleur de feu. Il est fort proche d'Abélard, mais fort loin de Jean de Salisbury. Dans une étude récente, «Ramus and Socrates,» *Proceedings of the American Philosophical Society*, Vol. 114, no. 2, april, 1970, pp. 119-39, Craig Walton écrit: «as early as 1543, Ramus had argued that his new logic could culminate in the individual's realization of God's logic, that the aim of logic is to be able to think in imitation of the way God thinks, and to know in imitation of the way He knows» (p. 122). La philosophie est pour lui «the way to develop 'man's divinity',» «a way to inquire into God's ways.» Cette constatation l'amène inévitablement à souligner les différences entre Socrate et Ramus (p. 136): «Identifying Ramus's dialectic as Socratic cannot be taken to mean a full parallel... Socrates had drawn a sharp distinction between human and divine wisdom, whereas Ramus allows the two to mix at the apex of 'Method.' Finally, Socrates took the problem of human ignorance as perennial; he prayed that some day Athens might have another gadfly to replace him – the need would still be there. This insight that inquiry hinges on an acute awareness of one's ignorance is not dominant in Ramus... his optimism and ambition more closely reflect the modern dream of progress than the greek fear of *hubris*.»

[125] *Dialectique*, éd. citée, p. 153.

[126] *Ib.*, p. 50. Ou encore, «Dialectique est art de bien disputer. Et, en même sens est nommée Logique, car ces deux noms sont dérivés de *logos*, c'est-à-dire raison. Et *dialegestae*, comme aussi *logizestae* n'est autre chose que disputer ou raisoner» (p. 61). «L'art de cognoistre, c'est-à-dire Dialectique ou Logique, est une même doctrine pour apercevoir toutes choses» (p. 62). «Dialectique est art de bien disputer et raisonner de quelque chose que ce soit» (p. 63).

«capparassonnez de leurs marmitons, suppous et astipulateurs, brouillent toute ceste Academie de Paris» et allument «couillonniquement le feu de faction, simulte, sectes couillonniques, et partialité entre les ocieux escholiers.» L'un et l'autre ne songent qu'à «perpetuer leur nom et memoire,» et à satisfaire leur «petite philautie couillonniforme.»[127] Un sophiste vaut l'autre.

C'est déjà au sophiste que Rabelais s'en prend dans le *Pantagruel*. Je voudrais montrer que, dans ce mince livret de gigantisme populaire d'apparence assez décevante, Rabelais inscrit, d'une écriture comique qui va en approfondissant sa quête, la lutte éternelle du Sage et du Sophiste.

---

[127] *Quart Livre*, édition de R. Marichal, pp. 19-21, l. 171-245. On remarquera, à propos du sophiste, l'allusion à la *philautie*, ce coupable amour de soi. L'anatomie du sophiste est, chez Rabelais, ancrée sur le psychologique. Tout débat d'idées chez Rabelais s'incarne dans une réalité vivante. Comme chez Diderot.

CHAPITRE II

GARGANTUA: NATURE ET CULTURE

«Comme un crapault de plumes»

I. LE MÉLANGE DES STYLES. L'OPPOSITION DES CONTRAIRES COMME PRINCIPE STRUCTURAL; *PANTAGRUEL*, PROLOGUE, CHAP. I ET II

Et d'abord, Gargantua: à tout roi, tout droit, à tout seigneur, tout honneur. Que le monde de Rabelais soit bien celui de cette «obsession de l'antithèse» dont parle Jean Paris,[1] le chapitre III le manifeste on ne peut plus clairement, ne serait-ce que par la situation même qu'il occupe dans le *Pantagruel*.

Le récit qui occupe les deux premiers chapitres, et qui continue le jeu posé dès le Prologue, est en effet constitué par un rappel prétendûment historique de la généalogie de Pantagruel, et par un compte rendu tout aussi «digne de foy» des circonstances miraculeuses qui ont entouré sa naissance. Le narrateur y utilise d'emblée le procédé de composition auquel il restera fidèle tout au long de son œuvre, celui de la juxtaposition des contraires, de l'antithèse, génératrices de rire et de parodie. Bridoye, le bon Bridoye, ce fol en Dieu, le dit seulement au *Tiers Livre*, mais il faut s'empresser de le citer ici, au prix même d'un anachronisme, car c'est là le principe structural unique de l'univers pantagruélien: *Opposita, juxta se posita, magis elucescunt.*[2] Principe em-

---

[1] *Rabelais au futur*, p. 111. Cet ouvrage, que son manque de perspective historique condamne souvent aux contresens et aux affirmations aventureuses ou gratuites, contient cependant quelques formules et quelques analyses brillantes.

[2] *Tiers Livre*, éd. M. A. Screech, XXXIX, 78. M. A. Screech n'y voit qu'un «axiome scolastique bien connu des légistes.» La formule est vague. Cet axiome est d'abord la propriété des ergoteurs dialecticiens. Voir, par exemple *Fr. Bugersdicii Institutionum Logicarum, Libri duo* (Cantabrigiae, Apud Joan. Field. . . 1666) livre I, ch. xxii (*De Oppositione rerum*), p. 71: «*Opposita juxta se posita, magis elucescunt.* Hoc illud tritum est, quod traditur lib. 3 Rhet. cap. 2. . . Cujus usum vide lib. 2 Rhet. ubi affectus est et mores senum ac juvenum contrarii sic conferuntur, ut ex mutua collatione valde illustrentur.» On se croirait face à un commentaire des chapitres du *Gargantua* sur l'*institution*.

prunté aux *Catégories* d'Aristote,[3] et que Pierre de la Ramée traduira en 1555 dans sa *Dialectique* par les mots suivants: «Et les opposez sont de leur nature entre soy esgallement notoires... et neantmoins, l'un mis devant l'autre est plus clairement apperceu.»[4] Rabelais n'a pas attendu le *Gargantua* pour être convaincu de la vérité de cet adage dialectique. Il le met en pratique dès les premiers mots de son *Pantagruel*.

A un premier niveau stylistique, on le voit ainsi multiplier les précautions et les développements oratoires pour «persuader» le bénévole lecteur de la vérité de sa chronique, ponctuant sa démonstration de précisions érudites impressionnantes par leur étendue, puisqu'elles mettent à contribution les deux Testaments, l'astronomie, la mythologie antique, les écrits des *Massoretz*, «interprès des sainctes lettres hébraïcques,» Homère, Empédocle (cité d'après Plutarque), et le *Quart Livre Questionum Naturalium* de Sénèque. «Ce ne sont pas faribolles,» affirme-t-il dès son prologue, voici un livre «un peu plus equitable et digne de foy que n'estoit l'aultre» (*i.e. les Grandes et inestimables Chronicques de l'énorme géant Gargantua* qui lui ont ouvert la voie). Ou encore, ce serment solennel: «il ne m'advint oncques de mentir ou asseurer chose qui ne feut veritable... J'en parle comme sainct Jehan de l'Apocalypse: *quod vidimus testamur.*» Le lecteur est ainsi invité, sous peine des plus sinistres châtiments, à croire fermement tout ce qui lui sera rapporté par le témoin honnête, privilégié, et scrupuleux des «horribles faictz et prouesses» du héros débonnaire. Comment d'ailleurs douter de la vérité? L'historiographe a trop le souci de l'exactitude: «au mois de octobre, ce me semble, ou bien de septembre (affin que je ne erre, *car de cela me veulx-je curieusement garder*).»[5] Disons aussi qu'il connaît ses couleurs de rhétorique, et en use en habile rhéteur: «la *correctio*, dit Pierre Fabri dans sa *Rhetorique prosaïque*,[6] oste ce qui est dict devant, et, en

---

[3] Au chapitre 10 (*De Oppositis*) des *Categoriae vel Praedicamenta*. Livre que Rabelais semble particulièrement bien connaitre: presque toutes ses allusions à la dialectique en viennent. Quant à la source directe, se reporter par exemple à l'édition John H. Freese de la *Rhétorique*, The Loeb Classical Library, London – New York, 1926, III, 2, 1405a, pp. 354-55: παράλληλα τὰ ἐναντία μάλιστα φαίνεσθαι; it is when placed in juxtaposition that contraries are most evident.»

[4] *Dialect.*, éd. M. Dassonville, p. 76.

[5] Le passage souligné est une addition de 1542. Rabelais accuse consciemment son jeu parodique.

[6] *Le grand et vrai art de pleine Rhétorique de Pierre Fabri*, publié... par A. Héron, Rouen, A Lestringant; MDCCCLXXXIX: Premier livre, *Rhétorique*; MDCCCXC: second livre, *L'art de rithmer*. Le chapitre sur les «couleurs» occupe les pages 153-193 du tome I: «Or, convient il parler de exornations ou figures que l'en dict couleurs de rhetoricque, lesquelles, se il sont entremeslees dedens la proposition, comme riche couleur il enlumine toute l'oraison. Et ainsi que le doulx chant et mélodieulx donne suavité à ouyr, ainsi exornation relieve l'entendement enuyé de commun langaige.» (p. 154) Sa définition des figures est digne

lieu de ce, mect plus convenient… et vault beaucoup a aggraver aulcun faict ou a exalter et mout aorne pour redarguer.» C'est une couleur voisine, la *subjectio* (interrogation que l'orateur se pose lui-même pour détruire, en les anticipant, les arguments de l'adversaire) à laquelle il fait appel quand il remarque qu'au temps du déluge «tout le monde périt, fors Noë et sept personnes avecques luy dedans l'Arche, au nombre desquelz n'est point mys ledict Hurtaly.»[7] De tels témoignages de bonne volonté, si *rhétoricquement* prononcés, ne peuvent manquer d'atteindre leur but. Et cela d'autant plus que l'auteur multiplie les références bibliques. Caïn et Abel, Noé, la Vigne et l'Arche, le Déluge, sont tous à tour évoqués. Luc et Matthieu sont cités en exemple. Le lecteur est ainsi plongé dans une atmosphère de merveilleux biblique et légendaire, il est ramené à ce commencement du monde – *Gigantes autem erant super terram in diebus illis* (*Gen.*, VI, 4) – où le Cosmos luimême, encore quelque peu chaotique, témoigne à sa manière de la grandeur exceptionnelle de l'événement que constitue la naissance de

d'être retenue (pp. 156-57): ce sont «manieres de parler par lesquelles len croist ou diminue sa substance, len allongne ou appetice son langaige, l'en meult les auditeurs a hayne ou pitié.» Sur la *correction*: pp. 173-74.

[7] Il y a là un détail qui mérite le commentaire. Cette allusion à l'arche de Noé possède une valeur parodique certaine. Les dialecticiens scolastiques, en effet, s'occupaient beaucoup de l'arche de Noé. Celle-ci apparaît, chez Pierre d'Espagne au *Parvorum Logicalium tractatus quintus* («De Restrictionis tam Nominis quam Verbi Variis acceptionibus ac natura, et solvendi in ea multorum Sophismatum per Regulas, tam nominibus quàm Verbis proprias, intellectu, et objectionis Dilutio,» f° 228 r°). L'habitude universitaire de la *disputatio* a vite donné naissance au Moyen âge à des manuels où sont rassemblés les problèmes difficiles, voire impossibles, à résoudre: *Insolubilia, Impossibilia* et autres *Sophismata*. L'*insolubile* est une forme particulière du *Sophisma*. D'après Ockham (cité par G. Wallerand, *Siger de Courtrai*), «Insolubilia Sophismata sunt quando per consequentias apparentes, quae videntur regulari per regulas necessarias ex propositione aliqua de contingente infertur sua opposita...» Ces *Insolubles* constituent une source de discussion et d'équivoques inépuisables. Les *impossibilia* sont des exercices subtils où il s'agit pour le sophiste d'essayer de soutenir des propositions impossibles à démontrer parce que leurs contraires sont évidents. Le *Sophista* soutient des thèses du genre «Deum non esse,» et l'opposant doit déceler la faille dans le raisonnement apparemment correct de son adversaire. Quant aux *Sophismata*, ils constituent l'exercice scolaire type, à propos duquel on met en pratique les données du *De Sophisticis Elenchis*, les théories assimilées pendant les cours. Ce sont les Progymnasmata du *Summulista*. Or, l'un de ces *sophismata* consiste justement à essayer de soutenir que «Omne animal fuit in arca Noe» (P. Hispanus, f° 232 v°): «Circa praedicta quaeritur de hoc sophismate, omne animal fuit in arca Noe. *Probatur*, homo fuit in arca Noe, equus fuit in arca Noe, et sic de aliis, ergo omne animal fuit in arca Noe. *Contra*, omne animal fuit in arca Noe, sed Caesar fuit animal, ergo Caesar fuit in arca Noe, quod est falsum, ergo aliqua praemissarum est falsa. non minor, ergo major.» Cette discussion s'étend sur trois pages serrées. On comprend alors le ton sententieux d'Alcofrybas: «La demande est bien faicte, sans doubte, et bien *apparente* (je souligne ce terme cher aux *sophistas*); mais la responce vous contentera...ledict Hurtaly n'estoit point dedans l'Arche de Noë.» Bonaventure des Periers reprend la plaisanterie dans ses *Nouvelles Recreations* (Nouvelle LXVI, p. 503 de l'édition Jourda des *Conteurs français du XVIe siècle*, la Pléïade, 1965): «Le different estoit assavoir mon si, de toutes les bestes qui sont aujourd'hui au monde, y en avoit deux de chascune en l'arche de Noé.» Un certain Jean Buteo a même composé un *De Arca Noë* en 1554 (*Lugduni, apud T. Bertellum*, B.N. V. 6202(2)).

Pantagruel, puisqu'une constellation du sixième signe du Zodiaque émigre soudainement dans la Maison voisine, et que la terre se met à suer «saulmère pire et plus salée que n'est l'eau de la mer.» Dans un tel cadre, le vieux Gargantua, âgé «de quatre cens quatre vingtz *quarante et* quatre ans,» acquiert une imposante dignité patriarcale, quelque chose de la carrure d'Abraham ou de Moïse, et la nativité de Pantagruel, né «à tout le poil,» rappelle étrangement celle d'Esaü qui «rufus erat, et totus in morem pellis hispidus» (*Gen.*, XXV, 19–28). M. A. Screech a donc raison d'affirmer dans son *Rabelaisian marriage*[8] que la généalogie de Pantagruel parodie celles de l'Ancien Testament, et non celle du Christ dans l'Evangile. Que l'auteur pense à se servir de l'Ancien Testament pour sa propagande en faveur du mariage est pour le moins douteux. Cette présence de la Genèse au début du *Pantagruel* s'explique plus simplement par le jeu parodique auquel se livre Rabelais. «Histoire, dit Pierre Fabri, c'est de racompter chose vraye et advenue.»[9]

A ce premier niveau historique et rhétorique, celui du haut style (*gravis, grande*), Rabelais en juxtapose un autre, celui de l'affabulation bouffonne: «fable, ajoute Fabri, de dire chose qui oncques ne fut ne sera.»[10] Du «haut style» ay «style bas»: cette opposition et ce mélange révèlent déjà que pour exister le texte rabelaisien a besoin de deux pôles antithétiques, et qu'il s'organise autour de cette tension nécessaire à son existence, et présente dans tous les domaines de l'œuvre, lexicologique, stylistique et structural aussi bien qu'idéologique. Disons-le en passant – nous y reviendrons: c'est sans doute parce que Rabelais n'est pas l'homme du récit linéaire que Panurge apparaît soudainement au chapitre IX. Il fallait que l'harmonie fût rompue, que l'univers romanesque se divisât. A cette loi impérative de l'univers rabelaisien se rattachent les observations de G. J. Brault sur la structure binaire du *Pantagruel*.[11] On sait en effet que les principaux épisodes s'y répètent en une série de contrastes comiques dont la répétition doit donner à réfléchir. Alors qu'il se promène hors des murs d'Orléans, le héros rencontre un «eschollier tout jolliet,» qu'il manque d'*escorcher* tout vif, parce que le «gallant» veult contrefaire la langue des Parisiens, et pose au grand orateur. Et c'est semblablement hors des murs de

---

[8] Chap. III («Old Testament attitudes and contemporary propaganda»), 3, pp. 54-56 («The genealogy of Pantagruel and those in the Bible»).

[9] *Grand et vrai Art*, t. I, p. 65.

[10] *Ib.*, p. 65.

[11] Dans son article «The comic design of Rabelais' *Pantagruel*,» *Studies in Philology*, vol LXV, no. 2 April, 1968, pp. 140-146.

Paris qu'il aperçoit pour la première fois Panurge. Mais, quoique ce beau parleur vaille bien l'autre, loin de l'étrangler, Pantagruel lui propose aide et amitié. De même, le grand procès Baisecul – Humevesne trouve un écho dans la *disputatio* par signes entre Panurge et Thaumaste, et les aventures courtoises de Panurge se doublent de celles de Pantagruel, le «plus aymé des belles, et moins loyal des preux.» Parallèle qui se retrouve entre leurs exploits guerriers: Panurge défait six cent soixante chevaliers «bien subtillement,» et Pantagruel, au cours d'une «horrible bataille,» massacre les trois cents géants, et Loupgarou leur capitaine. La visite touristique accomplie par Alcofrybas dans la bouche de Pantagruel, où l'on plante choux «tout comme chez nous,» rappelle au lecteur la descente d'Epistémon «en enfer, et par les Champs Elisées.» Au début du livre, un étrange procession sort du ventre de Badebec; et une autre, non moins inattendue descend à la fin dans celui de Pantagruel. Ces parallèles s'étendent souvent jusqu'au détails de la narration.[12] Le procédé culmine cependant au chapitre XVII de l'édition Nourry,[13] où Pantagruel et Panurge érigent chacun un trophée, composent tour à tour un dicton victorial – Panurge «en imitation» de celui de son maître – avant que les déclarations héroïques et martiales du premier («Il n'est umbre que d'estandart, il n'est fumée que de chevaulx, et n'est clycquetys que de harnoys.») ne reçoivent du second un écho érotico-parodique («Il n'est umbre que de cuysine. Il n'est fumée que de tétins, et n'est clycquetys que de couillons.»): le tout ponctué par «un pet, ung sault, et ung sublet» de Panurge et par une incongruité féconde de son maître, qui engendre Pygmées des deux sexes. Comment ne pas remarquer aussi que le thème gigantal encadre l'œuvre, puisqu'il apparaît dans les chapitres I-VI et XVIII-XXIII?[14]

[12] G. J. Brault note par exemple (p. 143): «When Panurge is fleeing the Turks, «plus de six cens chiens» pursue him; he will later sick «plus de six cens chiens» on the High Born Lady – who is fleeing him!»

[13] Le titre du chapitre est en lui-même révélateur: «*Comment Pantagruel* erigea ung trophée en mémoire de leur prouesse, *et Panurge* ung aultre en mémoire des levraulx. *Et Comment Pantagruel. . . Et comment Panurge. . .*» V. L. Saulnier voit dans ce chapitre «un exemple de surcharge complexe,» ce qui lui permet de faire du *Pant.* une «œuvre baroque,» puisque le baroque «admet la complexité, l'étrangeté, la surcharge des effets.» (p. xliii de son introduction).

[14] Encadrement fabuleux qui ne retire rien à l'actualité et à la portée satirique des chapitres centrés sur le problème de la culture et de la *disputatio*, nous le verrons. Et qui, non plus, ne justifie pas l'hypothèse de R. Morçay (*La Renaissance*, J. de Gigord, Paris, 1933, pp. 204-205) suivant laquelle le *Pantagruel* aurait été composé en deux temps: d'abord le «noyau primitif» (*i.e.* les chapitres où apparaît le géant, personnage central); puis le reste (les chapitres centrés autour de Panurge), considéré comme «une addition postérieure.» «Il y a deux romans distincts dans le *Pantagruel*, affirme R. Morçay, le roman populaire et le roman humaniste, celui de Pantagruel et celui de Panurge, cousus ensemble d'une manière très artificielle.» Cette hypothèse me paraît méconnaître la substance de l'œuvre, et sa signification profonde. Voir *infra*.

Il faut voir dans ces reprises, ces parallèles et ces oppositions, non seulement un schéma propice au déploiement de la parodie, mais surtout la manifestation d'une loi qui structure la création rabelaisienne tout entière, et à tous ses niveaux. Dans ses livres ultérieurs, Rabelais ne fera guère que reprendre ce principe structural fondamental en le durcissant, glissant par là de la parodie à la satire.

C'est pourquoi les premiers chapitres de *Pantagruel* sont faits d'un mélange concerté de grotesque et de haut style, et se caractérisent par un saut continuel, par un perpétuel et déroutant va-et-vient de l'érudition la plus affectée à la fantaisie la plus obscène. Sur la mésaventure survenue à Noé viennent ainsi se greffer les excroissances baroques et anatomiques des mangeurs de grosses mesles. La généalogie de Pantagruel entasse pêle-mêle figurants antiques, bibliques, légendaires, médiévaux et imaginaires. Et l'allusion à l'Arche de Noé se termine sur l'image burlesque d'un géant «dessus l'Arche, à cheval, jambe deça, jambe delà, comme les petits enfans sur des chevaulx de boys.» Cet amalgame continuel de mondes, de proportions, de tons, de styles, et de thèmes antithétiques, cette verve heureuse qui se libère de tous les impératifs et de toutes les discriminations de la rhétorique *ciceroniane*, qui bafoue allègrement la sacro-sainte et antique distinction des trois styles – *tenue, medium, grande*[15] – promènent le lecteur d'un extrême à l'autre, sans jamais lui permettre de prendre pied sur un terrain solide et familier,[16] dans un univers que plus rien ne rattache au réel.

D'où le caractère inattendu du chapitre III. Rabelais y aborde soudain un problème de nature domestique, et qui se pose à un Gargantua ramené tout à coup aux dimensions les plus humaines. «Il est temps, à

[15] Sur la distinction des trois styles, voir les analyses que donne Baldwin, *Ancient Rhet. and Poet.*, de l'œuvre de Cicéron, notamment de l'*Orator*. Fabri s'inspire en effet constamment de «Tulles» dans son Art de rhétorique. Il distingue, très classiquement, cinq parties dans l'art du discours, «c'est assavoir invention, disposition, elocution, memore et pronunciation» (p. 15); trois genres d'éloquence, demonstratif ou *sermosignatif, concional* ou déliberatif, *juridicial*; trois manières de parler, disputative ou argumentative, socratique ou expositive, narrative; et trois styles, hault et grave, moyen et familier, bas et humilié. A chacun de ces styles correspondent des sujets («Les haultes et graves substances sont quant on parle de theologie, des sept ars liberaulx, du regime des princes et de la chose publique,» etc.), et des termes («haultz, moyens et petits»). Les *haultz* termes, précisent le rhéteur, «ne doibvent estre abessez pour estre apliquez en basse et humiliee substance, si ce n'est par figure yronicque ou aultre.» Le mélange des styles est à proscrire: il ne faut pas «saillir» du «plus hault au plus bas» (p. 31). On voit quels bouleversements Rabelais apporte à l'art d'écrire traditionnel, et avec quelle maîtrise il se joue des valeurs culturelles et littéraires établies. L'écriture de Rabelais, à ce niveau, est contestataire.
[16] E. Auerbach a fait une excellente analyse de ce procédé stylistique dans sa *Mimesis*, dont j'ai consulté la traduction anglaise de Willard Trask (Doubleday anchor books, New York). Il en fait remonter l'origine aux sermons des prédicateurs médiévaux, à la fois populaires jusqu'à l'obscénité et savants dans leurs gloses de l'Ecriture Sainte. Il souligne bien l'aspect révolutionnaire de l'écriture rabelaisienne: «The revolutionary thing about his

la façon homérique, de quitter les cieux pour revenir sur terre»:[17] au prix d'une chute fort sensible, le récit abandonne le niveau gigantal et biblique, le merveilleux grotesque et bouffon, pour se concentrer sur les réactions contradictoires et prosaïques du pauvre veuf éploré. Et le lecteur, ou plutôt le spectateur, de regarder ce vénérable ancêtre *pleurer comme une vache, rire comme un veau*, et demeurer «empestré comme la *souriz* empeigée ou un *milan* prins au lasset.» On reste ainsi dans la note dominante d'une œuvre qui est, au dire d'Auerbach, «celle du plus prodigieux et immodéré mélange de genres,» une *bouffonnerie socratique*.[18]

On doit en tout cas s'interroger sur l'apparition de Gargantua à ce moment de l'œuvre, et sur la situation à laquelle il se voit confronté. Plutôt qu'à une pure fantaisie, à une improvisation gratuite, la création semble ici obéir à un certain déterminisme. C'est là, ou jamais, qu'il faut dépasser la définition un peu étroite d'un Pantagruel «œuvre de verve»: sinon la dépasser, du moins la préciser. On a peut-être en effet trop tendance à croire que la verve et l'improvisation sont obligatoirement synonymes de confusion et de superficialité. En fait, l'essentiel de la pensée peut s'y dévoiler davantage que dans une œuvre élaborée à loisir et consciemment mûrie. L'improvisation, d'ailleurs, peut n'être qu'apparente, et comporter une certaine part de calcul. Le décousu de l'œuvre peut être aussi bien le produit d'une volonté délibérée que celui d'une précipitation insouciante ou gauche. Pensons à Diderot, qui dans *Jacques le Fataliste* se recommande justement de la tradition esthétique issue du *Pantagruel*.[19] Diderot est créateur cons-

---

way of thinking is not his opposition to Christianity, but the freedom of vision, feeling and thought which his perpetual playing with things produces, and which invites the reader to deal directly with the world and its wealth of phenomena» (p. 242). Et plus loin (pp. 243-44): «his indebtedness to antiquity does not imprison him within the confines of antique concepts; to him, antiquity means liberation and a broadening of horizons, not in any sense a new limitation of servitude; nothing is more foreign to him than the antique separation of styles, which in Italy even in his own time, and soon after in France, led to purism and 'classicism'.»

[17] Erasme, *Eloge de la Folie*, traduction par Pierre de Nolhac, Garnier-Flammarion, p. 27. Rabelais n'emprunte pas seulement des «idées» à Erasme. Il lui emprunte un art d'écrire, des procédés de style. Pour la version latine, consulter *ΜΩΡΙΑΣ ΕΓΚΩΜΙΟΝ Stultitiae Laus Des. Erasmi Rot. Declamatio*, recognovit et adnotavit I. B. Kan, Hagae-Com. apud Martinum Nijhoff, CIƆIƆCCCXCVIIII, p. 26 (Caput XVI: «Sed jam tempus est, ut ad Homericum exemplar relictis Coelitibus vicissim in terram demigremus. . .»

[18] *Mimesis*, éd. citée, pp. 244-46. Le lecteur français peut se reporter à la traduction de C. Heim, «Bibliothèque des Idées,» Gallimard, 1969.

[19] *Jacques le Fataliste* est, dit-il (p. 282, éd. du Livre de poche), l'«ouvrage le plus important qui ait paru depuis le Pantagruel de maître François Rabelais.» Par ailleurs, les réminiscences de Rabelais sont nombreuses dans le roman de Diderot. Jacques, par exemple ne cesse de consulter sa gourde («une espèce de Pythie portative»), comme Panurge l'oracle de la dive bouteille. Et l'histoire de l'oreille de la paysanne (pp. 30-33) rappelle beaucoup celle de

cient de désordre et de pêle-mêle. A l'esprit de méthode qui classe, qui range et qui aligne, il préfère l'esprit d'invention, qui engendre, entasse et ne dit jamais «son mot,» mais toujours «ses preuves.» A la symétrie classique extérieure de l'œuvre, il préfère ce qu'il appelle «un ordre sourd» qui n'existe que dans l'esprit de l'auteur, cette «chaîne invisible et pourtant réelle» dont parle Goethe à propos du *Neveu de Rameau.* Cette esthétique est à mon avis celle de *Pantagruel.* L'entrée en scène de Gargantua, alors que le rideau vient à peine de s'ouvrir sur ce décor grotesque des deux premiers chapitres n'est pas un effet du hasard. Pantagruel, on le sait, méprise les choses fortuites. Rabelais a quelque chose en tête, cet «ordre sourd» dont parlera Diderot. Ce Gargantua qui nous tombe des nues n'est pas le héros de l'histoire. Il va jouer par la suite un rôle très effacé. On ne le verra plus guère: tout juste apprendra-t-on plus tard qu'il a été «translaté» par la fée Morgue au «pays des Phées.» Il ne réoccupe le centre de la scène qu'au chapitre VIII. Comment alors peut-on échapper à la conclusion qu'il est nécessaire de tenir compte des données du chapitre III pour interpréter le chapitre VIII aussi correctement que possible? Pourtant, toutes les appréciations de la lettre de Gargantua à son fils Pantagruel qui ont jusqu'à présent été offertes par la critique spécialisée ont délibérément isolé la lettre de son contexte. Ce faisant, elles ont toujours été plus ou moins tautologiques. On a d'abord considéré que cette épître ne pouvait *a priori* être que sérieuse: elle en a, il faut l'avouer, l'apparence. On a alors, à partir d'elle, dégagé les traits caractéristiques de l'Humanisme et de la Renaissance: mépris et méconnaissance des «ténèbres gothiques,» soif de connaissance encyclopédique, enthousiasme pour les belles-lettres annonciatrices d'un monde meilleur, christianisme d'inspiration paulinienne. Puis, tenant ces données pour acquises et indubitables, il a suffi d'oublier un instant leur origine première pour les redécouvrir dans la dite lettre, et en déduire, dans un dernier temps, que Rabelais ne pouvait nécessairement avoir que des intentions sérieuses en la composant, puisqu'il y exprime les idées les plus chères des Evangélistes et des Humanistes, le credo fondamental d'une élite intellectuelle. Image parfaite de ce cercle vicieux et magique dans lequel Panurge anéantit «subtilement» ses six cent soixante ribauds. Cercle dont il faut essayer de sortir, sous peine d'être victime du même mirage

---

la «pusse» du *Tiers Livre*, que Panurge nourrit de la sueur et du sang de ses sujets. On pourrait multiplier les rapprochements de ce genre, à tous les niveaux de l'œuvre. Somme toute, avant *Jacques* (et le *Neveu*, sur un autre plan esthétique), Rabelais n'a-t-il pas composé avec le *Pantagruel* une sorte de «conte (ou de dialogue) philosophique»? Voltaire n'est décidément que le second dans tous les genres.

et de refaire les mêmes faux-pas. Le chapitre III va peut-être nous y aider. Que nous dit-il?

II. LE DEUIL DE GARGANTUA (*PANTAGRUEL*, CHAP. III); DE LA DIALECTIQUE À LA RÉSIGNATION ÉVANGÉLIQUE

Partons de constatations élémentaires et premières. Le chapitre III qui pourrait le nier? — nous offre un grand moment de comédie. Molière ne fera pas mieux que ce monologue de farce, il ne surpassera pas cette bouffonnerie géniale qui révèle de grands dons dramatiques et qui annonce la magistrale figure de Janotus de Bragmardo, lancé, comme le vieux Gargantua, en pleine scène, et révélant son ridicule par l'inanité de son langage. Les situations sont identiques, le comique qui en jaillit est de même nature, et les intentions de Rabelais, dans l'un et l'autre cas, sont évidemment similaires. Il s'agit de projeter en pleine lumière, sous les feux croisés de la rampe et des regards, un personnage destiné de toute évidence à déclencher le rire du spectateur. Après la belle harangue de notre maître Janotus, parangon des théologiens sorbonicoles, Ponocrates et Eudémon, symboles de la sagesse et de l'éloquence humanistes, s'esclaffent de rire «tant profondement que en riant cuyderent rendre l'ame à Dieu.» D'une façon semblable, le bon géant Gargantua *apreste à ryre pour plus de cent frans*, et nous donne plus de passe-temps «que n'eust Songrecreux.» Comme Janotus, Gargantua en effet est un *bel orateur*. L'amateur du haut style imité de Cicéron ne se découvre pas seulement dans la lettre redondante du chapitre VIII. Il montre ici le bout de l'oreille. Et Rabelais, à travers lui, aborde pour la première fois dans son œuvre un problème qui va devenir un des thèmes fondamentaux de sa pensée et sur lequel il ne va désormais cesser de revenir: celui de la culture et de l'éducation.

Ce qui est révélateur ici, c'est que ce problème soit abordé sur le mode parodique, et que la culture acquière d'emblée un aspect quelque peu comique et dérisoire. Les attitudes et les paroles de Gargantua provoquent le rire essentiellement parce qu'elles sont artificielles et empruntées. Comme dans son épître à son fils Pantagruel, le roi d'Utopie endosse ici un manteau qui n'est pas fait pour lui, qui le gêne aux entournures, qui proprement le dénature, et que seul Panurge pourra reprendre en s'y sentant à l'aise et en s'identifiant à lui, c'est-à-dire en se confondant tout entier avec son apparence.

Pour Gargantua, la culture n'est rien d'autre qu'un déguisement bouffon, rien de plus qu'un masque comique. La nature du personnage n'est pas seule en cause ici, nature de bon vieux paillard encore vert, mais penchant vers la sénilité. Gargantua, certes, prête *naturellement* à rire, comme tout héros rabelaisien. Son âge avancé, voire même vénérable, le dispose au radotage – «je ne suis plus jeune, je deviens vieux» – mais ne le coupe pas de ses obsessions premières, les joies du sexe et de la vigne. Là réside sa vraie nature, son cœur mis à nu : dans ces penchants spontanés pour le piot et le jeu de «bouttepoussamjambions.» La perte de Badebec lui est sensible pour des raisons que la morale réprouve, (parce qu'«elle *en* avoit bien trois arpens et deux sexterées»). Et l'immortalité eût dû revenir de droit à cette «tant bonne femme» qui a su être de son vivant son *petit con,* sa *tendrette,* sa *braguette,* sa *savatte,* sa *pantoufle.* On comprend vite quelle est la nature du souvenir ému et reconnaissant que le pauvre veuf conserve de son épouse, et les raisons précises pour lesquelles il considère sa mort comme «une perte inestimable.» Il lui sera bien difficile d'en trouver une semblable, malgré sa bonne volonté manifeste ! Quant à son amour de la purée septembrale, il est non moins évident. Gargantua est de la lignée des bons buveurs. Il s'inscrit, aux côtés de Jehan Cotart et de Hotin Bonnelle,[20] dans la descendance du Père Noé, de Loth, et de l'*Archetriclin* de la ballade de Villon. Son dilemme évolue du couple antithétique pleurer-rire au couple bacchique pleurer-*boire,* et *du meilleur :* «Hohohoho, que je suis ayse ! Beuvons, ho ! laissons toute mélancholie ! Apporte du meilleur, rince les verres…» Somme toute, ce bon *archer* et ce bon *pyon* est d'abord préoccupé de ses aises et de sa santé : «le temps est dangereux, je pourray prendre quelque fièbvre, voy me là affollé. Foy de gentilhomme,[21] il vault mieulx pleurer moins et boire davantaige.» Et plus loin, il se découvre encore «bien fort altéré» et «en danger de tomber malade.» Il y a chez Gargantua une nette tendance à se prendre pour le centre de l'univers, à ne rien voir en dehors de soi-même, et à s'estimer par dessus tout : «autant vault l'homme comme il s'estime», dira de même Panurge,[22] dont les obsessions majeures, nous le verrons, sont de même nature que celles de Gargantua.

Au total, notre héros est bien l'une de ces âmes profondément enfon-

---

[20] *Les Faictz et Dictz de Jean Molinet,* publiés par N. Dupire, Paris, SATF, tome II, 1937, p. 762 : «L'Epitaphe Hotin Bonnelle» : «Bon corps avoit non recrandy/et estoit bon archier hardy. . .»

[21] Le juron favori de François Ier, on le sait : toujours ce souci de parler à l'imagination du lecteur, et de bâtir à partir d'allusions à la réalité et à l'actualité. Cf. Les *Nouvelles Recreations,* éd. Jourda, p. 384 (Nouvelle VI) et p. 578 (N. XCX) : «Et alors ledict cardinal tourna toute la risée contre le roy, lequel, usant de son serment accoutumé, jura, *foy de gentilhomme,* que. . .»

[22] *Pant.,* XIX, p. 152, l. 24-25.

cées dans la matière dont parleront Cathos et Madelon. Il est celui en qui la joie de vivre, de respirer et de boire (en attendant mieux) s'exprime spontanément, par un jaillissement naturel et incontrôlé de son moi profond. Il est l'homme des réactions viscérales et des préoccupations torcheculatives. Le niveau animal des comparaisons dans l'épisode – la *souris* empeigée, le *millan* prins au lasset, les pleurs de la *vache* et les rires du *veau* – souligne nettement le côté charnel, épais et puissant de la nature de Gargantua. Cette nature n'est pas faite pour les raffinements intellectuels ou poétiques, pour les envolées oratoires maîtrisées et balancées suivant les règles de l'art ou pour les subtilités dialectiques de l'argumentation *pro* et *contra*. De la culture qu'il affecte, Gargantua est chargé *comme un crapault de plumes*.[23]

La source la plus féconde du comique dans ce chapitre réside ainsi dans cette tension qui existe au sein du personnage entre la culture qu'il affiche et dont il se pare – dialecticien scolastique, rhéteur et poète – et sa nature profonde, aux antipodes de ces cuistreries et de ce formalisme. Le comique jaillit ici d'une opposition entre l'être et le paraître de Gargantua. Il y a en lui du précieux ridicule, du maître Aliboron. Il se contrefait, il assume un rôle tragique dont l'emphase rhétorique et la boursouflure lyrique lui demeurent étrangères. Ce n'est pas un hasard si le chapitre III est peut-être le plus parodique de tous les chapitres jamais écrits par Rabelais. C'est que chez Gargantua la culture ne peut être de toute nécessité que parodie de culture. Elle demeure extérieure à l'être du personnage, elle flotte à sa périphérie, elle rejoint la fameuse définition du rire selon Bergson. La culture chez Gargantua, c'est *du mécanique plaqué sur du vivant*.

Les richesses parodiques du passage ont été dénombrées par R. Lebègue.[24] La structure même du chapitre à son début, cette opposition entre le rire et les pleurs, soulignée par une transition faite de deux parties plaisamment symétriques et antithétiques («Et ce disant, pleuroit comme une vache. Mais tout soubdain ryoit comme un veau...») fait de l'ensemble une parodie des *disputations* scolastiques, des exercices d'école des logiciens médiévaux. Le veuf éploré *suffocque*, non tellement de douleur ou de joie, mais surtout de l'impossibilité dans laquelle il se trouve de pouvoir «souldre» les *arguments sophisticques* qu'il a pourtant su poser *in modo et figura*. Le *pro* et le *contra* s'équilibrent et se détruisent l'un l'autre, emprisonnant le vieux fou dans un cercle infernal, lui imprimant un mouvement de va-et-vient perpétuel, de balancement comique indéfini. Appelée au secours pour résoudre un problème, la raison

---

[23] *Pant.*, IX bis, p. 59, l. 114-115.

ne fait que le compliquer davantage. En posant trop bien le problème en question, elle le rend littéralement insoluble, elle démontre sa propre incapacité et ses limites. Il ne faut certes pas exagérer, à ce stade, cette critique rabelaisienne de l'entendement. Ce n'est pas tant la raison elle-même et ses pouvoirs qui sont en cause, que son inefficacité dans les domaines du cœur et de la volonté. Rabelais ne rejoint pas ici les critiques que Montaigne adressera à la raison humaine et à son vain orgueil dans son «Apologie pour Raymond de Sebonde»: pas encore. Il se contente pour l'instant de montrer quelle n'est pas le seul outil que l'homme possède pour résoudre ses problèmes et choisir en connaissance de cause. Gargantua échappe à la suffocation à partir du moment où il abandonne les arguties sophistiques et les raisonnements en forme pour se tourner vers Dieu et se résigner à l'inévitable: «Jésus, faut-il que je me contriste encores?... ma femme est morte, et bien, par Dieu, je ne la resusciteray pas par mes pleurs; elle est bien, elle est en paradis pour le moins, si mieulx ne est; elle prie Dieu pour nous; elle est bien heureuse; elle ne se soucie plus de nos misères et calamitez. Autant nous en pend à l'œil. Dieu gard le demourant.» Cependant, pour Rabelais, la raison est déjà ce «pot à deux anses» dont Montaigne parlera dans les *Essais*, ce «glaive à double tranchant» qui engendre « vent et paroles.»[25] «Il y a prou loy de parler par tout, et pour et contre» dira encore Montaigne, car «il n'y a raison qui n'en aie une contraire.»[26] Et de même qu'on n'a jamais tiré de la logique quelque consolation à la goutte, Gargantua n'en tirera pas le soulagement qu'il recherche. Celui-ci lui viendra d'ailleurs: d'une soumission à la volonté divine.[27] «Ne vault-il pas mieulx se resjouir en attendant mieux que se fascher d'une chose qui n'est pas en notre puissance... Ne vous chagrinez point d'une

---

[24] «Rabelais et la parodie,» *BHR*, XIV, 1952, pp. 193-204 (surtout: 202-203).

[25] *Essais*, II, 17, p. 711: «L'incertitude de mon jugement est si également balancée, en la plupart des occurrences, que je comprommettrais volontiers à la décision du sort et des dets... La raison humaine est un glaive double et dangereux.» II, 12, p. 532: «[Possidonius] sent les mesmes passions que mon laquays, mais il se brave sur ce qu'il contient au moins sa langue sous les lois de sa secte: ce n'est que vent et paroles.» II, 12, p. 632: «Voylà comment la raison fournit d'apparence à divers effects. C'est un pot à deux ances, qu'on peut saisir à gauche et à dextre.» II, 15, p. 666: «Il n'y a raison qui n'en aie une contraire.»

[26] *Essais*, I, 47, p. 310 («De l'Incertitude de nostre jugement»).

[27] Jean Paris, ouvr. cité, pp. 133 et ss., pense que dans cet épisode l'antithèse renvoie à la thèse, et celle-ci à celle-là, «jusqu'à l'épuisement»: «Que voyons-nous en Gargantua? dit-il. Un personnage qui en un clin d'œil oublie son chagrin pour sa joie, et vice-versa... l'alternance des séquences établissant l'impossibilité de les unir en une *tierce* qui les englobe» (p. 136). Il n'a pas vu le dépassement du *pro* et *contra* par la résignation à la volonté divine. Du même coup, la signification totale du chapitre lui échappe. L'appel à Dieu ne signifie pas en effet un retour à la *thèse*, mais la solution au dilemme, le salut, le saut hors du «lacz de perplexité.» Il y a passage d'un plan à l'autre, de la raison à la volonté, de la sagesse humaine à la sagesse en Dieu. *Aliud scire atque amare, aliud intelligere atque aliud velle.*

chose irremediable: cela ne fait que donner mal sur mal... Et à dire
vrai, de quoy sert se tourmenter d'une chose quand elle est faicte, sinon
de l'empirer»? Lorsque Bonaventure Des Périers nous fait ces confiden-
ces dans sa première Nouvelle,[28] il a peut-être en tête l'épisode du deuil
de Gargantua.

Outre cette parodie qui vise le plus important des arts du *Trivium*,[29]
la dialectique, et qui structure l'épisode entier pour en constituer la
richesse idéologique essentielle, Rabelais dénonce aussi à travers Gargantua un certain usage de la rhétorique. Là encore, l'art oratoire lui-
même n'est pas la cible directe de Rabelais, mais sa rencontre avec
Gargantua. On ne peut en effet rêver incompatibilité plus grande
entre une nature et sa parure, entre un langage et son ornement. R.
Lebègue qui a analysé le chapitre sous son aspect parodique, a énuméré
tous les genres auxquels selon lui Rabelais se réfère: la «déploration»
funèbre, l'oraison funèbre, l'épitaphe. A cette liste déjà longue, il conviendrait d'ajouter que le monologue entier de Gargantua constitue la
parodie d'un genre rhétorique, d'un exercice cher aux rhéteurs comme
Hermogène, Aphthone ou Sénèque: la *declamatio* de type délibératif
(*suasoria*), entraînement propédeutique destiné à accroître l'habileté et
l'aissance de l'apprenti-orateur ou du sophiste, que Quintilien recommande vivement dans son *Institution Oratoire*.[30] Tout le passage est une

---

[28] Ed. Jourda, Pléiade, p. 367. Cf. Montaigne, *Essais*, I, 32, p. 242: «Suffit à un chrestien
croire toutes choses venir de Dieu, les recevoir avec reconnoissance de sa divine et inscrutable
sapience, pourtant les prendre en bonne part, en quelque visage qu'elles luy soient envoyées.»
[29] Sur les *Artes liberales*, voici ce que dit Versor, après tant d'autres, au f° 3 r° des *P.H.S.L.*:
«Ex quo patet quod sub arte accepta generaliter continentur septem artes liberales, quia
illae continentur sub scientia. quae sunt Grammatica, Logica, Rhetorica, Musica, Arith-
metica, Geometria, et Astrologia. Tres primae dicuntur triviales, quasi tribus vijs in unum
finem tendentes, quia Grammatica consyderat de sermone congruo vel incongruo: Logica
vero de sermone vero vel falso: Rhetorica de sermone ornato vel inornato, et sic procedunt
in cognitionem sermonis. Aliae dicuntur quadriviales, quasi quatuor vijs in unum finem
tendentes, scilicet in cognitionem quantitatis... Omnis ars liberalis est circa sermonem, vel
circa quantitatem... Unde versus:
      Gra loquitur, dya vera refert, re verba colorat,
      Mus canit, ar. numerat, Geo. ponderat, As. colit Astra.»
Istae autem artes dicuntur liberales triplici de causa. Prima quia antiquitus solum liberi, et
nobiles consueverunt eis studere. Secunda, quia liberant homines eis studentes a curis
mundanis. Tertia, quia ordinantur ad opera per animam tantum exercenda, quia anima
libera est respectu corporis, ideo istae artes dicuntur liberales. Artes vero mechanicae,
dicuntur potius serviles, quia ordinantur ad opera per corpus exercenda...» Même présentation, par exemple, chez Nicolai de Orbellis, *Summule philosophie rationalis seu logica*.
[30] D'après l'analyse que donne Ch. S. Baldwin du *De Institutione Oratoria* dans son *Ancient
Rh. and Poetic*, déjà cité. Voir Quintilien, *I.O.*, livre X, chapitre 5, 14: «Declamationes vero,
quales in scholis rhetorum dicuntur, si modo sunt ad veritatem accommodae et orationibus
similes, non tantum dum adolescit profectus, sunt utilissimae, quia inventionem et disposi-
tionem pariter exercent, sed etiam cum est consummatus ac iam in foro clarus. Alitur enim
atque enitescit velut pabulo laetiore facundia et adsidua contentionum asperitate fatigata
renovatur.» Sur l'exercice scolaire de la *declamatio*, voir H. I. Marrou, *Saint Augustin et la fin
de la culture antique*, De Boccard, Paris (1938), pp. 52-53.

charge burlesque contre Gargantua qui voit dans la mort de sa femme et la naissance de son fils l'occasion unique d'essayer ses talents d'orateur. Il se drape dans sa douleur comme il se drapera plus tard dans sa sagesse érudite: à l'intention de la postérité, des «saiges femmes» (où sont-elles, bonnes gens?), et des commères qui l'écoutent haranguer Dieu et la Mort. Gargantua ne se contente pas d'étaler ses dons de dialecticien consommé, il couche encore ses raisonnements en beau langage, il les orne des *couleurs* appropriées. Il en résulte, dans les gestes comme dans les paroles, une impression de comédie, d'inauthenticité, de convention et d'exagération théâtrales:

«Pleureray je? disoit il. Ouy, car pourquoy, Ma tant bonne femme est morte, qui estoit la plus cecy et cela qui feust au monde. Jamais je ne la verray, jamais je n'en recouvreray une telle: ce m'est une perte inestimable! O mon Dieu, que te avoys je faict pour ainsi me punir? Que ne m'envoyas tu la mort a moy premier que a elle? car vivre sans elle ne m'est que languir. Ha, Badebec, ma mignonne, m'amye, mon petit con (toutesfois elle en avoit bien trois arpens et deux sexterées), ma tendrette, ma braguette, ma savatte, ma pantoufle, jamais je ne te verray. Ha, faulce mort, tant tu me es malivole, tant tu me es oultrageuse de me tollir celle à laquelle immortalité appartenoit de droict!»[31]

Ce grand morceau d'éloquence gargantuine, tout à fait dans les mœurs du temps, trahit à merveille l'affectation du bonhomme. On peut aisément y distinguer quatre mouvements: 1) exposition du cas, caractérisé par l'emploi de très nombreuses *couleurs* ayant sans doute pour fonction de placer d'emblée le discours dans le plus haut registre: *ratiocination* («se faict quant on [sic] faisons une demande et incontinent nous en donnons la raison»), *cheretema* (suite de questions et de réponses), *superlation* («c'est quant on veult ou croistre ou diminuer sustance, l'en excede verité»), *repetition* («ou figure *epymone*: est quant on reprent ung semblable mot univocque ou une substance entiere au commencement de plusieurs clauses»)[32] 2) Apostrophe à Dieu, où le jeu rhétorique se continue sous forme interrogative, et où le ton atteint le tragique 3) Apostrophe à Badebec, marquée par l'abandon des balancements rhétoriques et des ornements précédents, et par l'intrusion de *dictions* appartenant au style le plus *bas*, petit con, *tendrette*, (diminutifs comiques, étant donnée la précision apportée immédiatement après par Alcofrybas sur les dimensions et les largesses érotiques de Badebec),

---

[31] Texte de 1532, édit. Saulnier, p. 21.
[32] P. Fabri, *Grand et vrai art*, t. I, «De Couleurs,» pp. 153 ss. *Ratiocination*: p. 165. *Superlation*: p. 159. *Repetition*: p. 160.

braguette, savatte, pantoufle 4) Invective ou *Vitupere* contre la Mort, de nature à nouveau rhétorique (emploi de la *repetition*), caractérisée cette fois par l'emploi d'un lexique appartenant au «style hault» à consonance courtoise (*faulce* mort, *malivole, tollir*); cette coloration lyrique étant renforcée par une addition exclamative de 1533 (Lyon, François Juste): «Ha, pauvre Pantagruel, tu as perdu ta bonne mère, ta doulce nourrisse, *ta dame très aymée!*»

On retrouve dans cette magistrale *déploration* le mélange des niveaux stylistiques dont il a déjà été fait mention plus haut au sujet des deux premiers chapitres. Mais ici, la juxtaposition des styles, *grande* et *tenue*, a une double fonction. Elle est d'abord une manifestation du jeu parodique, dont les règles exigent une imitation aussi précise que possible des procédés les plus significatifs du genre parodié, et l'intrusion, au sein de ces *lieux* et *couleurs* conventionnels, d'un registre lexical et syntaxique qui rompt abruptement l'unité stylistique de l'ensemble, et joue le rôle de signe révélateur des intentions parodiques de l'auteur. Ce rôle de signe est assuré ici par le troisième mouvement, celui de l'apostrophe à Badebec, ce qui nous mène directement à définir la seconde fonction de ce mélange grotesque d'obscénités bouffonnes et d'emphase tragique conventionnelle. Il nous permet en effet de saisir sur le vif les contradictions et les incompatibilités qui existent entre la *nature* et la *culture* de Gargantua, entre ce qu'il est et ce qu'il veut paraître. Le véritable Gargantua n'est pas celui qui invective Dieu ou la mort avec de grandes exclamations rhétoriques, ou qui se présente comme un poète courtois déplorant la mort de sa Dame bien aimée. Il est celui de l'apostrophe bouffonne à Badebec. L'apparition de ces obscénités gloutonnes au beau milieu d'exclamations et d'interrogations tragico-lyriques trahit l'inadéquation du masque au visage. La nature du bonhomme est trop puissante, sa vitalité trop exubérante, pour ne pas percer et faire éclater la couche superficielle de vernis culturel, la polissure rhétorique sous laquelle elle prétend se dissimuler. Le déguisement craque de partout, révélant la personne sous le personnage.

Que donc Rabelais voie en Gargantua un «bonhomme à rire,» un type de comédie conventionnel, genre Maître Aliboron ou Corrigeur de Magnificat ne peut pas être mis en doute. Gargantua est *coppié* et *lardé* par Rabelais aussi allègrement que Testecreuse par Malostru et Nyvelet.[33] Le vieux bonhomme l'avouera dans son épître «cicéroniane»:

---

[33] Eugénie Droz, *Le Recueil Trepperel, Les Sotties*, Paris, Droz, 1935: «Sottie des coppieurs et lardeurs qui sont copiez et farcez a cinq personnages» (pp. 151-183); «Sottie des Sotz qui corrigent le Magnificat a cinq personnages.»

il est venu très tard à l'étude des bonnes lettres. Dans sa jeunesse en effet, «le temps n'estoit tant ydoine ny commode ès lettres comme il est de présent.» Les précepteurs étaient moins doctes, les librairies n'avaient pas encore la magnificence de celle de Saint-Victor: «le temps estoit encore ténébreux et sentent l'infélicité et calamité des Gothz qui avoient mis à destruction toute bonne litérature.» Cette fréquentation tardive et massive des grands auteurs – Pausanias, Plutarque et Athénée sont des auteurs abondants – accomplie sans grande discrimination – *La description de la Grèce* et le *Banquet des Sophistes* voisinent avec les *Moraulx* de Plutarque et les *Dialogues* de Platon![34] – fait définitivement de lui un *Précieux* d'un ridicule achevé, un pédant de province, un gros paillard qui cherche à se donner des airs de rhétoricien courtois. Gargantua joue pour nous la fable du geai qui s'est paré des plumes du paon:

> «Ce n'est que jeu de mots, qu'affectation pure
> Et ce n'est point ainsi que parle la Nature.»

Mais, paradoxalement, c'est cette fréquentation tardive qui le sauve du désastre et de la suffocation. Car si son erreur, en l'occurrence, est justement d'en appeler à une culture trop tard venue pour qu'il ait eu le temps de tout oublier, là où seule sa nature peut résoudre le problème, sa chance, en dernier ressort, est que cette culture lui reste trop extérieure, lui soit trop surajoutée pour tuer en lui toute authenticité, tout élan naturel. Et c'est l'écorce, l'apparence, qui en lui «suffocque,» et la moelle, la richesse intérieure intacte, qui lui permet d'échapper au piège de la dialectique et de se décider à «penser d'en trouver une aultre.» Le malheur de Panurge au *Tiers Livre*, ce qui fera de lui un prisonnier à perpétuité des «lacs de perplexité,» viendra d'une adhérence totale de sa nature à sa culture *diabolo-logicque*.[35] Panurge sera la dialectique incarnée. Gargantua est la dialectique non encore incarnée.

On voit en tout cas se dessiner à travers le «pauvre Gargantua» les traits les plus caractéristiques de la philautie panurgienne. L'amour de soi, *malorum omnium fons*,[36] fait le fond de la nature de Gargantua. En-

---

[34] Athénée de Naucratis, *Les Deipnosophistes*, texte établi et traduit par A. M. Desrousseaux, Paris, Les Belles Lettres, 1956. *Pausanias's Description of Greece*, translated by J. G. Frazer, in 6 volumes, London, Macmillan and Co, Ltd., 1898. Les deux plus grands «antiquaires» de la deuxième sophistique, collectionneurs de fossiles, compilateurs de petits faits, *ex reliquiis venerendae antiquitatis*, «par reverence de l'antiquaille.» Consulter B. P. Reardon, *Courants littéraires grecs des IIe et IIIe s. après J.C.*, Paris, Les Belles Lettres, 1971.

[35] *T.L.*, éd. Screech, XXIII, pp. 166–67, l. 109–111: «on temps qeu j'estudiois à l'eschole de Tolete, le reverend pere en Diable Picatris, recteur de la faculté *diabolologicque...*»

[36] Consulter la note que M. A. Screech, pp. 121–22 de son édition du *T.L.*, consacre à la Φιλαυτία.

core faut-il préciser, puisqu'ici s'impose la comparaison avec Panurge, que ce sentiment n'a pas encore pris chez le Roi d'Utopie les proportions tyranniques qu'il assumera chez le châtelain de Salmiguondin. La philautie ne règne pas chez Gargantua en maîtresse absolue. Elle est suffisamment prononcée pour rendre le personnage ridicule et faire rire aux dépens de sa suffisance. Elle ne l'est pas cependant au point d'étouffer en lui toute considération pour ses semblables. Gargantua ne s'aime pas au point d'oublier d'aimer les autres. Il pratique encore la grande loi de charité paulinienne. Le roi d'Utopie n'aime guère, apparemment, les cérémonies humaines et les pratiques extérieures d'une religion trop formaliste et judaïque à son goût, puisqu'il se dispense, tout roi qu'il est, d'assister aux obsèques de sa digne épouse. Il préfère y envoyer les «saiges femmes» – s'il s'en trouve – et rester lui-même au logis à bercer son fils, son «couillon,» son «peton,» tout en composant une immortelle épitaphe, digne d'être «engravée» sur pierre impérissable:

> «Cy gist son corps, auquel vesquit sans vice
> Et mourut l'an et jour que trespassa.»

Mais, en bon évangéliste, il n'oublie pas son prochain, dans un geste symbolique – et consciemment voulu par Rabelais, puisqu'il n'apparaît qu'après coup, dans une addition de 1537: «envoyez ces pauvres, *baille leur ce qu'ilz demandent*!» Il n'en demeure pas moins que Gargantua n'a pas vidé son cœur de toute terrienne affection; et qu'il est encore loin de cette indifférence du sage à laquelle atteindra son fils Pantagruel. C'est que la culture n'est pas pour lui un moyen de chercher et de servir la Vérité, une richesse destinée à grandir intérieurement celui qui la possède, mais un vêtement de parade que l'on exhibe dans le but de «se faire valoir» et de se styliser pour la montre, un pur produit de consommation qui permet de croire à sa propre importance et de justifier la flatteuse opinion qu'on a déjà de soi-même.

III. *L'EPISTRE CICERONIANE* (*PANTAGRUEL*, CHAP. VIII): UNE COMPILATION DE LIEUX COMMUNS MÉDIÉVAUX

Dans cette perspective, l'épître de Gargantua à Pantagruel prend une coloration nouvelle. L'éclairage traditionnel s'estompe. La mise en perspective du chapitre, et cette ombre bouffonne qui s'y projette, viennent bouleverser les données habituelles de l'interprétation la plus communément répandue. Je ne peux ici que renvoyer aux commentaires de Baldwin et de G. J. Brault, en en précisant certains détails.

Il me paraît d'abord nécessaire d'examiner l'affirmation presque universellement acceptée suivant laquelle cette lettre exprime un programme résolument humaniste par son inspiration générale et les principes premiers qui la soustendent. On ne cesse de redire que ce chapitre annonce «les temps nouveaux.» C'est ainsi que C. A. Béné oppose cet «hymne au savoir nouveau» à tous les chapitres qui l'environnent.[37] En effet, le tour des universités provinciales (V), la rencontre de l'écolier limousin (VI), le catalogue de la «magnifique» librairie de Saint-Victor (VII) d'une part, la rencontre de Panurge (IX), l'affichage des 760 thèses et l'affaire Baisecule-Humevesne (IX bis), les mœurs et exploits de Panurge (X-XI-XII), et la *disputation* contre Thaumaste (XIII) de l'autre, constituent autant d'épisodes dont l'atmosphère reste constamment médiévale. Le lecteur y évolue dans le Paris de François Villon, il y découvre les mœurs estudiantines du temps de la célèbre réforme du Cardinal d'Estouteville. L'épître gargantuine, au contraire, nous transporterait en pleine Renaissance.

On voit ce qu'il y a de traditionnel dans une telle approche. M. Béné considère le caractère sérieux de la lettre comme un fait acquis et démontré: «l'on ne connaît pas, assure-t-il d'emblée, de page plus enthousiaste dans notre siècle humaniste.»[38] De cette prise de position *a priori* découle un très embarrassant problème de structure. Car le chapitre VIII, tant au point du vue des idées que du style, rompt brutalement l'unité du livre; il s'oppose aux chapitres environnants comme la lumière du monde renaissant s'oppose aux ténèbres gothiques. Cette excroissance humaniste, dans un livre si moyenâgeux, ne laisse pas d'être inattendue. On peut l'accepter en n'y voyant tout compte fait qu'une preuve supplémentaire du caractère improvisé de l'œuvre. On peut aussi, en voulant rendre à Rabelais une justice qui lui est due, supposer que ce chapitre est une greffe tardive, une interpolation de dernière minute, dictée à Rabelais par un «enthousiasme irraisonné» et reconnaissant pour Erasme, son père spirituel. Telle est l'hypothèse que formule M. Béné, le pas qu'il franchit, d'ailleurs non sans élégance. Si le chapitre VIII, affirme-t-il surprend le lecteur par son «allure inso-

---

[37] Ch. A. Béné, «Erasme et la chapitre VIII du premier Pantagruel (Novembre 1532),» *Paedagogica Historica*, vol. I, 1961, pp. 39–66.

[38] Art. cité, p. 39: «Ce programme prodigieux, digne d'un géant, est un hymne au savoir…» G. J. Brault a rassemblé dans son étude déjà citée («Ung abisme de science,» *BHR*, 1966) une liste impressionnante d'expressions de même billon: l'*hymne* le plus ardeut; un *cri* d'enthousiasme; un *hymne* à l'Humanisme; un *hymne* à la Renaissance victorieuse; un *hymne* à la gloire de la Renaissance; un *catéchisme*; un *sermon*, etc.

lite» et s'il paraît «égaré dans l'ensemble de l'ouvrage,» c'est qu'il a sans doute été ajouté «après coup,» Rabelais ayant voulu, avec ferveur et gratitude, «divulguer la nouvelle culture humaniste» – dont il avait «pressenti le prix inestimable» – dans une «lettre grave et sereine.»[39]

Toute ingénieuse qu'elle soit, cette hypothèse demeure une hypothèse. A tout prendre, et s'il fallait s'en tenir à ce niveau, celle formulée par R. Marichal pourrait lui être préférée, ayant pour elle une simplicité qui entraîne plus aisément l'adhésion.[40] Mais ce qui est inquiétant, ce n'est pas tellement le complexe travail de remaniement du texte que l'hypothèse de M. Béné suppose, c'est le fait qu'elle intervienne seulement pour justifier cette prise de position *a priori* dont il a été parlé plus haut. M. Béné est ici la victime du raisonnement tautologique habituel déjà analysé. Il souligne d'ailleurs lui-même que l'*Ecclesiastes* d'Erasme, dont Rabelais se serait étroitement inspiré pour formuler son programme d'éducation encyclopédique, utilise les enseignements du *De Doctrina Christiana* de Saint Augustin: ce qui nous ramène au cœur chrétien du Moyen âge, à l'une des sources les plus fécondes de la pensée médiévale. MM. Gilson et Screech ont souligné avec toute la précision désirable les nombreuses dettes que Rabelais accumule au début de sa lettre – ou plutôt au début de la lettre de Gargantua – envers la pensée scolastique et patristique. Le premier a démontré l'aspect orthodoxe de la théologie gargantuine, qui s'inspire directement de Saint Paul, d'Origène, de Saint Jérôme, de Saint Thomas d'Aquin et de Saint Bonaventure.[41] Ainsi Rabelais expose-t-il au commencement de l'épître la doctrine universellement reçue par tous les théologiens et autres «docteurs graves» sur l'état de monde après le Jugement dernier, «quand Jésuchrist aura rendu à Dieu son père son royaulme pacificque hors tout dangier et contamination de péché: car alors cesseront toutes générations et corruptions, et seront les éléments hors de leurs trans-

---

[39] *Ib.*, p. 66.

[40] *Pantagruel, texte de l'édition princeps* établi par R. Marichal. Introduction d'Abel Lefranc, Lyon, 1935. Pour R. Marichal, l'existence de deux chapitres IX dans l'édition originale du *Pantagruel* s'explique ainsi: «à notre avis Rabelais a dû remettre à Claude Nourry un *Pantagruel* en 23 chapitres: le chapitre IX était la «Rencontre de Panurge» et le chapitre X l'«Evasion de chez les Turcs»; le «Procès» n'était sans doute qu'un incident de ce chapitre IX. En cours d'impression (et peut-être pour parfaire, à la demande de l'imprimeur, le compte de 64 feuillets), Rabelais grossit démesurément cet incident. Il en fit alors un chapitre à part, qu'il avait probablement l'intention de placer après la «Lettre de Gargantua». Mais le prote, en présence de deux chapitres IX, a dû: 1o intercaler à tort le nouveau chapitre entre les anciens IX et X; 2o oublier de changer la numérotation.» (*Notes Critiques*, p. 189).

[41] E. Gilson «Rabelais Franciscain», ouvr. cité, pp. 230 et ss. «Il n'est pas un seul terme de ce texte merveilleusement dense (*i.e.* le début de la lettre) qui ne puisse recevoir sa justification théologique précise», écrit Gilson p. 235.

mutations continues, veu que la paix désirée sera consommée et que
toutes choses seront réduictes à leur fin et période.» Semblablement, le
second a montré sur quelles bases scolastiques repose la pensée rabelaisienne, et ce qu'elle doit en particulier à Aristote et à Saint Thomas
en ce qui concerne les notions de génération, d'éducation, et d'immortalité *secundum quid dependens*.[42] On pourrait étendre la démonstration à
la partie de l'épître consacrée au programme encyclopédique, au
curriculum idéal lui-même, pour montrer que rien n'y est foncièrement
nouveau.[43] On a d'ailleurs déjà avancé en ce sens. H. Busson a déjà
souligné que la formule «Science sans conscience» n'est pas de Rabelais,
et qu'elle trouve vraisemblablement son origine dans un ouvrage de
l'école de Saint Bernard, le traité *De interiori domo seu de conscientia
aedificanda*, dont le chapitre X s'intitule «De cura *conscientiae* praeferenda
scientiae.»[44] C'est de toute évidence un lien commun. Le *De Imitatione
Christi* s'en fait l'écho: «non est culpanda *scientia*...; sed praeferenda
est semper bona *conscientia*.» C'est encore un écho de l'*Imitatio* que ces
paroles sereines et humbles du bon père Gargantua à son fils bien aimé:
«Ayez suspectz les abus du monde et ne metz point ton cueur à vanité:
car ceste vie est transitoire, mais la parolle de Dieu demeure éternellement»: *Homines transeunt, sed veritas domini manet in aeternum*.[45] Tous ces
conseils sur lesquels Gargantua termine sa lettre évoquent d'ailleurs
l'enseignement de Paul aux Romains ou aux Corinthiens:[46] «Soys
serviable à tous tes prochains, et les ayme comme toy-mesmes. Révère
tes précepteurs; fuis les compaignies des gens esquelz tu ne veulx point

---

[42] M. A. Screech, *Rab. Marr.*, pp. 14–22.

[43] G. J. Brault (*BHR*, 1966) l'a bien vu (p. 624): «There is, of course, nothing startlingly new in what Rabelais seems to be proposing. The bulk of the curriculum here is classical and even medieval». Il estime cependant que «the new emphais on nature study» et «the acqui-sition of the linguistic tools necessary for the study of classical and Biblical texts in the original» constituent de «notables exceptions». Il oublie le *De Doctrina Christiana* d'Augustin.

[44] H. Busson, «Rabelaesiana. 'Science sans conscience' (*Pantagruel*, VIII),» *Humanisme et Renaissance*, 1940, VII, pp. 238–40.

[45] *De imitatione Christi Libri quatuor*, Londini apud MacMillan et Soc., Williams et Norgate, MDCCCLXVII. I, 5: «De lectione Sanctarum Scripturam.»

[46] Cf. *I Cor.*, V, 11–13, *Rom.* XII, 6 et 10, XIII 8, etc. Influence essentielle chez Rabelais dès le *Pantagruel* et le *Gargantua*, et que l'on peut discerner d'ailleurs chez tous les mystiques et les Evangélistes, qui se nourrissent et s'inspirent constamment des Epîtres du «Sainct Envoyé» (*TL*, V). Voir, par exemple l'*Imitatio Christi* de Thomas a Kempis, Livre I, III, 43 («Contra vanam et saecularem scientiam»): «Filii, non te moveant pulchra et subtilia homi-num dicta. *Non enim est regnum Dei in sermone sed in virtute...*» Ou encore I (II, 1): «Melior est profecto humilis rusticus, qui Deo servit, quam superbus philosophus...» I (III, 2): «Taceant omnes doctores, sileant universae creaturae in conspectu tuo: tu mihi loquere solus.» I (V, 1): «Veritas est in Scripturis Sanctis quaerenda, non eloquentia... Quaerere potius debemus utilitatem in scripturis quam subtilitatem sermonis.» Et ceci, I (I, 2) «Omnis homo natura-liter scire desiderat, sed scientia sine timore Dei quid importat?» L'importance historique du Paulinisme dans la Renaissance religieuse des XVe et XVIe siècles ne saurait être surestimée.

ressembler. Et les grâces que Dieu te a données, icelles ne reçoipz point en vain.» Enfin, E. Gilson a aussi rappelé ce que l'expression «foy formée de charité» doit à la théologie de Saint Bonaventure et de Saint Thomas.[47]

Si l'on se tourne maintenant vers la philosophie pédagogique du *cursus studiorum* lui-même sans se perdre encore dans ses détails, il paraît très hasardeux de soutenir que cette «immense soif de connaissance» – suivant l'expression consacrée – qu'y révèle Gargantua soit fondamentalement caractéristique de l'esprit nouveau, humaniste et renaissant. Ce vorace désir de savoir, cette vaste curiosité intellectuelle évoqueraient plutôt, dans la mesure où ils peuvent être pris au sérieux, tout un côté de la pensée médiévale, dont la passion maîtresse fut, on le sait, la recherche de la Vérité. Le Moyen âge a véritablement été le temps de la *Raison ardente*. L'esprit s'y est usé en une inlassable quête métaphysique de l'inconnu. Il s'est acharné à écrire un livre, Le Livre, où aurait été enfermé tout le savoir humain, et dévoilés tous les secrets de l'Univers; à découvrir la méthode des méthodes, l'art des arts, la science universelle, la clef du «grand secret.» D'où ces *Images*, ces *Miroirs*, ces *Sommes* interminables, et ces *Artes Magnae*,[48] vestiges prestigieux et encombrants d'ambition intellectuelles trop souvent dé-

---

[47] *Rab. Franciscain*, pp. 214–215.

[48] *Raymundi Lulli Opera ea quae ad adinventam ab ipso artem universalem, scientiarum artiumque omnium brevi compendio, firmaque memoria appraehendendarum, locupletissimaque vel oratione ex tempore pertractandarum, pertinent...* Argentinae, Sumptibus Lazari Zetzneri, CIƆIƆXCIIX. On y lit, au début de l'*Ars Magna et ultima*: «Quoniam multas artes fecimus generales, ipsas volumus clarius explanare per istam quam vocamus ultimam, quia de caetero non proponimus aliam facere, ipsam quidem ex aliis compilamus: et aliqua nova explicite addimus. Quoniam intellectus humanus est longe magis in opinione quam in scientia constitutus: quia qualibet scientia habet sua principia propria, et diversa a principiis aliarum scientiarum: idcirco requerit et appetit intellectus, quod sit *una scientia generalis ad omnes scientias, et hoc cum suis principiis generalibus, in quibus principia aliarum scientiarum particularium sint implicita et contenta, sicut particulare in universali*» (je souligne). On lit de même au début de l'*Ars brevis M. Raymundi Lulli compendium et Isagoge Artis Magnae*: «Ratio quare facimus istam artem brevem est, ut ars magna facilius sciatur... Subjectum huius artis est *respondere de omnibus questionibus.*» «L'art de Lullius» auquel fait allusion Gargantua dans sa lettre est sans doute l'*Ars brevis*, la *Bibliographica Logica* de W. Risse (Georg Olms, Verlagsbuchhandlung Hildesheim, 1965) signalant, en effet, pour l'année 1531, un livre de H. C. Agrippa, *In Artem brevem Raymundi Lullii commentaria*, publié à lyon. Dans sa dédicace à Jean de Laurencin, Agrippa y souligne le caractère universel et miraculeux de l'art de Lulle: «Volumus igitur te donare arte, et ea non vulgari, non triviali, non circa unum aliquod objectum occupata, sed *arte artium omnium regina, qua duce ad reliquas omnes scientias et artes facile conscendes...* Et autem est ars inventiva Raymundi Lulli, cujus ea dignitas est ac praecellentia, ea generalitas ac certitudo, ut se sola sufficiente nulla alia scientia praesupposita, non ullo indigens forinseco juvamine infallibiliter, cum omni securitate ac certitudine, erroni omni semoto, *de omni re scibili*, veritatem ac scientiam, sine difficultate et labore invenire nos faciat.» Un art, affirme encore Agrippa capable de résoudre «omnes quaestiones et objectiones,» et qui use d'arguments «infallibilia, certissima et notissima quibus nemo potest contradicere.» L'arme absolue du Sophiste, en quelque sorte. L'idéal de tout alchimiste du verbe, la panacée du magicien de paroles.

mesurées. A cet égard, le règne ininterrompu de l'*Organon* redécouvert
– *logica vetus et nova* – et l'importance croissante de la logique dans l'enseignement et la pensée scolastiques font figure de symbole. Ces faits
portent témoignage de la hardiesse d'une pensée en continuel effort
pour apporter partout – et jusque dans le domaine de la foi – les
lumières de l'intellect, et «arracher à l'univers le secret de ses lois.»[49]
L'«abîme de science» a une saveur médiévale, tout autant que renais-
sante. Il évoque irrésistiblement les vastes compilations du Moyen âge.

Quant aux détails mêmes du programme, il paraissent étrangement
familiers à qui a pris la peine de parcourir quelques-uns parmi les plus
représentatifs des ouvrages que le Moyen âge a consacrés aux problèmes de l'éducation et aux arts libéraux, depuis Martianus Capella jusqu'à Vincent de Beauvais, en passant par Cassiodore, Isodore, Alcuin,
Thierry de Chartres, Hugues de Saint Victor, Jean de Salisbury et
Alain de Lille.[50] Mais aucun d'entre eux ne nous paraît aussi ins-
tructif que le *De Doctrina Christiana* de Saint Augustin dont Béné,
nous l'avons vu, fait lui-même mention. L'importance historique de
cet ouvrage génial a été soulignée par Baldwin.[51] Le livre de *La Doctrine chrétienne* marque la fin de l'hégémonie sophistique, très vivante et
très solide en Occident du IIe au IVe siècle. Par une «innovation
surprenante» Augustin refuse les acrobaties verbales éblouissantes des
sophistes, leurs exercices de virtuosité pure et creuse, pour revenir à
l'ancienne conception de la rhétorique, celle de Platon et d'Aristote.
Il met l'éloquence au service de la Parole de Dieu, et lui attribue le devoir de servir la vérité et non plus l'orateur. Il rejette l'hérésie sophistique de l'art pour l'art, ses affectations et ses artifices, *verba pro verbis*,
et soumet toutes les richesses de la rhétorique de Cicéron aux impératifs de la prédication chrétienne. Il ne s'agit plus désormais de briller et
de rechercher le triomphe personnel, mais de persuader les âmes de
la nécessité d'aller à Dieu: «Oportet igitur eloquentem ecclesiasticum,
quando suadet aliquid quod agendum est, non solum docere ut instruat, et delectare ut teneat, verum etiam flectere ut vincat.»[52] Dans
cette perspective, le prédicateur chrétien, à la fois pour comprendre

---

[49] Expression d'E. Faral dans son Introduction au *Dictionnaire des Lettres Françaises*, publié
sous la direction du Cardinal G. Grente, *Le Moyen Age*, Paris, Fayard, 1964. E. Faral distingue dans la culture médiévale un «libre effort de l'esprit pour étendre ses vues dans tous les
domaines accessibles à l'intelligence humaine.»

[50] Consulter C. S. Baldwin, *Medieval Rhetoric and Poetic*, pour une analyse de ces ouvrages
médiévaux.

[51] *Ib.*, Ch. II: «St. Augustine on preaching,» pp. 51 ss.

[52] *De Doctr. Christ.*, éd. citée, t. VI, p. 565 (Livre IV, ch. 13).

l'Ecriture et expliquer ce qu'il en a compris,[53] devra posséder des connaissances étendues. Car si la science sans l'éloquence et peu utile, l'éloquence sans la science est pernicieuse. C'est pourquoi saint Augustin recommande, pour une juste interprétation des signes de l'Ecriture, outre la connaissance du latin, celle du grec et de l'hébreu: «ut ignorantia signorum tollatur, necessaria est linguarum cognitio, ac praesertim graecae et hebreae. Contra ignota signa propria, magnum remedium est linguarum cognitio.»[54] D'autres connaissances que celles des langues sont par ailleurs nécessaires, même celles issues des Païens: «Profani si quid bene dixerunt, non aspernandum.»[55] Il ne s'agit certes pas d'accueillir sans discernement jusqu'à leurs superstitions, comme l'astrologie («Si enim tantum potuerunt scire, ut possunt aestimare saeculum, quomodo ejus dominum non facilius invenerunt?»)[56], mais de reconnaître l'utilité de l'histoire, des sciences naturelles, de l'astronomie, des arts mécaniques, voire même, malgré leurs dangers évidents, de la dialectique et de la rhétorique. Toutes ces sciences humaines, vaines en elles-mêmes et corruptrices («elles engendrent l'orgueil, et donnent la puissance de tromper»),[57] prennent une signification seulement dans la mesure où elles servent la juste cause de l'Evangile. Ne nous laissons pas enfler par ces sciences humaines puisées dans les dépouilles de l'Egypte, dit Saint Augustin. Car la Charité seule édifie: *Scientia instat, Caritas aedificat.*[58]

On aura retrouvé dans ce résumé succinct le mouvement même de la lettre de Gargantua, et les principaux aspects de son *curriculum* idéal. Je ne prétends pas affirmer ici que Rabelais se soit inspiré directement du livre de saint Augustin plutôt que de l'*Ecclesiastes* d'Erasme ou du *De Oratore* de Ciceron.[59] Mon seul propos est de montrer que ces préoccupations sont anciennes, et qu'elles remontent bien au-delà de la Renaissance: somme toute, que «les ténèbres du Moyen âge ne sont que celles de notre ignorance.»[60] Et que l'hypothèse de Béné devienne

[53] *Ib.*, Livre I, ch. 1, p. 444: «Duae sunt res quibus nititur omnis tractatio Scripturarum, modus inveniendi quae intelligenda sunt, et modus proferendi quae intellecta sunt.»
[54] *Ib.*, livre II, ch. 11, pp. 478–479.
[55] *Ib.*, livre II, ch. 18, pp. 488–89.
[56] *Ib.*, livre II, 21, p. 491: «Superstitio mathematicorum.» Cf. *Sapientiae Liber*, XIII, 9.
[57] *Ib.*, livre II, ch. 28 (Historia quatenus juvet), 29 (Ad Scripturarum intelligentiam quatenus conducat animalium, herbarum, etc., praesertim siderum cognitio), 30 (Quid eodem conferant artes mechanicae), 31 (Quid juvet Dialectica), 37 (Quae utilitas Rhetoricae et Dialecticae).
[58] *Ib.*, livre II, 40 (Ab ethnicis si quid recte dictu in nostrum usum convertandum), 41 (Studium Scripturae sacrae, qualem animum requirat).
[59] G. O. Seiver, «Cicero's *De Oratore* and Rabelais,» PMLA, LIX, 1944, pp. 655–671.
[60] Profession de foi de G. Cohen.

un jour certitude, il resterait encore beaucoup à dire en ce sens. Car reconnaître l'influence directe de l'*Ecclesiastes* sur la lettre de Gargantua – ce qui est possible, Rabelais étant en 1532 en relations très étroites avec Hilaire Bertolphe[61] – reviendrait tout au plus à souligner chez Rabelais, encore et toujours, l'influence féconde d'un Humanisme chrétien dont les sources remontent aux premiers Pères de l'Eglise. H. de Lubac a rendu pleine justice aux accusations d'athéisme ou de scepticisme lancées contre Erasme.[62] Loin de s'insurger contre le Moyen âge, l'auteur de l'*Enchiridion*, de la *Ratio verae theologiae* et de l'*Ecclesiastes* combat le paganisme de son temps. Il s'en prend à ce genre de théologiens qui méprisent le passé, l'âge d'or de la «Philosophie du Christ,» à ces *Moderni* de l'école nominaliste «qui meris argutiis et sophisticis cavillationibus insenescunt.»[63] Il est en fait, et avant tout, un grand théologien «continuateur de la pensée patristique.»[64] Qu'il voie dans l'auteur des *Postilles* un âne jouant de la lyre ne signifie nullement qu'il dénonce la théologie, mais l'obscurantisme de certains théologiens. Et c'est pour tout lecteur du *Ciceronianus* une vérité d'évidence qu'il préfère l'éloquence du Christ à celle, si grande soit-elle, de Cicéron.[65] Erasme décoche les traits les plus acérés de son ironie contre ces puristes qui au lieu de Dieu le Père disent *Jupiter Optimus maximus*, *Apollo* ou *Aesculapius* au lieu du Fils, et qui appellent la messe un «sacrifice.»[66] Il leur préfère Thomas Aquinas et Duns Scotus. Et l'en-

---

[61] Sa lettre à Erasme le prouve (*Œuvres Complètes, Rabelais*, éd. P. Jourda, tome II, p. 498): «Nuper rescivi ex Hilario Bertulpho, quo hic utor familiarissime...»

[62] H. de Lubac, *Exégèse médiévale*, tome IV, pp. 427 et ss.

[63] *Ib.*, p. 429. «L'objet de sa critique est la 'nova barbaries'.»

[64] *Ib.*, p. 453. D'après F. Vandenbroucke, *La Spiritualité du Moyen âge*, 1961, p. 610.

[65] *Desiderio Erasmo da Rotterdam, Il Ciceroniano o dello stile migliore*, testo latino critico, traduzione italiana... a cura di Angiolo Gambaro, La Scuola Editrice, Brescia, 1965. Il existe aussi une traduction anglaise: *Ciceronianus or a dialogue on the best style of speaking, by Desiderius Erasmus, of Rotterdam*, translated by I. Scott, New York, 1908. Erasme y affirme (p. 134, 1828–29, de l'édition Gambara): «Huius [crucis] gloriam qui voluisset verbis attollere, Paulum apostolum potius sibi proponere debebat quam Ciceronem.» Consulter H. de Lubac, *Exégèse médiévale*, IV, pp. 461–52. Tout le chapitre consacré au problème de l'«Humanisme chrétien» (pp. 454–87) constitue par ailleurs une mise au point remarquable. H. de Lubac y règle leur compte à tous les préjugés et à toutes les simplifications outrancières de la critique érasmienne contemporaine, et invite l'historien, pour expliquer le XVIe siècle humaniste et renaissant, à se tourner aussi bien vers l'antiquité chrétienne que vers les richesses de la pensée païenne.

[66] Gambaro, éd. citée, pp. 138–42, 1909–1976: «Quod si is qui dicit nullum verbum promit nisi ex indice suo, quum res mortalium in diversum commutatae novas voces invexerint, quid hic faciet ciceronianus, quum eas non reperiet, nec in M. Tullii libris, nec in suo elencho? Si reiicietur quicquid non deprehenditur in libris illius, quum tam multi interciderint, vide quam multa vitabimus ut barbara, quae sunt a Cicerone prodita. Rursus quam multa, quibus erat usurus, si de rebus huiusmodi dicendum fuisset. Nusquam apud Ciceronem legimus *Iesu Christi, Verbi Dei, Spiritus Sancti*, aut *Trinitatis* vocabulum, nec *Evangelium*, nec *Evangelistam*, nec *Mosen*, nec *prophetam*... nec alia innumera, quibus constat omnis vita Christianorum. Haec nusquam non sunt obvia, quacumque de re tentas dicere, ingerunt

nemi qu'il vise au delà de ces idolâtries stylistiques et de ces superstitions grammaticales, c'est le paganisme. Le goût que certains humanistes professent pour Cicéron, Erasme l'attribue en effet à un paganisme qui n'ose pas dire son nom. «C'est le paganisme, affirme-t-il, qui influence nos oreilles et nos esprits. Nous ne sommes chrétiens que de nom... nous professons Jésus de bouche, mais nous portons Jupiter Optimus Maximus et Romulus dans nos cœurs.»[67] Dans toute son œuvre, Erasme n'a cessé de soumettre la culture humaniste à la *Philosophia Christi*. Et le monde nouveau qu'il voit poindre et dont il salue la venue dans les termes que l'on sait est moins celui des *humaniores litterae* que celui d'une «nouvelle naissance» de l'Evangile.[68] Lorsque donc Rabelais s'avoue son disciple, et reconnaît en lui son père spirituel,[69] il nous ramène à un horizon culturel largement médiéval, au riche passé patristique et scolastique. Décidément, Rabelais est loin d'être un «enfant sans mère.»

Au total, la supposition d'une addition tardive du chapitre VIII dans le *Pantagruel* se révèle inutile. Ce chapitre n'est neuf qu'en apparence. Il n'est «le chant triomphal de la Renaissance» que pour celui qui ignore le sens et le contenu de l'Humanisme médiéval, ou qui se laisse prendre au piège d'oppositions historiques trop tranchées pour rendre compte de la complexité des faits. Les concepts historiques de «Moyen âge» et de «Renaissance» sont éminemment commodes, mais ils déforment trop souvent la réalité, ils en faussent les perspectives.[70] Le chapitre VIII du *Pantagruel* illustre les dangers de ce découpage manichéen. N'est-il pas étrange que ce manifeste révolutionnaire, du moins généralement prétendu tel, ne contienne guère de phrase, ou n'exprime guère d'idée, qui ne puisse être rattachée à une source précise ou à un influence diffuse d'origine constamment «gothique»?

---

sese vel nolenti. Quid faciet? quo se vertet hic ille superstitiose ciceronianus? An pro patre Christi dicet *Juppiter Optimus Maximus*, pro filio dicet *Apollinem* aut *Aesculapium*; pro virginum regina dicet *Dianam*; pro ecclesia *sacram concionem*, aut *civitatem*, aut *rempublicam*... pro apostolis *legatos* aut *veredarios*... pro diabolo *sycophantam*; pro propheta *vatem* aut *divinum*... pro missa *victimam*...»

[67] *Ib.*, p. 156, 2179–2184: «Paganitas est, mihi crede Nosopone, paganitas est quae ista persuadet auribus atque animis nostris. Titulo duntaxat sumus christiani; corpus aqua sacra tinctum est, sed illota mens est; frons cruce signata est, animus crucem execratur; Iesum ore profitemur, sed Iovem Optimum Maximum et Romulum gestamus in pectore.»

[68] H. de Lubac, ouvr. cité, p. 481.

[69] Ed. Jourda de Rabelais, t. II, p. 497 (Lettre de Rabelais à Erasme): «pater mi humanissime... Patrem te dixi, matrem etiam dicerem, si per indulgentiam mihi id tuam liceret... ut quidquid sum et vales, tibi id uni acceptum ni feram, hominum omnium, qui sunt aut aliis erunt in annis, ingratissimus sim.»

[70] Consulter les travaux de Gilson: notamment dans *Les Idées et les Lettres*, l'article intitulé «Humanisme médiéval et Renaissance» (pp. 171–196).

Va-t-on définir l'Humanisme de la Renaissance en invoquant Aristote, l'apôtre Paul, Saint Bonaventure, Thomas d'Aquin, et l'*Imitatio Christi*? Cette «éloquente exaltation d'un monde nouveau plus libre et plus serein»[71] pourrait bien un jour prochain apparaître comme un centon de citations, une compilation sans originalité aucune. Les exégèses les plus récentes et les plus averties vont, on l'a vu, dans ce sens. Elles tendent toutes à vérifier le bien-fondé de l'affirmation déjà ancienne de Stapfer: «il n'est probablement pas une seule partie importante de cette belle composition dont un historien bien informé ne pût découvrir le dessin chez tel ou tel de ses précurseurs immédiats.»[72] Constatation pour le moins digne de retenir l'attention. Va-t-on aller chercher «le catéchisme de Rabelais»[73] dans une compilation de lieux communs médiévaux?

IV. GARGANTUA ET LA *JACTANTIA* DE L'APPRENTI-RHÉTEUR; SOPHISTE ET POÈTE: *GARGANTUA*, CHAP. XII

Celui de Rabelais, sûrement pas. Mais celui de Gargantua, peut-être. Pourquoi vouloir oublier que cette lettre est signée par Gargantua «De Utopie, ce dix septième jour du moys de mars»? *Reddite que sunt Cesaris Cesari, et que sunt Dei Deo*, dira Janotus. Nul n'a jamais songé à attribuer à Guillaume des Autels la lettre que le vieux Happe-Bran envoie, «De Tirebroche en Croquelardie,» à son bien-aimé fils Gaudichon.[74] Ce chapelet de *loci communes* sent furieusement son apprenti rhéteur. Et que dire du pastiche du style cicéronien? Cette pompeuse éloquence paraît déplacée à cet endroit. En quoi un père écrivant à son fils a-t-il besoin de hausser ainsi son style aux sommets du *grande*? C'est que Gargantua est un poseur et un pédant aussi bien lorsqu'il écrit à son fils Pantagruel que lorsqu'il pleure la mort de sa femme Badebec. Il joue le jeu épistolaire suivant les règles de l'époque.[75] Mais comme il n'est pas de ceux qui «dissimulent leur divin scavoir,» le

---

[71] E. Garin, *L'éducation de l'homme moderne*, pp. 71 et ss. D'après l'éminent critique italien, Rabelais exprime dans son œuvre de nouveaux idéaux d'éducation qui le situent «au cœur même de la Renaissance.» La lettre de Gargantua est donc prise très au sérieux. Elle constituerait la première prise de position des nouvelles écoles humanistes contre la vieille place forte des Sorbonagres. C'est oublier Erasme, Vivès, et tant d'autres.

[72] Cité par G. J. Brault, «Ung abysme de science,» *BHR*, 1966, p. 616, n. 3. Voir P. Stapfer, *Rabelais, sa personne, son génie, son œuvre*, Paris, 1889, p. 310.

[73] L'expression est de V. L. Saulnier (p. xviii de son édition), présentant la thèse de Gilson sur le problème de la religion de Rabelais.

[74] Lettre reproduite par G. J. Brault, *BHR*, 1966, pp. 618–19.

[75] Sur l'importance de l'*ars dictaminis*, consulter Ch. S. Baldwin, *Medieval Rhetoric and Poetic*, pp. 206–227; et L. J. Paetow, *The Arts course* (déjà cités).

résultat est là encore délicieusement parodique. Ce qu'il a dû s'appliquer et tirer la langue, le bon papa Gargantua! Sans doute autant que Rabelais lui-même écrivant au grand Budé en 1521, et faisant valoir son grec dans une composition qui, il faut le dire, sent moins le vin que l'huile.[76] Dans son *Eloge de la Folie*, Erasme avait pourtant fustigé au passage ces rhéteurs «qui se croient des dieux pour user d'une double langue, comme les sangsues, et tiennent pour merveille d'insérer en leur latin quelques petits vocables grecs.»[77] Mais Rabelais, petit humaniste «sans culture et sans renommée, dépourvu de toute habileté et absolument ignorant du beau langage,»[78] ne pouvait pas, écrivant à Budé, ne pas étaler sa connaissance du grec. C'est que l'épître est au XVIe siècle un véritable genre littéraire, un exercice de beau style où l'auteur démontre son habileté rhétorique et son savoir. On en fait des recueils qui fournissent aux apprentis rhéteurs, aux *studiosi*, des exemples d'élégance et de parfaite latinité.[79] Et si un tel usage remonte à Politien, ce n'est pas de la Renaissance qu'il faut dater l'importance de la rhétorique épistolaire. L'art d'écrire des lettres fut en effet d'une importance cardinale au Moyen âge.[80] Il s'apprenait dans des manuels célèbres, le *Boncompagnus* ou le *Candelabrum*, qui reprennent les préceptes de Cicéron, de Quintilien, et de la *Rhetorica ad Herennium*. On retrouve encore un écho de ces préoccupations dans *Le grant et vray art de pleine Rhetorique* de Pierre Fabri. Presque la moitié de sa «Rhetorique prosaïque» est consacrée à l'art de l'*épistre*. Il cite notamment comme modèle de «lettre exortative ou suasive» une épître envoyée à un jeune enfant pour «acquerir vertus.»[81] D'après Fabri, une telle lettre doit comprendre quatre parties. «En la premiere, l'en acquiert benivolence à la chose, en desclarant combien elle est ou sera utile et necessaire a celuy a qui nous rescripvons... En la seconde, demonstrerons la chose estre possible et facile à faire. En la tierce, dirons qu'il est necessaire a luy de ce faire et, se il ne le faict, qu'il luy en pourroit venir dommaige ou deshonneur. En la derniere, nous declarerons ce que nous voulons

---

[76] Tome II, pp. 467–75 de l'éd. Jourda.
[77] *Stultitiae Laus*, éd. I. B. Kan, pp. 7–8 (Caput VI): «Visum est enim hac quoque parte nostri temporis rhetores imitari, qui plane Deos esse se credunt, si hirudinum ritu bilingues appareant, ac praeclarum facinus esse ducant, latinis orationibus subinde graeculas aliquot voculas, velut emblemata intertexere, etiamsi nunc non erat his locus.»
[78] Ed. Jourda, p. 472 du tome II.
[79] Consulter à ce sujet *La correspondance d'Erasme et de Guillaume Budé*, traduction intégrale ... par M. M. de la Garanderie, Paris, J. Vrin, 1967.
[80] Ch. S. Baldwin, ouvr. cité., p. 208: «The art of letter-writing, especially the composition of official and other ceremonious letters, was of cardinal importance in the middle-age ... *Dictamen* was a recognized profession and an habitual means of education.»
[81] P. Fabri, *Grand et Vray Art...*, pp. 251–252.

qu'il face et la maniere de faire.» Partant de là, l'image de notre maître Aliboron se précise. L'ombre de Nosoponus vient lui donner certains de ses traits: ceux d'un Cicéronien débutant, qui n'a pas encore décidé qu'il n'existait rien en dehors de Cicéron, mais qui néanmoins voit en Cicéron le plus parfait modèle de latinité: «Et que tu formes ton stille, quant à la Grecque, à l'imitation de Platon, quant à la Latine, à Cicéron.» Cette imitation servile entraîne tout naturellement, comme chez le Nosoponus d'Erasme, un cortège d'artifices, d'affectations, de labeurs (il faut travailler pour contrefaire l'orateur), au total un certain pédantisme et un grand contentement de soi. Six nuits sont nécessaires à Nosoponus pour confectionner une lettre de six phrases, pour polir et repolir le chef-d'œuvre.[82] Combien sa lettre à son fils a-t-elle coûté d'efforts au vieux Gargantua? On aura remarqué que sa composition est élaborée suivant les règles: elle reflète *grosso modo* le plan des *Arts de Rhétorique prosaïque.* Gargantua commence par «acquérir benivolence à la chose.» Sa *captatio,* on le sait, couvre plusieurs longs paragraphes, où sont louées les grandeurs du «mariage légitime» et de l'immortalité acquise par le «moyen de propagation séminale,» et où le père démontre au fils que ses devoirs les plus impérieux consistent à devenir «absolu et parfaict, tant en vertuz, honnesteté, et preudhommie, comme en tout sçavoir liberal et honneste» afin, dit-il, de «tel te laisser après ma mort comme un mirouer représentant *la personne de moy ton pere*» (je souligne). Narcisse et le paon! On se souvient des recommandations de Fabri: l'auteur de l'épitre «exortative» doit commencer par démontrer combien la chose «est ou sera utile et necessaire *a celuy a qui nous rescripvons.*» Or, lorsque Gargantua incite son fils à «bien proffiter en estude et en vertuz,» il pense davantage à sa propre personne qu'à celle de son fils. Il s'agit pour Pantagruel de se rendre digne d'assurer l'immortalité terrestre de Gargantua, d'être le digne dépositaire des «meurs de l'âme» de son père. La critique rabelaisante, dans son ensemble, accueille favorablement ce désir exprimé par Gargantua. Elle salue avec une admiration certaine cette volonté légitime d'«amélioration morale et spirituelle progressive, à l'infini» de la race gargantuine, où l'enfant devient «le maillon indispensable d'une chaîne ininterrompue se rapprochant de la Beauté parfaite,» et où Rabelais, dans un grand élan d'«optimisme humaniste,» applique à l'espèce «le concept

---

[82] *Ciceronianus,* éd. Gambaro. p. 44: «Num tota nox uni datur epistolae? – Quid mihi narras unam? Musis pulchre videor litasse, si periodum unicam absolverit nox hyberna. – Ita 'ne de re tam non magna, tam prolixas scribis litteras? – Imo perbreves, ne sis insciens, ut quae sextam periodum non excedant. – Quin igitur sex noctus sufficiunt his absolvendis?»

de progrès chrétien valable pour l'individu,» et remplace «le concept cyclique, traditionnel chez les humanistes, par celui de l'asymptote, fonction d'un désir de perfectibilité progressive infini.»[83] Ou encore, elle découvre dans l'expression «la personne de moy ton père» une preuve de la «base scolastique de la pensée de Rabelais,» un reflet de la conception thomiste de la personne, l'*hypostasis* ou *persona* chrétienne consistant dans l'unité de l'âme et du corps, et non pas dans le corps ou l'âme séparément.[84] «Je ne sçay que diantre vous trouvez icy tant à louer,» répondrait frère Bernard Lardon; «ces porphyres, ces marbres sont beaulx. Je n'en diz poinct de mal, mais les darioles d'Amiens... mais les jeunes bachelettes de nos pays...» Ces commentaires érudits et respectables nous font perdre de vue l'essentiel: le comique, le rire, la profondeur molièresque de la peinture du personnage. A telle enseigne que E. V. Telle affirme que c'est «en toute honnêteté et *humilité*» (je souligne) que Gargantua se juge plus parfait, ou plutôt, moins imparfait que son père![85] A vrai dire, l'humilité et Gargantua ne font pas bon ménage. N'est-ce pas lui qui éprouve le besoin d'abriter sa «jactance vaine» derrière l'autorité de Marc Tulle[86] et celle de Plutarque, et de démontrer, contre toute apparence, *comment on se peult louer sans envie?*[87] Que Nosoponus réapparaisse ici derrière Marc Tulle n'est pas un hasard. Que dit la Folie d'Erasme? «Ecartons les sages, qui taxent d'insanité et d'impertinence celui qui fait son propre éloge. Si c'est être fou, cela me convient à merveille. Quoi de mieux pour la Folie que de

[83] E. V. Telle, «A propos de la lettre de Gargantua à son fils (*Pantagruel*, chap. VIII),» *BHR*, XIX, 1957, pp. 214, 217, 218, 219.
[84] M. A. Screech, *The Rab. Marriage*, p. 21. «Sources of ideas can be dull,» ajoute M. A. Screech, p. 22.
[85] «A propos de la Lettre de Gargantua,» p. 219.
[86] *Cicéron, Caton l'ancien (De la vieillesse)*, texte établi et traduit par P. Wuilleumier, Paris, Les Belles Lettres, 1940. Le choix des lectures de Gargantua est en lui-,même révélateur de son personnage. Le *De Senectute* renferme de quoi le rassurer dans sa vanité. «Il est inutile que je parle de moi-même ,dit Caton, bien que les vieillards en aient coutume et qu'on le pardonne à notre âge.» (Nihil necesse est mihi de me ipso dicere, quanquam est id quidem senile aetatique nostrae conceditur, IX, 29, p. 146). Ou encore (p. 181, XXIII, 82): «An censes, ut de me ipse aliquid more senum glorier...» Caton aime bien rappeler ses mérites: «Sed redeo ad me», dit-il (p. 147); «Sed quid ego alios? ad me ipsum iam revertar», ajoute-t-il (p. 157). Et de citer l'exemple de Nestor pour justifier sa propre *jactance*, Nestor le grand *trufator* de l'Iliade, le moulin à paroles, le *windbag* d'Homère: «Videtisne ut apud Homerum saepissime Nestor de virtutibus sui praedicet? Tertiam jam enim aetatem hominum vivebat, nec erat ei verendum ne vera praedicans de se nimis videretur aut insolens aut loquax: etenim, ut ait Homerus, 'ex eius lingua melle dulcior fluebat oratio'.»
[87] «De se ipsum citra invidiam laudando,» (ou «Quomodo aliquis sese laudare sine invidia posset»). Voir: *Plutarch's Moralia in fifteen volumes*, t. VII, with an English translation by Ph. H. de Lacy and Benedict Einarson, Cambridge (Mass.) et Londres, Harvard U.P. et W. Heinemann Ltd., MCMLIX (Loeb Classical Library), pp. 110–167. Les traducteurs notent dans l'introduction (p. 110) que Plutarque utilise dans cet essai un sujet souvent développé dans les écoles de rhétorique. Gargantua se retrouve encore dans ce détail.

claironner elle-même sa gloire et de se chanter elle-même!»[88] Gargantua n'est-il pas, comme la *Moria*, son propre flûtiste? Ne le retrouve-t-on
pas dans cette peinture d'un «pudique personnage» qui «fait la roue
comme un paon» et «lève la crête,» «corneille qui se pare de plumes
empruntées»? «En fin de compte, s'écrie la Folie, je déclare qu'on a
raison de se louer soi-même quand on ne trouve personne pour le
faire.»[89]

Ces réflexions ironiques n'ont certainement pas échappé au «dernier des Erasmiens français»:[90] ni celles qu'Erasme consacre à la
Philautie, qui arrive en tête dans le cortège des compagnes de la Folie,
à «cette heureuse Philautie qui me sert de sœur, dit la Folie, puisque
partout elle collabore avec moi.»[91] C'est presque tout l'ouvrage d'Erasme qu'il faudrait citer ici. Car «comment paraître avec grâce, charme
et succès, si l'on se sent mécontent de soi? Supprimez ce sel de la vie,
dit Erasme, aussitôt l'orateur se refroidit dans son discours... Tant il
est nécessaire que chacun se complaise en soi-même et s'applaudisse le
premier pour se faire applaudir des autres.»[92] L'*aimable* Philautie ré-
pand partout le bonheur. Chacun a la sienne, chacun se rengorge et
plastronne, le philosophe, le comédien, l'orateur, le poète. Quant à la
vieillesse, elle est fort proche de l'enfance. «Laissons plutôt cet âge ra-
doter. Mon vieillard, dit la Folie, échappe aux maux qui tourmentent
le sage. C'est un joyeux vide-bouteille»:[93] portrait en pied, fiche signa-
létique du bon géant Gargantua. Car Rabelais n'a pas attendu le
Tiers Livre pour accueillir la Philautie dans son œuvre. Dans son
épître-dédicace du tome second des Lettres médicales de Manardi
(*Lugduni, apud Seb. Gryphium. MDXXXII*),[94] Rabelais demande au très
docte Tiraqueau (*Tiraquelle doctissime*) comment peut s'expliquer, dans
«un siècle si plein de lumière,» la présence d'individus qui restent

---

[88] *Ed.* I. B. Kan, p. 3 (caput III): «Iam vero non hujus facio sapientes istos qui stultissi-
mum et insolentissimum esse praedicant, si quis ipse laudibus se ferat. Sit sane, quam volent
stultum, modo decorum esse fateantur. Quid enim magis quadrat, quam ut ipsa Moria
suarum laudum sit buccinatrix...?» La traduction française est celle de P. de Nolhac.

[89] *Ib.*, p. 4: «ille, pavonis in morem pennas tollit, cristas erigit, cum impudens assentator
nihili hominem diis aequiparat, cum absolutum omnium virtutum exemplar proponit...
cum corniculam alienis convestit plumis... Postremo sequor tritum illud vulgi proverbium,
quo dicitur is recte laudare sese, cui nemo alius contigit laudator.»

[90] «Rabelais, the last of the French Erasmians,» par R. Lebègue, *Journal of the Wartburg
and Courtauld Institute*, vol. 12, Londres, 1949, pp. 91–100.

[91] Erasme, *Eloge*, éd. de Nolhac, p. 31 (ch. XXII).

[92] *Ib.*, p. 32.

[93] *Ib.*, pp. 23–24, ch. XIII. Dans ce développement consacré à la vieillesse – qui possède
la plaisir suprême de la vie (celui «de bavarder»), apparaît le nom de Nestor, et l'allusion
homérique à son éloquence *melliflue*.

[94] Consulter l'édition Jourda, t. II, pp. 481–487.

englués dans «le brouillard épais et presque cimmérien de l'époque gothique,» et se refusent obstinément à lever les yeux «vers le flambeau éclatant du soleil»: En dernier ressort, «à bien considérer les choses,» il attribue cette «Odyssée d'erreurs» à ce «maudit amour de soi si vivement blâmé par les philosophes»: «Mihi sane rem totam arbitranti, atque ad Critolai (quod aiunt) libram expendendi, non aliunde ortum habere isthaec errorum Odyssea, *quam ab infami illa philautia tantopere a philosophis damnata videtur,* quae simul ac homines rerum expetendarum aversandarumque male consultos perculit, eorum sensus et animos praestringere solet et fascinare, quo minus videntes videant, intelligentesque intelligant.»[95] Ce qui retiendra ici l'attention, c'est que le thème de la philautie soit lié à celui du savoir – disons plutôt à celui d'un certain savoir, d'un certain *art*: «Nam quos plebs indocta aliquo in numero habuit hoc nomine, quod exoticam aliquam et insignem rerum peritiam prae se ferrent, eis si personam hanc καὶ λεοντῆυ detraxeris, perfeceriscque, ut cujus artis praetextu, luculenta eis rerum accessio facta est eam vulgus meras praestigias, ineptissimasque ineptias esse agnoscat, quid aliud quam cornicum oculos confixisse videberis?» Dès le seuil de son œuvre, Rabelais rattache ainsi une certain culture à une certaine nature, celle-ci étant sentie plus ou moins clairement comme la cause de celle-là. Cette alliance de la philautie et d'un art qui n'est que «pure jonglerie» se retrouvera en 1552 dans le prologue du *Quart Livre,*[96] où le «grand vietdaze Priapus» conseille à Jupiter de changer en pierres mortes Rameau (*i.e.* Ramus) et Galland, dont les «petites philauties couillonniformes» brouillent le repos de l'université de Paris, allumant «couillonniquement le feu de faction, simulte, sectes couillonniques, et partialté entre les ocieux escholiers.» Chez Rabelais, un problème, ou une idée, se présentent toujours sous une forme concrète, incarnés dans un personnage. Et l'on ne peut proprement analyser l'idée si l'on ne tient pas compte du personnage en qui elle s'incarne. Rabelais n'est jamais l'homme des abstractions pures.[97]

C'est pourquoi on ne peut couper la lettre de Gargantua de son auteur. C'est moins un hymne à l'humanisme qui s'y révèle, que la na-

---

[95] Allusion à *Matth.* XIII, 13–14: «Ideo in parabolis loquor eis: *qui videntes non vident, et audientes non audiunt, neque intelligunt.* Et adimpletur in eis prophetia Isaiae dicentis: Auditu audietis, et non intelligetis: et videntes videbitis, et non videbitis.» *Marc,* IV, 12: «*ut videntes videant, et non videant; et audientes audiant, et non intelligant.*»

[96] Ed. R. Marichal, p. 21.

[97] «Du concret à l'abstrait: c'est toujours le mouvement naturel de la pensée de Rabelais auteur, pour qui l'idée se campe toujours d'abord incarnée et humanisée, écrit V. L. Saulnier dans une étude sur «Pantagruel et sa famille de mots,» *L'Information littéraire,* mars–avril, 1960, no. 2, pp. 47–57.

ture même de Gargantua. Ce qui dit Gargantua n'est pas de lui, ni la
façon dont il le dit. Tout cela est emprunté aux manuels de rhétorique
et aux recueils de lieux communs de l'époque. Pauvreté de l'*inventio*
gargantuine: on retrouve ici les mêmes topiques que dans le chapitre
III, l'immortalité, la génération et la corruption, la culture et l'éducation, couchés dans le même style, ornés des mêmes couleurs d'une
elocutio empruntée. L'apprenti-rhéteur ne se découvre pas seulement
dans sa *captatio*. Il suit fidèlement, tout au long de sa lettre, les modèles
des *Artes dictaminis*. «En la seconde [partie], dit Fabri, demonstrerons la
chose estre possible et facile à faire.» C'est bien ce que démontre Gargantua. Selon lui, Pantagruel profite de circonstances éminemment fa-
vorables. Pour «proffiter de bien en mieulx,» il a d'abord reçu l'aide
paternelle: «je n'ay riens espargné,» affirme ce père exemplaire. Sans
doute fait-il allusion à cette «arbeleste» qu'il lui a fait faire, quand il
était *petit*, pour «s'esbatre après les oysillons»? Mais surtout, il bénéficie
de la restauration des bonnes lettres, du retour de la lumière et de la
dignité. L'antienne est connue. Dans ma jeunesse, dit Gargantua, «le
temps n'estoit tant ydoine ny commode ès lettres, comme il est de présent, et n'avoys pas copie de telz précepteurs comme tu as eu. Le temps
estoit encores ténébreux et sentent l'infélicité et calamité des Gothz, qui
avoient mis à destruction toute bonne littérature.» Mais aujourd'hui
«toutes disciplines sont restituées, les langues instaurées,» «tout le
monde est plein de gens sçavans, de précepteurs tresdoctes, de librairies très amples.» Jamais meilleurs conditions d'étude ne se sont
ainsi trouvées réunies, pas même au temps de Cicéron! Sans doute
Gargantua fait-il allusion à la «magnificque» librairie de Saint Victor?
Le rapprochement, en tout cas, est inévitable. Pantagruel en a appré-
cié les richesses au chapitre précédent, ses *Marmotretus, de Babouynis et
Cingis, cum commento Dorbellis*; *De brodiorum usu et honestate chopinandi, per
Silvestrem Prieratem, Jacospinum*; ses *Quaestio subtilissima, utrum Chimera in
vacuo bombinans possit comedere secundas intentiones*; *De magistronostrandorum
magistronostratorumque beuvetis lib. octo galantissimi*, de Chaultcouillon, et
autres *Barbouilamenta Scoti* et *Badinatorium Sophistarum* de même farine.
Quant aux «gens sçavans,» aux «précepteurs tresdoctes,» et aux
«louables exemples» offerts par l'université de Paris, l'écolier limousin
est là pour en porter témoignage. Il est un pur produit de «d'alme,
inclyte et célèbre académie que l'on vocite Lutèce,» et sa verbocination
latiale n'est qu'une contrefaçon de «la langue des Parisiens.» Grande et
sublime soif de savoir des étudiants «audict Paris»! Ils captent la bene-
volence de l'omnijuge, omniforme et omnigène sexe féminin, *invisent*

de temps à autre les *lupanares* locaux, et *cauponizent* ensuite, à la Pomme
de Pin ou à la Mulle, «belles spatules vervecines, perforaminées de
pétrosil.» Après quoi, il leur reste tout juste le temps de *locupléter leur
vernacule Gallicque de la redundance latinicome.* On reste dans la note du tour
des universités provinciales accompli par Pantagruel. Notre héros
trouve partout bons vins et joyeuse compagnie, jeux de paume et du
Poussavant; mais «au regard de se rompre fort la teste à estudier, il ne
le faisoit point de peur que la veue luy diminuast.» Il suffit, pour être
licencié en loix de l'université d'Orléans, de savoir «fort bien dancer et
jouer à la paulme»:

> *Ung esteuf en la braguette,*
> *En la main une raquette,*
> *Une loy en la cornette,*
> *Une basse dance au talon,*
> *Voy vous là passé coquillon.*

Et c'est après avoir demeuré qulque temps à Paris, et avoir fréquenté
sa «grande université» et «fort bien estudié en tous les sept ars libéraulx»[98] que Pantagruel se révèle apparemment incapable de comprendre les «barragouyns» de Panurge, hébreu, grec et latin inclus, à
la seule exception de son langage d'Utopie. On ne hante pas impuné-
ment la librairie de Saint Victor. Rabelais lui-même nous le fait comprendre, au début même du chapitre VIII, juste après nous avoir
dévoilé les merveilles de la dite «librairie»: «Pantagruel estudioit
fort bien, *comme assez entendez,* et proffitoit de mesmes...» D'entrée, la
lettre de Gargantua se place ainsi sous le signe de l'ironie et de la farce.

«En la tierce [partie], recommande Fabri, dirons qu'il est necessaire
a luy de ce faire... En la derniere, nous declarerons ce que nous voulons
qu'il face, et la maniere de faire»: c'est dans la lettre de Gargantua, l'exposé du programme encyclopédique couronné par des préceptes chrétiens d'inspiration essentiellement paulinienne. Gargantua *entend* et
veut que son fils devienne un «abysme de science»; connaissance des
langues, de la rhétorique, de l'histoire, du quadrivium, du droit civil,
des faits de nature, de la médecine: «riens ne te soit incongneu,»
exige Gargantua, «tous les oyseaulx de l'air, tous les arbres, arbustes et
fructices des forestz, toutes les herbes de la terre, tous les métaulx
cachez au ventre des abysmes, les pierreries de tout Orient et Midy...»
Comment devient-il alors possible de mettre toutes ses pensées «en
Dieu,» d'avoir «suspectz les abus du monde,» et surtout de ne pas mettre son cœur «à vanité»? Il faut choisir, de Dieu ou du monde. Saint

---

[98] Précision importante. Pantagruel parcourt tout le *curriculum* médiéval du «temps des
hauts bonnets.» Ed. Saulnier, VII, l. 35–36.

Paul, Saint Bernard, et l'*Imitatio Christi*, qui sont ici – on l'a vu – les sources de Gargantua, ne cessent de le répéter. L'*Imitatio* s'insurge «contra vanam et saecularem scientiam»:[99] «Filii, non te moveant pulchra et subtilia hominum dicta. Non enim est regnum Dei in sermone, sed in virtute.» Le Christ est «le maître des maîtres,» *magister magistrorum*: «Ego doceo sine strepidu verborum, sine fastu honoris, sine pugnatione argumentorum... Plus profecit in reliquando omnia quam in studendo subtilia.»[100] Et Saint Paul, dans ses Epîtres, ne cesse d'opposer la vaine sagesse du monde à la vraie sagesse de Dieu. C'est l'un des thèmes centraux de ses méditations: *scientia instat, caritas aedificat*, «la sagesse de ce monde est folie devant Dieu.»[101] Dans l'épisode du deuil de Badebec, Rabelais posait le problème des rapports entre la nature et la culture. Il aborde ici celui, fort proche, des rapports entre la culture et la foi, la science des hommes et celle de Dieu. Le *Tiers Livre* tout entier sera fait de cette confrontation essentielle.

Dans cette opposition entre l'«abysme de science» et la «foy formée de charité,» se retrouve le principe même de tension comique sur lequel est bâti le caractère de Gargantua. C'est la valse-hésitation entre la nature et la culture qui se poursuit ici, après le moment farcesque du chapitre III. On y retrouve le même Gargantua posant pour la postérité, drapé dans la magnifique plasmature de l'éloquence cicéronienne, laborieusement emphatique, enfilant avec affectation, sur le fil d'un discours emprunté, un chapelet de lieux rhétoriques et communs, adoptant une posture et dansant – dirait le Neveu de Rameau – une pantomime qui trahit une cuistrerie, une complaisance, une prétention, un amour de soi aussi démesurés qu'inconscients. Cette lettre est une danse devant le miroir. Il n'est guère de ligne qui n'y respire la plus bouffonne suffisance, le pédantisme le plus agressif, et qui ne soit centrée sur *la personne de moy ton père*. La philautie béatement satisfaite de Gargantua s'y trouve partout prise en flagrant délire. Molière ne montrera pas mieux «ce grand aveuglement où chacun est pour soi.» Gargantua ignore la fausse modestie – autant que la vraie. Ses études ont «oultrepassé» les désirs les plus exigeants de Grantgousier: il était, «en son aage virile,» *non a tord*, «réputé le plus sçavant dudict siècle,» et ce n'est pas «jactance vaine»! Et passé l'âge canonique de quatre cens quatre vingtz quarante et quatre ans, il s'est mis à l'étude du grec; ou plutôt, il y a été *contraint*, car il veut faire bonne figure en société:

[99] *De Imitatione Christi*, III, 43.
[100] Cf. *supra*, note 46.
[101] *I Corinth.*, VIII, 1; III, 18–19: «Si quis videtur inter vos sapiens esse in hoc saeculo, stultus fiat ut sit sapiens. Sapientia enim hujus mundi Stultitia est apud Deum.»

«Et ne se fauldra plus doresenavant trouver en place ny en compaignie, qui ne sera bien expoly en l'officine de Minerve.» Gargantua ne peut se permettre d'être moins savant que les femmes et les filles de son temps. Et c'est en vue de la comédie sociale qu'il affine sa nature à lire «les *Moraulx* de Plutarque, les beaux *Dialogues* de Platon, les *Monumens* de Pausanias, et *Antiquitez* de Athénéus.» Ce qui frappe ici, c'est l'éclectisme, ou plutôt le manque de discernement du choix. Toutes ces œuvres sont très longues, voire interminables. Qui s'est jamais «délecté» à la lecture des compilations indigestes d'Athénée et de Pausanias? Qui les a jamais mises sur le même plan que les dialogues de Platon?[102] Il est vrai que Gargantua peut se croire invité au *Banquet des Sophistes*, et que les *Moralia* de Plutarque renferment une très éloquente méditation sur la philautie.[103] La culture n'est décidément pour Gargantua qu'un moyen de «se faire valoir,»[104] et de s'affirmer. Il est donc tout naturel qu'il conseille à son fils, pour essayer son savoir, de tenir conclusions «publicquement, envers tous et contre tous,» et de hanter «les gens lettrez,» *qui sont tant à Paris comme ailleurs*.[105] Pour lui, la culture n'a pas d'autre but que la «montre,» la recherche de la gloire personnelle. Baldwin le dit bien: «what is pierced here is not medieval ignorance, but Renaissance complacency. The pedantry that Rabelais satirizes is of both ages.»[106] Et G. J. Brault a raison de voir en Gargantua «a pompous fool,» et pareillement dans le ton de sa lettre «the overblown rhetoric of a pretentious fool.»[107] Gargantua est fou de croire à sa sagesse.

Là encore, si la culture apparaît sous un aspect parodique et satirique, c'est parce qu'elle s'incarne en Gargantua et qu'elle prend la coloration de son dépositaire. «Les sciences abêtissent ceux qui sont sots,» dit Henri Corneille Agrippa dans sa *Declamation sur l'incertitude, vanité*,

---

[102] Athénée et Pausanias ne jouissent pas, de nos jours, d'une très grande faveur. Qu'en était-il au XVIe siècle? Il est certain qu'ils appartiennent à cette époque de la seconde Sophistique au travers de laquelle le XVIe siècle a découvert les grands noms de l'art et de la pensée grecs, et que leur qualité d'«antiquaires,» de «collectionneurs,» pouvait plaire à certains «cuistres à fichiers» (l'expression est de Michel Beaujour), amateurs enthousiastes d'*antiquaille*. Mais Rabelais? Lui qui, dans le *Gargantua*, fait transcrire à Alcofrybas les «Fanfreluches antidotées» *par reverence de l'antiquaille?*

[103] Vol. I des *Plutarch's Moralia*, éd. citée (Loeb Classical Library), trad. de F. C. Babitt, p. 265 (48E): «Quomodo adulator ab amico internoscatur.»

[104] *Garg.*, édition M. A. Screech, p. 144, 1.24.

[105] L'affirmation ne manque pas de sel. Faut-il la prendre au sérieux? Rabelais s'amuse, de toute évidence.

[106] *Renaissance literary theory and practice*, (1939), pp. 207 et ss. «Let us no longer pretend, affirme Baldwin, that he attacked obscurantism as a champion of enlightenment. For whatever his motive, Rabelais remained singularly detached.»

[107] «Ung abysme de science,» pp. 618 et 631.

et abus des Sciences.[108] Comme le chapitre III, le chapitre VIII nous offre une inoubliable scène de comédie. Mais le comique est cette fois-ci plus fin, moins immédiat, car Gargantua, n'étant plus pressé par l'événement, a eu le temps de composer son personnage. Et si la critique peut encore croire au sérieux de cette lettre et en admirer l'éloquence, c'est bien, comme le dit Fabri, parce que la «rhetorique est la royne de la pensee des hommes, qui tourne les couraiges, suadant et dissuadant en telle fin qu'il plaît.»[109] A telle enseigne qu'on se laisse prendre à sa parodie! Rabelais a pourtant pris la peine de souligner ses intentions. Par la position même du chapitre d'abord, entouré de deux énumérations bouffonnes – l'une bibliographique, l'autre langagière – qui sont comme la révélation même de l'absurdité du programme encyclopédique de Gargantua. Par la multiplication de signes destinés à éveiller l'attention du lecteur sur la nature parodique et comique du jeu ensuite. C'est ainsi que la lettre elle-même est encadrée, non seulement par deux chapitres parodiques, mais aussi par deux avertissements identiques. Au début du chapitre, premier clin d'œil, déjà noté, «comme assez entendez.» A la fin, second clin d'œil de même billon : «Ces lettres receues et veues, Pantagruel print *nouveau* courage, et fut enflambé à *proffiter plus que jamais.*» Avec toujours ce même jeu ambigu sur les mots *estudier* et *proffiter* : que Pantagruel «proffite,» voilà qui est sûr; qu'il «étudie,» voilà qui l'est moins. Il a en tout cas une curieuse façon d'appliquer les conseils paternels. Car si, «bien records des lettres et admonition de son pere,» il affiche conclusions au nombre de sept cens soixante «en tout sçavoir, touchant en ycelles les plus fors doubtes qui feussent en toutes sciences,» et met *de cul* «tous les régens, artiens et orateurs» de la Faculté des Arts, avant de mettre tous les «theologiens Sorbonicques» *ad metam non loqui* «par l'espace de six sepmaines, depuis le matin quatre heures jusques à six du soir, exceptez deux heures de intervalle pour repaistre et prendre sa refection,» il oublie par ailleurs de fuir «des compaignies des gens esquelz [il] ne veul[t] point ressembler,» puisqu'il s'acoquine aussitôt avec Panurge,

---

[108] *Henrici Cornelii Agrippae Ab Nettesheym... De Incertitudine et Vanitate Scientiarum et Artium, atq; excellētia verbi Dei, declamatio,* 1530, (s.l.). Voir aussi la traduction de Louis de Mayerne-Turquet, *Declamation sur l'incertitude, vanité et abus des sciences,* Jean Durand, M.D.LXXXII, Ch. I: «Des sciences en général.» Cet ouvrage me paraît d'une importance capitale pour comprendre le sens de l'œuvre rabelaisienne.

[109] *Grand et Vray Art,* t. II («Art de rithmer»), p. 1. Il reprend la formule déjà employée au début de sa *Rhétorique prosaïque* : «Eloquence est la royne des hommes, laquelle conjointe avec sapience et science, peult enflammer les paresseux à tous honorables perilz, restraindre les furieux courages, paciffier guerres de princes et seditions populaires...» et faire croire de vessies que sont lanternes et du ciel une poêle d'airain.

«malfaisant, bateur de pavez, ribleur s'il y en avoit à Paris, au demourant le meilleur filz du monde.» G. J. Brault a par ailleurs déjà remarqué les comparaisons ridicules dont le vieux bonhomme émaille son
épître et qui sont autant de signes destinés à informer le lecteur «of
the author's tongue-in-cheek attitude throughout the entire chapter.»[110]
Et que penser de cette réflexion de Gargantua, qui après avoir énuméré
toutes les branches du savoir auxquelles le pauvre Pantagruel devra
grimper, ajoute: «doresenavant que tu deviens homme et te fais grand,
il te fauldra issir de ceste *tranquillité et repos d'estude*» (c'est moi qui souligne). Il y a là toute un série remarquablement convergente d'éviden-
ces internes dont il est impossible de ne pas tenir compte, et dont l'unité de l'œuvre sort renforcée.

On peut aussi, pour soutenir une interprétation comique et parodique du chapitre VIII, faire appel à l'évidence externe. Car le Gargantua bouffon et pédant qui se dessine ici dans toute sa splendeur comique
réapparaît dans le roman qui porte son nom et qui, bien que composé
le second, doit cependant occuper la première place dans l'ensemble de
la chronique gigantale. Gargantua enfant démontre déjà un penchant
prononcé pour les raffinements de la culture. Il dévoile à un Grantgousier interloqué et ému l'étendue de son «esprit merveilleux» non
tant par l'invention d'un torche-cul – ce qui est l'expression de sa
vraie nature – que par la mise en forme et l'énoncé d'un syllogisme qui
fait le bon Grantgousier «quinault»: «il n'est poinct besoing de torcher
le cul sinon qu'il y ait ordure. Ordure n'y peut estre si on n'a chié.
Chier doncques nous fault davant que le cul torcher.» C'est alors que
Grantgousier est «ravy en admiration,» et qu'il forme le projet de faire
de son fils un «docteur en Sorbonne.» Le « petit guarsonnet » a déjà assimilé ses *Summulae Logicales*. Il *conclut* péremptoirement sa démonstration
en citant l'opinion de «Maistre Jehan d'Ecosse,» le docteur subtil.[111]
Plus tard, sous la férule de Thubal Holoferne, il *prouvera*, en marmiton
d'Ockham, «sus ses doigtz à sa mere que *de modis significandi non erat*
scientia.»[112] C'est ce même goût marqué pour les raisonnements en

---

[110] «Ung abysme de science,» p. 622.
[111] Le détail a d'autant plus d'importance qu'il s'agit d'une *addition* de 1535. «Mais
concluent, dit l'apprenti ergoteur (éd. Screech, p. 93), je dys et mantiens qu'il n'y a tel
torche-cul que d'un oyzon bien dumeté, pourveu qu'on luy tieigne la teste entre les jambes...
Et telle est l'opinion de Maistre Jehan d'Escosse.»
[112] *Garg.*, éd. Screech, p. 97. J. P. Mullaly, dans son livre, déjà cité, sur les *Summulae*
Logicales, souligne que la grammaire spéculative des *modistae*, qui a son origine chez Pierre
d'Espagne et chez Pierre Hélie, a été prise à parti par les Ockhamistes, qui écrivirent de
nombreux traités *De Destructiones modorum significandi*. La «Rare Book Room» de Bryn Mawr
possède un de ces traités. L'auteur en est Petrus de Alliaco. Thubal est donc un Ockhamiste.
Sur ces attaques des marmitons d'Occam contre les *De modis significandi*, voir M. Grabmann,

forme qui le fera «suffocquer» dans les circonstances que l'on sait. Et son rondeau «En chiant,» emprunté sans doute au «retraict aux fianteurs,» dévoile non seulement la plus exquise et précoce nature poétique, mais annonce encore l'épitaphe bouffonne de Badebec – que Gargantua, très satisfait, voudra faire *engraver*. En définitive, le plus grand regret de Gargantua vieux sera peut-être de ne pas avoir été docteur en Sorbonne. Sans «l'endoctrinement» de Ponocrates, il eût pu devenir Janotus de Bragmardo. Il avait l'étoffe d'un *Magister Noster* concluant en *Baralipton*, en *Darii*, ou ailleurs. Mais Rabelais n'a pas voulu mener le bon Gargantua jusqu'à ce sublime du ridicule et de la folie. Il réservait ce traitement à des personnages moins folkloriques et plus dangereux. Il s'est contenté de faire de Gargantua un écolier limousin venu tard à l'étude des belles lettres, et à qui la culture a proprement tourné la tête. Comme si chez Rabelais le savoir n'avait d'autre fonction que celle de révéler le ridicule et la folie humaine. Montaigne le dira: en de certaines mains, le savoir est un sceptre; en de certaines autres, une *marotte*.

«Die Entwicklung der Mitterlalterlichen Sprachlogik,» *Mitterlalterliches Geistesleben*, vol. I (Munich, 1926), pp. 141–146. En ce qui concerne la grammaire spéculative, on consultera G. Wallerand, *Les œuvres de Siger de Courtrai*, Louvain, 1913 («Les philosophes belges. Textes et études»), surtout le chapitre V, pp. 34 et ss. («Siger de C. et la grammaire spéculative»); J. L. Paetow, *The Arts course at Medieval Universities* (déjà cité); J. C. Chevalier, *Histoire de la syntaxe. Naissance de la notion de complément dans la grammaire française (1550–1750)*, Genève, Droz, 1968, pp. 49–58 («Les traités *De Modis Significandi*»); et surtout B. E. O'Mahony, «A medieval semantic. The scholastic 'tractatus de Modis significandi',» *Laurentianum*, V (1964), pp. 448–486. Vivès, dont l'importance dans le mouvement humaniste du XVIe siècle me paraît immense, et vers lequel on devrait se tourner davantage qu'on ne l'a fait jusqu'à présent, aborde cette question de l'invasion de la *scientia recte loquendi* par l'*ars artium* dans son *De Causis corruptarum artium* (Livre II, chap. 3): «Ex dialectica sumpserunt *deffinitionum et divisionum rationes, argumentationem, majorem, minorem, consequentias*, unde sunt quaestiones super Donatum, et glosa notabilis, cum argumentis, et manulis, et alia jocundiora dictu, quam lectu; tum ex metaphysicis *realitates, formalitates, entitates, de modo significandi vocum*: de quo scripserunt Scotus, et Albertus Saxo, et libellus Boëthi, *tam illius, quam cui titulus est de scholarium disciplini…*»

CHAPITRE III

DE L'ÉCOLIER LIMOUSIN A L'INCLYTE ACADÉMIE

«Sophistes, Sorbillans, Sorbonagres, Sorbonigènes, Sorbonicoles...»

I. L'ÉCOLIER LIMOUSIN (*PANTAGRUEL*, CHAP. VI); NATURE ET CULTURE. DU RIRE À LA SATIRE; UNITÉ D'INTENTION

C'est déjà le thème majeur du *Pantagruel* qui se dessine dans le personnage de Gargantua. Car l'unité de l'œuvre ne tient pas tant à une présence constante de l'ironie et de la parodie qu'à la réapparition, à travers divers épisodes et divers personnages, d'une problématique des rapports de la nature et de la culture, et d'une méditation sur l'essence de la sagesse et de la folie. Gargantua est fou de se croire sage, et ce sont ses prétentions à la culture qui le font se croire tel. C'est quand il se prend le plus au sérieux qu'il prête le plus à rire. Et l'on a vu que cette seconde nature qu'il entend promouvoir en lui-même, et à laquelle il veut que les autres croient, se fonde essentiellement sur les arts de la parole, la rhétorique et la dialectique. Il fait des *artes sermocinales*[1] les agents de sa métamorphose. Le langage devient ainsi pour lui un moyen de masquer sa vraie nature, un instrument de dissimulation et de mensonge, destiné à entretenir l'esprit dans ses illusions et ses complaisances, et à lui permettre de croire à son importance. C'est par son intermédiaire que s'installe en Gargantua cette illusion dont parle Erasme, «cette douce illusion» qui libère l'âme «de ses pénibles

---

[1] Dans les *Quaestiones logicales Magistri Johannis Maioris Hadyngthonani Theologi, ac Philosophi Parisiensis* (et plus si vellet), Parisiis, Jehan Petit, 1528, la première des «Quaestiones in librum praedicabilium Porphyrii» est la suivante: «Quaeritur primo de artibus liberalibus et mechanicis.» Le diligent lecteur a alors droit à la distinction classique entre les arts *libres* et les arts *serviles*, «*unde versus* Gra loquitur, dya vera docet, re verba colorat,» etc. Puis à cette distinction supplémentaire concernant les premiers: Les «tres prime triviales (circa sermonum) rationales et *sermocinales* appellantur»; les quatre autres (quatuor circa quantitatem), «quadriviales et *reales* dicuntur.» Melanchthon reprend encore ces distinctions au XVIe siècle dans ses *Erotemata dialectices* de 1547, précisant (d'après W. Risse, p. 89): «Dialectica et rhetorica... vicinae artes sunt, sed ita, dialectica circa omnes materias versatur, et rerum summas propriis verbis nude proponit... Sed Rhetorica addit ornamentum in his materiis.» Distinction reprise dans ses *Elementa Rhetorica*: «Dialectica res nuda proponit: Rhetorica vero addit elocutionem quasi vestitum.»

soucis et la rend aux diverses formes de volupté,»[2] et au contentement béat de soi-même. Du même coup, le langage acquiert quelque chose d'inquiétant. Il devient ce derrière quoi on se cache à soi-même et à autrui, l'auxiliaire obligé et dévoué de la Philautie. Il introduit dans le monde une profondeur trouble, celle de ce décalage souvent indiscernable entre l'être et son apparence. C'est à la faveur de ses prestiges que Gargantua veut se faire passer pour autre qu'il n'est. C'est aussi sur ses prestiges que Panurge bâtira son personnage et son empire.

Ce faisant, le bon géant se condamne à ne changer qu'en apparence. Cette métamorphose uniquement langagière ne peut affecter sa nature profonde; elle se cantonne à la surface des choses, aux miroitements de la périphérie. Le cœur, la chair, et leurs élans restent intacts. Et ce qui est pire, c'est que, voulant dissimuler ces réalités de sa nature, Gargantua ne parvienne qu'à en dévoiler davantage le côté bouffon et dérisoire. De telle sorte que cette ruse naïve, fruit de l'amour profond qu'il se porte à soi-même, finit par se retourner contre son auteur, puisqu'elle fait en définitive apparaître au grand jour ce qu'elle avait pour fonction de faire oublier, sa propre inanité.

La même mésaventure vient surprendre le «gallant» Ecolier limousin alors qu'il rentre au pays, chargé et paré de ce savoir précieux que lui a prodigué la grande université de Paris. Lui aussi croit avoir vécu «pour effectuer en soi des transformations admirables.» Lui aussi n'en est resté qu'au costume et à cette apparence trompeuse que constituent les mots lorqu'ils ne sont plus le prolongement des choses. Lui aussi, comme Gargantua, se gargarise tellement de sa suffisance qu'il finit par en suffoquer. Ce n'est pas cette fois-ci la dialectique qui le prend à la gorge, mais la poigne de Pantagruel qui lui fait «escorcher le renard.» Les similarités avec l'épisode du deuil de Gargantua sont frappantes. Dans l'un et l'autre cas, un personnage vient au centre de la scène pour s'offrir en spectacle, et dévoiler par son langage le ridicule du rôle qu'il affecte. Dans l'un et l'autre cas, l'affectation est de nature langagière. Et comme pour Gargantua, le comique jaillit chez l'écolier limousin de cette même tension, intérieure au personnage, entre la réalité de sa nature et son apparence. Il est un rustre mal dégrossi qui pose à l'orateur distingué, un benêt qui s'habille en petit maître, un Limousin enfin qui veut «contrefaire la langue des Parisiens.»[3] La

---

[2] *Eloge*, éd. de Nolhac, p. 46, Ch. XXXIII. Sur les douces illusions que procurent l'aimable Philautie et sa sœur Flatterie, voir les chapitres XLII–XLIV.

[3] Dans son article «Rabelais devant l'Ecolier limousin,» *Mercure de France*, 1948, V. L. Saulnier donne à cette expression le sens de «déformer, travailler contre, faire contre.» Pour lui, contrefaire la langue des parisiens, ce n'est pas imiter «ces beaux messieurs de la grande

nature du comique est encore plus évidente ici qu'elle ne l'était pour Gargantua. Car le latiniseur appartient au répertoire comique du temps. L'écumeur de latin n'est pas, on le sait, une invention de Rabelais. Il apparait à deux reprises dans les *Sotties* du *Recueil Trepperel* avec un jargon approprié à son rôle:

> «Cavons de ramonner dispars
> Et immictés bien mes vestiges
> Et nous involviron noz liges
> Pour les dissiper subit.»[4]

Dans la *Sottie des Coppieurs et Lardeurs*, il est appelé, lui aussi par antiphrase, «ce gallant.» Il est en effet décrit par Malostru et Nyvelet en termes peu flatteurs: borgne d'un œil, bouche démesurée, joues enflées, nez «poinctu,» etc. Mais il est le meneur de jeu, il est celui qui «larde» les lardeurs et «coppie» les coppieurs. On n'a peut-être pas assez remarqué les transformations que Rabelais a fait subir, en l'accueillant, à ce type comique traditionnel. L'*Escumeur* des *Sotties* fait rire par son langage, non par son pédantisme. Il n'a aucune prétention apparente, il n'est pas un pédant, ni un poseur. Il n'y a pas en lui cette opposition entre une ignorance crasse réelle et un savoir affecté. Celle-ci est, dans la *sottie* en question, l'apanage de *Teste creuse*. Le personnage, comme l'écolier de Rabelais, est tout «jolliet»:

> «Vous me semblez un dorelot
> Sade, faictis, propre et mignot,
> Un droit petit dimenchereau»[5]

Il est à la recherche des toutes dernières productions littéraires. La *Farce de Patelin* lui parait dépassée, elle ne suscite que son mépris: il lui faut «chose qui monte»:

> «Ce sont ouvrages trop badins;
> Nous demandons jeux plus nouveaux.»[6]

Il est un de ces «coquars / Qui veullent trancher du gros bis,» un «glorieux sot» que les compères Nyvelet et Malostru tournent en ridi-

---

ville,» c'est «déformer la langue française» (pp. 268–69). Mais s'agit-il vraiment seulement des précieux de l'époque? Rabelais ne penserait-il pas plutôt à châtier le jargon macaronique des scolastiques sorbonicoles, auxquels tous les humanistes reprochent d'avoir perverti la belle *latinitas* et de l'avoir abâtardie par l'intrusion de vocables barbares? Voir *infra*. L'écolier le dit: il vient de l'*inclyte* académie que l'on *vocite* Lutèce. Il en est le produit.

[4] Droz, *Recueil Trepperel, Les Sotties*, pp. 173–75 pour le jargon de l'Ecumeur de latin.
[5] *Sottie des Coppieurs et Lardeurs*, p. 163.
[6] *Ib.*, p. 164.

cule, et «lardent» à plaisir comme un «connyn,» sans qu'il s'en aper-
çoive.

L'écolier limousin de Rabelais réunit en lui, on le voit, le langage de
l'*Escumeur* traditionnel et la prétention poseuse de Teste creuse. Le personnage s'en trouve considérablement enrichi. Il acquiert des dimensions psychologiques que ne possédait pas l'Ecumeur. Car ce *jolliet*, ce
«bibelot d'inanité sonore» que Pantagruel est sur le point d'abolir, est
en plus un *Limousin*. R. Lebègue a fait remarquer justement que Rabelais n'a pas choisi cette province au hasard.[7] Les Limousins étaient
déjà bien avant M. de Pourceaugnac sujets à plaisanteries. La troisième des «Repues franches» met en scène un seigneur Limousin, et
Marot a composé d'après Martial – qui ne précise pas l'origine du sot –
une Epigramme contre un Limousin:

> «C'est grand cas que nostre voisin
> Tousjours quelque besongne entame,
> Dont ne peut, ce gros Limosin,
> Sortir qu'à sa honte et diffame.
> Au reste, je croy, sur mon ame,
> Tant il est lourd et endormy,
> Que quand il besongne sa femme,
> Il ne luy fait rien qu'à demy.»[8]

Le Limousin est donc le type du lourdaud, du benêt épais, homme,
comme Pourceaugnac, «à donner dans tous les panneaux qu'on lui pré-
sentera,» rustre qui ignore tout des raffinements de politesse. C'est en
tout cas ainsi qu'il apparaît dans la *Correspondance* du Cardinal Jean du
Bellay. Dans une lettre du 30 juin 1529 à Anne de Montmorency, le
futur cardinal, alors évêque de Bayonne, écrit à son correspondant:
«Monseigneur, *encores que ne soyes Limosin*, si feray-je le premier chapitre
de mes affaires…»[9]

C'est donc une opposition totale qui existe entre le *Limousin* et l'*Eschollier*. *A priori*, ils ne sont pas faits l'un pour l'autre. Et c'est bien évidemment de leur juxtaposition que naît le comique profond du personnage.
«Nihil enim gloriosus inscitia cum scientiae persuasione conjuncta,»
disait Erasme à Dorpius.[10] Telle est bien la vérité qui s'exprime dans

---

[7] Dans son article «L'Ecolier limousin,» *Revue des Cours et Conférences* (mai, 1939), p. 312.

[8] *Clément Marot, Les Epigrammes*, éd. critique par C. A. Mayer, Univ. of London, the
Athlone press, 1970, p. 240.

[9] *Correspondance du Cardinal Jean du Bellay*, par Rémy Scheurer, Tome premier, 1529–1535,
Paris, Klincksieck, 1969, p. 56. A signaler, p. 189, la lettre no 86 du 15 août 1530: «bien
sçay je qu'il [le premier président Lizet] me parla trois ou quatre heure latin et auvergnaz
sans reprendre alayne…» Etonnant mélange, qui éclaire le personnage de l'écolier.

[10] *Eloge*, éd. de Nolhac, p. 116: «Rien n'est plus présomptueux que l'ignorance jointe à la
conviction que l'on détient la science.»

l'écolier limousin, ce lourdaud qui veut faire le «gallant» et qui veut paraître grand orateur. Car on ne peut pas dire qu'il use d'un tel verbiage «pour rire.»[11] Ce serait retirer à l'épisode une grande part de sa signification. Rabelais dénonce dans l'écolier ce vice fondamental qu'il a déjà «coppié» dans Gargantua: le désir de paraître autre qu'on est, la pose satisfaite, l'affectation de culture. L'écolier est ridicule parce qu'il use *oralement* et *sérieusement* d'un tel verbiage. Le décalage qui existe entre son jargon prétentieux et la vulgarité des actions décrites est là pour souligner dans le personnage l'opposition entre l'être – niveau des actions – et le paraître – niveau du langage. Cette opposition essentielle diparaît lorque «le pauvre Lymousing» se met à *parler naturellement*: «Vée dicou, gentilastre, Ho Sainct Marsault, adjouda my!» Le langage est alors l'expression de l'être le plus authentique. Et c'est à ce moment-là seulement, quand l'écolier laisse tomber le masque, et – signe de retour à la nature – commence à «conchyer» ses chausses, que Pantagruel desserre son étreinte. La métamorphose avorte: l'écolier redevient limousin.

Il est plaisant de remarquer que le personnage, qu'il soit écolier ou limousin, ne quitte pas le domaine de ce que les *Arts de Rhétorique* appellent les «vices de incongruité.»[12] Lorsqu'écolier il *pindarise* en précieux de collège il se rend coupable du barbarisme appelé «vice de innovation»:[13] celui qui, selon Fabri, est «commis (je souligne) par *ignorans voullans apparoistre* – peut-on rêver meilleure définition du personnage? –, escumans termes latins en les barbarisant, sans prendre leur commun significat, comme «se ludez a la pille, vous amitterez»; et *ludere* significat «jouer,» et pilla «esteuf,» amittere «perdre,» qui sont termes beaux et communs; parquoy, comme il est ia dict en plusieurs endroictz, l'en doibt tousiours prendre les termes et motz plus communs que l'en peult trouver et les mettre a leur significat a tous intelligible.» On voit où le bât blesse le bel orateur: il juge indigne de lui d'employer «des termes et motz plus communs.» On voit aussi que la leçon donnée par Fabri trouve chez Rabelais un écho direct: «qu'il nous convient parler selon le langaige usité; et comme disoit César, qu'il faut éviter

---

[11] C'est la thèse de V. L. Saulnier, art. cité, p. 271: «Un *adulte*, qui userait *par écrit* et *sérieusement*, d'un tel verbiage, serait ridicule: mais un *étudiant*, qui en use *oralement*, et pour *rire*, mérite toutes les absolutions.» Loin de chercher à *rire*, l'écolier cherche à *se faire valoir*, à impressionner son auditoire.

[12] P. Fabri, *Grand et vrai Art*, t. II, pp. 112 et ss. «Barbarisme, c'est vice d'escripture ou de incongru langaige, qui se prent en plusieurs manieres, comme par incongrue application de termes deshonnestement sonnans, ou de langaige parcial en termes barbares, gergon et aultre parler non congneu que en lieu parcial.»

[13] *Ib.*, p. 116.

les motz absurdes en pareille diligence que les patrons de navire évitent les rochiers de la mer.»[14] Et quand enfin il se met à «parler naturellement,» il commet cet autre barbarisme qui consiste à user d'un «langaige parcial en termes barbares, gergon et aultre parler non congneu que en lieu parcial.» C'est cette «maniere de barbare que l'Infortuné appelle dyphtongue picarde qui non seullement s'entent de la prolation et maniere de parler aux Picars, mais de tous pays, et veult par ce donner a entendre que les motz et termes qui ne sont point entenduz oultre les faulxbourcz des villes ou es villaiges parciaulx, ne sont a escripre en livre autentique pour leur barbare son, ou signification, ou accent.»[15] Ce passage d'un extrême à l'autre, cette chute de Charybde en Scylla accentuent l'aspect comique du personnage en soulignant la distance qui sépare le Limousin de l'écolier.

Ainsi Rabelais ne joue pas seulement «pour rire» de cette déformation du langage. Le verbiage de l'écolier n'est pas seulement «une machine éternelle de rire.» Il est certes cela, à un premier niveau. Mais, par ailleurs, en précuseur de Molière, Rabelais dénonce dans cet épisode un vice – et un ridicule – qui est de son temps et de tous les temps: l'affectation, le pédantisme, la fausse science. Ce vice n'est pas seulement pour lui pur objet de comédie, ce qu'il est par exemple chez Des Périers. L'auteur des *Joyeux Devis* met en scène un avocat manceau, La Roche Thomas, «qui latinise le français et francise le latin.» Mais ce n'est pas chez lui conséquence d'un vice fondamental: ce n'est que par manière de plaisanterie de joyeux luron qu'il invective sa servante à l'aide de «tous les mots du Donat,» «inepte, insulse, nugigerulle, imperite,» et qu'il lui commande: «Pedissèque, serve-moi ce farcisme de ferine, qu'il ne soint point famulé.» Au contraire, le verbiage grotesque employé par l'écolier limousin est volonté de paraître et de se faire valoir. Il est expression d'une philautie. La comédie débouche alors sur la satire: *castigat ridendo mores.*

L'épisode est même davantage: «une machine polémique d'époque.» Mais pas au sens où on l'entend habituellement. Les intentions de Rabelais ne sont pas celles de Tory dans son *Champfleury.* Tory s'en prend aux corrupteurs du français en général. Il bafoue les *Ecumeurs,* les *Plaisanteurs* et les *Innovateurs,* d'où qu'ils viennent. Les visées de Rabelais sont autrement précises. Qu'on prenne garde à la succession des chapitres; V: tour des universités provinciales; VI: l'écolier; VII: la librairie de Saint Victor; VIII: la lettre de Gargantua. Ces chapitres,

---

[14] *Pant.*, éd. Saulnier, p. 35.
[15] P. Fabri, tome II, p. 114.

dans leur succession, révèlent une intention très claire. Rabelais y esquisse une description des universités et de l'enseignement français. Ils nous offrent d'abord une première opposition : la province et Paris. L'université de Paris a joui au Moyen âge d'une réputation inégalée. Elle est «la fille du Roy, la fontaine de science, la lumiere de nostre foy, la beauté, le parement, l'honnesteté de France, voire de tout le monde» ;[16] ou encore «la Mere des Estudes, le beau clair soleil de France, voire de toute la Chrestienté,»[17] «la fontaine de science et de toutes bonnes et saintes lettres.»[18] Mais elle est aussi, et cela est plus grave, la gardienne vigilante de l'orthodoxie. Chaque nation et chaque cité, dit Erasme dans sa *Moria*, possède, comme chaque homme, sa philautie particulière. Les Italiens revendiquent le monopole de l'éloquence et des bonnes lettres, les Français celui de l'urbanité, «les Parisiens s'arrogent presque le monopole de la science théologique.»[19] Et Molinet: «Paris porte le fruit du vray et du faulx, c'est le bel arbre de porphire aveuc les sept ars liberaux.»[20] Panurge affirmera de même que l'Université et le Parlement de Paris sont les «lieux es quelz consiste la vraye source et vive idée de Pantheologie, de toute justice aussi. *Haereticque qui en doubte et fermement ne le croyt.*»[21] Erasme a parfaitement défini les sentiments des Evangélistes, de l'Humanisme chrétien, envers les théologiens, «herbe infecte,» «race étonnamment sourcilleuse et irritable,» armée «de définitions magistrales, conclusions, corollaires, propositions explicites et implicites,» embarrassée dans ses subtiles niaiseries, ses «relations, formalités, quiddités, eccéités.» Il ne suffit plus pour les «réalistes, nominalistes, thomistes, albertistes, occamistes, scotistes» de pratiquer parfaitement la charité à la manière de Saint Paul : il faut encore la *diviser*

---

[16] D'après du Boulay, *Historia Univ. Paris.*, tome V, Paris, (MDCLXX), p. 96.

[17] *Ib.*, p. 119.

[18] D'après Herminjard, *Correspondance des Réformateurs*, I, no 136; «Le conseil de l'archevêque de Lyon à Noël Beda,» p. 324: «Et pource que icelluy *Maigret* c'est toujours rendu difficile et proterve à luy fère son procès – attendu aussi que la matière est de grant poix et que requiert bien l'examen, discussion et détermination de la Faculté de Théologie à *Paris, où est la fontaine de science et de toutes bonnes et sainctes lettres...*» Opinion datée du 23 janvier 1525.

[19] *Stultitiae Laus*, éd. I. B. Kan, pp. 85–87 (caput XLIII): «Iam vero video naturam, ut singulis mortalibus suam, ita singulis nationibus ac pene civitatibus communem quandam insevisse Philautiam: Atque hinc fieri, ut Britanni praeter alia formam, musicam, et lautas mensas proprie sibi vindicent. Scoti, nobilitate et regiae affinitatis titulo, neque non dialecticis argutiis sibi blandiantur: Galli morum civilitatem sibi sumant: Parisienses theologicae scientiae laudem omnibus prope submotis, sibi peculiariter arrogent: Itali bonas literas et eloquentiam asserant...»

[20] Jean Molinet, *Chroniques*, éd. Doutrepont et Jodogne, 1935, p. 534.

[21] *Tiers Livre*, éd. Screech, pp. 30–31 (chap. II). A rapprocher de la composition poétique de Ioannes Arnoldi, l'un des *Hommes obscurs* (voir *infra*): composition *Choriambicum, Hexametrum, Sapphicum, Iambicum, Asclepiadicum, Endecassyllabum, Elegiacum, Dicolon, Distrophum*: «Qui est bonus catholicus, debet sentire cum Parrhisiensibus,/Quia illa Gymnasium, est mater omnium universitatum...» (édition Stokes, p. 30).

et la *définir* selon les règles de la dialectique.[22] Le «punays lac de Sorbonne» résonne d'arguties et de querelles de mots. C'est pourquoi Vivès la définit «une vieille en plein délire de sénilité.»[23] Délire doublement dangereux. Sur le plan religieux d'abord – Grandgousier le dit, et nous y reviendrons –, car «La peste ne tue que le corps, mais telz imposteurs empoisonnent les âmes.»[24] Sur le plan des belles-lettres et du langage ensuite, et c'est là le point sur lequel il faut ici insister. Toute perversion de l'âme, tout renversement de la loi de Dieu s'accomplit en effet par le moyen d'une perversion du langage. «Leur style, dit encore Erasme parlant des théologiens, regorge de néologismes et de termes extraordinaires.»[25] C'est contre ces mêmes «barbares» et ces mêmes «corrupteurs» de la belle latinité que s'élevait déjà Gaguin en 1491, quand il dénonçait le style des «Questionarii,» et qu'il exhortait son époque à restaurer l'éloquence et la pureté du langage.[26] Et le but de

---

[22] *Stultitiae Laus*, ch. LIII (éd. Kan, pp. 114–127): «Jam has subtilissimas subtilitates subtiliores etiam reddunt tot scholasticorum viae, ut citius e labyrinthis temet explices, quam ex involucris Realium, Nominalium, Thomistarum, Albertistarum, Occanistarum, Scotistarum, et nondum omneis dixi sectas, sed praecipuas duntaxat. In quibus omnibus tantum est eruditionis, tantum difficultatis, ut existimem ipsis apostolis alio spiritu opus fore, si cogantur hisce de rebus cum hoc novo theologorum genere conserere manus. Paulus fidem praestare potuit, at idem cum ait: *Fides est substantia rerum sperandarum, argumentum non apparentium*: parum magistraliter definivit. Idem ut charitatem optime praestitit, ita parum dialectice vel dividit, vel finit, in priore ad Corinthios epistola, *cap.* 13.»

[23] *Io. Lodovici Vivis Valentini Opera, in duos distinctos tomos*, Basilae, N. Episcopius, anno MDLV, (B.N. Z 627–628): Consulter aussi la belle édition *Joannis Ludovici Vivis Valentini Opera Omnia... distributa et ordinata... a Gregorio Majansio*, Valentiae Edetanorum, B. Monfort, 7 vol., 1782–1788 (B.N. Z 629–635): On y lit (*Liber in Pseudodialecticos*, p. 285 du 1er tome de l'édition de Nicolas Levesque): «Teipsum vel Fortis atque alium quemvis, neque enim recuso quenquam, judicem facio; num non tibi Parrhisiensis Schola tanquam anus quaedam post octingentesimum suae aetatis annum cum tanto senio summe delirare videtur? Num non eam censes, nisi arte aliqua, id est, beneficio bonarum disciplinarum, repubescat, quod deus ipse omen avertat, horret animus dicere, brevi ituram? Ego enim id ausim persancte deierare, fore neminem tam hebetem et crassum hominem, qui liberos suos ad eam eruditionis gratia deduceret, si intelligeret, quae in ipsa docentur. Cedo, quotusquisque ex doctis hominibus suos filios vel istuc, vel ad hos sophistas mittit? Nemo tam caecus est, nemo tam insanit, nemo tam filios vel neglegit vel odit. Si quis ex iis istuc mittit, non ad sophistas mittit, sed ad nonnullos, qui melius inter tot desipientes sapiunt.» Les gens *lettrez*, «qui sont tant à Paris comme ailleurs,» dit le bon Gargantua, qui se félicite de savoir son fils à Paris, ville réputée pour ses «louables exemples» et ses «librairies tresamples»!

[24] *Garg.*, éd. M. A. Screech, XLIII, p. 255. Il s'agit d'une variante de 1542. Le texte antérieur est moins général: «mais ces prédications diabolicques infectionnent les ames des pauvres et simples gens.»

[25] *Stultitiae Laus*, LIII. p. 115: «tot nuper excogitatis vocabulis, ac prodigiosis vocibus scatent.» Voir aussi la fin du chapitre, p. 126: «Illud ipsa quoque nonnunquam ridere soleo, cum ita demum maxime sibi videntur theologi, si quam maxime barbare spurceque loquantur, cumque adeo balbutiunt, ut a nemine nisi balbo possint intelligi, *acumen* appellant, quod vulgus non assequatur. Negant enim e dignitate sacrarum litterarum esse, si grammaticorum legibus parere cogantur.»

[26] Sur le rôle de Gaguin «ad reparandam Latinitatem et eloquentiam,» voir Renaudet, *Préréforme et humanisme à Paris* (p. 115); Du Boulay, *Historia Univ. Paris.*, tome V, p. 851 («Synopsis septimi saeculi de Fortuna et statu universitatis»); L. Thuasne, *Roberti Gaguini Epistole et Orationes*, 2 vol., Paris, Bouillon, 1903 (p. 337). Lettre du 30 janvier 1491 à Arnold

Rabelais, dans ces premiers chapitres de son *Pantagruel*, semble bien être, après avoir évoqué sans véritable intention satirique les universités de province dans la foulée de son géant, de reprendre contre l'Université de Paris les accusations d'Erasme et de Vivès. La satire est évidente dans le chapitre VII. Le catalogue de Saint Victor prend nommément à partie des théologiens célèbres – Nicolas des Orbeaux, Ortuinus, Tartaret, Bricot, Mair, Béda, Sutor, Duchesne, Duns Scot, Bruslefer, Hoschstraten – et d'autres *Magistri Nostri* imaginaires – Rostocostojambedanesse, Songecruyson, Fripesaulce – auxquels il attribue les œuvres que l'on sait, dans un but évident de dérision. Et ces masques de carnaval que Rabelais offre comme cibles à notre rire sont liés à l'écolier limousin comme la cause à sa conséquence. Le latin écorché du «gallant» ne vient pas d'ailleurs. Notre Limousin est le produit – et la victime – de l'enseignement des maîtres de l'Université de Paris, comme Gargantua, «fou, niays, tout reveux et rassoté» sera celui des «resveurs mateologiens» Maistre Thubal Holoferne («un grand docteur en theologie,» qui fut «premier de sa licence à Paris») et Jobelin Bridé, «vieux tousseux» *eiusdem farinae*. Les éditions postérieures de *Pantagruel*, notamment celles de François Juste, Lyon 1533 et 1534, ne feront qu'accentuer cette satire contre l'université de Paris et ses théologiens «sophistes, Sorbillans, Sorbonagres, Sorbonigènes, Sorbonicoles, Sorboniformes. Sorbonisecques, Niborcisans, Borsonisans, Saniborsans.»[27] Avec l'épisode de l'Ecolier, Rabelais aborde la critique «de l'alme, inclyte, et célèbre académie que l'on vocite Lutèce.»

Les chapitres VI et VII nous offrent donc un «état présent des études sorbonagres,» comme le chapitre V celui des études provinciales. Ces trois chapitres constituent un ensemble cohérent, un tout, qui s'oppose au chapitre VIII. Ils récusent par avance les affirmations optimistes et l'aveuglement du Roi d'Utopie, qui croit que «les gens lettrez» sont «tant à Paris comme ailleurs» et qui s'extasie devant les «gens sçavans» et les «librairies tresamples» de l'époque. Cet «hymne au savoir nouveau,» qui est d'ailleurs plutôt, on l'a vu, un hymne à soi-même, cons-

---

de Bost: «Certum ad te scribere nichil magis possum, quam quod scriptione dignum michi occurit nichil: desident fere omnes qui litterati apud nos estimari volunt; et si quid scribunt, tale est quod nullo dicendi splendore illustretur. Nam perraros videas quibus insit aut ad moratam, aut hystoricam, aut forensem orationem satis accomodatus caracter. Est unum omnium stilus, eadem scribenda forma, quam ii qui questionarii appellantur paulo magis supra ducentos quinquaginta annos magno litterarum detrimento invexerunt; a quorum creberrimis Scriptis si haec vocabula: quoniam, postquam, cum, consequenter, praeterea, sed contra, in contrarium, responsio, solutio, et huiusmodi apud illos passim redundantia decusseris, ex immani fiet liber brevissimus.»

[27] *Pant.*, édition Saulnier, p. 108 (XIII, 180). L'équation essentielle Sophiste – Sorbonicole est ainsi établie.

titue comme l'endroit brillant d'une médaille dont le discours de l'écolier limousin et le catalogue de Saint Victor forment l'envers dérisoire. Au *cursus studiorum* idéal de Gargantua s'oppose celui, prosaïque, de l'écolier. Je veux que tu apprennes les langues «parfaitement,» dit Gargantua: «nous despumons la verbocination latiale,» répond l'écolier; que tu saches tout ce qu'un homme peut savoir du macrocosme et du microcosme, dit Gargantua: « nous invisons les lupanares,» répond l'écolier, et «inculcons nos vérètres ès pénitissimes recesses des pudendes de ces mérétricules amicabilissimes.» Ces programmes antithétiques sont couronnés tous deux par des considérations de nature religieuse. «Il te convient servir, aymer et craindre Dieu,» recommande Gargantua, «soys serviable à tous tes prochains, et les ayme comme toy mesmes.» Et l'écolier: «Je révère les Olympicoles. Je vénère latrialement le supernel Astripotent. Je dilige et rédame mes proximes. Je serve les prescriptz décalogicques.»

Au total, il ne faut pas s'étonner que Pantagruel voie un «hérétique» dans l'écolier limousin, et dans ses «redundances latinicomes» un «langaige diabolicque.» «Diable de langaige» en effet que ce langage de l'inauthenticité. «Charme» *diabolique* que ce langage, agent de perversion intellectuelle, morale, et religieuse. Car à travers cette satire, légère en apparence, d'un type comique et de son langage, Rabelais ouvre le procès de tout un système d'éducation et de toute une conception de la culture, dont l'Université de Paris demeure la source et la place forte. C'est la Sorbonne qui va donner au Satan de Rabelais sa réalité, ses dimensions et ses caractéristiques.

II. LE CHAP. III DU *PANTAGRUEL*: SYMBOLE DE L'UNITÉ DE L'OEUVRE. FÉCONDITÉ ET MASSACRES

Le dessein des premiers chapitres de *Pantagruel* est donc, malgré les apparences, remarquablement cohérent. L'épisode du deuil de Gargantua et celui de l'écolier limousin constituent deux variations sur un thème identique. Les chapitres V à VIII sont unis par un fil continu et apparent qui conduit Pantagruel à travers les universités de province jusqu'à celle de Paris, guide et mère de toutes les autres. Et même lorsque l'intrusion de Panurge vient, au chapitre IX, rompre cette structure linéaire et introduire dans l'univers romanesque une nouvelle profondeur et une dualité ambiguë, le thème central et unificateur de l'œuvre demeure présent. Ce qui change, c'est la structure de l'univers romanesque. Mais le lecteur reste confronté au problème général de la culture et de l'éducation, et au procès de la Sorbonne. A l'égard de cette cohérence, le chapitre III joue le rôle d'un symbole. Les thèmes essentiels de l'œuvre entière s'y trouvent annoncés, voire même son évolution et sa signification. Le lecteur est dès le début plongé au cœur même de l'univers rabelaisien. Rabelais ne fera guère par la suite que récrire ce chapitre sous des formes différentes. D'entrée, après une mise en place du cadre et de l'atmosphère, destinée à placer l'œuvre sous le signe du grotesque et du bouffon, et le lecteur en position de surprise et de déroute, Rabelais nous offre un condensé de ses thèmes personnels les plus obsédants.

La *declamatio* gargantuine, par son sujet même, est au centre de l'univers rabelaisien. Rien en effet de plus central chez Rabelais que ce thème de la vie et de la mort, disons, «par reverence de l'antiquaille,»[28] de la génération et de la corruption. Jamais peut-être œuvre n'a été et ne sera plus que celle-ci synonyme de fécondité. L'évocation de l'année des grosses mesles la place d'emblée sous le signe d'une fécondité quasi pathologique. La vitalité puissante et anarchique d'un monde en formation s'y affirme. La matière y révèle ses pouvoirs de prolifération monstrueuse, la vie y tâtonne à la recherche de sa forme parfaite. Mais ces tâtonnements mêmes révèlent dans la matière une sorte d'intelligence et de volonté: «Les uns enfloient par le ventre... Les aultres enfloient par les espaules... Les aultres enfloient en longitude, par le membre qu'on appelle le laboureur de nature.. Aultres croissoient en matiere de couilles... Aultres croissoient par les jambes... Es aultres tant croissoit le nez qu'il sembloit la fleute d'un alambic... Aultres croissoyent par les aureilles...» Enfin, après cette série de figures grotesques de carnaval et de figurants d'Antiphysie, la forme maîtrisée: «Les aultres croissoient en long du corps: et de ceulx là sont venuz les Géans, et par eulx Pantagruel.»[29] Cette même fécondité se retrouve dans les naissances miraculeuses de nos deux géants, et dans des résurrections qui ne le sont pas moins. La mort chez Rabelais n'a jamais le dernier mot. Le tonneau pantagruelique est «inexpuisible.» Au prologue du *Tiers Livre*, Rabelais nous invite à y boire «franchement, librement, hardiment,» «à pleins godetz,» car il a «source vive et vene perpetuelle,» c'est «un vray cornucopie de joyeuseté et raillerie.»[30] Cette œuvre, il est vrai, charrie des mondes et des foules, des amoncellements

---

[28] *Garg.*, éd. Screech, p. 24. A rapprocher de la publication du Testament de Cuspidius chez Gryphe, en 1532: «*Ex reliquiis venerandae antiquitatis Lucii Cuspidii testamentum.*»
[29] *Pant.*, éd. Saulnier, pp. 11-12 (Chap. I).
[30] *TL*, éd. Screech, pp. 18-19: Symbole de la Charité pantagruelienne.

de formes, d'images et de vocables, qui engendrent le rire, l'ennui, la révolte, l'enthousiasme, ou le dégoût, des monceaux de mangeaille et d'excréments. Les héros se caractérisent d'abord par leur pouvoir de génération. La stérilité serait pour eux la pire des malédictions. Pantagruel «engendre les altérés comme la lune faict les catarrhes.» Panurge le dit, l'écolier limousin en fait la funèbre expérience, les habitants d'Orléans crachent blanc comme coton, et les soldats du roi Anarche sont pris d'une soif inextinguible. Même les pets de Pantagruel sont «fructueux,» et il porte dans sa bouche un autre monde, un univers entier où l'on plante choux et où l'on tend aux pigeons, tout comme chez nous. De son côté, Gargantua est un obsédé de la paternité et de la génération, aussi bien spirituelle que physique. Et la braguette et son contenu constituent le pivot de l'univers mental de Panurge, son obsession majeure. Panurge se réduit à son membre viril, il ne songe qu'à «faire valoir» sa braguette. Après sa «disputation» victorieuse contre Thaumaste, il la fait «esmoucheter de broderie à la romanicque.» Celle de Gargantua reçoit la même attention. Elle est brodée de «canetille» et d'«entrelatz d'orfeuvrerie, garniz de fins diamens, fins rubiz, fines turquoises, fines esmeraugdes et unions Persicques,» elle ressemble à «une belle corne d'abondance,[31] telles que voyez es antiquailles, et telle que donna Rhea es deux nymphes Adrastea et Ida, nourrices de Juppiter: tousjours galante, succulente, resudante, tousjours verdoyante, tousjours fleurissante, tousjours fructifiante, plene d'humeurs, plene de fleurs, plene de fruictz, plene de toutes delices.» Chez Gargantua, comme chez Panurge, la braguette est «d'ancre sacré,» «le dernier refuge contre tous naufrages d'adversité»: car «La teste perdue, ne perist que la personne; les couilles perdues, periroit tout humaine nature.»[32] Tout personnage rabelaisien, à des degrés divers, participe à ce culte priapique. Frère Jan a un grand nez: «Vraybis, lui dira Homenaz, je vous congnoys à vostre nez, et si, ne vous avoys oncques veu.» La rubrique de *frigidis et maleficiatis* est sans raison d'être dans le monde rabelaisien. Elle y concerne seulement les monstres d'Antiphysie. L'application des Utopiens à obéir au commandement de la Genèse – *crescite et multiplicamini* – tourne à l'excès de zèle. Ils sont tellement «multipliez comme locustes» que Pantagruel, jugeant dangereuse leur «excessive multitude,» les transporte en Dipsodie au nombre de «9876543210 hommes, sans les femmes et petitz enfans.» Car «des

---

[31] *Garg.*, pp. 57–59. A souligner la réapparation de l'image de la «corne d'abondance,» comme dans la description du tonneau pantagruélique, «Vray cornucopie de joyeuseté...»
[32] *TL.*, VIII, p. 73.

Utopiens avoient les genitoires tant féconds et les Utopiennes portoient matrices tant amples, gloutes, tenaces, et cellulées par bonne architecture que au bout de chascun neufviesme moys, sept enfans pour le moins, que masles que femmelles, naissoient par chascun mariage.»[33] Rabelais a engendré une œuvre où même l'ombre du clocher d'une abbaye est féconde.

Mais cette œuvre qui engendre des mondes ne cesse parallélement d'en engloutir. Elle résonne de massacres homériques et de mises à mort innombrables. Les Dipsodiens et les géants, Loupgarou en tête, inaugurent une longue série de catastrophes sanglantes. Le lecteur, au fil des pages, ne cesse de piétiner des monceaux de cadavres. Gymnaste «estripe Tripet,» Villon exerce sur Frère Tappecoue, à l'aide de ses diables, une vengeance cruelle, Panurge embroche son vilain baschaz, extermine par le feu 660 chevaliers et précipite sans remords Dindenault et ses moutons dans l'autre monde. Mais c'est Frère Jan qui apparaît comme le grand exécuteur des hautes œuvres. Sa boucherie épique du clos de l'abbaye de Seuillé est inoubliable: «Es uns escarbouilloyt la cervelle, es aultres rompoyt bras et jambes, es aultres deslochoyt les spondyles du coul, es aultres demoulloyt les reins, avalloyt le nez, poschoyt les yeulx, fendoyt les mandibules, enfonçoyt les dens en la gueule, descroulloyt les omoplates, sphaceloyt les greves, desgondoit les ischies, debezilloit les faucilles.» Le caractère le plus étonnant de ces massacres est sans doute leur valeur proprement tonique. L'œuvre de Rabelais vient vérifier le bien-fondé des analyses de M. Foucault dans son *Histoire de la Folie.*[34] Les trois premiers quarts du XVe siècle sont dominés en Europe occidentale par le thème de la mort et ses danses ricanantes de squelettes menaçants.[35] Guyot Marchand publie sa *Danse macabre* en 1485. Mais en 1492 Brant compose la *Narrenschiff,* et J. Bosch compose sa *Nef des Fous* dans les toutes dernières années du siècle. L'inquiétude métaphysique de l'homme devant la Mort est remplacée par la découverte du néant de la vie: «de la découverte de cette nécessité qui réduisait fatalement l'homme à rien,» on passe «à la contemplation méprisante de ce rien qu'est l'existence elle-même.» Et, du coup, le rictus du squelette cesse d'effrayer. La mort en sort désamorcée. L'homme se tourne à nouveau vers la vie, ne serait-ce que

---

[33] *TL.,* I, pp. 22–23.

[34] Parue chez Plon, en 1961. Les analyses brillantes que renferme ce livre me semblent éclairer à merveille le sens général de l'œuvre de Rabelais.

[35] Sur le thème de la mort au XVe siècle voir J. Huizinga, *Le Déclin du Moyen âge,* (Payot, 1961), et P. Champion, *La Danse macabre, reproduction en fac-similé de l'édition de Guy Marchant, Paris, 1486,* (Paris, 1925).

pour en dénoncer la fatuité et la dérision. C'est ainsi que la mort n'est jamais une menace ni une souffrance chez Rabelais. Elle est au contraire toujours porteuse de vie et de promesses. L'extermination, qu'elle soit guerrière ou urinale, s'y accompagne toujours d'un rire allègre et fécond: un rire qui salue à la fois la liquidation d'un monde et l'avènement d'un nouveau. Lorsqu'il prononce sa belle harangue, M. N. Janotus de Bragmardo se livre à un acte d'auto-destruction. Le rire des assistants est un rire meurtrier: le ridicule tue chez Rabelais aussi sûrement que les coups de Frère Jan. C'est aussi un rire contagieux, puisque Janotus se met à rire (et à pleurer de rire) avec les autres, participant ainsi à son propre anéantissement. Il entraîne dans sa débâcle verbale le monde de la vieille culture scolastique et féodale. Mais Ponocrates et Eudemon assistent au dénouement de cette mommerie de carnaval, symboles d'une humanité rénovée et d'un monde meilleur dont Erasme a salué trop tôt la venue. Et Gargantua, en choisissant d'oublier la mort de Badebec pour chanter sa joie à la naissance de son fils, ouvre d'emblée la porte au plus serein Pantagruélisme.

III. LA CULTURE MÉDIÉVALE: RÈGNE D'ARISTOTE ET DE L'*ORGANON*. LA RÉACTION HUMANISTE: ERASME, J. L. VIVÈS (*IN PSEUDODIALECTICOS*), LES *EPISTOLAE OBSCURORUM VIRORUM*, H. C. AGRIPPA. DIALECTIQUE ET THÉOLOGIE

Un autre thème central dans l'œuvre fait son apparition dans la *declamatio* gargantuine: celui de la dialectique et du type de culture qu'elle symbolise. Il n'est pas indifférent que ce retour à l'humain dont j'ai parlé plus haut s'effectue sous les auspices de la science des sciences et de l'art des arts médiévaux: «Dialectica est ars artium, Scientia scientiarum, ad omnia methodorum principia viam habens.»[36] On a vue l'importance prise par la dialectique dans l'ensemble du *cursus studio-*

---

[36] *Petri Hispani Summulae logicales, cum Versorii Parisiensis expositione*, 1568, f⁰ 2 v⁰. Versor discute ainsi cette affirmation (f⁰ 4 r⁰): «Sed contra praedicta primo arguitur. Grammatica debet prius acquiri quam Logica, cum Logicus praesupponat significationem terminorum, et modum congrue loquendi, qui per Grammaticam habetur, ergo Grammatica prior est in acquisitione, et non Logica. Secundo arguitur. Plures medici acquisiverunt scientiam, medicinae ante inventionem Logicae, et etiam multi, qui non habuerunt Logicam, ergo Logica non est prior in acquisitione aliarum scientiarum.» Je laisse à deviner comment le sophiste se sort du piège où il s'est mis lui-même. Mais la *Bibliographia Logica* de W. Risse (1965) nous apprend que l'œuvre du logicien portugais, *cum Versorii expositione* est encore éditée en 1572, en même temps que la *Dialectica A. Talaei praelectionibus illustrata* de Pierre Ramus. Et Mullaly précise même, p. 158 de son introduction (ouvr. cité) que l'ouvrage apparaît encore... en 1639.

rum des universités médiévales, à partir de la fameuse querelle des universaux et grâce à la redécouverte de l'*Organon* d'Aristote. Elle règne en maîtresse incontestée aux XIVe et XVe siècles sur les Facultés des Arts, au grand détriment du *Quadrivium* et des deux autres arts du *Trivium*, la grammaire et la rhétorique. Elle a même envahi de ses *quaestiones* et de ses subtilités la théologie.[37] Ce règne de la dialectique entraîne pour l'étudiant un type d'enseignement particulier. Toute la pédagogie médiévale repose sur deux types d'exercice, la *lectio* et la *disputatio*. Au cours de la *lectio*, l'étudiant assimile la science contenue dans les œuvres des *auctores*, Donat, Priscien, Cicéron, Quintilien, Porphyre, Boèce, Aristote. «On ne lit pas le livre de la nature, dit Garin, mais le livre à la place de la nature.»[38] On n'étudie pas le corps humain, mais Galien, Hippocrate, et Avicenne. On ne déchiffre pas le ciel, mais le système de Ptolémée. Le monde est enfoui sous les œuvres d'Aristote. De même, on ne lit plus directement la Parole de Dieu, mais les gloses des commentateurs, et les gloses de gloses, les commentateurs des commentateurs. Ce faisant, le savoir n'augmente pas. L'esprit a décidé une fois pour toutes que tout avait déjà été découvert, et que la science consistait essentiellement à assimiler ce qui avait été écrit avant et qui faisait figure d'autorité. Le monde ni l'homme ne sont l'objet du savoir, mais ce qui est écrit dans les *auteurs* au sujet de l'homme et du monde. Le savoir s'embesogne tant après les *mots* qu'il en oublie les *choses*.[39] L'univers verbal acquiert ainsi sa propre autonomie,

---

[37] Sur ce point, voir surtout H. de Lubac, *Exégèse médiévale*, t. IV, pp. 369–391. L'invasion est ancienne. Elle date d'Abélard. Mais elle prend très vite, à partir du XIIIe siècle, des allures inquiétantes. «La théologie qui jusqu'alors se mouvait pour ainsi dire entre les deux Testaments, change d'orientation et vient osciller entre deux nouveaux pôles: la Révélation pure et simple et le concept aristotélicien,» écrit Dom Olivier Rousseau (cité par Lubac, p. 369). «La décadence de la scolastique est précoce; elle va s'accélérant au cours des XIVe et XVe siècles. Bientôt les spéculations de nombreux maîtres en théologie n'ont 'plus rien d'une *doctrina sacra*'; elles sont envahies de plus en plus, spécialement chez les Scotistes puis chez les Nominalistes, par les *quaestiones logicales*» (p. 369). Jean XXII regrette cette «dissolution» dès 1317: «Quidam etiam theologi, postpositis vel neglectis canonicis, necessariis, utilibus et aedificativis doctrinis, curiosis, inutilibus, et supervacuis philosophiae quaestionibus et subtilitatibus se immiscunt, ex quibus ipsius studii disciplina dissolvitur.» Gerson et N. de Clamanges lui font écho un siècle plus tard, protestant contre une théologie de plus en plus «argumentative.» En 1570, J. Maldonat dénoncera encore les méfaits des «suppositiones, appellationes, exponibiles, contradictoriae, insolubiles.» Thuasne rapporte (ouvr. cité, pp. 72 et ss. de l'introduction) que le dominicain Vincenzo Bandello de Castronovo compose en 1481 un *Liber ducentorum et sexaginta sanctorum doctorum, Virginem Mariam in originali peccato fore conceptam dicentium, dicta continens*, dans lequel il oppose les opinions de 260 docteurs contraires à l'Immaculée conception, à 35 propositions qui la défendent, et qu'il réfute *dans la forme syllogistique*. On comprend mieux alors ce désir d'un «retour aux sources» qui caractérise tous les humanistes chrétiens du XVIe siècle, Lefèvre d'Etaples et Erasme en tête.

[38] E. Garin, *L'éducation de l'homme moderne*, p. 67.

[39] *Ib.*, pp. 68–70: «le but du savoir ce n'est pas une formation humaine, une libération de l'homme, mais l'acquisition de techniques admirables dans leurs subtilités et leur raffine-

interposant ses miroitements trompeurs et ses cliquetis de mots vides entre l'esprit et l'univers réel. La culture n'est pas référence au monde et à la vie, elle n'est qu'un «jeu de signes» coupés de leurs signifiés, et ne renvoyant à rien d'autre qu'à eux-mêmes, c'est-à-dire ne signifiant plus rien. On retrouve ici l'image de ce cercle magique dans lequel Panurge emprisonne ses 660 chevaliers pour les rôtir. C'est que Panurge deviendra au *Tiers Livre* le symbole de cette culture médiévale, et qu'il s'enfermera lui-même dans le cercle vicieux de sa dialectique. Le dire l'emporte sur le faire, le discours sur l'action, l'autorité sur l'expérience. Les difficultés d'interprétation que posent les textes des «auteurs» ne sont pas résolues par le recours à l'observation directe, mais par la rédaction de *Quaestiones* et la pratique de *disputationes pro* et *contra*. Depuis le triomphe d'Abélard et de son enseignement contestataire, la dispute est l'unique exercice et la seule épreuve des étudiants de la Faculté des Arts. Et c'est au cours de disputes solennelles, la *tentative*, la *sorbonique*, l'*aulica*, l'*ordinaria* ou la *de quolibet*, que les *biblici sententiarii* ou *formati* accèdent à la *licentia docendi* et à la Maîtrise.[40] La science reçoit donc une sanction uniquement orale. Elle est enseignée et reçue en fonction de ces disputes publiques. Le candidat, dans ces conditions, songe moins à rechercher la vérité qu'à persuader qu'il

ment, parfaitement élaborées, propres à saisir le sens des textes... La lutte originelle avec la réalité, avec la *res* du monde, avec l'expérience, devient de plus en plus lointaine, de plus en plus conventionnelle. Désormais, l'on travaille et l'on agit sur des symboles, sur des termes détachés de leur objet...» Cette tendance à l'autonomie du *signe* sera fortement dénoncée par Montaigne: «Il faut, dira-t-il, ôter le masque aussi bien des choses que des personnes» (I, 20). Et aussi (II, 16): «Il y a le nom et la chose: le nom, c'est une voix qui remarque et signifie la chose; le nom, ce n'est pas une partie de la chose ny de la substance, c'est une piece estrangere joincte à la chose, et hors d'elle.» Garin cite encore (p. 146) une lettre d'Erasme où celui-ci remarque que «personne ne chicane davantage sur les mots que ceux qui se vantent de négliger les vocables et de regarder les choses» (nullos omnium magis ubique de voculis cavillare, quam eos qui iactitant sese verba negligere, rem ipsam spectare). Telle est bien en effet la prétention du sophiste, qu'il soit de Paris ou de Cologne. Antonius N. (*Epistolae obscurorum virorum*, I, 42, éd. F. G. Stokes, p. 107) reproche ainsi justement à Erasme d'être un mauvais théologien qui «laborat tantum circa *verba*, et non gustat *res* ipsas interiores»! Voir l'ouvrage de M. Foucault, *Les Mots et les Choses, une archéologie des sciences humaines*, NRF, Gallimard, 1969.

40 D'après Thurot, *De l'organisation de l'enseignement dans l'Université de Paris au Moyen âge*, 1850 (le chapitre consacré à La faculté de théologie). On se souvient de l'expression de Panurge (*TL*, XI, p. 90): «Touchez un peu mon pouls en ceste artere du braz guausche. A sa frequence et elevation vous diriez qu'on me pelaude en *tentative* de Sorbonne.» On sait aussi que M. N. (*Magister Noster*?), docteur de Navarre rendu célèbre par les *Provinciales*, a soutenu dans sa *Sorbonique* l'opinion suivant laquelle «da grâce est efficace, et qu'elle détermine notre volonté à faire le bien» (1ère lettre). Du Boulay, au début de son *Hist. Univ. Paris* (t. I, pp. 383 et ss.) dit quelques mots de l'université de Paris, de ses institutions et de son organisation. On y découvre cette envolée: «Mais quoy de plus excellent que cette bataille divine de la théologie ès *Tentatives, petits* ou *grands ordinaires*, et en ce conflit effroyable que le pauvre respondant souffre ès grandes Sorbonnes où dès 5 heures du matin jusques au soir il faut tenir teste à tous ses compagnons, luy arguant à l'encontre?»

la possède. Ce ne sont plus les faits qui comptent, ni la valeur intrinsèque des arguments, mais l'habileté avec laquelle ces faits et ces arguments sont présentés. «Nostre vérité de maintenant, regrettera encore Montaigne dans la seconde moitié du siècle, ce n'est pas ce qui est, mais ce qui se persuade à autruy.»[41] Parole profonde. Car l'éducation médiévale arme l'esprit moins pour la recherche désintéressée de la vérité que pour le triomphe personnel. Le *paraître* l'emporte définitivement sur l'*être*. Le fruit de cet état d'esprit, qui domine encore la vie universitaire, intellectuelle et religieuse du XVIe siècle, est la dissolution de la notion de vérité. La vérité devient simple affaire de technique, maîtrise d'un art de l'illusion: elle se réduit à son apparence. D'où une confusion dangereuse des valeurs. Le faux et le vrai n'existent plus en soi. Tout l'art consiste en effet, suivant les besoins, à faire croire que le mensonge est vérité, ou la vérité mensonge. «Nos disputes, s'écrie Montaigne, devroient estre defendues et punies comme d'autres crimes verbaux. Quel vice n'esveillent-elles et n'amoncellent, toujours regies et commandées par la cholere!... Nous n'apprenons à disputer que pour contredire, et chascun contredisant et estant contredit, il en advient que le fruict du disputer c'est perdre et aneantir la vérité.»[42] C'est la même condamnation que reprendra Céline dans son *Voyage au bout de la nuit*, presque trois siècles plus tard: «tout n'arrive-t-il pas à se valoir en présence d'une intelligence réellement moderne? Plus de blanc, plus de noir non plus! Tout s'effiloche... C'est le nouveau genre, c'est la mode!»[43]

Que le monde médiéval persiste au cœur même du XVIe siècle, on en a la preuve dans ces attaques de Montaigne contre la *disputatio*. Les concepts de Moyen âge et de Renaissance démontrent là encore leurs limites. On l'a vu, les *Petri Hispani Summulae Logicales* sont encore éditées en 1572, à côté de la *Dialectica A. Talaei praelectionibus illustrata* de Pierre de la Ramée. Les renseignements que l'on peut rassembler sur le XVIe siècle dans ce domaine mènent à la conclusion que la dialectique, qu'elle soit issue de la tradition scolastique aristotélicienne (Pierre d'Espagne) ou des nouvelles spéculations dites «humanistes» (Agricola, Vivès, Melanchthon, Ramus), occupe encore dans l'enseignement la place privilégiée qui était celle de la Rhétorique dans les écoles grecques des Sophistes. Les indices ne manquent pas, et ils sont d'une con-

---

[41] *Essais*, II, 18, p. 723. Et encore: «Le premier trait de la corruption des mœurs, c'est le bannissement de la vérité.»
[42] *Ib.*, III, 8, p. 1006.
[43] Livre de poche, p. 418.

vergence remarquable. En 1452, la «réforme» de l'Université de Paris entreprise par le Cardinal d'Estouteville n'a fait que consacrer l'importance et l'autorité de l'*Organon* et de son auteur. L'œuvre d'Aristote demeure la source privilégiée de toute connaissance, l'encyclopédie indiscutée où tout le savoir humain se trouve enclos. H. C. Agrippa rapporte qu'Aristote, malgré le danger que représentent ses opinions métaphysiques sur l'âme et son immortalité pour les vérités fondamentales du dogme chrétien, est considéré par les théologiens de Cologne comme un «précurseur de N. S. Jesus Christ ès sciences naturelles, tout ainsi que Saint Jean Baptiste en la doctrine de la grace.»[44] Les écrits d'Aristote sont traités au XVIe siècle avec le même respect que l'Ecriture Sainte. Pierre de la Ramée en fait, en 1543, la triste expérience. Pour avoir publié ses *Aristotelicae Animadversiones* et ses *Dialecticae institutiones*,

---

[44] *De Incertitudine et vanitate scientiarum et artium*, Ch. LIIII: «de la philosophie morale». Agrippa y attaque très violemment Aristote, «lequel par erreur et mauvaise opinion qu'il avoit de l'ame nioit qu'il y eust aucun lieu de resjouissance ou bonheur apres ceste vie... Tresdigne d'être aujourd'huy le grand docteur des Universités Latines, et d'avoir esté canonisé par mes compagnons Theologiens de Cologne qui ont publié en faveur d'iceluy un livre imprimé, intitulé *du Salut d'Aristote*, et un poëme *de la vie et mort d'Aristote*, avec sa glose tirée de raisons théologiques, en la fin duquel ils concluent, qu'Aristote a esté precurseur de Nostre Seigneur J.C. ès sciences naturelles, tout ainsi que S. Jean Baptiste en la doctrine de grace» (traduction L. de Mayerne-Turquet) – Qui etiam de anima male sentiens, locum gaudii post mortem negavit... Dignissimus profecto hodie Latinorum Gymnasiorum doctor: et quem Colonienses mei Theologi etiam Divis adnumerarent, librumque sub praelo evulgatum ederent, cui titulum facerent de *Salute Aristotelis*, etc.» Le bon docteur M. N. de Pascal voit encore en Aristote le «prince des Philosophes.» Le Philosophe? «Vous savez bien que c'est Aristote, dit-il en me serrant les doigts» (quatrième lettre). Les humanistes, d'ailleurs, ne professent pas toujours, vis-à-vis d'Aristote, l'opinion d'Agrippa. Ainsi J. L. Vivès se montre-t-il beaucoup plus équitable dans sa *De Aristotelis Operibus censura* (*Opera omnia*, Valence, 1782, t. III, pp. 25–36; traduction Riber, t. I, pp. 973–982): «Plinius Secundus libro septimo naturalis Historiae inquirit, quodnam existimetur maximum fuisse ingenium, ex iis quidem, quorum extet memoria, vel suis ipsorum, vel alienis monumentis? et eam tantae ambitionis palmam videtur ad Homerum vatem deferre, secutus Graeciae judicium, quae illum fontem ingeniorum appellat. Sed mihi tamen acrius eam rem intuenti, atque examinanti subtilius, nullum videtur fuisse ingenium Aristotelico praestantius. Legenti opera ejus attente ac diligenter, exoritur ingens admiratio, quàm ab ultimis principiis deducit abditissima et profundissima rerum omnium... Nihil est in eo vacans, aut inane, omnia solida, et plena.» Vivès examine alors toute l'œuvre du Stagirite (*Peri Hermenias, Categoriae, Priora Analytica, Posteriora, Topica, Elenchi, Physica, De Generatione, De Coelo et Mundo, De Mundo, Meteororum, De Anima, Metaphysica, De Animalibus, Problemata, Libri Morales, Ethica, Magna Moralia, Oeconomia, Politica, Rhetorica*) d'un œil rapide mais admiratif. Il exprime des sentiments, identiques dans son *De causis corruptarum artium* (*Opera Omnia*, t. VI, p. 27): «Aristoteles vero quaecunque suscepit tractanda, sive de moribus, sive de natura, sive de sermone, ac disserendo, in artis formam ac faciem redegit, ut nec poëticam quidem omiserit, et alia minoris notae, quae ad nos non pervenerunt: quo nomine haud facile quis dixerit, quantum ei studia et disciplinae omnes, quantum studiosi ipsi debeant; sparsa enim collegit, congesta digessit, confusa distinxit, obscuris attulit lumen, omnia ita reddidit concinna et apta, ut percipi facile ac teneri queant magno cum fructu eorum, qui artium fructum aliquem sequuntur: fuit vir ille, mea quidem sententia, ingenii acumine, judicio, dexteritate, prudentia, diligentia, atque studio, omnium cujuscunque aetatis scriptorum facile praestantissimus, edoctus diutissime a magistro, non dicendi modo, sed etiam sapiendi, Graeciae totius Principe...»

où il ose prendre à partie la logique d'Aristote – en des termes d'ailleurs souvent injustes et inappropriés[45] – il se voit attaqué par l'Université, chassé de son sein, officiellement condamné par un décret royal qui lui interdit de *lire* ses livres et d'enseigner la dialectique et la philosophie, avec injonction expresse «de ne plus user de telles mesdisances et invectives contre Aristote ne aultres autheurs anciens receus et approvez, ne contre nostre dicte fille l'université et suppostz d'icelle.»[46] Les représentants du savoir officiel lui reprochent d'avoir composé les ouvrages en question «ad extinguendam in totum doctrinam unius Aristotelis omnium Philosophorum facile principis»: «téméraire, arrogant, et impudent» Ramus qui a osé réprouver et condamner «le train et Art de Logique receu de toutes les nations»![47] En 1521, dans sa *Determinatio super Doctrina Lutheriana*, La Sorbonne avait condamné comme scandaleuse la proposition suivant laquelle la philosophie d'Aristote est inutile et pernicieuse à l'intelligence de l'Ecriture, source perpétuelle de contention et de division.[48] Montaigne le constatera encore:

---

[45] Voir à ce sujet Ong, Waddington et Du Boulay, ouvrages cités. Du Boulay rapporte (t. VI, pp. 387 et ss): «Sed et aliud grave negotium Universitatem turbavit, Editus a M. Petro Ramo liber adversus Aristotelem. Eo Rectore [Guillelmo Montuellio], nescitur quo genio malo irrumpente in academiam ingens facta est omnium Studiorum repente perturbatio, edito recens libello, cui titulus erat *Animadversiones Aristotelicae*.» Même Waddington, dont la sympathie pour Ramus est plus qu'évidente, reconnaît que Ramus soumet la logique d'Aristote «à un examen sévère jusqu'à l'injustice» (p. 36). L'arrêt sorbonicole et aristotélique du 1er mars 1544 précise que Ramus a condamné une *logique reçue*, «à laquelle lui-même n'entendait rien.» Il souligne l'*ignorance*, la *stupidité*, la *méchanceté*, et la *mauvaise foi* du dit Ramus, qui «attribue à Aristote des opinions que ce philosophe n'eut jamais.» La sentence royale du 10 mars reprend les mêmes accusations: «Et en somme ne contenoit sondit livre des Animadversions que tous mensonges et une maniere de mesdire, tellement qu'il leur sembloit estre le grand bien et prouffit des lettres et sciences, que ledit livre fust du tout supprime» (Waddington, pp. 46–52). Il demeure cependant que l'Aristotélisme reste au XVIe siècle le fondement de l'orthodoxie religieuse. Au siècle suivant, le père Rapin rappellera encore qu'on ne peut choquer les principes de la philosophie d'Aristote sans choquer ceux de la théologie scolastique reçue dans l'Eglise. Et Waddington souligne justement (p. 216) que «parmi les propositions condamnées par la Faculté de théologie de Paris, en 1521, on en remarque deux qui se rapportaient uniquement à la doctrine d'Aristote.» Cf. *infra*.

[46] Le texte de la *Sentence donnée par le Roy contre maistre Pierre Ramus, et les livres composez par icelluy contre Aristote*, se trouve chez Waddington, pp. 49–52.

[47] *Sentence*, Wadd. p. 51. «*Ramum temere, arroganter et impudenter fecisse*, qui receptam apud omnes nationes logicae artis rationem, quam ipse praesertim non teneret, damnare et improbare voluit,» disent les censeurs sorboniques.

[48] Voir Du Boulay, t. VI, année 1521: *Determinatio Theologicae Facultatis Parisiensis super Doctrina Lutheriana hactenus per eam visa*: «Philosophia Aristotelis de virtute morali, de objecto, de actu elicito talis est quae nec in populo doceri possit, nec est ad Scripturae intelligentiam utilis, quae continet duntaxat portenta verborum non nisi ad contentiones verborum conficta. – Omnes virtutes morales et Scientiae Speculativae non sunt verae virtutes et scientiae, sed peccata et errores»: propositions *quae sapiunt hoeresim*, theologales et scandaleuses. A rapprocher de ces mots de H. C. Agrippa (*Declamation*, «Préface au lecteur,» traduction de Mayerne-Turquet): «...il y a une coustume perverse et damnable receuë en toutes les universités et colleges, d'adstraindre par serment tous ceux qui viennent à prendre quelque degré, qu'ils ne contreviendront ny repugneront jamais à Aristote, Boëce, Thomas, Albert, ou à autre semblable Dieu de leurs escholes: et s'il advient à quelc'un de s'esloigner tant soit

«Le Dieu de la science scholastique, c'est Aristote: c'est religion de debatre de ses ordonnances, comme de celles de Lycurgus à Sparte. Sa doctrine nous sert de loi magistrale, qui est à l'aventure autant fauce qu'une autre... On n'y debat rien pour le mettre en doute, mais pour defendre l'auteur de l'Escole des objections étrangères: son authorité, c'est le but au delà duquel il n'est pas permis de s'enquérir.»[49] Au XVIIIe siècle, le jeune Gil Blas de Santillane après avoir ergoté *pro* et *contra* chez le docteur Godinez sur les Universaux et le degrés métaphysiques, prendra tant de goût pour ce genre d'exercice qu'il arrêtera dans la rue les passants, «connus ou inconnus,» pour leur proposer des arguments et engager une *disputatio* dans les règles, avec les gestes, les grimaces, les contorsions et la fureur habituels.[50]

Tout le XVIe siècle résonne de ces querelles et de ces pratiques, que les humanistes et les réformateurs ne cessent de dénoncer. Il faut certes faire la part des exagération polémiques et des passions partisanes pour apprécier ces dénonciations à leur juste valeur. Mais la convergence des critiques les plus dignes de foi est trop grande pour ne pas traduire un fait réel. Ecrivant à Budé le 23 mars 1527, Erasme commente d'une façon très favorable l'intérêt que François Ier accorde au problème de la réforme des études: «crois-moi, dit-il ensuite à son correspondant, ce qui obscurcit le plus la gloire de votre université, c'est que la jeunesse ne fait qu'y effleurer la grammaire, et est accaparée par la sophistique et les disciplines dont on l'équipe en vue de la dispute scholastique.»[51]

peu des opinions et reigles de ceux-là, lon oit incontinent crier à l'heretique, au scandaleux (*a quibus si quis latum unguem diversum senserit, hunc* haereticum, scandalosum, piarum aurium offensivum, igne flammisque absumendum proclamant).» Et Agrippa de condamner la «temeraire et arrogante presomption» de ceux qui osent «preferer à l'Eglise de Dieu les escholes des philosophes,» et «faire plus de compte des opinions des hommes que de sa Saincte Parole.»

[49] *Essais*, II, 12, p. 586. Voir aussi I, 26: Aristote y est défini «monarque de la doctrine moderne,» et Montaigne y cite l'exemple d'un aristotélicien de Pise dont le dogme est «que la touche et régle de toutes imaginations solides et de toute vérité, c'est la conformité à la doctrine d'Aristote; que hors de là, ce ne sont que chimères et inanité; qu'il a tout veu et tout dict...»

[50] *Histoire de Gil Blas de Santillane*, éd. Dupouy, «Les Belles Lettres,» 1935. Vol. I, p. 8: «Je m'appliquai aussi à la logique, qui m'apprit à raisonner beaucoup. J'aimois tant la dispute, que j'arrêtois les passants, connus ou inconnus, pour leur proposer des argumens... Il falloit alors nous voir disputer. Quels gestes! quelles grimaces! quelles contorsions! Nos yeux étoient pleins de fureur et nos bouches écumantes... Je m'acquis toutefois par là dans la ville la réputation de savant.» Plus tard, alors qu'il a déjà fait bien du chemin, l'Archevêque (II, 7, p. 20) le trouve encore «ferré à glace» sur la dialectique. Persistance d'un enseignement. L'affirmation de Thurot, suivant laquelle «l'université du Moyen âge finit en même temps que la féodalité, la scolastique et l'unité religieuse de l'Europe,» est de toute évidence à nuancer.

[51] *Correspondance d'Erasme et de Guillaume Budé*, éd. M. M. de la Garanderie, Paris, Vrin, 1967, p. 250 (Allen no 1794.): «Beaucoup, sans avoir étudié la logique, savent juger correctement, poursuit Erasme; sans la connaissance de la langue, nul ne peut comprendre ce qu'il entend ou lit.»

Critique fondamentale, commune à tous les humanistes et qu'Erasme reprend dans son *De Pueris Instituendis*.[52] La grammaire n'a pas assez d'importance dans le *curriculum*, affirme-t-il. On se contente d'enseigner à l'écolier quelques rudiments de l'*ars recte loquendi*, les déclinaisons et les conjugaisons, les règles d'accord de l'adjectif et du substantif; puis on passe immédiatement à l'étude de la dialectique, discipline confuse où l'écolier s'empresse d'oublier les règles grammaticales qu'il a pu retenir: «illic (i.e. *schola publica*) ut res bene cedat degustant aliquid grammatices, mox simul atque norunt inflectere voces et suppositum apposito recte jungere, perdidicere grammaticam, et ad perturbatam dialecticen admoventur, ubi si quid etiam recte loqui didicerunt, dediscant oportet.» C'était encore pire du temps de ma jeunesse, poursuit Erasme: «l'on écorchait vif les enfants avec les '*modi significandi*' et les questionnettes '*ex qua vi*', sans que, pendant ce temps-là, on leur enseignât rien d'autre qu'à très mal parler.» A la vérité, «les maîtres de cette époque obscurcissaient la grammaire des subtilités de la dialectique et de la métaphysique, afin de ne pas paraître enseigner des puérilités.» Triste époque que celle où l'on commente les *disticha Joannis Garlandini*, et où l'on apprend par cœur le *Florista* et le *Floretus*! Le temps se consumait en frivolités: «Deinde quantum temporis peribat in sophistica, in supervacaneis dialecticorum labyrinthis?»[54]

Nul peut-être mieux que Juan Luis Vivès n'a su dénoncer la corruption et la décadence engendrées dans tous les arts et toutes les sciences, y compris la théologie, par la dialectique scolastique et la pratique de la dispute *pro et contra*. C'est que l'humaniste espagnol a étudié à Paris, de 1509 à 1512. Il est donc un témoin privilégié des ravages causés par les sophistes espagnols et français. Dans son pamphlet *In Pseudodialecticos* (1519), il reprend, en les approfondissant, les attaques élaborées, depuis Pétrarque, par tous les humanistes et pédagogues italiens du *Quattrocento*, L. Valla, L. Bruni, Vittorino de Feltre, Guarino de Vérone. Comme les maîtres italiens, Vivès attribue au langage une sorte de caractère sacré. Pour lui, comme pour eux, les dialecticiens sont des barbares non parce qu'ils raisonnent mal, mais essentiellement parce qu'ils ont corrompu la pureté de la langue de Cicéron, inventé un jar-

---

[52] *Erasme. Declamatio de pueris statim ac liberaliter instituendis*, Etude critique, traduction et commentaire par Jean-Claude Margolin, Genève, Droz, 1966, pp. 460–61.

[53] *Ib.*, p. 461 : Sed infelicior erat aetas, quae me puero modis significandi et quaestiunculis ex qua vi pueros excarnificabat, nec aliud interim docens quam perperam loqui. Nimirum praeceptores illi, ne puerilia docere viderentur, grammaticen, dialectices ac metaphysices difficultatibus obscurabant.»

[54] *Ib.*, p. 461.

gon obscur, perverti le sens des mots. D'un instrument de communication et de transparence, nécessaire à la vie harmonieuse de la Cité, ils ont fait un outil de domination intellectuelle et de perversion morale. Quel langage parlez vous, demande Vivès aux dialecticiens: «Jam de quo, quaeso, sermone est ista vestra dialectica? De Gallico ne an de Hispano? an de Gotthico? an de Vandalico? Nam de Latino certe non est. Dialecticus enim iis uti debet verbis, iis enunciationibus, quas nemo non intelligat, qui sciat linguam illam qua is loquitur, velut Latinam, si Latine se Dialecticus profitetur disserere, Graecam si Graece. At isti non dico non intelliguntur a doctissimis latine, cum se latine dicant loqui, sed interdum, ne ab hominibus quidem eiusdem farinae seu eiusdem potius furfuris. Sunt enim pleraque quae nosse nemo potest, nisi is qui confinxit: multa, quae tanquam Apollinis oraculo mire contecta et convoluta, explicatore aliquo et interprete divinae mentis egent.»[55] Admirable dialectique qui a inventé son propre langage et

___

[55] Dans l'édition de N. Episcopius, Basilae, 1555, le *Liber In pseudodialecticos* se trouve aux pp. 272 et ss. du Tome I. Dans l'édition de Valence, 1782–88, *ordinata a Gregorio Majansio*, aux pp. 37–68 du tome III (1782). Ce pamphlet mériterait d'être cité en entier. Donnons le ton. (p. 37): «Quibus [homines doctissimi et amantissimi mei] cum familiariter dum commentor, incidimusque in mentionem renascentium litterarum, et simul cum illis, hoc est cum suo seminario, disciplinarum omnium meliorum. Id enim fere agimus, ut gratulemur nostro saeculo, maxime queri illi solent Parrhisiis, unde lux totius eruditionis manare deberet, mordicus homines quosdam foedam amplecti barbariem, et cum ea monstra quaedam disciplinarum, velut sophismata, ut ipsi vocant, quibus nihil neque varius est, neque stultius...» (p. 38): «Ita eos pessime mereri aiunt de toto studio Parrhisiensi, ut qui illud infame apud gentes omnes reddant, quod enim est tam tritum hominum sermone proverbium quam illud: *Parrhisiis doceri juventutem nihil scire, atque adeo insane et loquacissime delirare*? reliquis omnibus in studiis, etsi sunt vana et futilia nonnulla, esse tamen solida multa. In unis Parrhisiis vix esse nisi nugacissimas nugas...» On voit quelle est la réputation de Paris aux yeux d'un humaniste du XVIe siècle. Il faut avoir ces précisions en tête pour apprécier l'ironie rabelaisienne quand elle s'exerce sur Gargantua. Le passage cité dans le texte: p. 40 de l'édition de Valence; p. 273 de l' éd. de Bâle. Cette question du langage est essentielle pour Vivès. Il ne cesse d'y revenir. (p. 41): «An putat quispiam Aristotelem suam dialecticam ad sermonem, quem ipse sibi confinxerat, et non potius ad vulgarem illum Graecum, quem totus populus loquebatur, accommodasse? Mira profecto istorum dialectica, cuius sermonem, quem ipsi Latinum esse volunt, Cicero, si nunc resurgeret, non intelligeret, quod non minus profecto vicium in dialectica est, quàm si in grammatica, si in rhetorica sermone quisquam utatur, quem ipse sit commentus, non quo ceteri homines utantur. Sunt enim hae tres artes de sermone, quem a populo accipiunt, non ipsae tradunt. Nam prius fuit sermo latinus, prius graecus, deinde in his formulae grammaticae, formulae rhetoricae, formulae dialecticae, observatae sunt, nec ad illas detortus est sermo, sed illae potius sermonem sunt secutae, et ad eum sese accommodarunt. Neque enim loquimur ad hunc modum latine, quia grammatica latina ita jubet loqui, quin potius è contrario, ita jubet grammatica loqui, quoniam sic Latini loquuntur. Res eodem modo se habet in rhetorice et dialectice, quarum utraque in eodum sermone versatur, quo grammatica: unde est illud verum et falsum praesupponere congruum: dialectica itaque in hoc vulgari, et qui est omnium in ore sermo, verum falsum, probabilitem invenit, rhetorice vero ornatum, splendorem, gratiam...» (pp. 42–43): «praecepta dialectices non minus quam grammatices atque rhetorices, ad usum loquendi communem aptanda sunt. Verum isti qui Sophistae nominantur, quoniam ingenium eis deerat, et eruditio, qua quidvis auditori et contra disputanti verisimiliter probare possent, idque vulgaribus notisque vocabulis atque orationibus, quibus unusquisque uti debet tamquam

que Cicéron, s'il revenait sur terre, ne comprendrait plus! Qu'est-ce qu'un langage que personne ne comprend? En ce domaine, la règle des règles est bien, comme l'a dit Rabelais à propos de l'écolier limousin, de «parler selon le langaige usité,» et «d'éviter les motz absurdes en pareille diligence que les patrons de navires évitent les rochiers de la mer.» Il est vrai – c'est un adage dialectique – que «les voix signifient à plaisir.»[56] Mais du plaisir de qui s'agit-il? De celui des maîtres de l'authentique *latinitas*, Cicéron, Quintilien, Boèce? ou de celui de Petrus Hispanus qui avec ses *suppositiones, amplificationes, restrictiones, appellationes* et autres *exponibilia* a forgé un verbiage monstrueux duquel,

numis quibus publica forma est, quod erat verum dialectici munus, confinxerunt ipsi sibi nescio quos vocabulorum significatus, contra omnem hominum consuetudinem et usum, ut tunc vicisse videantur, cum non intelliguntur. Nam cum intelliguntur, tunc plane nihil frigidius, nihil dementius fieri posse omnes vident: ita turbato eo, quicum certant, mira et inusitata vocabulorum forma atque ratione, miris suppositionibus, miris ampliationibus, restrictionibus, appellationibus, ipsi tunc sibi ipsis nullo publico consilio atque sententia decernunt triumphum de hoste novis verborum praestigis turbato, non victo.» (p. 44): «Inviderunt scilicet isti homines mathematicis, quod illi soli litteris uti viderentur, ideo et ipsi quoque totum alphabetum suos in usus transtulerunt, ut nemo sit cum haec videat, qui possit negare ejusmodi homines esse litteratissimos. Verum cum ad mathematica pergunt, si hoc unquam deus illis tribuit, offenduntur nonnihil, quod quid sibi elementa illa velint, parum sciunt...» (p. 44): «quis, nisi eorum stultitia et perversitas, jubet eos ad eum modum intelligere contra omnem usum rationemque loquendi? Deinde quamvis ita concipiant, insolenter, atque adeo parum humane agunt, si sermone sibi noto proferant, et non aliorum more.» (p. 45): «Tum etiam, quis non videt artes, quae de sermone sunt, non ea tractare, neque curare, quae unusquisque vel delirans, vel ineptiens, sibi confinxit, sed ea quibus homines omnes utuntur, qui sermonem illum loquuntur?... *Quaestio est de verbis*, inquiunt. Tunc quoque si quis conqueratur, de verbis erit quaestio, quam vos gravissimi philosophi, quum de dialectica disputetis, contemnere vos dicitis, perinde ac dialectica, naturalis, vel moralis esset philosophia, quae modo rem, et sensa teneat, negligit verba, et non potius sit ars, quae non de rebus aliis quam de verbis disputat, quasi vero tota vestra Sophistica illa disciplina aliud quicquam sit, quam captiones ex depravatis verborum significationibus...» Je livre ces extraits, dont l'actualité est grande, à la méditation d'une certaine critique moderne. L'imposture, on le voit, n'est pas nouvelle.

[56] *Ib.*, t. III, p. 47: «Et hoc loco subinde illud detortis nutibus magno cum fastidio objectant [sophistae]: *Nomina significant ad placitum*: sane ita est: sed videndum est tamen ex quorum placito et voluntate nomina significent.» A rapprocher du *Tiers Livre*, XIX, p. 140: «Rien moins, respondit Pantagruel. C'est abus dire que ayons languaige naturel. Les languaiges sont par institutions arbitraires et convenences des peuples; les voix (comme disent les dialecticiens) ne signifient naturellement, mais à plaisir.» Les dialecticiens le disent en effet. Ainsi Pierre d'Espagne (Tractatus primus, f° 3 v° et ss.) donne d'abord la définition du son («sonus est quicquid per se et proprie ab auditu percipitur»), puis celle de la *voix* («Sonorum, alius vox, alius non vox... Vox est sonus ab ore animalis prolatus, naturalibus instrumentis formatus»). Puis encore: «Vocum alia significativa, alia non significativa. Vox significativa est illa, quae auditui nostro aliquid representat, ut homo, equus, vel gemitus infirmorum, qui significat dolorem. Vox non significativa est illa, quae auditui nostro nihil representat, ut *bu, ba, baf*.» Et enfin, la dernière distinction: «Vocum significativarum alia significat *naturaliter*, alia *ad placitum*. Vox significativa naturaliter, est illa, quae apud omnes homines idem repraesentat, ut latratus canum, et gemitus infirmorum. Vox significativa ad placitum est illa, quae ad voluntatem primi instituentis aliquid repraesentat, ut homo, hominem, equus, equum.» Voir aussi, dans la *Dialectica* d'Abélard, éd. de Rijk (p. 114), le chapitre *Quae voces naturaliter, quae ad placitum significant*. Ce passage du *Tiers Livre* est central pour la compréhension de la philosophie pantagruélienne du langage. Nous y reviendrons.

comme du cheval de Troie, sortent l'incendie et la destruction des belles lettres et du beau langage? «An quia Petrus Hispanus, qui latine
inscientissimus fuit, somniavit, idcirco et verus erit? perinde ac posset
aliquis διάλεκτου alicuius sermonis, unde dicta est διαλεκτική, docere, qui
sermonem illum ignoret»?[57] Langage de spécialiste, répondent les
dialecticiens, langage scientifique qui permet d'introduire dans les
études une *rigueur* qui leur est nécessaire.[58] En fait, rétorque Vivès, il
s'agit moins de faire progresser un art vers la rigueur que de jeter de la
poudre aux yeux d'un public ignorant, et de vaincre plus aisément un
adversaire désorienté par un jargon hermétique. Lorsqu'on parle clairement et correctement, l'équivoque est impossible, le raisonnement
sophistique est sans prise. Pour désarçonner l'adversaire, il faut donc
commercer par embrouiller ce qui est clair, pervertir systématiquement
le sens des mots, en inventer de nouveaux que personne ne comprend,
hors celui qui les a forgés. Par ce moyen, le sophiste s'assure les armes
nécessaires à une victoire *apparente* sur la vérité. Il acquiert de l'importance, car l'esprit est toujours poussé à admirer ce qu'il ne comprend
pas. Il ne faut donc pas s'étonner que les dialecticiens fassent de leur
«art» une fin en soi, alors qu'il ne devrait constituer qu'une étape dans
l'acquisition du savoir, qu'il ne devrait pas être assimilé pour lui-même,
mais pour servir d'instrument aux autres sciences, dont il constitue
la propédeutique. La dialectique, comme les autres arts libéraux, disait
déjà Pétrarque, «est un moyen et non point une fin, et c'est folie d'en
rester là, alors que la vie nous presse, et que d'un jour à l'autre la mort

---

[57] *Ib.*, t. III, p. 49: «at hunc [le bon latin] abs quibus auctoribus petunt homines ignari?
Non a Cicerone, non a Quintiliano, non etiam a Boëtio, hominibus latinis, quibus credi
latinis in rebus oportet, sed a Petro Hispano, seu si quis fuit alius ante ipsum, nam de hoc
parum video constare, qui confinxit eis suppositiones, ampliationes, appellationes, exponibilia, ex quibus rebus, tamquam ex equo Trojano, totius sermonis et omnium bonarum
artium incendium atque ruine exorta sunt. O miserum Ciceronem! miserum Quintilianum!
miserum Boëtium! miserum Capellam! si vim sermonis latini melius novit Petrus Hispanus,
quàm ipsi omnes! Quis unquam ejusmodi rigorem traditit, qui latine scierit? An quia Petrus
Hispanus...» etc.
[58] *Ib.*, t. III, p. 48: «ac volunt [Sophistae[quidem *rigorem* hunc a solis dialecticis et ntelligi,
et peti, et quamlibet nihil magis habeant in ore quam *rigorem*, moriar tamen, si ullus illorum
scit quid est hic *rigor*, et ubi sit est; sed ut intelligant quod ipsi omnes ignorant, prudentiusque
posthac et aptius uti possint ipso *rigore*, docebo eos quid sibi velit *rigor* hic, quem toties in ore
habent... est ergo hic *rigor* ipsa exacta et inflexa loquendi norma, nam tanquam res dura,
infracta, et semper recta, appellatus est *rigor*, quam bene, illi viderint qui primi sic appellarunt: est ergo, ut apertius eloquar, ipsa proprietas, ipsa expressa, nativa, et germana vis, ipse
rectus, verusque sensus orationum latinarum... (p. 50): «Et protinus atque identidem (si
diis placet) illud objectant: *Loquamur in rigore*: loquantur potius in frigore... quasi vel scirent
ipsi quid sit *rigor*, vel ipsorum esset, etiam si scirent, diffinire *rigorem*, et veram germanamque vim illius linguae cuius sunt prorsus inscii... An est aliquis tam effrictae frontis, tam
perditae impudentiae, qui dicere audeat credi magis debere Petro Hispano in vi sermonis latini quam principi totius eloquentiae Romanae? Ergo *rigor* hic ab hoc petendus est, non a
Petro Hispano, atque aliis Sophistis...»

peut nous apporter une conclusion inattendue à ce raisonnement dont nous nous obstinons à ne pas dépasser les prémisses.»[59] Mais le sophiste s'y enferme, car elle est l'arme du triomphe personnel et du despotisme, le moyen de satisfaire sa *libido dominandi*. C'est pourquoi il passe son temps à disputer lui-même et à faire disputer ses écoliers, au détriment des autres arts, en particulier de la grammaire. L'adage «bon grammairien, mauvais logicien» vient d'un maître de Vivès, Jean Dullard: «Quoties illud mihi Johannes Dullardus ingessit: Quanto eris melior grammaticus, tanto peior dialecticus et theologus.»[60] Le dialecticien méprise l'art de bien parler, il laisse ce soin à ceux qu'il appelle dédaigneusement les *Poètes*. Il ne se soucie pas des mots – il le prétend – mais des idées.[61] Il ne recherche pas la correction et la beauté de l'expression, mais son efficacité immédiate. Il n'entend pas habituer ses

[59] Pétrarque, *Secretum*, II. Cité par R. Marcel, «Le Platonisme de Pétrarque à Léon l'Hébreu,» *Congrès de Tours et Poitiers de l'Association Guillaume Budé* (1953), Société d'édition «Les Belles Lettres,» p. 307. Vivès exprime la même idée dans son *Liber in pseudodialecticos* (p. 58): «ars enim est dialectica, quae non sua causa addiscitur, sed ut reliquis artibus adminiculum praebet, et quasi famuletur, idcirco non est in ea plus operae insumendum, quàm satis est ad ceterarum artium ministerium, quod dialectica exercet; nam qui multam diem in dialectica conterit, nec ad alias scientias se confert, non secus facit quam qui comparato cribo, quo farina excernat, panesque conficiat, in eo aptando componendoque plus aequo immoratur... Quis ferat pictorem in componendo penicillo, in terendis coloribus, sutorem in acubus, in subulis, smiliis, ceterisque cultris acuendis, in torquendo incerandoque filo, in setis illi addendis, totam aetatem consumere?»

[60] *Joannis Ludovici Vivis... de disciplinis libri XX*, Antverpiae, Michael Hillenius in Rapo, 1531 (B.N. R 1293). *Ioannis Ludovici Vivis Valentini De Disciplinis libri XX*, Coloniae, apud I. Gymnicum, 1536 (3 tomes en 1 vol., B.N. Z 19084). Une troisième édition, 1551, Lugduni apud Frellonium (B.N. Z 19085). J'ai surtout utilisé l'édition de 1536: Tomo primo continentur septem libri *de corruptibus artibus*. Secundo tomo libri *de Tradendis disciplinis*, sive de Doctrina Christiana quinque. Tertio tomo *de Artibus* libri octo. Le mot de Dullard apparaît au liber secundus (quid est de grammatica) du *De causis* (tome I, p. 77): «Quoties illud mihi Joannes Dullardus ingessit: quanto eris melior grammaticus, tanto peior dialecticus, et theologus: quasi vero non sit Latinus, et Graecus sermo multo quàm ipsorum balbissima barbaries facundior et copiosor, et non maximi viri de artibus omnibus quanto quàm nunc accuratius, et rectius inferius scripserint sermone? Sed haud dubie nova prodigia, quidificatio, realitas, identificatio, quiditative, ecceitas, et similia vetere elegantia explicari nequeunt...» Vivès ne peut, en bon humaniste, accepter ce mépris du beau langage et de la grammaire. Dans son pamphlet *in Pseudodialecticos*, il écrivait déjà (p. 56): «Si quid paullo cultius scriptum est, quodcunque sit eius argumentum, illud (tam inscii et stupidi sunt) non philosophiam, non theologiam, non ius, non medicinam, sed grammaticam vocant, Ciceronis vel Officia, vel Paradoxa, vel Tusculanas quaestiones, vel Academicas, grammaticam esse dicunt; solum id quod ipsi faciunt, quia regulis grammaticis subditum non est, omnibus sermonis sordibus mire redundans, grammatica non est...»

[61] *De Causis*, Liber I (De corruptis artibus in universum), p. 21 de l'édition de 1536: «Isti ipsi qui negant se de verbis esse sollicitos, quot locis hallucinantur ignoratione verborum? quoties eis hariolandum? quam multum se torquent? Quam plausibiliter dixit Bartholus, *De verbis non curat Iurisconsultus?* De quibus ergo rebus movent tam multas quaestiones, nisi de verbis legis?» On a vu (cf. *supra*, note 39) qu'un certain Antonius N., *Medecinae quasi doctor, id est Licentiatus*, reproche à Érasme d'être un piètre théologien qui «laborat tantum circa *verba*, et non gustat *res* ipsas interiores.» Et un autre homme non moins obscur, Bernhardus Gelff *unus ex minimis* (II, 28, p. 192) fait remarquer que «*theologi non curant grammaticam quia non est de sua facultate.*»

«écoliers» à une investigation sereine du vrai, ni leur donner une véritable formation intellectuelle et morale. Il veut en faire des *Batallarii*, et les enrégimenter dans la milice scolastique.[62] Alors même qu'il ne sait pas encore parler, dit Vivès, l'enfant apprend à disputer sur tout et partout, même des sujets les plus transparents. Les gladiateurs romains ne s'entraînaient pas aussi sévèrement que ces apprentis-dialecticiens dans leurs simulacres de combat. Cette défense habile de l'erreur détruit tout sens moral, engendre la superbe, l'arrogance, la vanité et le dédain chez le vainqueur, l'humiliation, le désir de revanche et la haine chez le vaincu: «Puer ad scholam deductus primo confestim die jubetur disputare... Nec una altercatio uno sufficit die: sub prandium altercantur, pransi altercantur, sub cenam altercantur, cenati altercantur, domi altercantur, foris altercantur, in convivio, in balneo, in vaporario, templo, urbe, agro, in publico, in privato, omni loco, omni tempore altercantur.»[63]

Dans son livre *De Causis corruptarum artium* (1531),[64] Vivès esquisse l'histoire de la naissance et du développement des arts, et expose les raisons de leur corruption. Il en distingue plusieurs: les passions désordonnées (notamment l'amour du soi, le désir de la gloire), les invasions barbares, les guerres, la soumission aveugle à l'autorité des anciens, et enfin, la pratique pervertie de la *disputatio*.[65] Car la dialectique est un

---

[62] *Linguae Latinae exercitatio*, tome I des *Opera Omnia* de 1782, pp. 283–408. Dialogue *Schola* (pp. 334 et ss.): «Et *tyrones* et *batallarii* ex militia sunt nomina desumta. *Tyro* vetus est verbum, de eo qui in militia exerceri incipit: *batallarius* Gallico nomine dicitur is miles, qui jam semel praelio (quod illi *battalam* vocant) interfuit collatis signis, et manum conseruit cum hoste: ita in palaestra litteraria batallarius coepit nuncupari Lutetiae is qui publice de arte quapiam disputasset.» Dans son *De Causis* (I, p. 42), Vivès remarque de même que «in hanc opinionem populus cucurrit finem discendi esse disputare, ut militiae conflictum...» Dans sa diatribe contre les théologiens (*Stultitiae Laus*, LIII), Erasme conseille aux chrétiens d'envoyer contre les Turcs et les Sarrasins la *militia scholastica*, les «clamosissimos Scotistas, et pertinacissimos et invictos Albertistas una cum tota Sophistarum manu.»

[63] *De Causis*, liber I, p. 42: «Puer, ad scholam deductus, primo confestim die jubetur disputare: et docetur jam rixari, qui fari nondum potest. Idem in Grammatica, in Poëtis, in Historicis, in Dialectica, in Rhetorica, in omni prorsum disciplina. Miretur aliquis, qui possint in rebus apertissimis, simplicissimis, primis? Nihil est tam liquidum, tam clarum, quod quaestiuncula aliqua velut vento excitato non perturbent... Non toties sub lenone rixantur meretriculae, aut sub lanista dimicant gladiatores appetente munere: quoties isti sub magistro philosophiae.» Le résultat de cette *guerra*? «Victoris gloria et arrogantia, tanquam in cruente bello; et victi pudor, atque invidentia. Victor non se imperitum aliquem et mucosum vicisse reputat, sed cunctam scholam: reliquos omnes tanquam è curru quodam triumphi despicit...»

[64] L'édition de 1531 du *De Disciplinis* (Excudebat Antverpiae Michael Hillenius in Rapo, Anno M.D.XXXI. Mense Julio) consacre son premier tome au *De Causis*: «Tomo primo continentur septem libri de corruptis artibus.» Ces sept livres sont: Primo libro de corruptis artibus in universum. Secundo de corrupta grammatica. Tertio de corrupta dialectica. quarto de corrupta rhetorica. Quinto de corrupta Philosophia naturae. Sexto de corrupta Philosophia morum. Septimo de corrupto iure civili.»

[65] Livre I du *De Causis*: De corruptis artibus in universum.

instrument indispensable à l'acquisition non seulement des autres arts libéraux, mais aussi des sciences supérieures comme la philosophie, la médecine, le droit, la théologie. Si donc cet «instrument» universel est corrompu, c'est tout l'édifice du savoir qui l'est. La corruption est particulièrement grave dans le domaine de la théologie, où il s'agit de la Parole de Dieu: car «à trop discuter, la vérité se perd.»[66] Les théologiens se sont pourtant laissés gagner par cette gangrène intellectuelle et morale. La Faculté des Arts de l'Université de Paris, consultée en 1530 sur l'opportunité d'une réforme de l'enseignement (le problème n'est pas nouveau), accuse sa consœur la Faculté de Théologie d'enseigner «je ne sais quelle sophistique et dialectique nouvelle» au détriment de l'Evangile et des Premiers Pères de l'Eglise, faisant ainsi de l'Université entière, autrefois si glorieuse et si respectée, «un objet de risée pour les nations étrangères.»[67] Il y a certes là, de la part des Artiens, l'expression acerbe d'une jalousie et d'une rancune inavouées. L'art des arts devrait rester le monopole de la Faculté des Arts. Mais le reproche n'est pas nouveau. H. de Lubac rappelle par exemple que dès avril 1400, dans un mémoire à Pierre d'Ailly, le chancelier Jean Gerson dénonçait les «absurdes fictions» des théologiens parisiens, corrupteurs de la science sacrée, et déplorait la dérision dont ils étaient l'objet de la part des autres Facultés, qui les traitaient de «docteurs fantastiques.»[68] D'un siècle à l'autre, le tableau n'a donc guère évolué. La barbarie et

---

[66] Livre III du *De Causis* (De Dialectica corrupta): f⁰ 31 v⁰ et ss. de l'édition de 1531. La dialectique y est définie «instrumentum caeterarum»; sa corruption s'étend donc à toutes les branches du Savoir: «Nunc de dialectica disseramus. Nam ea est, cui statim à grammatica puer committitur: de qua mihi fusius est, et cum cura disputandum. Quoniam, ut est à plerisque sordide contrectata, sue occultata verius, multum contraxit squalloris, ac sordium, quam tamen conveniebat longe esse purissimam, atque integerrimam: nempe aditum, atque instrumentum aliorum studiorum et artium: ex qua depravata non parum aliae quoque, ut philosophia, medica ars, et theologia sunt contaminatae.» La citation du texte, *nimium altercando veritas amittitur*, se trouve au f⁰ 45 v⁰ (1531). Je citerai ici encore un passage qui me paraît très important. Vivès y définit sa vision des rapports que devraient entretenir les arts du *Trivium* (f⁰ 31 v⁰): «Ergo duas reliquas artes posuerunt de sermone. Dialecticam, quam *artem* disserendi vocat Cicero, Aristoteles logicam; et Rhetoricam, quam *artem* dicendi: quarum illa argumentum paucis et brevibus quasi puntulis colligat: haec vero dilatet, et accommodet causis, *judiciali, deliberativae, demonstrativae.* Idcirco Zeno Dialecticam manui dicebat esse similem contractae in pugnum, Rhetoricen vero eidem manui expansae in palmam: ut in hoc velut sermonis aedificio grammatica caedat ligna et lapides: Dialectica domum erigat: Rhetorica condat civitatem. Grammatica usque ad verborum coniunctionem progrediatur: Dialectica usque ad argumentationem: Rhetorica usque ad sermonem, et quod exactius est, orationem.»

[67] D'après du Boulay, *Hist. Univ. Paris.*, t. VI, p. 227: «Eodem mense Augusto cum Senatus Parisiensis Princeps mandasset Universitati ut suos in rem Reformationis conficeret articulos, Facultas Artium de Theologia conquesta est, quod omissis Evangeliis et ss. Ecclesiae Doctoribus, Cypriano, Chrysostomo, Hieronymo, Augustino et aliis, Sophisticen nesquio quam et Dialecticen quandam novam profiteretur.»

[68] *Exégèse Médiévale*, t. IV, p. 388.

les ténèbres gothiques règnent encore au XVIe siècle sur l'Université de Paris. On en reste, «suivant une expression de Lefèvre d'Etaples, «à la lie de la sophistique.» Rien de plus probant à cet égard que les renseignements contenus dans la *Correspondance des Réformateurs* rassemblée par Herminjard,[69] surtout si on les compare à cet autre recueil épistolaire, celui-là fictif, des *Hommes obscurs*,[70] amis de Gratius Ortuinus, Jakob von Hochstraten, et du juif rénégat Pfefferkorn, partisans des Dominicains et des Théologiens de Cologne. On comprend, à comparer ces deux sources, que les maîtres es arts, les théologiens et les moines de Cologne et d'ailleurs aient pu se demander si les *Epistolae Obscurorum virorum* n'étaient pas après tout authentiques et destinées à condamner les «Poetae graecae» et les infâmes «juristae.» C'est bien en effet la même réalité qui est peinte, et cette réalité dépasse souvent la fiction. En apprenant que maître Ortuinus Gratius, *poeta, orator, philosophus, necnon theologus, et plus si vellet,* entretient des relations coupables avec la femme de Jean Pfefferkorn, le Magister Noster Conradus de Zuiccavia justifie cette passion illicite à l'aide d'un enthymème sophistique: «Quia amor est charitas, et deus est charitas, ergo amor non malares: solvatis mihi illud argumentum.»[71] Il n'est partout question que d'Aristote, de Pierre d'Espagne, du *livre des Sentences,* de logique, de disputes, de clameurs et de syllogismes cornus. Les Magistri se déchaînent contre Reuchlin «qui facit propositiones scandalosas et offensivas piarum aurium, ut probavit Joannes Pfefferkorn,» et a osé, lui, misérable ignorant, «poeta saecularis et praesomptuosus,» se dresser contre le grand Hochstraten en personne, sans être «fundatus in Theologia speculativa, nec qualificatus in Aristotele, aut Petro Hispano.»[72] Toutes les épîtres proposent à Ortuinus un sujet de *disputatio*. Magister Warm-

---

[69] *Correspondance des Réformateurs dans les pays de langue française*, recueillie et publiée... par A. L. Herminjard, Genève – Paris, 1866–1897. (*reprint* Nieuwkoop/B. de Graaf, 1965).

[70] *Epistolae obscurorum virorum: the latin text with an english rendering, notes, and an historical introduction* by Francis Griffin Stokes, New Haven (Yale Univ. Press), London (Chatto et Windus), MDCCCCXXV. Un chef-d'œuvre satirique, qui annonce le meilleur Rabelais.

[71] *Epistolae,* I, 13, pp. 38–40. Le zélé Conradus est un casuiste et un ergoteur de premier ordre: «Sed etiam si fecisset, vel faceret sicut non credo, tamen non esset propterea ita malus, quia humanum est errare... Ego scio bene quod non est bonum: sed tamen etiam in sacra scriptura reperitur, quod aliqui sic peccaverunt, et tamen fuerunt salvati. Sicut Samson qui dormivit cum una meretrice, et tamen postea spiritus domini irruit in eum. Et possum contra vos arguere sic: «Quisquis non est malevolus, recipit spiritumsanctum: sed Samson non est malevolus: ergo recipit spiritumsanctum.» Maiorem probo, quia scriptum est: «In malevolam animam non introibit spiritus Sapientiae»: sed spiritussanctus est spiritus sapientiae; ergo. Minor patet, quia... etc.» De l'emploi du syllogisme (!) pour justifier la *fornicatio*.

[72] *Ibid.,* I, 11; lettre de Cornelius Fenestrificis (pp. 31–35). «Venerande domine magister, ego habeo hic multas rixas et guerras a malis viris qui praesumunt esse docti, et tamen non didicerunt logicam, quae est scientia scientiarum.»

semmel et Magister Delitzsch disputent pour savoir si on doit dire
«magister nostrandus» ou «noster magistrandus»: «igitur ego proposui
mihi, dit le correspondant, movere unam quaestionem in qua dubium
habeo ad denominationem vestram.»[73] Ou encore: «est una notabilis
quaestio quam peto seu rogo determinari a vestra magistralitate.»[74]
«Si haberem pecunias et substantiam magnam, dit un autre, tunc vel-
lem dare vobis unam notabilem propinam, credatis mihi firmiter, quod
solvatis mihi istam quaestionem quam propono.» Il s'agit en l'occurrence de savoir s'il est nécessaire au salut éternel que les *scholares* appren-
nent la grammaire chez les «poètes» comme Virgile, Tulle ou Pline.
L'opinion de M. N. Petrus Hafenmusius est digne d'être rapportée. En
toute naïveté, avec une inconscience superbe, le fou monte en scène
pour exposer sa folie. Rabelais s'est souvenu dès le *Pantagruel* de
cette méthode d'exposition satirique, essentiellement dramatique.
Et Pascal ne fera pas mieux avec son père jésuite lecteur d'Escobar et
des docteurs graves:

«Videtur mihi quod non est bonus modus studendi. Quia, ut scribit
Aristoteles primo Methaphysicae: 'Multa mentiuntur Poetae'; sed qui
mentiuntur, peccant, et qui fundant studium suum super mendaciis,
fundant illud super peccatis. Et quicquid fundatum est super peccatis,
non est bonum, sed est contra deum, quia deus est inimicus peccatis.
Sed in poetria sunt mendacia; et ergo qui incipiunt suam doctrinam
in poetria, non possunt proficere in bonitate; qui mala radix habet super se malam herbam, et mala arbor profert malum fructum, secundum
evangelium, ubi dicit salvator: 'Non est arbor bona quae facit fructum
malum.' Etiam bene adhuc memora illam doctrinam, quam dedit mihi semel magister noster Valentinus de Geltersheim in bursa Montis,
quando fui suus disciplus, et volui audire Salustium. Et dixit, 'quare
vis audire Salustium, tu dischole?' Tunc ego respondi, quod magister
Ioannes de Vratislava dixit, quod discimus bona dictamina facere ex
talibus poetis. Tunc ipse dixit: 'est fantasia, sed tu debes bene advertere
in partibus Alexandri, et epistolis Caroli, quae practicantur in aula
grammaticorum; ego nunquam audivi Salustium, et tamen scio dictamina facere metrice et prosaice.' Et sic magister noter Valentinas

---

[73] *Ibid.*, I, 1, pp. 3–8. Lettre de Thomas Langschneyderius, *baccalaurius theologiae formatus quamvis indignus*. La dispute a lieu lors d'un *prandium Aristotelis* (repas d'*Inceptio* donné par les nouveaux promus aux anciens). M. N. Warmsemmel est «Scotista subtilissimum» et «habet multos discipulos, parvos et magnos, senes cum iunioribus.» Son adversaire, Andreas Delitzsch est «multum subtilis et pro parte est poeta, et pro parte est artista, medicus et jurista»; il consacre ses *ordinaires* à lire Ovide, et à exposer toutes les fables des *Métamorphoses allégorice* et *litteraliter*. Un affrontement homérique.

[74] *Ibid.*, I, 6, pp. 19–21, Nicolaus Caprimulgius.

fecit quod ego nunquam studui in poetria. Et isti humanistae nunc vexant me cum suo novo latino, et annihilant illos veteres libros, Alexandrum, Remigium, Ioannem de Garlandia, Cornutum, Composita Verborum, Epistolare magistri Pauli Niavis, et dicunt ita magna mendacia quod ego facio crucem pro me quando audio...»[75]

Pour sa part, magister noster Antonius Rubenstadius propose ce grave problème: «utrum doctor in jure teneatur facere reverentiam magistro nostro qui non incedit in habitu.» La réponse est affirmative car *magistri sunt in loco apostolorum*.[76] Et l'escolier Nicolaus Luminatoris prévient maître Ortuinus qu'il va disputer «de illa materia, utrum materia prima sit ens in actu, vel potentia,»[77] tandis qu'à Heidelberg un champion des *Antiqui* soutient contre les *Moderni* «viginti quaestiones et sophismata... videlicet utrum deus sit in praedicamento, utrum essentia et existentia sint distinctae, utrum rollationes a suo fundamento sint distinctae, et utrum decem praedicamenta sint realiter distincta.»[78] Pour être du clan des maîtres, il faut connaître Lombardus, Hispanus les *Parva Logicalia*, le *Doctrinale*, l'*Exercitium Puerorum*, l'*Isagoge* de Porphyre, *Les Formalitates et distinctiones Scoti* de Brulifer, le *De modis significandi*, le *Catholicon*, les *Auctores octo morales*, être un *subtilis disputator in via Scotistarum vel Albertistarum*, savoir former un syllogisme *in Baroco aut Celarent*: «ego arguo quod tu sis asinus: Primo sic: Quicquid portat onera, est asinus: tu portas onera; ergo es asinus. Minorem probo, quia tu

---

[75] *Ibid.*, I, 7, pp. 21–24. Petrus Hafenmusius: «an est necessarium ad aeternam salutem, quod scholares discunt grammaticam ex poetis saecularibus, sicut est Virgilius, Tullius, Plinius, et alii?» Le passage cité se trouve pp. 21–22.

[76] *Ibid.*, I, 26, pp. 69–70: «Venerabilis domine Magister, sciatis quod pronunc non habeo tempus ad scribendum de aliis rebus non valde necessariis, sed tantum respondeatis mihi ad unam quaestionem quam si propono: utrum... etc» En ce qui concerne le *magistri sunt in loco apostolorum*, voir I, 1, pp. 5–6: «Sed quia doctores in sacra theologia non dicuntur doctores, sed propter humilitatem et etiam sanctitatem, et propter differentiam nominantur seu appellantur magistri nostri, quia stant in fide catholica in loco domini nostri Iesu Christi qui est fons vitae; sed Christus fuit nostrorum omnium magister: ergo ipsi appellantur magistri nostri, quia habent nos instruere in via veritatis...»

[77] *Ib.*, I, 39, p. 101: «cras debeo arguere in disputatione bursali,» confie le béjaune tyro à Magister Ortuinus.

[78] *Ibid.*, I, 46, pp. 114–118. Iohannis Currificis Ambachensis. Citons d'autres sujets de *disputatio*: qui est le plus saint, de Saint Dominique ou de Saint Thomas? (II, 47). Que penser d'un quidam qui mange le vendredi un œuf avec un poussin dedans? (II, 26). Quelles sont les raisons qui ont poussé Ortuinus à intituler son recueil Epist. *Obscurorum virorum*? (II, 1). Quelle est l'origine du nom *Gratius*, des fameux romains *Gracchi*, ou de la grâce divine? (II, 61). Un bachelier en droit doit-il précéder un maître es arts dans les processions solennelles? (II, 60). Sujet d'une grave dispute *quodlibetique* (quaestio multum subtilis): «Quidam dicunt quando Iudaeus fit Christianus, protunc renascitur sibi praeputium, quae est cutis praecisa de membro virili in nativitate per legem Iudaeorum. Et illi sunt de via theologarum, et habent prae se magistrales rationes... Sed alii volunt quod illa opinio non potest subsistere, et habent pro se Plautum, qui dicit in sua poetria quod facta infecta fieri nequeunt. Ex hoc dicto probant, si aliquem partem corporis Iudaeus amisit in sua Iudaitate, non recuperat illam in sua religiositate» (I, 37, pp. 95–96).

portas istum librum.»[79] Il faut composer «per utrum et contra, et Arguitur, et Replica, et per conclusiones,»[80] ne pas écrire en grec ou en hébreu ni en latin de poète: en effet, «theologi non curant grammaticam quia non est de sua facultate»;[81] et «tales litterae (graecae et hebraicae) non curantur a theologis.»[82] On ne cesse de vilipender les humanistes,

[79] *Ibid.*, II, 10, pp. 154–155. M. N. Bartholomaeus Kuckuk y prend à partie un *jurista praetensus* et *superbus*, qui sait le grec («sed graecum non est de essentia Sacrae Scripturae»), mais ignore sans doute «unum punctum in libris Sententiarum,» et ne sait pas, *quia non est logicus*, «formare unum Syllogismum in Baroco aut Celarent.»

[80] *Ibid.*, I, 48, pp. 121–124: Lettre de Iacobus de Altaplatea (Jacob van Hoogstraeten). Erasme devrait se conformer à l'usage: «faciat se conformem nobis Theologis in nomine centum diabolorum, et scribat... sicut fecerunt omnes Theologi.» Mais il a l'audace d'écrire en grec (!): «Ipse scripsit etiam graece, quod non deberet facere: quia nos sumus latini et non graeci. Si vult scribere quod nemo intelligat, quare non scribit etiam Italicum et Bohemicum et Hungaricum...?»

[81] *Ibid.*, II, 28, p. 192. Il s'agit de défendre Pfefferkorn, accusé d'hérésie pour avoir appelé le pape (Pap*a*m) «ministr*a*m domini,» *quasi sit femina*: «Respondeo quod Io. P. [fefferkorn] qui non est bonus grammaticus et non intelligit latinum, putavit quod Pap*a* est generis feminini, sicut Mus*a*: quia ut ipse audivit ab aliis: 'Nomina in *a* sunt generis feminini exceptis excipiendis'... Unde patet quod Io. P. in praesenti tractatu scribit sicut Theologus.» Sur le même thème, voir Erasme, *Stultitiae Laus*, LXIV (édit. Kan, pp. 171–72): il y rapporte qu'un vieux théologien (Supercilio teste theologus, Senex quidam severus) a confondu lors d'un *disputatio* sorbonique *devita* et *de vita* («Haereticum hominem post unam et alteram correptionem *devita*»).

[82] *Ibid.*, II, 33, p. 205: lettre de Petrus Lapp: «Etiam deberent M. nostri facere mandatum quod nullus jurista vel poeta aliquid scriberet in Theologia, et ne introducerent illam novam latinitatem in sacrosanctam Theologiam, sicut fecerunt Io. Reuchlin et quidam ut audio qui appellatur Proverbia Erasmi[!]: quia non sunt fundamentales in ea: et possibile est quod nunquam disputaverunt publice vel tenuerunt conclusiones sicut est mos... Ergo rogo vos quod velitis rogare illos doctissimos viros de quibus scribitis, quod disponant disputare contra illos novos latinisatores... Et si dicunt quod sciunt litteras graecas et hebraicas, habetis respondere, quod tales litterae non curantur a Theologis. Quia sacra scriptura sufficienter est translata et non indegimus aliis translationibus. Et potius non debemus discere tales litteras propter despectum Iudaeorum et Graecorum...» Pour simpliste qu'il apparaisse, ce genre de raisonnement est cependant défendu par les Sorbonicoles. Dans son *Historia Univ. Paris.* (t. VI, pp. 239 et ss), Du Boulay rapporte les poursuites entreprises en décembre 1533 par Béda contre les «lisans du Roy» Danès, Vatable, Paradis et Guidacier, afin de les empêcher de *lire* et d'interpréter en public les textes de la Sainte Ecriture. Béda se défend de vouloir empêcher l'étude du grec ou de l'hébreu. Il ne cherche qu'à protéger l'orthodoxie. Il craint en effet que les humanistes, «qui peut estre n'entendent la théologie, ne derogent à la translation de la Sainte-Escripture dont use l'Eglise Romaine et occidentale»; que des gens «sçavans en sciences humaines» seulement, et qui sont, cependant, comme «Erasme, Fabry et aultres,» corriger la dite traduction, «ne fassent une grande playe en la Chrestienté.» D'autant plus, ajoute-t-il, «que les livres Grecs ou Hebrieux en la Sainte-Escriture viennent la pluspart des Allemagnes, où peuvent avoir esté les Livres changez...» En conclusion, Béda laisse à comprendre «qu'il n'appartient à simples rhétoriciens et grammairiens interpréter les Saintes Lettres.» Car «pour interpréter et traduire les Saintes Lettres, ne suffit la science des langues Hebrées et Latines, sed requiritur qualitas superioris disciplinae, qui est la Theologie.» *Ne sutor ultra crepidam*, dit Béda. C'est contre cette attitude que Vivès s'insurge dans son *De Causis* (II, 3): «Acriter refutatur eorum opinio, qui linguarum Latinae et Graecae, peritiam damnant, quod illis dicant ad haeresim homines vi quadam trahi... Nec satis illis fuit haec ignorasse et ab eorum cognitione arcuisse alios pro virili parte sua, etiam infamarunt teterrimi criminis, ne quis vellet propius accedere metu contagii: *Aiunt linguas, errorum esse quoddam velut seminarium*...» Ce ne sont pas les langues, dit l'humaniste espagnol, mais bien la dialectique qu'il faut incriminer: «at docti sunt, Graeci ac Latini sermonis, Lutherani et Lutherus ipse, quos Pontifex romanus, et Academiarum consensus

qui attirent à eux toute la clientèle estudiantine. L'université est désertée, les maîtres ne distribuent plus de diplômes, ils ne sont plus respectés comme en ce bon vieux temps où on ne lisait pas les poètes: «In Italia habetur pro vituperio quando aliquis est promotus in Almania in magistrum vel bacularium.»[83] Les collèges ne résonnent plus autant des clameurs et des rixes des disputes. L'insolence des humanistes est si grande que l'un d'entre eux a osé affirmer «quod unus poeta valet decem magistros, et quod poetae in processione deberent praecedere magistros et licentiatos.»[84] Il a même ajouté «quod magistri artium non sunt magistri in septem artibus liberalibus, sed potius in septem peccatis mortalibus.»[85] Scandale intolérable! Car les *Magistri nostri* – il faut le croire, puisqu'ils le disent – «stant in fide catholica in loco domini nostri Iesu Christi qui est fons vitae.»[86] Ecoutons-les définir le Maître, *se* définir: «est persona qualificata, promota et graduata in septem artibus liberalibus praecedente examine magistrali, privilegiata quod potest portare annulum aureum et sericum sub cappa, habens se ad suos discipulos sicut rex ad suum populum. Et magister dicitur quatuor modis: uno modo a *magis* et *ter*, quia magister ter magis debet scire quam simplex persona. Secundo dicitur a *magis* et *terreo*, quia Magister debet esse terribilis in conspectu suorum discipulorum. Tertio a *magis* et *theron*, id est status, quia magister in suo statu debet esse major quam sui discipuli. Quarto a *magis* et *sedere*, quia magister debet esse maior in sua sede quam aliquis suorum discipulorum.»[87] Mais tous ne sont pas d'avis que *omnis scientia est in cuculla.*[88] Certains audacieux voient dans les Artistes et les Théologiens «magni et superbi asini»: «quia non sciant tria aut quattuor verba latine loqui, et vah illae bestiae seducunt

damnavit: Auditis dialecticorum acumen? quid, num non etiam Lutherus dialecticus, et Sophista, et theologus scholasticus? et quidem magis quam Latinus, nam Graece nihil penitus noverat quum ad scribendum accessit, Latine parum admodum, et quae tuenda susceperat, dialecticâ, et argumentatiunculis tutatus est, non linguis... Cedo vero, est in studio vocum haeresis, an studio rerum? utrum est in voce haeresis, an in re? Stultum est in voce dicere: est ergo in sensu et re.»

[83] *Ibid.*, II, 58, pp. 253–55. Presque toutes les lettres en appellent à l'union sacrée contre «isti juristae et poetae qui volunt destruere totam facultatem Artistarum et Theologorum.» Cf. II, 46, p. 227.

[84] *Ibid.*, I, 17, pp. 47–51. Lettre de Ioannes Hipp.

[85] *Ibid.*, I, 17, pp. 47–48. 1. 14–20: «Et ipse legit Plinium, et alios poetas, et dixit quod magistri artium... non habent bonum fundamentum, quia non didicerunt poetriam, sed tantum sciunt Petrum Hispanum, et parva logicalia; et habuit multos auditores et domicellos.»

[86] I, 1, p. 6 (Voir *supra*, note 76).

[87] II, 23, p. 182. Cette admirable définition est de Bertholdus Hackstro, Magister artium Coloniensis.

[88] II, 63, pp. 263–269. Lettre de Ionnes de Schwinfordia, septenarum artium liberalium Magister.

plures innocentes juvenes qui postquam longam aetatem contrivere et quasi immersi in hac omnis barbariei nequam sentina, redeuntes in paternas aedes nihil praeter 'Arguitur, Respondetur, Quaeritur' didicere, quorum dii Tateretus, Versor, Perversor, Buridanus, Bruxellensis, et id genus similes turbae obscurae sunt… Ipsi autem non sciunt neque latinas, neque graecas, neque hebraicas literas, ut possint scripturas intelligere. Et ergo relicta vera et origenali Theologia, nihil amplius faciunt nisi quod disputant et argumentantur et movent inutiles quaestiones.»[89] Ils perdent ainsi en arguties un temps précieux qu'ils pourraient consacrer à la cause de Dieu, en allant par exemple de par le monde prêcher sa Parole. Mais Dieu a suscité d'autres docteurs qui, abandonnant ces «cavillations» scolastiques, ont heureusement restitué, à l'aide d'une connaissance approfondie des langues grecque, hébraïque, et latine, l'antique et vraie théologie. Ce qu'Erasme a fait pour Saint Jérôme et pour le Nouveau Testament, osent-ils affirmer, est d'une utilité plus grande «quam si viginta milia Scotistae vel Thomistae centum annos disputarent de Ente et Essentia.» Au total, «Theologia Coloniensium potius est philosophia, idest Ars Sophistica, quam Theologia dicenda, quia nihil aliud est quam garrulitas diabolica et inanis loquacitas.»[90]

Ce jugement sévère demeure vrai lorqu'on passe du monde fictif des hommes obscurs de Cologne à celui, réel, des hommes illustres de Paris. Comme Ulrich von Hutten et Crotius Rubianus, Herminjard promène son lecteur dans le monde des «hauts bonnets» et des «reveurs mateologiens du temps jadis.» Le compte rendu que fait par exemple Glareanus à Erasme (5 août 1517) d'une dispute sorbonnique, au cours de laquelle de graves théologiens, sous les applaudissements publics, se livrent sans retenue à une «pugna magna de lana caprina,» dont le sujet égale en ridicule ceux que les *magistri* et bacheliers de Cologne proposent dans leurs épîtres à Ortuinus Gratius, prouve somme toute que l'imagination d'un poète, aussi fertile soit-elle, restera toujours en-deça de la nature sur le plan de l'invention.[91] Et l'aperçu

---

[89] II, 50, p. 238; et II, 63, p. 264.

[90] II, 50, pp. 236–240. Lettre d'Adolfus Clingesor. Ces attaquse contre une *inepta, sordida, et tenebricosa Theologia* évoquent celles d'Erasme dans son *Eloge*.

[91] Herminjard, *Correspondance*, t. I, no 12, pp. 31–32. La lettre vaut d'être rapportée en entier, bien que, comme le souligne *Antonius N. Medicinae quasi doctor, id est Licentiatus*, «Gaudent brevitate moderni» (I, 42, p. 107): «Caeterum qui *Parisios* veni ut graecarer, spe mea lusus sum maximè. Nemo est qui insignem auctorem Graecum publicè legat, neque privatim, quod equidem memini. *Sophistarum mille circumstrepunt turmae*. Fui adeo nuper in *disputatione Sorbonica*, ubi egregios plausus, tanquam theatrum esset Pompeii, audivi. Non cohibui, immò cohibui risum, sed magna difficultate; at illic ridebat nemo: erat enim tum pugna magna de lana caprina. Porro irascebantur non parum *Adae*, primo parenti nostro, quod

que Valentin Tschudi donne à Ulrich Zwingli (22 juin 1518) du niveau des études théologiques à l'Université de Paris ne manque pas non plus de saveur et de pittoresque. Les *Gymnosophistae* parisiens, ces «colonnes de la foi,» passent leur temps à abrutir la jeunesse, et à débattre entre eux de *quaestiones* délirantes et puériles, au détriment de la vraie théologie, celle de Jérôme et d'Augustin, et de la foi.[92] Ce même reproche se retrouve dans le discours audacieux que le recteur Nicolas Cop, inspiré par Calvin, prononce devant l'Université le 3 novembre 1533. Cop y prend violemment à parti ces *perdissimi sophistae* «qui de lana caprina perpetuo contendunt, rixantur, altercantur,» au lieu de réfléchir aux vrais problèmes, ceux de la foi, de l'amour de Dieu, de la Grâce, ou de la rémission des péchés.[93] Partout, une même équation

mala, non pyra, comedisset, convitiisque vix abstinebant superciliosi homines. Vicit tandem theologica gravitas stomachum, evasitque bonis avibus *Adam* absque vulnere. Abii ego, satur naeniarum. Itaque domi me contineo apud meos cantillans, otioque deditus, cum meo *Horatio* delicior, cum *Democrito* stultum rideo mundum...»

[92] *Ibid.*, tome I, no 17, pp. 38–40: Opinionem tuam de nostro Magisterio haud absque ingenti gaudio accepi: magnopere enim dissuadere te, ac nequaquam in hoc amicorum nostrorum probare consilium, nec quippiam inanibus his titellis viri auctoritati accedere. Quod, quoniam a tali viro profectum, non possum non magnopere probare, atque ob id magis, quod in dies videam *quibus in umbris juventus Gallica deliteat*, quibusve nugis, quàm frigidis quàmque scurrilibus juvenilem animum imbuant, imò inficiant. Non enim venenum aeque nocivum atque praesentaneum, quam haec sophistica (loquaculam hanc ac cavillatoriam inquam) bestifera est; pestiferam dicere volui. Quin bestifera. Feras enim bestias, atque iis etiam immaniores, ejusdem Mystas cerneres. Judicium ipsis ademtum; sensus obstupati atque, quod aiunt, mucco obsiti. Ingenii acumen obtusum, nec quicquam in eis de homine perinde ut in Echo remansit, praeter sonum inanem, quem ipsi tamen tam prodige, tamque effuse depromunt, ut nec decem mulierculae, quae natura ipsa impendio loquaciores, uni Sophistae adaequari queant. Longe hic alii sunt, quam tu aut *Viennae*, aut *Basilae* unquam videris, qui si huc venirent, cum pueris denuo discere cogerentur. Non vel tantillum elabitur temporis, quo paulisper remissi aliis negotiis intenti sint. Totum matutinum his nugis addictum. Cum prandendum, cum coenandum, cum animi refocillandi gratia deambulandum, summum id Gymnasium est, summa cura. Quid multa? Integram dieculam in his consumunt. Credo etiam, cum orandum, eos cum Deo sophistice agere atque eum argumentis convincere conari. Quos, haud absque magna argutia, *Praeceptorem nostrum* [i.e. Glareanus] *olim Gymnosophistas* appellitare memini, *quod prorsus omnem exuerint sapientiam, atque ab ea nudi agant* (je souligne)... Utinam videres Theologos, columnas fidei scilicet, tam pueriliter suis quaestionibus delirantes! Democritus certe in his, quam Momus esse malles. Magis enim ridendi quam reprehendendi, cum nullis rationibus persuaderi queant... Copiosus rideres, si quaestiones ipsas adeo subtiles, adeo denique magistrales cerneres. Diceres profecto (ut proverbio dicam τι ταῦτα πρὸς ἕρμην, aut *quid haec ad Christum?* At, quod stupidius, *Hieronymum, Augustinum, Ecclesiaeque Doctores* vigilantissimos ne hili quidem faciunt, ac contemnunt. Verum quam apud eos acceptissimi magnique nominis sunt *Joh. Maioris, Altisiodorensis, Durandus*, et quidam his etiam indoctores, quos instar oraculi colunt, quorum quid aliud nomina, quam barbariem, opus inconditum, indoctum ac argumentosum, prima, quod aiunt, fronte promitterent!...»

[93] *Ibid.*, t. III, Additions et corrections, pp. 418–20. Le discours de Cop est centré sur le thème érasmien de la *Christiana Philosophia*, qui a obscurci dans sa splendeur toute la «sagesse du monde,» et qui doit être entretenue dans toute sa pureté originelle: «Magna quaedam res est ac longe praestantior quam dici aut animo et cogitatione comprehendi possit: *Christiana Philosophia*, Uni haec homini divinitus a Christo data est, quae veram et certissimam foelicitatem explicaret. Hac una nos esse Dei filios intelligimus et credimus. *Haec suo splendore et praestantia universam mundi sapientiam obscuravit* (je souligne). Hac qui excellent tantum prope

est posée : théologien égale Sophiste, Sorbonne égale école de Sophistes. «Je fais confiance à ta droiture, écrit Budé à Erasme, car tu n'es pas à mes yeux un théologien, mais un ami de la vérité.»[94] On ne saurait être plus clair. Erasme en tout cas est plus disert. Le sujet lui tient à cœur. Dans sa lettre à Martin Dorpius, il précise les accusations qu'il a

reliquae hominum multitudini praestare mihi videntur, quantum homines beluis antecellunt : nimirum cum hi majora longe et praestantoria quam reliqui mente complectantur. Admirabile enim et sanctum genus illud philosophiae esse opportet, quod ut hominibus traderet Deus, homo fieri voluit, cum immortalis esset, mortalis. Vere profecto hoc mihi videor esse dicturus, nulla re magis amorem Dei erga nos innotescere posse, quam quod Verbum suum nobis reliquerit. Quae enim propior aut certior cognatio esse potuerit? Quod si reliquas artes, disserendi artem, naturae scientiam, atque eam quae de moribus est, propter utilitatem et miramur et laudamus, – quae potest cum hoc genere philosophiae conferri, quod voluntatem Dei, omnibus philosophis diu quaesitam, nunquam inventam, exponit? quod *sola Dei gratia peccata remittit?* Spiritum Sanctum, qui corda omnium sanctificat et vitam aeternam adfert. omnibus Christianis pollicetur? Hoc studium qui non laudaverit haud sane scio quod laudandum putet...» Pour illustrer la grandeur et la dignité de l'Evangile, N. Cop choisit *Matth.* 5, *Beati pauperes spiritu :* «Principio quis sit hujus partis Evangelii scopus, ac quo omnia referri debeant, diligenter nobis est investigandum, quod Ex Evangelii ac Legis descriptione, deinde utriusque inter se collatione, facile intelligetur. Ergo *Evangelium* est nuncium et salutifera de Christo praedicatio : quod a Deo patre missus sit, ut omnibus opem ferat, vitamque aeternam conciliet. Lex praeceptis agit, minatur, urget, nullam pollicetur benevolentiam. Evangelium nullis minis agit, non impellit praeceptis, summam Dei erga nos benevolentiam docet. *Qui igitur* (je souligne) *pure et sincere Evangelium interpretari volet, omnia ad Legis et Evangelii descriptiones exigat. Quam tractandi rationem qui non sequuntur, nunquam satis foeliciter in Christiana philosophia versabuntur. Hoc vitium perditissimi sophistae incurrerunt, qui de lana caprina perpetuo contendunt, rixantur, altercantur. Nihil de fide, nihil de amore Dei, nihil de remissione peccatorum, nihil de gratia, nihil de justificatione, nihil de veris operibus disserunt;* aut si certe disserunt, omnia calumniantur, omnia labefactant, omnia suis legibus, hoc est sophisticis, coërcent. Vos rogo, quotquot hic adestis, ut has haereses, has in Deum contumelias, nunquam aeque animo feratis. Sed unde digressa est eo redeat nostra oratio. Videndum nobis est ne Christum hoc loco ab Evangelii ratione aberrasse existimemus; nam praeceptis agere videtur, ut pauperes simus spiritu, mundo corde, mites, pacifici, praecipere. Quin etiam mercedem nobis promittit, cum praemiis duci nemo debeat, sed gratis operam dare Christo, solam Dei gloriam quaerere, nihil formidine poenae aut geennae agere. Sed haec apud se cogitant qui divinam philosophiam per transennam legerunt, qui supremis labris illam degustarunt, qui in Evangelio nihil promoverunt, qui, *ut cum Paulo dicam, putantes se sapientes, stulti facti sunt...»* (je souligne). Les thèmes majeurs ce de discours, et son inspiration générale, me paraissent fort proches de ceux qui se dessinent dans le *Pantagruel*. Notamment l'opposition entre la sagesse de Dieu et celle des hommes, et cette critique du sophiste, dont le savoir est folie devant Dieu.

[94] M. M. de la Garanderie, lettre du 1er mai 1516, p. 51. On lit dans la même lettre (Allen, no 403, pp. 227–233) : «le jeune homme que tu m'as recommandé, et qui est actuellement en Sorbonne, ou plutôt qui croupit dans le marais sorbonnique, car c'est ainsi qu'à juste titre j'appellerais cette *école de Sophistes.*» Plattard («L'Ecriture Sainte et la littérature scripturaire dans l'œuvre de Rabelais,» *RER*, VIII, p. 299) cite Calvin : «Mais un tel maistre [P. Lombard] est digne des disciples qu'il a eus es *écoles de Sophistes* c'est-à-dire *sorboniques.*» Voir aussi Herminjard (I, 29, pp. 57–58), lettre de H. C. Agrippa à Lefèvre d'Etaples : «Mittam autem alias vel manu scriptam, vel typis excusam, quae, ut arbitror, tibi non admodum displicebit, eoque minus, quo istis *sophistis* placeat quam minime»; lettre de N. Béraud à Erasme (I, 14, pp. 33–34) : «... Theologi isti nostri, spinosa ac *sophisticis nugis* atque inutilibus argutiis nimium jampridem dediti...»; I, 75, Anémond de Coct, p. 149 : «L'Eglise commence à peine aujourd'hui à refleurir et à se relever qu'aussitôt, comme toujours, les prêtres, les scribes, les pharisiens, les faux Christs, les *Sophistes* et les moines s'efforcent à nouveau de l'opprimer...» Voir aussi, *supra* (notes 91 à 93), les lettres de Glareanus et Tschudi, et le discours de Cop.

portées dans son *Eloge* contre les «clamosissimos Scotistas,» «pertinacissimos Occamistas» et autres «invectos Albertistas.»[95] Ceux qu'il appelle
les mauvais théologiens (car il y en a de bons) méprisent saint Jérôme,
ignorent le grec, l'hébreu, et même le latin. Leur inintelligence totale
des langues sacrées et des belles-lettres les conduit à d'intolérables
barbarismes. Ces «charlatans» et ces «histrions» se perdent dans des
disputes oiseuses plutôt que de lire Saint Paul et les Evangiles, et ils
pratiquent plus volontiers les subtilités sophistiques que les mystères de
l'éternelle sagesse.[96] Même portrait chez H. C. Agrippa, mêmes invectives contre les «contentieux sophistes» et leurs «petites questions et
syllogismes subtils et aigus.» Les «vrais theologiens,» dit-il, les «Evangélistes,» sont «annonciateurs de la parole de Dieu.» Au contraire, les
faux théologiens, «ces téméraires sophistes et pernicieux hypocrites»
ont réduit la théologie scolastique «en une faculté de sophismes et
cavillations.» Ces nouveaux «Theosophistes prophanateurs de la parole de Dieu» ont livré «nostre foy tres saincte et sacrée» à la «mocquerie» des sages de ce siècle. Ils osent affirmer que la théologie ne saurait
se passer de la dialectique et de la dispute: «persuadere audent sacrissi-

---

[95] Rappelons que P. de Nolhac a traduit cette lettre très importante d'Erasme, et que
celle-ci apparaît dans son édition de l'*Eloge de la Folie* (Garnier-Flammarion).

[96] *Opus epistolarum Des Erasmi Roterodami*, denuo recognitum et auctum per P. S. Allen,
Tom. II (1514-1517), Oxonii, in Typographeo Clarendoniano, MCMX, pp. 90-114:
«Habet enim, id quod in confesso est, hoc hominum genus admixtos quosdam, primum
ingenio judicioque adeo infelici ut ad nullas omnino litteras sint appositi, nedum theologicas; deinde, posteaquam pauculas Alexandri Galli regulas edidicerint, ad haec paululum
ineptissimae sophistices attigerint; post ex Aristotele decem tenuerint propositiones, nec has
intellectas; postremo ex Scoto aut Occam totidem edidicerint quaestiones, quod superest ex
Catholico, Mammetrecto et consimilibus dictionariis velut ex Copiae cornu petituri, mirum
quam cristas efferant, ut nihil est arrogantius imperitia. Isti sunt qui contemnunt divum
Hieronymum ut grammatisten, quia non intelligant. Isti Graecas, Hebraïcas, imo et Latinas
rident litteras; et cum sint quovis sue stupidiores ac ne sensu quidem communi praediti,
*putant se totius arcem tenere sapientiae. Censent omnes, damnant, pronunciant, nihil addubitant, nusquam
haerent, nihil nesciunt.* (je souligne). Et tamen isti duo tresue magnas sepenumero commovent
tragoedias. Quid enim est inscitia vel impudentius vel pertinacius? Hii magno studio conspi-
rant in bonas litteras... quis nescit quam multa vulgo quoque dicantur in mores malorum
theologorum? Moria nihil attingit istiusmodi. Tantum jocatur in ociosas illorum disceptati-
tiunculas, nec has ipsas tamen simpliciter improbat, verum eos damnat qui in his solis theologicae rei puppim, ut aiunt, et proram collocant, quique logomachiis, ut divus appellavit
Paulus, eiusmodi sic occupantur ut nec evangelicas nec propheticas nec apostolicas litteras
vacet legere. Atque utinam, mi Dorpi, pauciores essent huic obnoxii crimini. Possem tibi
producere qui annum egressi octogesimum tantum aetatis in huiusmodi tricis perdiderint,
nec unquam contextum evangelicum evolverint... Quid enim eo [*i.e.* la *vetus* theologia]
sanctius, quid augustius, quid aeque resipiens ac referens illa coelestia Christi dogmata? At
hoc, ut omittam barbari facticiique sermonis sordes et portenta, ut omittam omnium
bonarum litterarum inscitiam, ut imperitiam linguarum, sic Aristotele, sic humanis inventi-
unculis, sic prophanis etiam legibus est contaminatum, ut haud sciam an purum illum ac syn-
cerum Christum sapiat. Fit enim ut, dum ad humanas traditiones nimium avertit oculos,
minus assequatur archetypum... Quaeso, quid commercii Christo et Aristoteli? quid sophisticis captiunculis cum aeternae sapientiae mysteriis? quorsum tot quaestionum labyrynthi?...»

mam Theologiam, sine Logica, sine Dialectica, sine rixa, sine alter-
catione, sine sophismatibus constare non posse.» Ils s'adonnent avec
fureur à l'étude des *Parva Logicalia* et ne raisonnent que par «ampliationibus, restrictionibus, distributionibus, intentionibus, suppositionibus,
appellationibus, obligationibus, consequentibus, indissolubilibus, ex-
ponibilibus,... suppositis mediatis et immediatis... et caeteris intole-
randis vanisque vocabulis.» Toute leur science «n'est autre chose qu'une
trappe construite et façonnée de certains vocables et manieres de
parler corrompües et depravees, ayans perverti cauteleusement la
proprieté et droit usage des mots, et forcé une langue de laquelle il
sont du tout ignorans,» *quorum tota disciplina non aliud quicquam est, quam
captio quaedam, ex depravatis verborum dictionibus subdola quadam cavillatione
pervertens usum loquendi, et vim inferens linguae quam ignorat.*[97] L'imposture
repose ici encore, comme chez l'Ecolier limousin, sur une perversion du
sens des mots et de «l'usage commun de parler,» perversion de nature
essentiellement *diabolique* puisqu'elle trouble l'harmonie du signifiant
et du signifié, introduisant l'équivoque et l'ambiguïté dans un langage
devenu l'agent de toutes les mystifications et de tous les mensonges. Les
mots ne servent plus à désigner les choses, mais à les masquer, à les
plonger dans l'oubli, à couper l'esprit de la réalité du monde, et à l'em-
prisonner dans l'univers creux du *verbum*. Le langage n'est plus instrument de transparence et de communication, mais agent de corruption
et d'oppression intellectuelle, moyen de domination politique. C'est
pourquoi tout se passe à son niveau: «nul n'est entre eux tenu pour
theologien, dit Agrippa, sinon ceux qui sçavent bien debattre et crier.»
Ou encore: «Peu leur chaut par quel ordre et raisons ils procèdent,
pourveu qu'ils esmeuvent proces et debat: encore moins quelles paroles
ils desgorgent, ny quelles opinions ils mettent en avant, pourveu qu'ils
parlent haut.» Au total, leur gloire et leur réputation dépend de leur
facilité à injurier et à crier, «comme gents qui ne cherchent point tant
la victoire que de se nourrir en perpétuelle guerre, et ne se soucient
point tant de trouver la vérité que d'en débattre» (*quorum gloria non
nisi in conviciis et strepitu sita est, ut qui non tam victoriam appetant quam cer-
tamen, nec veri inveniendi sed altercandi propositum sit*).[98]

C'est dans des termes semblables que l'éditeur des *Lutheri Opera*
(1520) s'adressait «Ad candidos Theologos»:[99] «Habetis hic Reverendi

---

[97] *Declamation sur l'Incertitude, vanité et abus des sciences*, trad. de Louis de Mayerne-Turquet
(chapitres VIII – «De la Sophistique» – et XCVII – «De la théologie scolastique»).
[98] *Ibid.*, Ch. VIII et XCVII.
[99] Le texte est dans Herminjard, *Correspondance*, I, 31, pp. 61–62. l'auteur poursuit: «ut
Christum non ad mundum trahant, quod tam passim facit *Aquinensis ille Thomas*, sed mundum ad Christi doctrinam erudiant...»

patris *Martini Lutherii* theologicas lucubrationes, quem plerique putant velut Danielem quendam à Christo *tandem nos respiciente*, missum, ut abusus aliquot, Theologis Evangelicam ac Paulinam Theologiam cum veterum commentariis juxtà negligentibus, et circa meras ampliationum, restrictionum, appellationum, ac verè parvorum logicalium nugas occupatis, in ecclesia sua natos, hic coarguat. Atque utinam omneis Theologos à lethargo tandem expergefieri contingat, ut omissis fraternalibus somniis, *summis* dictum opportuit, Evangelicam philosophiam malint quàm Aristotelicam, Paulinam quàm Scoticam, – ut deinceps Hieronymum, Augustinum, Ambrosium, Cyprianum, Athanasium, Hilarium, Basilium, Jo. Chrysostomum, Theophylactum anteponant Lyrano, Thomae, Scoto, et cæteris opiniosis Scholæ disputatoribus...» Cette polémique est tellement répandue que même les «Apollons de collège,» les «chevaliers-servants du distique et de l'iambe,» ces «Olympiens bouffis» si magistralement évoqués par Lucien Febvre, y trouvent matière à délire poétique.[100] Nicolas Bourbon, dans ses *Nugae* de 1533, compose une ode «in Laudem Dei Opt. Max.,» dans laquelle il prend à partie les «Sophistes stupides, barbares, épais, pédants et bavards, soldats de l'Enfer,» et leurs «syllogismes entortillés, sophismes innombrables, froides niaiseries, paroles creuses, fumées, ordures et folies.»[101] Et Voulté, dans une ode pour l'avènement de Paul III, publiée en 1537 dans ses quatre livres d'*Epigrammes*, s'écrie: «Adieu les commentaires des hommes, les rêves et les sophismes, c'est Paul qui nous revient.»[102]

Mais il ne faut pas croire que les «resveurs mateologiens» soient les seuls à se perdre dans les subtilités creuses et les distinctions oiseuses de la sophistique aristotélicienne. L'habitude des *disputes* est tellement enracinée dans les mœurs intellectuelles et religieuses du temps que même les adversaires de l'orthodoxie sorbonagre y ont recours. Ils n'imaginent pas d'autre moyen pour confondre l'adversaire et faire triompher la Vérité de la Parole. En 1524, Farel, Oecolampade et Zwingli multiplient les encouragements et les conseils à Gérard Roussel,

---

[100] L. Febvre, *Le Problème de l'incroyance au XVIe siècle. La Religion de Rabelais*, Paris, A. Michel, 1942 (éd. revue, 1947).

[101] *Nic. Borbonii Vandoperani Nugae*, Paris, Michel Vascosan, 1533. Cité d'après H. Hauser, «De l'Humanisme et de la Réforme en France,» *Revue Historique*, LXIV, 2ème fasc., p. 262: «Christ a eu pitié du genre humain, il a enfin restauré le globe ruiné; il est venu, par sa clarté, dissiper nos ténèbres. Jusqu'ici nous vivions aveugles et menés par des aveugles... Mais maintenant sont tombés ces monstres et par des voies merveilleuses la vérité redescend sur la terre... C'est du haut du ciel que nous vient cette lumière.»

[102] *I. Vulteii Remensis Epigr. Libri IV*, Lyon, 1537. D'après Hauser, art. cité, p. 277: «Déjà toute nouvelle renaît la doctrine du Christ.»

ils l'incitent à provoquer une dispute publique sur la religion contre les docteurs de Sorbonne. Mais Roussel se sent trop faible et trop isolé, trop malhabile aussi, pour lancer un tel défi aux théologiens parisiens qu'il appelle les «ventres parisinos»: le temps, dit-il, n'est pas encore venu, *necdum venisse tempus commodum.*[103] Bulaeus signale en 1526 une «disputatio inter Catholicos et Lutheranos.»[104] En 1527, pour aboutir à un assentiment général en ce qui concerne le sens de l'Ecriture, pour «chercher le chemin de la vraye cognoissance et intelligence de la tressaincte foy et vérité,» le conseil de Berne ordonne «dissertation et disputation publique et commune.»[105] En 1535, Bucer et Melanchton sollicitent de François Ier la permission de disputer avec les docteurs de Sorbonne.[106] On pourrait multiplier les précisions de ce genre. Elles permettent de souligner l'importance de la *disputatio* et de ses techniques dans la première moitié du XVIe siècle, sous le règne même de ce père des lettres que fut François Ier. Ces joutes verbales sont universellement pratiquées, à tout les niveaux de l'enseignement, et dans toutes les branches du savoir: «Philosophi, Medici, Jurisconsulti, Theologi Quaestionariis Quaestionumque et Altercationum daedalis et artificibus dediti totas Scholas disputationibus occupabant.»[107] Dans une querelle de prééminence qui l'oppose aux autres Facultés en 1537, la Faculté des Arts se définit *omnium artium origo et fons, major pars universitatis et principalis.* Elle soutient que l'Eglise ne pourrait pas triompher de l'hérésie sans l'étude des arts libéraux. Elle invoque Cassiodore à la rescousse, et Origène, qui affirme dans son *Contra Celsum* que la dialectique est nécessaire à l'intelligence de l'Ecriture sainte, et saint Augustin, qui souligne à plusieurs reprises combien «la dite Dialectique est necessaire

---

[103] Herminjard, *Correspondance*, I. nos 117 (à Guillaume Farel) et 118 (à Jean Oecolampade), pp. 271–278.

[104] *Hist. Univ. Parisiensis*, t. VI, année 1526.

[105] Herminjard, *Corresp.*, II, no 206, pp. 54–60: «Nous volons et commendons, que tous curés, prescheurs de l'Evangile, et tous, de quelque estat qu'ils soient, qui ont l'office d'enseigner et office de pasture, où qu'il soit, sur les Nostres, et qui exercent l'office, qu'ilz viègnent à la présente, *baillent de l'Escripture, et disputent*. Autrement ilz seront privés de leurs bénéfices.» L'argument est de poids...

[106] Herminjard, *Corresp.*, III, no 525. Lettre de Fridolin Brunner à H. Bullinger, du 31 août 1535.

[107] Bulaeus, t. VI, «Synopsis octavi saeculi universitatis,» pp. 913 et ss. Du Boulay y cite Ramus, qui vante les progrès accomplis par l'université sous le règne de François Ier. Avant lui, dit Ramus, «omnium artium Barbaries in Academia regnebat, unoque et assiduo altercationis instrumento, si qualescumque autores praelegerentur, attamen omnes Artes comparati credebantur. Itaque cum Grammatici et Rhetores nihil nisi barbaros Alexandros de Villa Dei, Graecismos, Theodoretos atque eiusmodi Doctores haberent, ordinarias horas decimam matutinam et quintam pomeridianam altercationibus impendebant...» Il semble bien que cette «Barbaries» se soit poursuivie sous le mécénat éclairé du bon Roi François. La *dispute* aristotélique qui oppose Ramus à Gouvéa, en 1543, en porte témoignage.

pour bien entendre les Saintes-Escritures, pour en sçavoir disputer bien asseurément.» Elle conclut péremptoirement sa démonstration en affirmant «comme un chacun sçait, que un homme n'est capable ne idoine à estudier en Theologie qui n'a estudié ausdits Arts.»[108]

---

[108] Du Boulay, *Historia Univ. Paris,* t. VI, pp. 304 et ss.

CHAPITRE IV

L'ITINÉRAIRE DE PANTAGRUEL

«Metz tout ton espoir en Dieu, et il ne te délaissera point.»

I. PANTAGRUEL «ABYSME DE SCIENCE»: LES 760 CONCLUSIONS *IN OMNI RE SCIBILI*; LA GLOIRE PUBLIQUE

Ces témoignages historiques et littéraires, remarquablement cohérents et convergents, permettent d'affirmer que la dialectique joue encore ou XVIe siècle un rôle capital dans les spéculations intellectuelles d'une part, et, d'autre part, qu'elle en est venue à symboliser, aux yeux des Humanistes et des Evangélistes, le monde décadent de la scolastique. La science de la dispute a gardé une si grande importance dans la vie culturelle et religieuse du temps qu'elle apparaît comme la poire de discorde majeure entre les tenants de l'orthodoxie scolastique et les nouveaux humanistes chrétiens. L'opposition n'est d'ailleurs pas nouvelle. Depuis l'affrontement d'Abélard et de saint Bernard, le fossé n'avait cessé de se creuser au sein du monde intellectuel chrétien entre les dialecticiens et les mystiques. Au XVe siècle, par réaction contre les sèches arguties et les stériles abstractions de la logique terministe issue du Nominalisme de Guillaume d'Occam, se développe une très forte tendance mystique, issue de saint Bernard et des contemplatifs de Hollande groupés autour de Ruysbroek et d'Eckhardt dans les cloîtres de Windensheim.[1] En France, Pierre d'Ailly et Gerson en sont les plus insignes représentants. Après saint Augustin citant l'Ecclesiaste («Qui Sophistice loquitur odibilis est») et Gauthier de Saint Victor posant une équation appellée au XVIe siècle à la plus grande fortune («Dialecticus proponit... Diabolus concludit»), Gerson affirme que

---

[1] Voir à ce sujet A. Renaudet, *Préréforme et Humanisme à Paris pendant les premières guerres d'Italie (1494–1517)*: notamment le chap. II: «Les doctrines au XVe siècle; Scolastique, Mystique, Humanisme jusqu'en 1472.» Renaudet écrit pp. 67–68: «Mais le nominalisme terministe était une doctrine trop sèche et trop formelle; il diminuait trop l'activité religieuse de l'individu, et n'alimentait qu'une théologie trop indigente, pour ne pas provoquer une révolte de la sensibilité et ne pas rejeter les esprits vers le mysticisme.»

«non in subtili inquisitione veritatis, sed in culta charitatis consistit regnum Dei.»[2] Qu'on ne s'y trompe pas, l'enjeu est d'importance. Avec l'intrusion de la dialectique dans le domaine de la foi se pose le problème capital des rapports entre la foi et la raison.[3] Deux conceptions de la vie religieuse et de la foi sont ainsi aux prises. «Avec Aristote, dit par exemple Simon de Tournai, l'argument est la raison, qui produit la foi; avec le Christ, c'est la foi qui produit la raison. Où Aristote dit: comprenez et vous croirez, le Christ dit: croyez et vous comprendrez» («dialecticus dicat intellege et credes, theologus dicit crede et intelliges»).[4]

Ce sont par ailleurs deux conceptions de la culture et donc deux conceptions de l'homme qui se dégagent à partir de cette option fondamentale que représente la dialectique. L'opposition est à la fois de nature littéraire, morale et religieuse. Elle embrasse tous les aspects de l'homme. Les attaques lancées au XIIe siècle par Jean de Salisbury contre ceux qu'il nomme les *Cornificii*, et qui perpétuent la vieille querelle de Socrate contre les Sophistes, de Platon contre Philostrate, de l'être contre le paraître, montrent que Jean de Salisbury n'est pas

---

[2] *Gersoni Opera, IV*, éd. Ellies Dupin, Anvers (1706), p. 829. D'après Renaudet, ouvr. cité, p. 76. Sur ce même thème, consulter, dans les *Œuvres Complètes* de Jean Gerson, éditées par Mgr Glorieux (Desclée et Cie, Paris – Tournai – Rome – New York), tome III (1962): *L'œuvre magistrale*, son *De Duplici Logica* (pp. 57–63) et son *Contra curiositatem studiendum* (pp. 224–249). Dans le premier, il dénonce les «verbosi, sophistae, garruli, de solo nomine controversiam nectentes, inciviles denique et cervicosi, phantastici et ad nullum civile seu politicum negotium, regimen aut consilium idonei.» «Denique, dit-il, cur ob aliud appellantur theologi nostri temporis sophistae et verbosi, immo et phantastici, nisi quia relictis utilibus et intelligibilibus pro auditorum qualitate transferunt se ad nudam logicam vel metaphysicam aut etiam mathematicam, ubi et quando non oportet, nunc de intensione formarum, nunc de divisione continui, nunc detegentes sophismata theologicis terminis obumbrata, nunc prioritates quasdam in divinis, mensuras, durationes, instantia, signa naturae et similia in medium adducentes quae et si vera atque solida essent, sicut non sunt, ad subrisionem tamen magis audientium vel irrisionem quam rectam fidei aedificationem saepe proficiunt.» Dans le second, s'appuyant sur *Marc*, I, 15 (*Paenitemini et credite Evangelio*), il invite le chrétien et le théologien à fuir la *superbia*: «Superbia scholasticos a poenitentia et fide viva praepediens, duas in eis filias infelices, nisi providerint, gignere solita est, curiositatem et singularitatem. Malas vero filias a pessima matre, quibus insuper misera soror, additur, invidia; quarum progenies infausta multiplex est super numerum: ibi contentio, disceptatio, protervia, pertinacia, erroris defensio, amor proprii sensus, immansio in opinionibus vel suis vel suorum: denique scandalizatio et contemptus simplicium atque omnis doctrinae humilis abominatio... *Curiositas* est vitium quo dimissis utilioribus homo convertit studium suum ad minus utilia vel inattingibilia sibi vel noxia... *Singularitas* est vitium quo dimissis utilioribus homo convertit studium suum ad doctrinas peregrinas et insolitas.» Et plus loin: «Interrogatus ergo philosophus. Estne mundus aeternus? Respondere debuit: quaestio haec supra me est quoniam Deus omnia sicut voluit et fecit et faciet... Nescio, Deus scit et cui Deus voluerit revelare. Credite Evangelio et sufficit... *vitium est velle plus quam oportet sapere...*»

[3] Sur ce sujet, voir J. W. Baldwin, *Peter the Chanter and his circle*; L. M. de Rijk, introduction à son édition de la *Dialectica* d'Abélard; Yves Congar: *La Foi et la Théologie* (1962); P. Mandonnet: *Siger de Brabant et l'averroïsme latin au XIIIe siècle* (1908–1911, 2 vol.) Sans oublier, bien sûr, Montaigne et Pascal.

[4] Cité par J. W. Baldwin, *Peter the Chanter*, p. 103 (t. I) et p. 72 (t. II).

seulement ce lettré distingué amateur des belles-lettres et admirateur
du beau style, qui dénonce au nom de l'art l'utilitarisme étroit et
cupide des Logiciens et des Sophistes. Il est aussi ce sage qui affirme,
comme Montaigne, que la vraie philosophie est amour et recherche de
la sagesse, et que la vraie fin de l'homme sur cette terre est d'essayer
d'unir harmonieusement en lui la recherche du beau et du bien. Il
est enfin ce chrétien qui se méfie de la sagesse humaine et de ses œuvres,
qui doute des pouvoirs de la raison, et pour qui rien de bien ne peut
humainement se faire sans le secours de la grâce.

Le *Pantagruel* est porté par ces oppositions passées et présentes. Il ne
faut pas hésiter à le considérer comme un véritable document d'époque,
et à lui reconnaître la valeur d'un témoignage historique et idéologique.
Rabelais, en effet, continue avec son géant Pantagruel cette méditation
sur le sophiste qu'il a inaugurée avec Gargantua et l'Ecolier limousin.
Il fait de son héros un *magister noster* à l'habileté dialectique particulièrement redoutable. Après avoir «fort bien estudié en tous les sept
ars libéraulx» et assidûment fréquenté la librairie de Saint Victor,
Pantagruel décide, sur le conseil de son père, «d'essayer son sçavoir.»
Cette décision est en elle-même révélatrice de tout un état d'esprit
face à la culture. Le savoir n'est pas richesse intérieure, mais moyen de
domination sur autrui, arme décisive au service de l'amour-propre.
Le jeune champion, le *tyro* qui n'a pas encore subi le baptême du feu,
ne songe qu'à entrer en lice pour essayer ses forces contre les autorités
confirmées, dans l'espoir de vaincre et de se faire connaître. D'une
façon semblable, à fréquenter les gens savants de la capitale, Gargantua
sentira croître en lui le désir de «se faire valoir,» désir qui désormais ne
le quittera plus. Voilà quel est en définitive le but de la culture: une
glorification de soi, l'acquisition d'un brillant dans l'apparence, destiné à aveugler autrui. La *disputatio* est le tournoi du monde des clercs,
la *guerra* des milices intellectuelles. Il s'agit, en présence du public –
le regard d'autrui est en effet capital – d'éviter habilement les paralo-
gismes acérés de l'adversaire, de briser ses défenses verbales, ses *distinguos* et ses *équivoques*, ses *concedos* et ses *negos*, pour lui asséner enfin,
au défaut du raisonnement, des syllogismes *apparemment* divins –
cornus ou non – destinés à le désarçonner et à lui faire mordre la
poussière. L'événement est annoncé à son de trompe. La sagesse n'est
plus contemplation intérieure de l'harmonie ou des Idées platonicien-
nes, ni même confrontation sincère et désintéressée d'opinions. Elle
descend dans l'arène pour s'y avilir. Elle se met au service des plus bas
instincts de l'homme. La vérité n'est plus en cause : il est seulement ques-

tion de vaincre. Car le savoir n'est pas une richesse suffisante, une fin en soi. Il devient un moyen au service de la gloire et de la cupidité personnelles, un instrument de conquête des jouissances les plus immédiates. C'est pour cette raison que le public est invité à assister aux épreuves de l'intronisation du nouveau sophiste: afin que la gloire soit aussi éclatante qu'elle peut l'être. La cérémonie prend alors les allures d'une comédie, où le sophiste se ravale au rang d'histrion, devant un public investi de la fonction de juge-arbitre. Pantagruel se range dans la grande tradition sophistique. Il affiche ses sept cent soixante conclusions «par tous les carrefours de la ville.» Il attire ainsi un grand nombre de badauds curieux et de connaisseurs. Le tout-Paris du temps accourt à la représentation: «Et à ce assistèrent la plus part des seigneurs de la Court, maistres des requestes, présidens, conseilliers, les gens des comptes, secrétaires, advocatz, et aultres, ensemble les eschevins de ladicte ville avecques les médicins et canonistes.» L'encens de la victoire est agréable à l'amour-propre du vainqueur. Après son triomphe sur les Artiens et les Théologiens, Pantagruel acquiert une telle réputation qu'il devient un «grand personnaige.» Tout le monde commence à «bruyre et à parler de son sçavoir si merveilleux.» Même les «lavandières, courratières, roustissières, ganyvettières, et aultres» le reconnaissent dans la rue. A quoi Pantagruel «prend plaisir»: le voilà devenu un nouveau Démosthène qu'on montre du doigt quand il se promène. C'est le sort enviable que partage Magister Ortuinus Gratius à Cologne, si l'on en croit ses correspondants. L'un d'entre eux, son oncle, Magister Gratius, qui s'intitule «Zizaniae Extirpator, hoc est furum suspensor, proditorum quadruplicator, falsariorum et calumniatorum virgator, haereticorum combustor, et multa alia,»[5] lui écrit même uniquement pour le féliciter de sa *magna fama*. Depuis qu'il a écrit contre le «poëte» Reuchlin, Ortuinus est accablé d'honneurs. Les habitants de Cologne, lui écrit le *Zizaniae Extirpator*, «vos inspiciunt et admirantur Quod quocunque eatis in plata, tunc monstrant cum digitis super vos, dicendo: Hic est M. Ortuinus qui ita vexat Poetas.» Mais cela n'est rien encore, ajoute l'oncle modeste: «Credo si scirent quod essetis avunculus meus, tunc magis hoc facerent. Nam – ajoute-t-il, ego hic sum etiam magnae famositatis, Et exerceo artem meam in maxima populi frequentia et homines faciunt mihi eundem honorem, et quando eo in plateis, etiam monstrant cum digitis super me, sicut faciunt in Colonia super vos.» Et cet éloge désintéressé d'un oncle à son neveu, où l'on retrouve quelque chose de l'attitude de Gargantua face à son fils

---

[5] *Epistolae obs. vir.*, II, 62, pp. 261–263.

Pantagruel, se termine sur un conseil qui lui aussi rappelle ceux de Gargantua: «sed finaliter vos, charissime avuncule, valde Orarem ut omnia cum magna diligentia faceretis, quod fama vestra per totum orbem terrarum fiat nota, Nisi scirem non opus esse ut vos admonerem: Vos enim per vos pulchre scitis, ab avis, abavis, attavis et trittavis habetis...» Voilà le rêve de tout *magister noster*: «quando unus M. N. transit per stratum, tunc omnes honorant eum sicut si venerit unus princeps. Et merito. Quia Magistri Nostri sunt sicut Apostoli Dei.»[6]

C'est le «bruyt et renommée du sçavoir incomparable de Pantagruel» qui lui vaut d'être appelé par les Parlements et par le Grand Conseil, réunis avec «tous les principaulx régens des universitez,» pour résoudre le cas pendant entre Baisecul et Humevesne, et qui amène le clerc d'Angleterre Thaumaste à se transporter à «l'hostel Sainct Denys,» où le géant philosophe «à la mode des Péripatéticques.» Pantagruel est certainement alors la science et la sagesse incarnées, l'«ymage de science et sapience» devenue «corporelle et spectable ès yeulx des humains,» «la personne en qui est dicte science avoir estably son temple et dépromer ses oracles.» Le jugement qu'il a donné de l'affaire Baisecul – Humevesne a révélé en lui une «prudence plus que humaine.» Les conseillers et les docteurs en ont été «ravys en admiration,» saisis d'une extase dont seule une application de vinaigre et d'«eau rose» a pu les tirer. A l'éloquence de Démosthène, démontrée contre la gent sorbonagre, Pantagruel joint désormais la sagesse de Salomon. Et le voilà, avec Thaumaste, versé dans l'ésotérisme, la magie, l'alchimie, la cabale et la *prisca theologia*, sans oublier la géomantie et l'astrologie, et maître du «grand secret» et de «*materies* tant ardues que les parolles humaines ne seroient suffisantes à les expliquer.»[7] Il est celui qui dévoile, par l'intermédiaire de son disciple Panurge, «le vray puys et abysme de Encyclopédie.» *Et ecce plusquam Solomon hic.*

Somme toute, les préoccupations hermétiques et cabalistes mises à part, Pantagruel comble les désirs exprimées par son père Gargantua. Il est devenu un «abysme de science.» Faut-il, comme Thaumaste ou les Conseillers et Docteurs des Parlements, admirer cette réussite et ce savoir? La réponse n'est pas simple. Car le personnage de Pantagruel est un personnage ambigu, l'occasion, pour son créateur, d'une prise de conscience décisive.

---

[6] *Epist.*, II, 43, pp. 220–223. Lettre de Frater Otho Flerszklirdrius.
[7] *Pant.*, XIII, p. 104, l. 66–67.

II. PANTAGRUEL SOPHISTE. L'IDÉAL HUMANISTE: SOCRATE.
NON GLORIETUR SAPIENS IN SAPIENTIA SUA

Il est d'abord le Sophiste, celui qui affiche publiquement sept cent soixante thèses «*en tout sçavoir*, touchant en ycelles *les plus fors doubtes* qui feussent en *toutes sciences*,» et qui met *ad metam non loqui* tous les champions de la Sorbonne. Et qu'il devienne sous les yeux des Parisiens et de Thaumaste émerveillés un abîme de science ne fait que compléter le profil déjà familier du sophiste. Car le sophiste est précisément celui qui se dit maître de tout savoir et qui s'affirme capable de pouvoir répondre à n'importe quelle question. Le mot *sophiste* a connu diverses acceptions dans l'histoire de la culture grecque. Mais son évolution a justement consisté à le faire coïncider de plus en plus avec le concept de savoir universel.[8] A l'origine, le sophiste est l'homme d'expérience, le sage doté de qualités déterminées pour résoudre certaines situations pratiques, celui en qui s'affirme une forte individualité. Après l'époque de la colonisation, le mot prend la signification de sage au sens de personnalité dotée d'une grande richesse spirituelle et intellectuelle. La notion s'intériorise. De cette acception nouvelle dérive le caractère exceptionnel du savoir dans la civilisation grecque. Le sage est alors le dépositaire et le transmetteur de la *Paideia*. Et le mot sophiste qui sert à désigner ce sage acquiert de plus en plus la signification de «Possesseur d'un savoir universel.» C'est dans ce sens qu'il est par exemple appliqué à Pythagore et aux Pythagoriciens. C'est encore le sens que lui donne Platon dans son *Symposium*. Le sens péjoratif, celui que nous connaissons aujourd'hui, apparaît chez Platon et chez Aristote avec la polémique contre le mouvement sophistique. Mais les deux sens – celui laudatif, de «maître de tout savoir,» et celui péjoratif de «magicien de paroles» – continuent à coexister jusqu'à la dissolution de l'Empire Romain. J. M. Ferrater Mora signale dans son magistral *Dictionnaire de Philosophie* qu'Aristide attribue à Solon, Pythagore, Socrate et Platon la dénomination de *Sophiste*, et qu'un disciple d'Isocrate, Androcion, composa une œuvre intitulée *Socrate, Sophiste*.[9] Et même lorsque le mot est devenu ambigu, lorsque de plus en plus se précise la tendance à opposer le philosophe (Amator Sapientae)[10] au sophiste (ille qui vult

---

[8] Cf. les ouvrages déjà cités de J. Ferrater Mora (*Diccionario de Filosofía*, article *Sofistas*), et M. Untersteiner (*Sofisti, Testimonianze et frammenti*).

[9] Article *Sofistas*, p. 701; voir aussi l'article *Socrates*, p. 697 (5ème édition revue).

[10] *Ambrosii || Calepini || Dictionarium || Decem linguarum… || ubi Latinis Dictionibus Hebraee || Gracae, Gallicae, Italicae, Germanicae Hispanicae, itemque nunc primòque || Poloniae, Vungaricae, atque Anglicae adjecta sunt…* Lughduni, M.D.LXXXV. (chez Estienne Michel): article *Philosophus*.

videri sapiens magis quam esse),[11] ceux qui se donnent le nom de
sophistes continuent à se présenter en possesseurs et transmetteurs d'un
savoir universel, et ceux qui les condamnent leur reprochent justement
de se présenter comme tels. Les *Epistolae Obscurorum Virorum* renferment
par exemple de nombreuses invectives des «Poètes» contre «illos sordidas
et faeculentos theologos *qui nihil sciunt et omnia scire pretendunt.*»[12] Le
baccalaurius Nicolas Caprimulgius exprime en ces termes son admiration
à Notre Maître Ortuinus Gratius: «Vos estis mirabilis homo, et deus dedit vobis magnam gratiam quod *scitis aliquid in omnis cibili.*»[13] De son
côté, le licencié Padormannus Fornacificis prévient son ancien professeur d'*ars epistolandi* qu'une dispute publique se déroule à Wittenberg,
et que les maîtres et les docteurs démontrent leur habileté et l'étendue de
leurs connaissances «in determinandis, solvendis, proponendis quaestionibus, argumentis, probleumatibus *in omni scibili.*»[14] Ainsi, ce programme encyclopédique proposé par Gargantua à son fils Pantagruel, ce
désir qu'il y exprime de voir son fils devenir un «abîme de science,» fait
définitivement de lui un Sophiste. C'est bien ainsi que Platon nous
présente Gorgias: comme un homme capable de répondre à toutes les
questions. «Jamais personne depuis des années ne m'a posé une question qui ait pu me surprendre,» dit Gorgias.[15] Sa définition de l'orateur est aussi fort intéressante. Pour lui, l'orateur idéal est un homme
«capable de parler contre tout adversaire et *sur tout sujet* de manière à
persuader la foule mieux qu'un autre, et à obtenir d'elle, en un mot,
tout ce qu'il veut.»[16] On n'a donc peut-être jamais commis de pire
contresens sur l'œuvre de Rabelais que de voir dans la soif culturelle
encyclopédique de Gargantua l'expression d'un credo humaniste.
L'humaniste ne s'est jamais prétendu capable de tout savoir. Il est
celui qui marche dans les ténèbres à la recherche d'une lumière, qui ne
cesse de répéter, après Démocrite, que la vérité est cachée au fond d'un
puits trop profond pour que l'esprit humain puisse jamais espérer la
découvrir. Il considère que le but de la vie est d'apprendre, car la

---

[11] D'après Léon Baudry, *Lexique philosophique de Guillaume d'Ockham*, Paris, 1958, (article
sophista).
[12] *Epist. Obsc. vi.*, II, 50, p. 240. Lettre de M. Adolfus Glingesor.
[13] *Ibid.*, I, 6, p. 20.
[14] *Ibid.*, I, 38, p. 97. On se souvient aussi de la définition que Valentin Tschudi donne des
Gymnosophistas (Herminjard, *Corresp.*, I, 17, p. 39): «quod prorsus omnem exuerint sapientiam, atque ab ea nudi agant.»
[15] Platon, *Gorgias*, édition A. Croiset et L. Bodin, Paris, «Les Belles Lettres,» 1923 (tome
II, 2ème partie des *Œuvres Complètes*), 447c: «[Gorgias] priait tout à l'heure les assistants de
lui adresser les questions qu'ils voudraient et se faisait fort de répondre à toutes.» La citation
du texte: 448a.
[16] *Gorgias*, 457a.

science peut mener l'homme à la sagesse et le rapprocher de Dieu. Il ne nie certes pas la beauté du Savoir. Mais sa démarche, quoique ardente, est faite d'humilité. Il garde présentes à l'esprit les paroles de Saint Paul: «la Science enfle, la Charité édifie.» Il pense qu'un homme ne saurait tout savoir, mais en même temps qu'il ne doit jamais cesser d'apprendre. C'est par exemple la position de Vivès définissant la vie et les mœurs de l'humaniste idéal.[17] Il cite volontiers cette parole de Sénèque: «Beaucoup auraient pu parvenir heureusement à la sagesse s'ils ne s'étaient pas trop tôt persuadés d'y être déjà parvenus.»[18] Ou ces mots de Théophraste: «Tout ce que savent tous les sages ensemble n'est rien comparé à tout ce qu'ils ignorent.»[19] Tout homme a

---

[17] *De Disciplinis libri XX.* Dans l'édition de 1531 (Antverpiae, Michael Hillenius), le chapitre «De Vita et Moribus eruditi» apparaît à la fin du tome II («*Tomo secundo libri de Tradendis disciplinis sive de doctrina christiana quinque*»), au 5ème livre du *De Tradendis* f°ˢ 134–140. Dans l'édition des *Opera Omnia* de 1782–88: t. VI, pp. 416–437. Voir aussi la *praefatio* de Vivès au *De Disciplinis*, f° Aiii r° (1531): «Cogitanti mihi nihil esse in vita vel pulchrius vel praestabilius cultu ingeniorum, quae disciplinae nominantur, qui nos a ferarum ritu et more separat, humanitati restituit, et ad Deum extollit ipsum... Nam quid excogitari utilius potest, quam homines a tenebris ad eius lucis intuitum transferre, quam intueri adeo refert omnium, ut sine ulla perpetuo futuri simus miserrimi.» Il ne s'agit donc pas de nier l'utilité et la grandeur du savoir, mais de le définir et de le limiter. Le savoir, pour l'humaniste chrétien, est davantage *recherche* que *possession*. L'image du puits au fond duquel se cache une vérité inaccessible se retrouve chez tous les humanistes. Vivès l'emploie au tome III de son *De Disciplinis* («Tertio tomo *de artibus libri octo*»), dans son chapitre sur la dispute («De Disputatione,» f°ˢ 73 v°–78 r°): «Veritatem non plane aut aperte acies mentis nostrae intuetur multa et densa obscuritate corporis oppressa, atque haebetata. Sed nos obscuritatem hanc a nobis in res ipsas traducimus, ut eas altissimis ac caecis admodum tenebris obrui, et inextricabilibus involucris occultari. Quo sensu pronunciavit Democritus *veritatem in altissimo puteo demersam latere*. Ad purgandos autem hosce cortices, ut nucleus prodeat purus, ingenium humanum examinandae veritatis facultatem a Deo accepit, cuius functio disputatio nominatur...» Et Montaigne, *Essais*, III, 8, p. 1008: «Nous sommes nais à quester la vérité; il appartient de la posséder à une plus grande puissance. *Elle n'est pas, comme disoit Democritus, cachée dans le fons des abismes, mais plustost eslevee en hauteur infinie en la cognoissance divine.*»
[18] *De Disciplinis*, f° 134 r° (1531): «Erit [eruditus] sciendi studiosus. Nec se unquam ad fastigium eruditionis pervenisse arbitrabitur. Sententia Senecae est animadversa acutissime. *potuisse multos ad Sapientiam pervenire, nisi se iam pervenisse crederent.* Idem ad Lucilium est author; *Tam diu discendum, quamdiu nescias,* et si proverbio credimus, *quamdiu vivas*; quandoquidem nihil est in universa natura tam promptum et facile, quod non totam hominis aetatem possit distinere. Non erubescet homo sciendi cupidus à quocunque discere, qui docere qui possit. Cur hominem ab homine pudeat discere, quum humanum genus multa à belluis discere non puduerit? Ita vero studendum, ut non obruatur ingenium mole operis... Docti homines quum intelligunt se ingenio, consilio, cognitione rerum praestare caeteris, aut certe sic alios existimare, ingentes attollunt spiritus, tanquam ipsi homines inter pecudes vivant, unde incredibile est dictu, quantopere arrogantia invalescat. Sancte illud a Paulo Apostolo dicitur, *inflari homines scientia, charitate aedificari.*» Le même thème est repris par Vivès dans son *Introductio ad Sapientiam* (*Opera Omnia*, t. I, pp. 1–48) au chap. VI («De eruditione,» pp. 11 et ss): «(147): Quae ignoras, ne pudeat quaerere. Ne erubesce a quovis doceri, quod maximi viri non erubuerunt: erubesce potius ignorare, aut nolle discere. (148): Quae ignota tibi sunt, ne jactes te scire: sciscitare potius ab iis, quos scire credis. (197): Tum profectui studiorum plurimum nocet arrogantia: multi enim potuissent ad Sapientiam pervenire, ni jam putassent se pervenisse.»
[19] *Ibid.*, f° 134 r°: «Sed reflectet in se oculos sapientiae sector, nec plus aliorum de

toujours quelque chose à apprendre des autres hommes, voire même des animaux. Dieu ne nous a pas créés en vain les yeux et les oreilles ouvertes, dira de même Rabelais: «Que nuist sçavoir tousjours et tousjours apprendre, feust ce d'un sot, d'un pot, d'une guedoufle, d'une moufle, d'une pantoufle?» Mais l'art est long, et la vie est brève. Que celui qui recherche la sagesse jette donc les yeux sur soi et écoute le témoignage de sa conscience, dit Vivès: il découvrira alors son ignorance, et le chemin qui lui reste à parcourir. Et quand bien même il posséderait enfin une parcelle de Vérité, il en rendrait hommage à Dieu qui en est la source et qui lui en a fait don. Car tout bien vient de Lui.[20] L'esprit n'a donc pas à se glorifier de ses œuvres. Il n'est rien

testimoniis, quam sua ipsius acquiescet conscientia. Reputabit quam multa sibi est conscius se ignorare, quae alii eum scire non dubitant: quoties hallucinatur, labitur, fallitur, et à vero quam longissime discedit: ut non sine gravissima ratione et causa Socrates, [f° 134 v°] quem Graeciae consensus sapientissimum nuncupavit, *professus sit nihil neque se, neque alium quenquam scire*. Quod placitum ingens deinde philosophorum manus constantissime tenuit. Et profecto si quis recte expendat et reputet singula, comperiet *nihil certius a nobis, quam pietatem nosci*. Theophrasti etiam sententiam iure laudatur, *quae cunti sciant, minimam esse eorum quae ignorent portionem...*»

[20] *Ibid.*, fol. 134 r°: «Age vero donemus te aliquid scire certe atque exploratum; an hoc ignoras alieni te habere beneficii? Cur tibi accommodata vestis facit animos? Si quid habes boni, alienum est; si quid mali, id vero est tuum unius. Vides te eruditum? munus Dei est, cui displices, nisi quam inde gloriam nancisceris, in illum referas. Equidem haud repugno, quo minus vir doctus talem se esse intelligat, et aliis sapientiorem, sed neque esset doctus aut sapiens, nisi id facile perspiceret. Volo tamen agnoscat, cuius sit ea sapientia, illique uni referat acceptam, à quo velut fiduciariam possidet. Quum se admirationi esse conspicit, ne sistat in se, quod est periculosissum, nec oculos deiiciat in terram, ut honore illo ab hominibus tributo sibi applaudat ipse, tanquam opera et merito suo consecutus, quod est *manum suam ipsius osculari, iniquitas maxima*, quemadmodum Iobus ait, *et negatio contra Deum altissimum*. Quatuor rebus constat eruditio, ingenio, iudicio, memoria, studio. Tria prima cedo unde habes? Nunquid non ex Deo? Si qua est docti laus, de postremo petitur, quae res infima est omnium et levissima. Quid quod ad eam ipsam adiutus es constitutione corporis non gravi, nec torpida, tum etiam valetudine, quae Dei sunt dona? Quid ergo docti superest proprium, quo gloriari possit? An quod voluit? At quam multi vellent, si tam eis per Dei benignitatem liceret, quam tibi. Itaque inter laudationes sui erigat se vir sapiens ad contemplationem sanctae illius, et divinae sapientiae, ad cuius infimum, ut Paulus inquit, *humana omnis sapientia comparata mera est dementia*. Veniat illi in mentem, si homines unius aspectu guttulae tantopere conmoventur, qui facerent, si copiosissimum illum et aeternum fontem daretur intueri, unde manant universa? Tum adoret demisso animo *authorem bonorum omnium* (je souligne), et agat gracias, quod munera sua copiosus dignatus est sibi, quam aliis impartiri: quodque voluerit se esse instrumentum alicuius partis consilii, atque operis sui. Nam nos omnes instrumenta sumus voluntatis illius. Quocirca nullus sit tanta eruditione vir, et rerum peritia praeditus, ut putet Deum indigere ipso ad effectum consilii sui. Primum quod solutissimae est arrogantiae, existimare te aliquid posse praestare, quod nullus alius possit, si eodem applicet animum. Deinde quod non magis instrumentis ullis Deus ad agendum indiget, quam luto ad aperiendos caeci oculos. *Ex lapidibus suscitare potest filios Abrahae, et infirma elegit mundi, ut confunderet fortia*. Quod si tu vir sapientia praestantissimus [f° 135 r°] et inclytus beneficio Dei tantus evasisti, utique in quemcunque ille favorem transtulerit similem, fiet similis. Quapropter rogandus ille est, qui omnia largitur, et per nos operatur, quae ipsi est visum, ut nobis potissimum eruditio nostra prosit: ne nos instrumentum faciat in bonam aliorum, perniciem nostram: ne idem accibat nobis, quod vel malis medicis, qui alios curant, se non curant: vel tubicinibus, qui alios ad praelium adhortantur, ipsi non pugnant: vel candelis, quae quidem lucent, seipsas consumunt. Itaque quoties ad studium accedimus, ab oratione

par lui-même. Tout juste est-il le dépositaire d'une science qui lui est donnée par Dieu. Jérémie le rappelle: «Haec dicit Dominus: Non glorietur sapiens in sapientia sua.»[21] Et saint Paul: «Qui gloriatur, in Domino glorietur.»[22] D'où cette affirmation, capitale lorsqu'on songe à Gargantua et à sa *jactantia*: «Il n'y a chose quelconque en l'humaniste de laquelle il puisse licitement se glorifier.»[23] La plus grande iniquité, la négation même de la toute-puissance de Dieu, consiste pour l'homme, suivant l'expression de Job, à baiser sa propre main.[24] *Laus proprio sordet in ore.*[25] Vivès condamne sans appel la vanité et le désir de gloire personnelle. Il voit dans les «passions désordonnées» des hommes la cause initiale de la corruption des arts. L'amour de soi est aveugle, dit-il.

auspicandum est, quod fecisse Thomas Aquinatem, et alios permultos sanctos viros memoriae est proditum: idque est orandum, ut sana sint nostra studia, ut nemini noxia, ut nobis et omnibus in commune salutifera.» Beau plaidoyer contre toute forme de «jactance vaine.» Attitude face au Savoir qui est celle de Pantagruel lors de sa rencontre avec Thaumaste. Cf. *infra*, note 39.

[21] *Prophetia Jeremiae*, IX, 23–24. «Haec dicit Dominus: / Non glorietur sapiens in sapientia sua, / et non glorietur fortis in fortitudine sua, / et non glorietur dives in divitiis suis;/ sed in hoc glorietur, qui gloriatur, / scire et nosse me, / qui ego sum Dominus qui facio misericordiam, / et judicium, et justitiam in terra...» Cf. Erasme, *Eloge*, LXIII (Kan, p. 161): «Scripsit Ecclesiastes capito primo: *Stultorum infinitus est numerus...* Sed magis ingenue confitetur hoc Hieremias, *cap.* 10. *Stultus*, inquiens, *factus est omnis homo a sapientia sua.* Soli Deo tribuit sapientiam universis hominibus stultitiam reliquens. Ac rursum paulo superius: '*Ne glorietur homo in sapientia sua*'...»

[22] *I Corinth.*, I, 19–31; passage essentiel, et qui est sans doute la source première de l'attitude des humanistes chrétiens face au savoir humain et aux pouvoirs de la raison: «Scriptum est enim: Perdam sapientiam sapientium, et prudentiam prudentium reprobabo. Ubi sapiens? ubi scriba? ubi conquisitor hujus saeculi? Nonne stultam fecit Deus sapientiam hujus mundi? Nam quia in Dei sapientia non cognovit mundus per sapientiam Deum, placuit Deo per stultitiam praedicationis salvos facere credentes... quia quod stultum est Dei sapientius est hominibus, et quod infirmum est Dei fortius est hominibus... Sed quae stulta sunt mundi elegit Deus, ut confundat sapientes; et infirma mundi elegit Deus, ut confundat fortia. Et ignobilia mundi, et contemptibilia elegit Deus, et ea quae non sunt, ut ea quae sunt destrueret; ut non glorietur omnis caro in conspectu ejus... Qui gloriatur, in Domino glorietur.» Vivès cite Paul (*De Disciplinis*, f° 136 r°): «*Non qui se ipsum commendat, is probatus est*, inquit Paulus, *sed quem Deus commendat*». Et Erasme, *Eloge*, LXV (Kan, pp. 173–180); et Montaigne, dans son *Apologie* (II, 12, pp. 530 et ss.), ne cesse de lui faire appel pour montrer «combien la curiosité est un mal naturel et originel en l'homme.»

[23] *Opera Omnia*, t. VI (1785): Le «De vita et moribus eruditi» se trouve aux pp. 416 et ss. On lit à la rubrique du Chap. I: «Quam multa se vel eruditissimo cuique subducant, ut pudeat ab aliis eum discere. Quatuor, quibus tota eruditio continetur, *nihil quidquam ad eruditum attinet, quo liceat gloriari*. Eo fine studendum ut sibi, et aliis proficiat: assentationem ut maxime noxiam fugiat, item humanam gloriam, ut rem prorsus inanem et vanam.»

[24] Vivès, *De Anima et Vita*, liber tertius, cap XXIV («De Superbia»). pp. 514–520 du t. VI de l'édition de Valence (1782–88): «Nihil adeo expetit superbus, ac Dei similitudinem aliquam, non utique quod ad bonitatem pertinet, sed quod ad potentiam, et magnitudinem; ut se nullius indigere, multos autem ipsius; nulli esse subditum, illi plurimos... Ignoratio haec tam crassa, vel inconsiderentia tam praecipitata, non sinit nos, in reputatione nostrorum bonorum, cogitare a quo sint bona illa, quis, quomodo, qua ratione tribuerit; nihil de Deo succurrit animo, nos nostra solertia, diligentia, merito nostro parasse existimamus, quale illud est apud Ezechielem ex persona diaboli: *Ego feci me*: quod est, sicut Job ait: *Manum suam deosculari*: quae est impieta magna.» Cf. note 20 *supra*.

[25] *Epist. obs. viror.*, II, 16, p. 171. Lettre de Iohannes Pileatoris.

Chacun se croit capable de tout savoir. Surtout, chacun cherche à prouver qu'il est le plus éminent, le plus brillant, le plus rare, le plus neuf.[26] Cet orgueil insensé a sur le savoir les plus désastreuses conséquences. Un homme né pour être grammairien et commenter les historiens et les poètes se baptisera philosophe ou théologien. Un autre se mettra à prognostiquer le futur, à révéler les secrets de l'Univers, professant la magie, l'astrologie, et tous les arts de la Divination, empoisonnant les esprits d'un venin satanique.[27] D'autres encore, comme les Sophistes grecs Gorgias, Protagoras, Hippias, Prodicus, Eutidème, Dionisodore, veulent donner à entendre qu'il n'y a chose qu'ils ignorent, et s'affirment capables d'improviser en public la réponse à n'importe quelle question, comme si non seulement ils possédaient tout savoir, mais encore tenaient en toute circonstance cette science infinie à leur disposition immédiate.[28] A ces faiseurs d'improvisations délirantes, Vivès oppose l'humilité de Socrate, «que l'unanime consentement de toute la Grèce nomme le Sage par antonomase.»[29] Pour Socrate, le

[26] *De Causis Corruptarum Artium* (Liber I: «De corruptis artibus in universum»); f°ˢ 3 v° et 4 r° de l'édition de 1531 (Michael Hillenius); p. 10 de l'édition de 1536 (*apud I. Gymnicum*): «Nemo expendit vires ingenuii sui, quid possit ferre, quid recuset; unusquisque satis sibi fidit; nec est ullus tam infelicis ingenii, qui fere desperet se quidvis posse assequi, quòd acumine deficiatur, sed quod voluntate, ita ad ea se adiungit ac tradit, quibus tam est aptus, quam vulpes aratro. *Nec mirum est amorem sui in unoquoque esse caecum*; vulgus patrum non acutius cernit in vitiis in indole filiorum; nihil sibi non spondent de suo sobole, si non iudicio, certe desiderio ac voto; ut proximus est spei amor, ita ad artes eos deducunt ab ingeniis illorum alienissimas... Supremam, et celsissimam illam mentis lucem, superbia perstringit, et a recto itinere abducit transversam; haec est eminendi atque excellendi cupiditas, ut videatur habere quae nullus alius, aut quae pauci, nempe altissima, ac praestantissima, rara, nova plurima, aut omnia: ergo ingenia, quae apte ac feliciter essent in mediocribus vel ex natura sua, vel ex institutione versata, supra vires se erexerunt, ut ea crederentur scire ac tenere, quae omnes judicarent esse celsissima...»

[27] *Ibid.*, (suite de la note précédente): «ut natus ad Grammaticen, ad enarrandos Poëtas, atque historicos, aut qui hisce tantum in rebus esset exercitatus, voluit pro philosopho, pro Theologo haberi, quum eas artes ne de nomine quidem nosset: alii, quòd paucissimorum esset, aut nullius potius, futura praedicere, abdita et recondita detegere, maximas opes temporis momento invenire, Astrologiam, Physiognomiam, Chalciniam, Magiam, et ceteras divinandi ac maleficii artes, sunt professi; nec solum inter gentiles, in quibus latissime patebat regnum Satanae, sed etiam inter Christianos, a quibus fortior Satanâ, Christus, jugum tyrannidis illius excussit, et armatum illum exarmavit...»

[28] *Ibid.*, f° 4 v° (p. 12): «Fuerunt qui vellent videri nihil omnino ignorare, ut illi in Graecia Gorgias, et Protagoras, Hippias, Prodicus, Eutydemus, Dionysodorus, et alii, qui in coetu ac frequentia hominum, quaestionum quacunque de re poscebant, paratos se ad omnia ex tempore respondere, tamquam non modo scirent omnia, sed ad manum et in numerato haberent; at illos tanti instituti promissores, magistros optime tum loquendi, tum etiam sentiendi, Socrates, qui nihil sciret [*en marge*: Socrates dicebat se nihil scire nisi quod nihil sciebat], in levissimis saepe rebus paucissimis et facillimis quaestionibus irretitos, deridendos suo ipsorum auditorio relinquebat: utinam intra Graeciae fines vitium hoc constitisset, et non alias quoque invasisset nationes, ut grande existimetur dedecus, cunctari, tempus poscere! Caeca est arrogantia...» Le chapitre III du livre premier du *De Causis* d'où sont extraites ces lignes, a pour titre: «Affectus immoderatos primam fuisse corruptionis artium causam.»

[29] *De Causis*, f° 134 r°: cf. note 19, *supra*. Cette caractéristique de Socrate l'accompagne partout. Pour tous les Humanistes, Socrate est le sage par excellence, parce que lui seul re-

sage n'est pas celui qui prétend tout savoir, mais celui qui sait seulement qu'il ne sait rien. La vraie puissance n'est pas dans la possession d'un savoir universel – ou prétendu tel; elle est dans la possession et la domination de soi.[30] Est sage celui qui commande en soi aux plaisirs et aux passions. Tout savoir est donc vain qui n'illumine pas la réalité de l'homme et la connaissance de soi-même, et ne mène pas à Dieu.

Erasme avait déjà souligné cette opposition capitale dans son adage *Sileni Alcibiadis*,[31] celui-là même dont Rabelais s'inspirera pour

connaît qu'il ne sait qu'une chose, à savoir qu'il ne sait rien. Ainsi apparaît-il chez Montaigne (*Essais*, II, 6, pp. 412-413; II, 12, p. 542; II, 12, p. 544: «Le plus sage homme qui fut onques, quand on luy demanda ce qu'il sçavoit, respondit qu'il sçavoit cela, qu'il ne sçavoit rien. Il verifioit ce qu'on dit [*i.e.* Theophraste cité par Vivès; cf. *supra*, note 19], que la plus grande part de ce que nous sçavons, est la moindre de celle que nous ignorons; c'est-à-dire que ce mesme que nous pensons sçavoir, c'est une piece, et bien petite, de nostre ignorance.»), et chez Agrippa (*De incertitudine*, chap. I – «Des Sciences en général»: «Saint Paul rejette de l'Eglise ceux qui veulent sçavoir plus qu'il n'est besoing: et ayant Socrates discouru par toutes les sciences et recherché chacune discipline, fut estimé tressage entre les hommes, lors seulement qu'il confessa haut et clair qu'il ne sçavoit aucune chose – cum se nihil scire palam fateretur.»). Même Ramus qui, bien que sophiste, aime à se comparer à Socrate, cite ce lieu commun humaniste, dans la préface à sa *Dialectique* de 1555 (M. Dassonville, p. iii-50): «Socrate l'a [*i.e.* la logique] merveilleusement célébrée; et combien que parlant modestement de soi, disoyt qu'il ne sçavoit autre chose sinon qu'il ne sçavoit rien, neantmoins s'attribuoit en ceste exception la science de Dialectique, par laquelle seule il pouvoit sçavoir son ignorance.» Erasme, qui en parle dans ses *Adages* (cf. *infra*, note 31), se répète dans la *Folie* (XXIV, éd. Kan, p. 38): «Socrates ipse unus Apollinis oraculo sapiens...» Il me paraît intéressant de faire remarquer ici que cette image d'un Socrate sage par ignorance apparaît aussi dans le commentaire fait par Vivès au *De Senectute* de Cicéron (*Ad Catonem Majorem, sive de Senectute Ciceronis, Praelectio, quae dicitur Anima Senis*, t. IV des *Opera Omnia* de 1782-88): «Sum equidem ego Senis anima, provida, sagax, multiplex, acuta, memor, plena rationis et consilii» (p. 9); «at illud in optimis et sapientissimis quibusque ex nobis usu venit, quod paucis, nescio quibus Graecis, et in primis aequali *meo Socrati*, ferunt contigisse, *omnia nos ut ambigamus, nihil scire putemus, nihil plane affirmemus, quaerentes omnia, dubitantes plerumque, et nobis ipsae diffidentes*, forsitan, *omni sermoni adjudiciamus*... Haec de sapientibus, etsi sunt inventu perquam rari, sum locuta, *quando is ipse*, de quo dixit Socrates, ut est in eo sermone in quo facit illum Plato loquentem pro morte, *ita disputat* (utar potius verbis Ciceronis) *ut nihil affirmet ipse, refellat alios*; nihil se scire dicat nisi id ipsum; eoque praestare ceteris, quod illi quae nesciant se scire putent, ipse se nihil scire, hoc unum sciat, ob eamque rem arbitrari ab Apolline omnium sapientissimum esse dictum, quod haec esset una omnis sapientia: *Non arbitrari se scire quod nesciat*.» Plûtot que cette attitude faite d'humilité, qui s'inspire de Socrate, Gargantua ne voit dans le *Cato Major* que la *jactance* de Nestor; Gargantua, *pessimus trufator*, et à l'égal d'un Ortuinus Gratius, «formalis in latinisando et componendo dictamina, et arte epistolandi» (*Epist. Obs. Vir.*, I, 35, p. 91).

[30] Cf. le «De Vita et Moribus Eruditi,» au t. V du *De Tradendis Disciplinis* de Vivès, f° 135 r° (éd. 1531): «negat Socrates vacare sibi ad interpretationem fabularum poeticarum, quoniam nondum norit se, et ridiculum sit eum, qui se non norit, aliena scrutari.» Et Platon, *Gorgias*, 491d, dans un développement qui souligne le caractère *politique* et cynique de l'activité du Sophiste.

[31] *Adagia, id est: Proverbiorum, Paroemiarum et Parabolarum omnium, quae apud Graecos, Latinos, Hebraeos, Arabas, etc., in usu fuerunt, Collectio absolutissima in locos communes digesta...* Typis Wechelianis, Sumptibus Clementis Schleichii, et Petri de Zetter, M.DC.XXIX. Cette énorme compilation, outre les *Adages* d'Erasme, comprend des œuvres de Turnèbe, Muret, Polydore Virgile, H. Estienne, Ch. de Bovelles, etc. Le genre d'œuvre qu'affectionnait le sophiste Alcofrybas (Bryn Mawr Rare Book Room, 398.9/f ER.). Les *Sileni Alcibiadis* se trouvent aux pp. 653-57, sous la rubrique «Simulatio et dissimulatio.» Il existe une traduction anglaise des *Sileni Alcibiadis*: celle de Margaret Mann Philipps, *The «Adages» of Erasmus, A Study with translations*, Cambridge; Cambridge U. P., 1964 (pp. 269-296).

composer son prologue de *Gargantua*. Erasme distingue deux acceptions dans cette expression proverbiale. Elle est d'abord utilisée pour désigner une chose qui semble ridicule et méprisable en apparence, mais dont un examen plus approfondi révèle le caractère admirable. Elle est aussi utilisée pour décrire une personne dont l'apparence et l'habillement ne correspondent pas du tout à ce qu'il dissimule en son âme. D'où la célèbre comparaison entre Socrate et les silènes, que Rabelais porte à son point de perfection dans le *Gargantua*: «Silenes estoyent jadis petites boites, telles que voyons de present es bouticques des apothecaires pinctes au dessus de figures joyeuses et frivoles... Mais au dedans l'on reservoit les fines drogues comme baulme, ambre gris, amomon, musc, zivette, pierreries et aultres choses precieuses. Tel disoit estre Socrates, parce que, le voyans au de hors et l'estimans par l'exteriore apparence n'en eussiez donné un coupeau d'oignon, tant laid il estoit de corps et ridicule en son maintien, le nez pointu, le reguard d'un taureau, le visaige d'un fol, simple en meurs, rusticq en vestemens, pauvre de fortune, infortuné en femmes, inepte à tous offices de la republicque, tousjours riant, tousjours beuvant d'autant à un chascun, tousjours se guabelant, tousjours dissimulant son divin sçavoir. Mais, ouvrans ceste boite, eussiez au dedans trouvé une celeste et impreciable drogue: entendement plus que humain, vertus merveilleuse, couraige invincible, sobresse non pareille, contentement certain, asseurance parfaicte, desprisement incroyable de tout ce pourquoy les humains tant veiglent, courent, travaillent, navigent et bataillent.» Opposé à Socrate, dieu plutôt qu'homme, dissimulant aux regards sa richesse intérieure, le Sophiste est celui qui en demeure à l'apparence, un Silène renversé, beau profil creux moulé sur le néant de son arrogance. Erasme souligne cette opposition à deux reprises dans son adage: «Quum ea tempestate, ad insaniam usque ferveret inter stultos, profitendi sapientiam ambitio: nec unus esset Gorgias, *qui se nihil nescire jactitaret*: et ardelionibus huiusmodi nusquam non referta essent omnia: *solus hic hoc unum scire se dictitabat, quod nihil sciret.*»[32] Socrate et Gorgias symbolisent deux attitudes fondamentales et contradictoires face au Savoir. Et ce n'est certainement pas celle de Gorgias que les humanistes préfèrent: «Proinde non injuria cum id tempestatis plena sophis essent omnia, solus hic morio, Sapiens oraculo pronunciatus est: *et plus judicatus est scire, qui nihil sciebat, quam hi qui nihil nescire se praedicabant*: imo ob id ipsum judicatus est plus caeteris scire, quod unus omnium nihil sciret.»[33] Ils approuvent le jugement de l'oracle de

[32] *Adagia*, p. 653. Dans l'édition M. Mann Philipps, p. 270.
[33] *Ibid.* Dans l'édition M. Mann Philipps, p. 271.

Delphes. Le sage est d'abord celui qui reconnaît les limites de son savoir.

Rabelais paraît partager ce point de vue des Humanistes chrétiens. Que la personne de Socrate apparaisse dans le prologue de *Gargantua*,[34] c'est-à-dire au seuil même de l'œuvre reconstituée dans sa continuité «historique,» n'est certainement pas un hasard. Pour Rabelais aussi la vérité est inaccessible. Il ne cesse de le répéter. L'allusion au «puis inespuisable auquel disoit Héraclite [sic] estre la vérité cachée» apparaît dans le *Pantagruel* de 1534.[35] L'image se trouvait déjà dans l'épître-dédicace au *Testament de Cuspidius* à Amaury Bouchard («ex antro illo horrido... in quo dixit Heraclitus veritatem latitare»).[36] Elle réapparaîtra dans le *Tiers Livre*.[37] L'*Almanach de 1535* se fait aussi l'écho de ce credo humaniste: «des anciens philosophes qui ont conclud à l'immortalité de nos ames, n'ont eu argument plus valable à la prouver et persuader que l'advertissement d'une affection qui est en nous. Laquelle descrit Aristoteles, lib. I *Metaph.*, disant que tous humains naturellement désirent sçavoir, c'est-à-dire que nature a en l'homme produit convoitise, appetit et desir de sçavoir et apprendre, non les choses presentes seulement, mais singulierement les choses advenir... Parce doncques qu'en ceste vie transitoire ne peuvent venir à la perfection de ce sçavoir (car l'entendement n'est jamais rassasié d'entendre, comme l'œil n'est jamais sans convoitise de voire, ny l'aureille de ouyre, *Eccl.* I, et nature n'a rien fait sans cause, ny donné appetit ou desir de chose qu'on ne peut quelquefois obtenir, autrement seroit iceluy appetit ou frustratoire ou dépravé), s'ensuit qu'une autre vie est après cette-cy, en laquelle ce desir sera assouvi.» L'homme ne peut donc avoir «plenitude de tout bien, tout sçavoir et perfection» qu'après la mort, quand l'ame est «hors mise [s] ceste charte tenebreuse de corps terrien,» et «jointe[s] à Jesus le Christ.» Rabelais souligne la vanité des «prognostics,» et conseille au curieux de s'en remettre «au gouvernement et decret invariable de Dieu tout puissant,» car «De l'homme la vie est trop brieve, le sens trop fragile et l'entendement trop distrait pour comprendre choses tant esloignées de nous.» Et Socrate apparaît dans la démonstration, aux côtés de Platon (*in Gorgia*), saint Paul et saint

---

[34] Outre le fait que Rabelais y traduit presque mot pour mot l'adage d'Erasme, on doit aussi remarquer qu'un autre *silène* apparaît au prologue du *Tiers Livre*, à savoir Diogène, qu'Erasme cite en exemple après Socrate (p. 653): «Huiusmodi Silenus fuit Diogenes, vulgo canis habitus...» Dans la lutte entre la vérité et son apparence, le Pantagruélisme prend parti sans équivoque.

[35] *Pant.*, éd. V. L. Saulnier, XIII, p. 105, l. 85.

[36] Rabelais, *Œuvres Complètes*, t. II, p. 494 de l'édition P. Jourda.

[37] *Tiers Livre*, XXXVI, p. 248, l. 5-6.

Matthieu: *quae supra nos, nihil ad nos.*[38] C'est par ailleurs une réponse fort orthodoxe que fait Pantagruel au clerc anglais Thaumaste. On y retrouve toute la sagesse de l'Humaniste idéal définie par Vivès: «Seigneur, des grâces que Dieu m'a donné, je ne vouldroys dénier à nully en départir à mon pouvoir: car tout bien vient de luy de lassus et son plaisir est que soit multiplié quand on se trouve entre gens dignes et ydoines de recepvoir ceste céleste manne de honneste sçavoir.»[39] Pantagruel considère donc son *sçavoir tant inestimable* comme un pur don de Dieu. La «manne de honneste savoir» a une origine céleste. Les connaissances acquises par l'homme sont «des grâces que Dieu [lui] a données.» Car «tout bien vient de luy de lassus.» *Non glorietur sapiens in sapientia sua.*

Enfin, un dernier point vient confirmer les précédents: celui de la nature même du savoir de Pantagruel. Ce qui doit nous le rendre suspect, ce n'est pas seulement le fait qu'il a sa source dans la magnifique librairie de Saint Victor et dans l'étude – sophistique – des sept arts libéraux. C'est qu'il embrasse les sciences *sataniques*, magie, alchimie, astrologie, qu'il prétende pénétrer les arcanes du «grand secret» et ouvrir «le vray puys et abysme de encyclopédie» (le sophiste est toujours Faust). Ce savoir n'impressionne que deux types de public: celui d'abord qui n'y comprend rien, et qui par conséquent admire, qu'il soit «maistre des requestes» ou «ganyvettière»; celui ensuite qui reconnaît en Pantagruel une image de lui-même, une incarnation idéale du «Maître»: l'Artien et l'Orateur de la Faculté des Arts, le Théologien de la Sorbonne, le Juriste et le Conseiller du Parlement, Thaumaste, en bref celui pour qui la dispute (qu'elle soit par signes ou *pro et contra*) constitue une fin en soi, et qui se dit capable de disputer *in omni re scibili*: le sophiste. L'affaire Baisecul-Humevesne et la *disputatio* Thaumaste-Panurge offrent au moins deux points de comparaison. Dans l'un et l'autre cas, Pantagruel est loué pour son savoir merveilleux.

[38] Ed. Jourda, t. II, pp. 521–22.

[39] *Pant.*, XIII, pp. 104–105. Pour illustrer ce passage très dense, voir *supra* les notes 18 (sur la nécessité d'apprendre d'autrui sans honte; «Combien que plus de toy je deusse apprendre, que toy de moy» dit Pantagruel; et Vivès: «Non erubescet homo sciendi cupidus a quocunque discere, etc.»), 20 (Dieu qualifié *authorem bonorum omnium*, et le sage simple dépositaire de Sa sagesse), et 23 (sur le but du savoir: *Eo fine studendum ut sibi, et aliis, proficiat*). Et aussi ces lignes du *De vita et moribus eruditi*, f° 136 r°: «*Magnum est*, inquit vetus proverbium, *Athletam placuisse Herculi*. quantum ergo nos Deo, a quo toties laudabere quoties aliquid egeris illi gratum! Porro illi nihil esse potest gratius, quàm ut eruditionem, et quaecunque sua munera, in utilitates hominum proferamus, hoc est filiorum suorum, quibus ille ingentia impartitus est commoda, ut mutuo prosint in commune, et vult nos gratuito distribuere quae gratuito a se accepimus, quamquam ipse pro eisdem, quae nobis est largitus, copiosissime refert gratiam. Admirabiliter Dei begnitatem! quae ipse gratis nobis dedit haec eadem si ipsi reddamus, amplissime renumeratur. Hic est ergo studiorum omnium fructus, hic scopus, ut quaesitis artibus vitae profuturis, eas in bonum publicum exerceamus...»

Mais, dans un cas comme dans l'autre, le lecteur-spectateur reste sur sa faim: il n'a rien compris, ni au jugement rendu par Pantagruel, ni aux gestes échangés par Thaumaste et par Panurge. Le savoir de Pantagruel, c'est ce vent que Panurge fait avec ses mains, ou ces mots sans suite que le géant prononce («les billes vesées qui ont eu mat du pyon par les males vexations des lucifuges nycticoraces qui sont inquilines du climat diazomes d'un crucifix à cheval...») au contentement des deux parties adverses et à l'admiration extatique des juristes présents. Quel que soit le langage que le sophiste emploie, il n'est jamais qu'une apparence de langage, comme la science qu'il est chargé de communiquer n'est jamais qu'une apparence de science. Car il n'y a de langage que dans la communication et l'échange. Et le Sophiste – le fait est patent dans le *Pantagruel* avec l'écolier limousin, Thaumaste, Panurge, Baisecul et Humevesne – est celui pour lequel le langage est instrument de non-communication, agent de domination et d'oppression, outil privilégié de l'imposture.

Le savoir de Pantagruel n'est donc qu'apparence de savoir. Ce Panurge, qui débat à la place de son maître, acquiert sa science «à chopiner avecques les paiges et jouer toutes les aigueillettes de ses chaulses à *primus et secundus,* ou à la vergette.» Les mots pour lui sont des formes vides, qu'il est inutile de remplir à l'aide de Proclus ou d'Anaxagoras. Les mots ne sont que ces *signes* sans signification qu'il échange avec Thaumaste, et que chacun interprète à sa façon: «les théologiens, médicins et chirurgiens pensèrent que, par ce signe, il inféroyt l'Angloys estre ladre. Les conseilliers, légistes et décrétistes pensoient que, ce faisant, il vouloyt conclurre quelque espèce de félicité humaine consister en estat de ladrye.» Au total, l'interrogation de Thaumaste est partagée par le lecteur: «Hà, j'entend, mais quoy?» L'ambiguïté du discours sophistique ne naît pas de la richesse du signifié, mais de son absence. Sa profondeur est celle du vide.

III. SAGESSE APPARENTE ET SAGESSE RÉELLE: DU *DE SOPHISTICIS ELENCHIS* D'ARISTOTE AUX *SUMMULAE LOGICALES* DE PIERRE D'ESPAGNE. LES *SILENI ALCIBIADES: CHRISTIANI* ET *MUNDANI*

Pantagruel, par la nature même de son savoir, achève ainsi de s'identifier avec le sophiste type tel qu'on le définit depuis Aristote, non seulement chez les humanistes du XVIe siècle, mais aussi chez les logiciens et les penseurs médiévaux. Dans le dernier des traités de son *Organon*, le *De Sophisticis Elenchis*, Aristote définit le Sophiste «celui qui se sert d'une sagesse apparente mais non réelle pour gagner de l'argent,» et l'art sophistique «une sagesse apparente mais non réelle.»[40] Le Sophiste est celui qui préfère avoir l'apparence de la sagesse sans l'être réellement plutôt que de l'être réellement sans en avoir l'apparence. Il bâtit son empire illusoire sur les équivoques et les ambiguïtés du langage, sur la distance qui existe entre le signifiant et le signifié. Car, «entre les noms et les choses, il n'y a pas de ressemblance complète, dit Aristote; les noms sont en nombre limité, ainsi que la pluralité des définitions, tandis que les choses sont infinies en nombre.»[41] Il s'ensuit inévitablement qu'un seul et même mot, qu'une seule et même définition signifie plusieurs choses. Le sophiste est celui qui possède l'art d'exploiter ces *aequivocationes* et ces *amphibologiae*,[42] celui qui fait du langage un piège où se prend l'adversaire, et dans lequel il trébuche. Il est celui qui ne dispute pas de choses, mais de mots. Car, Pacius le souligne, «Si verbum multiplex in alio sensu accipiatur ab opponente, in alio a respondente, nulla erit inter eos de *re* controversia, sed tantum de *nomine*.»[43] Le

[40] Voir la traduction que J. Tricot a donnée de l'*Organon*: Les *Réfutations Sophistiques* occupent le tome VI (1939): «La sophistique est une sagesse apparente, mais non réelle, et le sophiste un homme qui tire un profit pécuniaire d'une sagesse apparente mais non réelle» (I, 20).

[41] *Ibid.*, I, 10: [Comme] il n'est pas possible d'apporter dans la discussion les choses elles-mêmes, mais qu'au lieu des choses nous devons nous servir de leurs noms comme de symboles, nous supposons que ce qui se passe dans les noms se passe aussi dans les choses... Or, entre noms et choses, il n'y a pas de ressemblance complète: Les noms sont en nombre limité, ainsi que la pluralité des définitions, tandis que les choses sont infinies en nombre. Il est par suite inévitable que plusieurs choses soient signifiées et par une même définition, et par un seul et même nom.»

[42] Terminologie empruntée à cette partie de la logique scolastique qui s'inspire du *De Sophisticis Elenchis* d'Aristote. Chaque traité de logique médiévale comprend un chapitre *De Fallaciis*. Le tractatus VI des *Summulae Logicales* (f° 177 v°) donne de la *Fallacia* la définition suivante: «Fallacia est idoneitas decipiendi, faciens credere de ente quod sit non ens, et de non ente quod sit ens mediante fantastica visione; vel sic: fallacia est apparentia sine existentia.» Versor précise dans son commentaire: «Primo sciendum quod fallacia dupliciter accipitur. Uno modo passive pro deceptione eius, qui paralogizatur, et definitur fit: Fallacia est deceptio imperiti in arte sophistica propter ignorantiam artis sophisticae. Alio modo capitur fallacia pro principio activo talis deceptionis, ut est locus sophisticus, in quo fundantur argumenta sophistica...» Il existe deux sortes de *fallaciae*: «Fallaciae sunt tredecim, quarum sex sunt dictione, et septem extra dictionem.» L'*équivoque* et l'*amphibologie* appartiennent à la première catégorie (*in dictione*). «Aequivocatio est multiplicitas dictionis eiusdem secundum substantiam et modum proferendi, ut in nomine *canis*» (coingnée, dira Priapus au prologue du *Quart Livre*). «Amphibologia est multiplicitas orationis eiusdem secundum substantiam et secundum modum proferendi diversa significantis.» Cf. *Tiers Livre*, XIX, 1. 8 (p. 139): «Maintes foys y ont faict erreur ceulx voyre qui estoient estimez fins et ingenieux, tant à cause des *amphibologies*, *equivocques* et obscuritez des mots, que de la briefveté des sentences.» Pantagruel connaît sa dialectique. Panurge aussi.

[43] Cité par J. Tricot, dans son «Introduction» aux *Topiques* (2 vol., 1939). Aristote insiste sur la nécessité, pour être un bon dialecticien, de bien savoir distinguer entre les différents sens d'un même terme. «Faute en effet de voir clairement en combien de sens un terme se

sophiste parle un langage qui n'a que l'apparence du langage commun, et qu'il est le seul à comprendre. Socrate le dit dans le *Gorgias*: Comme la rhétorique («mon cher, entre la sophistique et la rhétorique, tout est pareil ou presque»[44]), la sophistique «n'a pas besoin de connaître la réalité des choses; il lui suffit d'un certain procédé de persuasion qu'elle a inventé, pour qu'elle paraisse devant les ignorants plus savante que les savants.»[45] Le sophiste est un magicien de paroles qui rend vrai ce qui est faux, faux ce qui est vrai, qui amène le non-être à l'existence: un fabricant de fausseté, un falsificateur de la réalité, un habile créateur d'illusions, un «faiseur de prestiges.»[46] Mais cette puissance n'est réelle qu'aux yeux de l'ignorant. Son omniscience n'est qu'apparente, il règne par un «faux-semblant de science universelle.»[47]

Cette image du Sophiste, transmise par l'antiquité, se retrouve tout au long du Moyen âge. La sophistique est pour Jean de Salisbury, comme pour Aristote, «apparens et non existens sapientia.»[48] Elle prend au

prend, il peut se faire que celui qui répond, comme celui qui interroge, ne dirigent pas leur esprit vers la même chose.» C'est bien là-dessus que compte le Sophiste pour mettre son adversaire *ad metam non loqui*.

[44] *Gorgias*, 520a. Voir aussi 465c: «la sophistique est à la législation comme la toilette est à la gymnastique, et la rhétorique est à la justice comme la cuisine est à la médecine... Sophistes et Orateurs se confondent pêle-mêle, sur le même domaine, autour des mêmes sujets.»

[45] *Gorgias*, 459 b–c: «N'est-ce pas une merveilleuse facilité, Socrate, commente Gorgias, que de pouvoir, sans aucune étude des autres arts, grâce à celui-là seul, être l'égal de tous les spécialistes?»

[46] *Le Sophiste*, éd. de A. Diès, Paris, «Les Belles Lettres,» 1925 (*Platon, Œuvres Complètes*, Tome VIII, 3 ème partie), 235b.

[47] *Le Sophiste*, 232c–233c: «Habile à contredire» et à «communiquer aux autres sa propre capacité,» le sophiste se caractérise par «une aptitude toujours prête à disputer sur quelque matière que ce soit» (cf. *supra*, note 28); et «il apparaît au moins qu'à peu près aucune matière ne lui échappe.» D'où la question que pose l'Etranger à Théétète: «Comment peuvent bien s'y prendre ces hommes pour réussir à faire accroire à la jeunesse qu'eux seuls, sur tous sujets, sont plus savants que tout le monde?» La réponse est simple: «C'est qu'ils semblent, j'imagine, posséder un savoir personnel sur tous les sujets où ils contredisent [...] Ils font à leurs disciples l'effet d'être omniscients [...] sans l'être en fait, car l'être est impossible [...] C'est donc, nous le voyons, un faux-semblant de science universelle, ce n'en est point la réalité que le sophiste possède.» Plus loin (234 a et b), le sophiste est encore défini comme «celui qui affirme qu'il sait tout et qu'il enseignera tout à autrui pour presque rien et presque en un rien de temps»; et comme «d'homme qui se donne capable, par un art unique, de tout produire,» essentiellement en fait *magicien* et *imitateur*. C'est le portrait qu'Et. Pasquier nous donne d'Abélard dans ses *Recherches de la France* (Paris, MDCXXXIII, livre 6ème, p. 513); il retranscrit son épitaphe, et le commente ainsi: «*Ille sciens quidquid fuit ulli scibile, vicit/Artifices, artes, absque docente, docens*. L'autheur de cet Epitaphe vouloit dire qu'Abélard avoit *le rond et accomplissement de toutes sciences*, mesme qu'en tout ce où il reluisoit, il avoit esté son précepteur et son disciple ensemble. Mais luy qui n'avoit que trop bonne opinion de soy, *se vantoit* (je souligne) *qu'il n'y avoit passage si obscur qu'il ne peust fort aisément déchiffrer*.»

[48] *Metalogicon*, éd. C. Webb, Lib. II, cap 3, 860a: «At sophistica que apparens et non existens sapientia est, probabilitatis aut necessitatis affectat imaginem; parum curans quid sit hoc aut illud, dum phantasticis imaginibus et velut umbris fallacibus involuat eum cum quo sermo conseritur.» Lib II, cap. 5, 861c: «Ergo et sophistica sic rationalis est; et quamvis fallat, sibi inter partes philosophie locum vendicat. Suas enim rationes inducit, et nunc se

XIIe siècle, avec le développement de la *disputatio*, une importance de plus en plus grande dans l'ensemble des spéculations sur la logique. Les traités sur les *Fallaciae* se multiplient, les théoriciens ne cessent de raffiner sur les moyens de mettre l'adversaire *ad metam non loqui*. La *Summa Sophisticorum Elencorum* (XIIe s.)[49] propose de l'art sophistique une définition semblable à celle du *Metalogicon*: «Ars itaque sophistica est, ut ait Aristoteles, *sapientia apparens et non existens*... idest talis sapientia que facit apparere ea que non sunt.» L'auteur distingue en effet quatre types de raisonnement (ou de science): «demonstrativa, dialetica, rhetorica, sophistica.» Les trois premiers ont ceci de commun qu'ils «docent ea que sunt, esse, et que non sunt, non esse.» Au contraire, le but de la sophistique est d'amener le non-être à l'être, ou inversement, l'être au non-être: «sophistica vero ea que sunt non esse, et que non sunt esse ostendit.» L'intention du Sophiste, maître de cette *scientia apparentium et non existentium* est clairement soulignée: «Intentio opificis agentis ex arte est *per sophisticas rationes apparentis sapientie clara consequi. Unde cum olim sophiste suis deceptionibus summi reputarentur philosophi, multas divitias tam in scientiis quam in possessionibus acquisiverunt. Unde gloriam acquirebant ex eo quod videbantur sapientes esse et non existentes, ut Hippias et Protagoras et Gorgias.»[50] Son but est *ut videatur facere opus sapientis.* Ou encore: «Finis opificis agentis ex arte est *apparentis sapientie gloriam habere et in disputationibus apparentis victorie.»[51] L'étymologie du mot (qui vaut bien, par sa fantaisie, celle que Rabelais donne, *par rys*, de *Paris* ou de *Leucece* dans le

demonstrativam simulat, nunc dialecticam mentitur; nec seipsam profitetur alicubi, sed ubique habitum induit alienum. Apparens namque sapientia est, et inducit ad statuendam opinionem plerumque non quod verum aut verisimile, sed quod alterutrum videatur.» Lib IV, cap. 22, 929b: «est enim apparens sapientia, non existens; unde et sophista copiosus ab apparente sapientia, sed non existente.» Voir, *supra*, mon Chapitre I, notes 81 à 92.

[49] Publiée par L. M. de Rijk, *Logica Modernorum, a contribution to the history of early terminist logic*, Vol. I: *On the twelfth century theories of fallacy*, Assen (1962), pp. 265–458.

[50] *Summa*, «Quid sit ars sophistica» (p. 266), «Que sit intentio huius artis» (p. 267), et «De intentione opificis agentis ex arte» (p. 267). Cf. L. Schütz, *Thomas-Lexicon*, article *disputatio* (p. 244): «Sophistica autem est tendens ad gloriam, ut sapiens esse videatur, unde dicitur sophistica quasi apparens scientia; procedit ex his, quae videntur esse vera sive probabilia et non sunt, vel simpliciter falsas propositiones assumendo, quae videntur esse vera, vel in virtute falsarum propositionum argumentando.»

[51] *Ibid.*, pp. 267–268. «Officium eius [i.e. sophistae] est sic disputare ut videantur circa propositum ea esse que non sunt. Opus eiusdem est ut videatur facere opus sapientis... Opus sapientis est facere ut non videatur mentiri et videatur posse mentientem manifestare. Consequuntur enim magis videri facere opus sapientis quam facere et non videri, cum ab apparenti sapientia divitias congregaverint. *Fatetur enim* (je souligne) *se Socrates nichil scire, confirmans se non aliquod sapiens facere et hoc ab excellentissima sapientia agebat. Sophiste autem econtrario; omnia namque se scire affirmant. Nullus enim aliquando, dicit Protagoras, aliquid vacui me interrogat...* Opus agentis ex arte est certa dubia facere et per sophisma ignorantiam facere fidem.» On voit la permanence de l'opposition Socrate – Sophiste depuis Platon.

Gargantua) nous précise aussi la nature du sophiste et de son art: «Hec quidem ars dicitur sophistica *quasy sophya dicta*, idest dicta sapientia, sed non-existens sapientia. Unde sophista dicitur quasi *sophus dictus*, idest dictus sapiens sed non-existens sapiens.»[52] Même profil chez Thomas Aquinas («Sophistae... id est illi qui apparent scientes et non sunt»[53]) et chez Guillaume d'Occam («Sophista est ille qui vult videri sapiens magis quam esse... qui vult videri facere opus sapientis quamvis non faciat, maxime utendo syllogismo sophistico»[54]). Magister Nicolai de Orbellis, dans ses *Summule Philosophie rationalis... secundum doctrinam doctoris subtili Scoti*[55] dit de même que le syllogisme sophistique «non est talis qualis apparet esse. Apparet enim esse dialecticus et non est.»[56] Et il ajoute: «talis syllogismus ordinatur ad deceptionem respondentis et apparentem scientiam opponentis.»[57]

Mais nul traité n'éclaire mieux en ce domaine l'esprit d'une époque et l'importance qu'y occupait la sophistique que les *Summulae Logicales* de Pierre d'Espagne, *cum Versorii Parisiensis clarissima expositione.*[58]

[52] *Ibid.*, p. 269 («Unde dicatur ars ista»).

[53] D'après Ludwig Schütz, *Thomas-Lexicon, Sammlung, übersetzung und erklärung der in sämtlichen werken des h. Thomas von Aquin workommenden kunstausdrücke und wissenschaftlichen aussprüche*, New York, Musurgia publishers (s.d.), article *Sophista* (p. 759): «tales sophistae dicuntur, id est apparentes scientes et non exsistentes, inquantum deficiunt a dialectica argumentatione (1 *anal.*, 13 e); Utuntur enim Sophistae tali modo arguendi: cognosco Coriscum: Coriscus est veniens; ergo cognosco venientem (*ib.*, 4a).»

[54] D'après Léon Baudry, *Lexique cité* (note 11).

[55] Basel, M. Furter, 1493. Un manuel universitaire très représentatif de la culture médiévale. Outre ses sept traités traditionnels sur la Logique, (De enunciatione; De praedicabilibus; De decem praedicamentis; De syllogismo simplici; De syllogismo dyalectico; De syllogismo sophistico seu apparenti; De suppositionibus), il contient des commentaires sur la *Physique* d'Aristote, le *De caelo et mundo, De generatione et corruptione, Metheorum, De Anima, Metaphysica, Ethica, Mathematica, Geometria.* Dans son fameux catalogue de St. Victor, Rabelais lui attribue un commentaire du *De Babouynis et Cingis* de «Marmotretus.»

[56] De Orbellis, *Summule, Fallacie* (tractatus VI): «Postquam auctor determinavit in precedentibus de syllogismo dialectico: hic consequenter determinat de syllogismo sophistico. Ad cuius evidentiam dividit syllogismum in demonstrativum, dialecticum et sophisticum. S. demonstrativus est qui ex primis veris est syllogizatus: aut ex talibus que per aliqua prima et vera principium sue cognitione sumpserunt... Demonstratio enim est syllogismus faciens scire... Syllogismus dialecticus est qui ex probabilibus est syllogizatus. Syllogismus sophisticus est qui apparet esse syll.: et non est. vel qui est syll.: sed non est conveniens rei.» Il y a trois sortes de S. sophistique précise M. N.: Le «peccans in forma»; le «peccans in materia»; et le «peccans in utroque.» Puis cette précision: «Et est iste tractatus utilis quia non potest malum evitari nisi cognoscatur.»

[57] *Ibid.*, Tractatus VI: «Dicitur etiam de syllogismis sophisticis elenchis: id est apparentibus et non existentibus... Disputatio sophistica est que ex apparenter probabilibus syllogizat: [son but] sit ad generandum apparenter scientiam in opponente; et deceptionem in respondente.» Ou encore: «Disputatio doctrinalis ordinatur ad generandum scientiam: Dialectica ad opinionem: Temptativa ad scientiam experiendam in respondente: et sophistica ad apparentem scientiam opponentis et deceptionem respondendi: licet autem apparens scientia sit finis principalis sophiste: sunt tamen alii quinque fines minus principales ordinati ad illum finem. Sophista enim non ducit aliquem ad illos fines minus principales: nisi ut appareat esse sapiens.»

[58] *Venetiis, Apud F. Sansovinum, MDLXVIII.* Bryn Mawr Rare Book Room 160/J57. D'après

«Nemo est qui ignoret quantam famam *Summulae Logicales* nactae sint apud omnes medii aevi logicos, philosophos, theologos, quantam diffusionem et considerationem, écrit Bocheński; nullus reapse Scholasticus inde a medietate saeculi XIII usque ad s. XVII invenitur, ni fallimur, qui librum hunc adamussim non cognosceret; nullus qui ad eum non alludat; nullus qui eius doctrinas non supponeret notas.»[59] L'étudiant qui débarque à la Faculté des Arts avec quelques rudiments de grammaire commence par étudier son Petrus Hispanus. Il devient un *Summulista*. Gerson en témoigne: «Apud logicos, écrit-il, *Summulae Petri Hispani* traduntur ab initio novis pueris ad memoriter recolendum, etsi non statim intelligant.»[60] Mullaly a relevé au moins 166 éditions de ce traité qui fut traduit en grec et qui suscita les commentaires de quelques 150 spécialistes.[61] Il mérite donc qu'on s'y arrête. C'est un livre que maître Alcofrybas n'a pas pu ne pas lire. Dans son *Exordium* à ses *Commentaria in Petri Hispani Summulas*, Versor décrit l'œuvre du logicien portugais comme un «compendium totius Logicae Aristotelis.» «Forma tractatus, précise-t-il, est divisio libri per tractatus, et tractatuum per capitula, et capitulorum per partes, et partium per lectiones.» Ceci déjà donne le ton. Et la suite est digne du début: «unde in hoc libro sunt septem tractatus principales. Primus est de enunciatione, correspondens libro perihermenias. Secundus est de universalibus, correspondens libro Praedicabilium Porphyrii. Tertius est de praedicamentis correspondens libro praedicamentorum Aristo. Quartus est de syllogismo simpliciter correspondens libro Priorum. Quintus est de Locis Dialecticis correspondens libro Topicorum. Sextus est de Fallaciis correspondens libro Elenchorum. Septimus est de Parvis Logicalibus consyderans de aliquibus proprietatibus terminorum, scilicet de suppositionibus, de

Waddington (*Ramus*, p. 164), il y eut un Versoris (Pierre) qui fut l'avocat des jésuites dans une affaire qui opposa en 1564–65 la compagnie de Jésus à l'Université de Paris, représentée de son côté par E. Pasquier. Choc symbolique. Mais ce P. Versoris n'est pas le glossateur de P. Hispanus: peut-être l'un de ses descendants. Mullaly (ouvr. cité, pp. 155–158) a relevé 26 éditions des *Summulae* accompagnées d'un commentaire de Johannes Versor. Et il ne mentionne pas l'édition que j'utilise.

[59] «Praefatio» de I. M. Bocheński à son édition des *Summulae Logicales* (Torino, 1947).

[60] Gerson, *Doctrina pro pueris Eccl. Paris.*, in *Opera Omnia*, éd. du Pin, 1706 (I, 21). D'après Thurot, ouvr. cité, p. 94. Voir ses pages sur «Les Cours et les disputes» et les «Pédagogies» (64 et ss.). Voir aussi Ong, *Ramus, Method*, chap. VI («Arts scholasticism»), qui donne les mêmes renseignements, distinguant notamment, à la Faculté des Arts, les *Summulistae*, les *Logici*, les *Physici*, et les *Intrantes*. On devient *summuliste* dès qu'on a effleuré quelques rudiments de grammaire dans le *Donat*. Cf. Herminjard, *Corresp.*, III, 438, p. 107 (lettre de Calvin, fin octobre 1533): «*Ad Calendas Octobres*, quo anni tempore pueri qui à *grammaticis ad Dialectica demigrant* exercere se agendis fabulis solent...»

[61] J. P. Mullaly, *The Sum. Log. of Peter of Spain*, Notre-Dame, Indiana (1945): Introduction, p. lxxviii.

relativis, de appellationibus, ampliationibus, restrictionibus, et de dictionibus, sincategorematicis, qui Tractatus non correspondet alicui speciali librorum Logicae, sed est extractus a diversis libris.»[62] C'est au début du premier traité que se découvre la fameuse formule «Dialectica est ars artium, scientia scientiarum, ad omnium methodorum principia viam habens. Sola enim Dialectica probabiliter disputat de principiis omnium aliarum scientiarum.» On le voit, la dialectique est inconcevable sans la dispute. D'ailleurs, son «étymologie» le fait comprendre: «Dicitur autem Dialectica a dia, quod est duo, et logos, quod sermo, vel ratio, quasi duorum sermo vel ratio scilicet opponentis et respondentis in disputatione.»[63] C'est particulièrement le sixième traité (De Fallaciis) qui fournit pour la dispute les armes les plus dangereuses et les plus efficaces. Pierre d'Espagne commence par distinguer trois types de syllogismes – démonstratif (instrument de la connaissance certaine), dialectique (instrument de la connaissance probable), sophistique (syllogisme apparent, mais non réel): «demonstrativus ordinatur ad scientiam, dialecticus ad opinionem, et sophisticus ad apparentem scientiam»[64] – et quatre types de disputatio – doctrinalis («quae syllogizat ex propriis principiis uniuscuiusque disciplinae») dialectica («quae ex probabilibus syllogizat»), tentativa («disputatio quae syllogizat ex his quae videntur respondenti»), et sophistica («quae procedit ex his, quae videntur probabilia, et non sunt»).[65] Il en vient ensuite à définir les buts du syllogisme sophistique: «Syllogismus sophisticus ordinatur ad quinque metas, quae sunt redargutio, falsum, inopinabile, soloecismus, et nugatio, est meta inconveniens quoddam ad quod opponens sophista nititur videri ducere respondentem.»[66] Et il ajoute:

---

[62] «Versorii Doctoris Parisiensis commentaria in Petri Hispani Summulas, hoc est totius Logicae compendium. De Singulis huius libri causis, arque totius Dialecticae facultatis partitione» (f⁰ˢ 1 r°–2 r°)

[63] Tractatus primus, f° 3 v° (Ordo huius artis ad alias). Expositio de Versor: «Secundo sciendum quod auctor ponit interpretationem huius nominis Dialecticae. quod potest dupliciter derivari. uno modo potest dici a dia, quod scribitur per I. Latinum, quod est de, et logos sermo, et ycos, scientia, quasi scientia de sermone. Alio modo a dyas per I. Graecum quod est duo, et logos, sermo, et ycos scientia, quasi scientia de sermone duorum scilicet opponentis et respondentis, licet enim idem possit arguere, et respondere, et per se facere disputationem, tamen hoc est inquantum ipse tenet locum duorum.»

[64] Tractatus sextus, f° 174 r°. A parcourir ces traités, qu'ils soient de Tartaret, de Bricot, de N. de Orbellis, de Scot, d'Occam, ou de Rostocostojambedanesse, on est frappé par leur uniformité absolue.

[65] Ibid., f° 175 r° (Quid disputatio, et eius quatuor species, videlicet, doctrinalis, dialectica, tentativa, ac sophistica...)

[66] Ibid., f° 176 v°: «Redargutio est praenegati concessio, vel praeconcessi negatio in eadem disputatione, vi argumentationis facta. Unde nisi vi argumentationis hoc quis faciat, non propter hoc erit redargutus. Falsum ut hic sumitur, est manifeste falsum. nam, si sophista ducat respondentem ad falsum occultum, non propter hoc assequitur suum finem. Inopinabile est, quod est contra opinionem omnium, vel plurium, vel maxime Sapientum, ut matrem non

Isti autem quinque fines ordinantur ulterius ad unum finem principalem, qui est apparens sapientia, et non existens. Sophista autem non ducit ad istos fines suum respondentem, nisi per eos deveniat ad ultimum finem principalem, qui est apparens sapientia.» Le reste du traité est consacré à l'examen des différents types de *Fallacia, in dictione* (Aequivocatio, Amphibologia, Compositio, Divisio, Accentus, Figura dictionis),[67] et *extra dictionem* (Antecedens, secundum quid ad simpliciter, Ignorantia Elenchi, Petitio principii, Consequens non causa ut causa, Secundum plures interrogationes ut unam).[68] Le lecteur retrouve donc chez Pierre d'Espagne les principaux caractères du sophiste et de son art du mensonge: «Sophistica est generativa deceptionis in respondente, et apparentis sapientiae in opponente, précise Versor: Sophista enim magis appetit videri sapiens, et non esse, quam esse et non videri.»[69]

A ce maître de l'illusion et de la tromperie, et à cet art de la parole «agent d'un persuasion de croyance, non d'enseignement du juste et de l'injuste,»[70] le XVIe siècle humaniste et chrétien oppose celui qu'il appelle le philosophe ou le sage. La polémique entre Socrate et Gorgias, Platon et Philostrate, se poursuit au sein du monde chrétien. L'opposition se trouve déjà soulignée chez Thomas Aquinas: «a sophista differt philosophus προαίρεσι id est electione vel voluntate id est desiderio vitae: ad aliud enim ordinat vitam suam et actionem philosophus, et (ad aliud) sophista, philosophus quidem ad sciendum veritatem, sophista vero ad hoc, quod videatur scire, quamvis nesciat.»[71] Dans son célèbre dictionnaire, Calepino[72] définit le Sophiste un

---

diligere filium. *Soloecismus* est vitium in contextu partium orationis, contra regulas artis Grammaticae factum, ut vir mea. *Nugatio* est unius et eiusdem ex eadem parte inutilis repetitio, ut homo homo currit.»

[67] *Ibid.*, f°ˢ 177 v°–192 v° «Fallacia aequivocationis est deceptio proveniens ex eo quod aliqua dictio manens una secundum substantiam et secundum modum proferendi, diversa significat» (f° 180 v°). «Fallacia amphibologiae est deceptio proveniens ex identitate orationis eiusdem secundum substantiam, et secundum modum proferendi diversa significantis» (f° 183 r°). «Fallacia compositionis est idoneitas decipiendi, proveniens ex identitate orationis unius et eiusdem secundum materiam, et secundum situm magis debitum partibus in oratione positis» (f° 185 r°). «Fallacia divisionis est idoneitas decipiendi, proveniens ex eo quod oratio aliqua composita est vera, et divisa falsa, una et eadem manens secundum materiam, differens secundum formam» (f° 187 r°). «Fallacia accentus est idoneitas decipiendi proveniens ex multiplicitate dictionis eiusdem secundum substantiam, diverse secundum modum proferendi diversa significantis» (f° 189 r°). «Fallacia figurae dictionis est similitudo dictionis cum dictione penes finalem terminationem in parte idem significante... Causa apparentiae huius fallaciae est similitudo dictionis in parte cum alia dictione non idem significante» (f° 190 v°).

[68] *Ibid.*, f°ˢ 192 v°–206 v°.

[69] *Ibid.*, f°ˢ 175 v° et 176 v°.

[70] *Gorgias*, 455a. Le Sophiste affirme que son art «tient toutes les puissances sous sa domination.» (456a)

[71] Ludwig Schütz, *Thomas-Lexicon*, article *sophista* (p. 759).

[72] *Ambrosii Calepini Dictionarium Decem linguarem...* Lugduni, M. D.LXXXV :articles *philo-*

«philosophe pour vaine gloire» :«Olim honesta appellatio erat communis iis omnibus, qui in arte aliqua excellerent: unde et rhetores, et sapientiae professores olim Sophistae dicebantur: quanquam ad eos postea hoc nomen transierit, qui fallacibus conclusiunculis inanem quandam sapientiae specim ostentarent... Plato ait Sophistas esse rhetores, qui veluti venatores parati sunt ad capiendos iuvenum animos.» Et il conclut: «Olim autem Sophistae dicebantur Philosophi, et sapientiae professores: deinde vero rhetores; postremo abiit nomen in invidiam, ut sophistae dicerentur, qui fictam quandam sapientiae speciem iactitarent.» Au *Sophista* s'oppose désormais le *Philosophus*, défini «Amator sapientiae,» «quod nomen a Pythagora primum dicitur esse profectum, qui sophistae appellationem tanquam arrogantiorem refugiens, philosophus se nominari voluit.» L'adage d'Erasme *Sileni Alcibiades* donne à cette confrontation une résonance religieuse, et l'élargit aux dimensions de l'univers. Elle acquiert une valeur de symbole et de mythe. Ce ne sont plus seulement deux types d'homme et deux types de culture qui s'affrontent, mais deux forces métaphysiques, deux principes cosmiques. Face à ceux qu'il appelle les *Silènes*, Socrate (*Sancte Socrate, ora pro nobis*), Diogène, le Christ, les apôtres, et l'élite des *Christiani*, Erasme oppose l'armée innombrable des *Mundani*, ces docteurs enflés d'Aristote, ces nobles vaniteux, ces prélats cupides et charnels, ces tyrans sanguinaires et inhumains, ces papes luxurieux, avares et violents, tous ces Sophistes pour qui seules comptent les fausses valeurs du paraître et qui «praeposterum Silenum exprimunt.» L'ombre et la lumière, le mal et le bien, Satan et Dieu se trouvent mis en cause dans ce choc essentiel où s'inscrit le destin entier de l'homme. Le Sophiste acquiert un profil satanique. Le Philosophe tend à se confondre avec l'apôtre, dépositaire et propagateur de la sagesse divine.[73]

sophus (cf. *supra*, note 10) et *sophista*. Calepino définit ainsi la *sophistica*: «Pars dialecticae plus ostentationis habens, quam utilitatis, qua docemur fallacibus conclusiunculis adversarium irretire, atque argumenta ita acutè invenire, ut quae falsissima sunt, vera esse videantur.»

[73] Vivès le dit dans son *De Vita et moribus eruditi*, à la rubrique de son chapitre II: «Erudito illud semper ante oculos observetur ut se unum intueri reliquos vel ut imitentur, vel ut damnent: *talem ergo se praebat, qualem sapientiam decet, id est, imitatorem Christi*» (je souligne). Les humanistes? «Hi sunt qui loquuntur, ut vivunt; et vivunt, ut loquuntur» (f° 136 v°). On lit de même dans son *De Concordia* (t. 5 des *Opera Omnia*, pp. 193 ss), Liber IV, cap. 10 (p. 373): «*Perfecta nulla sapientia nisi a Christo.*» Au contraire le Sophiste (*De Disputatione*, dernier livre du t. III – «De artibus libri octo» – du *De Disciplinis libri XX*, f° 77 r° de l'éd. de 1531) «est qui non veritatem sequitur rei, sed opinionem auditorum venatur de se. in qua finem sibi statuit vel quaestum, vel gloriam, vel irrisionem adversarii, aut aliquid affectus pravi...» F° 77 v°: «Vitanda sunt tamen in Sophista tria potissimum captionum genera. Ambiguitas omnis seu verbi unius, seu multorum, propositio falsorum dogmatum pro veris, nempe universaliter dictorum, quae tantum in parte valent, et colligandae argumentationis nexus fraudulentus.»

IV. PANTAGRUEL, *PHILOSOPHUS* ET CHAMPION DE L'HUMANISME: LE CHAP. IX *BIS: LE DE CAUSIS CORRUPTARUM ARTIUM* DE J. L. VIVÈS. PANTAGRUEL ET LE REFUS DE L'ENGAGEMENT POLITIQUE (CHAP. X). PANURGE ET LA CONQUÊTE DU POUVOIR (CHAP. XVII ET X). RAISONS DE L'INTRUSION DE PANURGE: LES DEUX CHAPITRES IX

Cette antithèse va structurer tout l'œuvre de Rabelais à partir du *Gargantua*, qui est fait d'une opposition manichéenne entre le sage – Grandgousier, Ponocrates – et le Sophiste – Picrochole, Thubal Holoferne. Mais elle n'attend pas le *Gargantua* pour faire son apparition. Le *Pantagruel* voit s'ébaucher ce monde de l'antithèse, cette vision manichéenne, qui constituent comme la marque de fabrique de Rabelais créateur. Car Pantagruel n'est pas seulement le sophiste, il est aussi l'antisophiste, le philosophe: du moins, il commence à l'être, il se transforme sous nos yeux, par une mutation à la fois consciente et nécessaire. Pour équilibrer son univers, Rabelais avait besoin de susciter, face à cette présence de plus en plus inquiétante du Sophiste, une force antagoniste et antithétique, tournée vers Dieu comme l'autre l'était vers Satan. Ce rôle de champion de la Vérité ne pouvait être assumé que par Pantagruel, le héros de l'histoire. On peut donc affirmer, à partir de là, que l'apparition de Panurge ne doit rien au hasard ou à la «tentation du feuilletoniste.» Panurge est de toute évidence destiné à prendre la place de son maître, et à jouer le rôle que celui-ci est nécessairement appelé à cesser de jouer. Et s'il fallait émettre une hypothèse à propos de la numérotation des chapitres de l'édition originale de *Pantagruel* (qui comprend, on le sait, deux chapitres IX), il est clair que dans cette perspective le chapitre «ajouté» ne serait pas celui de la lettre de Gargantua à son fils Pantagruel, mais bien celui de la rencontre avec Panurge. C'est bien d'ailleurs celui qui, dans le texte, paraît interpolé, puisque le début du second chapitre IX («Pantagruel, bien records des lettres et admonition de son père, voulut ung jour essayer son sçavoir...»), est l'écho direct d'un conseil formulé par Gargantua dans son épître de bon papa modèle («Et veulx que, de brief, tu essaye combien tu as proffité...»), qui constitue le chapitre VIII. D'autre part, c'est dans le second chapitre IX que Rabelais commence à faire de Pantagruel le champion de la Vérité et l'adversaire des Sophistes. Il est certes encore porté par son passé et par les conseils paternels puisqu'il affiche ses 760 thèses et dispute victorieusement contre «les régens, artiens, et orateurs» de la rue du Feurre, et contre les théologiens de la Sorbonne. Mais cette victoire même lui révèle sa véritable vocation, qui est de «faire quinaulx» les Sorbonagres *Magistri Nostri*. A partir de ce moment-là , le sophiste en lui disparaît insensiblement, pour faire place au sage philosophe. Ce personnage qui a commencé par jouer le jeu des sophistes, qui a trouvé la librairie de Saint Victor «fort magnificque,» qui a «fort bien estudié en tous les sept ars libéraulx,» et qui prétend à la possession d'un savoir universel (760 thèses, «en *tout* sçavoir, touchant en ycelles *les plus fors doubtes* qui feussent en *toutes* sciences»), devient soudain, juste après son grand triomphe, le porte-parole de l'humanisme le plus éclairé, l'adversaire lucide de la *disputatio pro et contra*. Après de vaines délibérations qui ont duré «l'espace de quarante et six sepmaines,» les juristes de «quatre les plus sçavans et les plus gras de tous les Parlemens de France, ensemble le Grand Conseil, et tous les principaulx régens des universitez, non seulement de France, mais aussi d'Angleterre et Italie» font appel à «Maistre Pantagruel, lequel on a congneu estre sçavant dessus la capacité du temps de maintenant, es grandes disputations qu'il a tenues contre tous publicquement.» Pantagruel est appelé vraiment à la toute dernière extrémité, comme le représentant le plus achevé d'un certain type de culture, celui-là même que ces juristes et ces régents ont pour mission de protéger et de répandre. Il a d'abord fallu qu'ils *se conchient villainement*, comme l'Ecolier Limousin. Ce qu'ils attendent de ce «grand personnaige,» c'est donc qu'il joue leur jeu et qu'il résolve la controverse dans les règles et dans le respect des «fo-o-ormes.» Ils espèrent simplement que sa plus grande habileté sophistique leur permettra d'échapper au «déshonneur.» Ils ne désirent nullement une révolution dans la méthode. La preuve en est qu'ils lui confient «les sacs et pantarques» «qui faisoient presque le fais de quatre gros asnes couillars,» et lui demandent de «leur en faire le rapport tel que luy sembleroit *en vraye science légale*» (je souligne). C'est alors qu'intervient le coup de théâtre: «*Mais* Pantagruel leur dist...» Le sophiste tourne casaque, il part en guerre contres les «babouyneries» (*Marmotretus, de Babouynis et Cingis, cum commento Dorbellis*), les «tromperies» et les «cautelles diabolicques de Cepola.» Le réquisitoire a été maintes fois cité, mais on n'a jamais dit, à ma connaissance, combien il était inattendu dans la bouche d'un maître dialecticien, suppôt de l'Université de Paris: «Car je suis sceur que et vous et tous ceulx par les mains desquelz a passé le procès, y avez machiné ce que avez peu, *pro et contra*, et au cas que leur controverse éstoit patente et facile à juger, vous l'avez obscurcie par sottes et desraisonnables raisons et ineptes opinions de

Accurse, Balde, Bartole, de Castro, de Imola, Hippolytus, Panorme, Bertachin, Alexandre, Curtius, et ces aultres vieulx mastins, qui jamais n'entendirent la moindre loy des *Pandectes*.»

Pantagruel emboîte ici directement le pas aux critiques formulées par tous les légistes humanistes. Vivès, par exemple, consacre une partie de son *De Causis corruptarum artium* au problème de la corruption du Droit Civil.[74] Après avoir défini le droit comme «art du bien et de l'équitable» et souligné le rôle de premier plan qu'il joue dans toute société humaine, il montre dans les «passions désordonnées» du tyran, dans l'ignorance, l'impéritie et la vénalité des légistes, dans les haines de castes, les premiers germes de sa décadence. Mais il dénonce avec encore plus de véhémence et de mordant la multiplication et la complexité grandissante des lois et des gloses. «Etant donné, dit-il, que la loi est une sorte de règle à laquelle chacun doit accommoder toutes ses actions, il est nécessaire que les lois soient claires, faciles à comprendre et peu nombreuses, afin que chacun sache en toute certitude comment il doit vivre.»[75] Or, les légistes n'ont eu de cesse, au cours des siècles, d'embrouiller ce qui était clair et de multiplier ce qui était en petit nombre, dans le but évident de gagner en importance et d'être consultés avec le respect dû aux oracles. Ils ont forcé et gauchi le sens des mots, déplacé çà et là quelques virgules, proposé des interprétations contradictoires, accumulé des gloses et des gloses de gloses. Balde et Bartole ont écrit avec une telle prolixité, dit Vivès, qu'il faudrait dix vies studieuses pour venir à bout de leurs commentaires.[76] Et, ce qui est pire, c'est que ces

---

[74] Voir les livres IV et VII de *De Causis*, respectivement, «De corrupta rhetorica» (pp. 152 et ss. du t. VI de l'éd. des *Opera Omnia* de 1782-1788), et «De Iure civili corrupto» (*Ibid.*, pp. 222, et ss.). «Societas ipsa per se sine justitia et sermone stare omnino non potest, dit Vivès. Humanae omnes societates duabus potissimum rebus vinciuntur ac continentur, justitia et sermone; quarum si alterutra desit, difficile sit coetum, et congregationem ullam, sive publicam, sive privatam, diutius consistere ac preservari.» Le livre VII comprend 4 chapitres; *Cap I*: De optima primaque institutione ditionis et legum; utraque vero quam foede ob ignorantiam, et ob pravos affectus corrupta. *Cap II*: Ostenditur oportere leges paucas esse ac faciles; auctas tamen et obscuratas fuisse per interpretes ipsos ac Principes. *Cap. III*: Quibus maxime rebus ornatum esse interpretem aequitatis virum oporteat... *Cap. IV*: Quae damna in jus civile invexerunt ignoratio Dialecticae, et nimius altercandi ardor.

[75] *De Causis*, lib. VII, cap 2: *Ostenditur oportere leges paucas esse ac faciles...*: «Jam vero quando lex est velut quaedam regula ad quam unusquisque actiones omnes suas debet accommodare, par est ut leges sint et apertae, et faciles, et paucae, ut sciat quisque quomodo sibi sit vivendum, nec id propter illarum obscuritatem legum ignoret, nec propter illarum multitudinem ei excidat...»

[76] *Ibid.*, lib. VII, cap. 2: «at ii, in quorum manu est consultatio et responsio de iure, ne rem exiguam, et cuivis obviam videantur praestare populo, curant ut obscurentur leges, ne promptum sit cuivis qui sit sensus perspicere, adeundum vero ad se habeant tamquam ad oraculum, qua in re merito Jureconsultos incessit Cicero *pro Murena*: Quid, quod ea etiam, quae si proponerentur, essent omnibus plana et obvia, recondiderunt?... ergo, quae sunt ex se facilia et liquida, immissis interpretatiunculis, ita sunt reddita turbulenta, ut aqua ex

commentaires regorgent de contresens, de barbarismes et d'interprétations erronées. Car, le plus souvent, ces prétendus jurisconsultes ignorent totalement le grec – *graecum est, non legitur* – et ne possèdent du latin qu'une teinture toute superficielle. Ils n'ont par ailleurs aucune connaissance des civilisations grecque et romaine, de leur histoire, de leurs coutumes, de tous les objets qui sont fréquemment cités dans les textes de droit civil.[77] Cette ignorance crasse de la philologie et de l'archéologie conduit aux pires désastres. Enfin, dernière cause de corruption, ces dangereux ignorants ont trouvé bon d'introduire dans le droit civil le jargon hermétique et les méthodes d'exposition *pro et contra* de la dialectique.[78] D'une science qui est le symbole de la sérénité

agitatione, vel coeno, ut pulvere injecto; et quae recta erant, icta et percussa glossulis, deflexa sunt ad iniquitatem: jam, paucas convenit leges esse, nam si multae sunt, evitari non magis potest crimen, quam casus si multis locis tendantur retia ambulantis... Tum per homines vafros ad obsequium suarum cupiditatum atque animorum facta est fraus legi, et detortum unum verbulum, aut dispunctiuncula, aut proprietas loquendi, quo animus prave affectus imperaret; quaesita est interpretatio jurisconsulti; aliis hoc est visum iudicio, aliis hoc placuit ex affectu; et haec omnia litteris sunt mandata, ut nullus esset iam legum et interpretationem numerus; quae res vel per tempora T. Livii erat ferenda, ut ipse Libro tertio *Historiarum* significat; quid dicturus, si vidisset eos, qui post eum scripserunt? Nam Labeones, et Papiniani, et Ulpiani, et Herennii, et Caii, et Modestini, denique illi quorum aliquid extat in Pandectis, omnes post Livium fuerunt... quid vero si nostros Baldos et Bartholos vidisset, atque alios huius notae, quibus legendis decem justae vitae non sufficiunt? Et quum tot sint leges, etiam obscuratae sunt, et ipsi Iurisconsulti aegerrime ferunt leges dici faciles, aut eas, quae vulgo possint intellegi; quae est ergo aequitas *ignorantia iuris neminem excusari*, et tamen leges esse et tam longas et tam difficiles, ut nemo eas tenere omnes valeat?

[77] *Ibid.*, VII, 3 (Quibus maxime rebus ornatum esse interpretem aequitatis virum oporteat: quam omnium expertes illa habuerit): «Ignorata sunt verba Graeca, quorum frequens est mentio quum in *toto corpore* juris civilis, tum potissimum in *Codice*, et ex eo tribus postremis; multa citata ex Homero, et Demosthene, et aliis Graceis, penitus omissa, in quibus erat vis sententiae legis, pro quorum expositione unum illud dictum arbitrabantur sufficere: *Non potest legi, quia Graecum*, quasi in perpetuum desperarent de eo, quod in praesens non assequerentur: quamquam interdum sine fronte ponunt quod *primum in buccam*... leges permultae sunt Graece scriptae, et prave in Latinum versae ab interprete imperito, idcirco et pleraque omnia verba simplicia Graeca, quae in jure civili relicta, confusa ad nos venerunt ac depravata: inscientiae Graecitatis accessit imperitia Latini sermonis, et eorum omnium, quorum est crebra in iure civili, *vestium, supellectilis, instrumenti rustici, tum rerum ac consuetudinum fori, ac totius civitatis Romanae*, in quibus sita est mens legum et sententia: ad haec, *historiam* et *temporum rationem* oblivio oppressit; quibus ex causis pro *caelo* exposuerunt *cucurbitam*, et historias confinxerunt, quum veras ignorarent, quorum omnium fuse adferrem exempla, nisi ea nota essent iam vel mediocriter doctis facta, ex libris eorum, qui peritiam juris agressi sunt illustrare, adjuti linguis et cognitione antiquitatis, Budaei, Alciati, Zasii, Solomonii, Nebrissensis.»

[78] Voir le Ch. 4 du Liber septimus du *De Causis*, t. VI des *Opera Omnia* de 1782–88, p. 238 (Quae damna in ius civile invexerint ignoratio Dialecticae, et nimius altercandi ardor): «Neque vero in colligendis ex legibus argumentis sunt feliciores, sive ex ignoratione verae dialecticae, sive ex judicio absurdo, sive ex ambobus... Talia sunt istorum omnia: et quemadmodum viderunt altercantes dialecticos, et philosophos in schola, ipsos quoque incessit libido sui ostentandi: altercationes invexerunt, id est, velitationes et luctas; hinc, quod proximum erat, placita et sectas ex pertinacia; *haec opinio* huius, *ista illius* aut *illius*: nempe, de *iure respondere, quum ratio ex aequitate non depromitur facillimum est*, ut inquit Cicero pro Murena; *multo adhuc facilius, si adsit impudentia*, ut idem in L. Valerium iocatur: *Cur isti tibi* (Iurisconsulti nomen) *non gratificer nescio, praesertim quum his temporibus audacia pro sapientia liceat uti*... Nulla

et de l'objectivité, ils ont fait un prétexte à débats contradictoires et à *quaestiones*. Le droit n'existe plus: chacun a désormais son opinion, chacun suscite la controverse.

On voit donc qu'ici comme ailleurs Rabelais n'invente pas. Mais on voit aussi avec quel génie il sait faire vivre les réquisitoires en forme et les polémiques souvent lourdes des grands humanistes, Valla, Erasme, Vivès, Alciat, Tiraqueau ou Budé. Il va droit à l'essentiel. Ce que Vivès expose en vingt pages, Rabelais le dit en quelques phrases. Mais c'est de Rabelais que le lecteur se souvient: «Car (comme il est tout certain) ils n'avoient congnoissance de langue ny grecque, ny latine, mais seulement de gothicque et barbare. Et toutesfois les loix sont premièrement prinses des Grecz...; et toutes les loix sont pleines de sentences et de motz grecz; et secondement sont rédigées en latin, le plus élégant et aorné qui soit en toute la langue latine... Comment doncques eussent peu entendre ces vieux resveurs le texte des loix, qui jamais ne virent bon livre de langue latine? comme manifestement il appert à leur stille, qui est stille de ramonneur de cheminée, ou de cuysinier et marmiteux, non de jurisconsulte.» Voilà pour l'ignorance des langues. Voici maintenant pour celle de la civilisation: «Davantaige, veu que les loix sont extirpées du meillieu de philosophie morale et naturelle, comment l'entendront ces folz qui ont, par Dieu, moins estudié en philosophie que ma mulle? Et au regard des lettres de humanité, et de congnoissance des antiquitez et histoires, ilz en estoient chargez comme ung crapault de plumes...: dont toutesfois les droictz sont tous plains, et sans ce ne pevent estre entenduz.»

Par ce discours polémique, Pantagruel devient définitivement le porte-parole de l'Humanisme et l'adversaire des Sophistes, «l'invincible champion de la Vérité»: «Or, mon amy, contez moy de poinct en poinct vostre affaire, selon la *vérité*: car, par le corps dieu, si vous en

fuit civitas adeo quieta, in qua unum forum sufficeret... In Academiis, multi ad illos honorum gradus admissi, quibus quoniam non est fame pereundum, lites quaerunt, semina earum ubique spargunt, movent, augent, detorquendis legibus, et controversias malunt constituere, quam tollere... In Pannonia, quemadmodum accepi, vivebant olim sine iuris interpretibus, non tamen sine iure, nam simpliciter et bona fide ex antiquis moribus, et paucis quibusdam legibus, res judicabant, immo dissensiones suorum civium facile componebant, et quemadmodum de Servio Sulpicio dicit Cicero, tollere controversias malebant, quam constituere; in Comitatu Beatricis, Fernandi Regis Neapolitani filiae, quae illinc fuit missa nuptum Matthiae Regi, venerunt Iureconsulti aliquot, qui barbarum (ut ipsi dicebant) morem magno vultus et superciliorum fastidio aspernati, homines, quo Princeps et comites haberent pro sapientibus, facile perfecerunt ut homines rudes ac simplices illorum se sapientiae crederent: coeperunt illi formulas praescribere, *quibus esset petendum, quibus respondendum, atque excipiendum, dies legitimos notare, iudici quoque aliquid assignare quod diceret, ne muta esse persona*; brevi tempore, ubi nullae prius erant lites, omnia vidisses fervere *litibus, controversiis, petitionibus, repetitionibus, exceptionibus, comperendinationibus, procrastinationibus...*»

mentez d'un mot, je vous osteray la teste de dessus les espaules, et vous montreray que en justice et jugement lon ne doibt dire que la *vérité*.» Du rang de «répondant» ou d'«opposant» de *disputatio*, Pantagruel accède à celui de juge, et de juge procédant non par «registres, enquêtes, réplicques, duplicques, reproches, salvations, et aultres telles *diableries*,» mais «selon équité philosophicque et *évangélicque*.» Rabelais pèse ses termes, puisqu'il modifie sa formule dès la seconde édition de son *Pantagruel* (F. Juste, Lyon, 1533): «selon équité *évangélicque* et philosophicque.» L'opposition des forces du Mal et de celles du Bien se dessine ici pour la première fois dans l'œuvre. Elle ne cessera plus désormais d'y être présente, et Satan et Dieu y réapparaîtront toujours avec les mêmes pouvoirs. L'œuvre de Satan, qu'il s'agisse de justice ou de vérité, sera toujours, comme elle l'est ici, œuvre de «subversion.» Et celle du Sage, serviteur de Dieu et défenseur de sa Loi, consistera toujours à rétablir l'ordre un moment perverti.

Il ne faut certes pas croire que l'affaire Baisecul – Humevesne constitue pour Rabelais un épisode exclusivement polémique. L'intention comique n'en est jamais absente. Elle explique les «baguenaudes»[79] des parties en présence, et celle du juge rendant sa sentence. Il demeure néanmoins que Baisecul et Humevesne sont, comme l'Ecolier et Panurge, des agents de perversion du langage et de sa fonction, et que leur fatras laisse par instant percer des allusions polémiques précises. N'oublions pas que l'affaire se déroule face au pouvoir civil (les Parlements) et religieux (la Sorbonne) réunis dans un inefficacité qui n'est que momentanée. Ce n'est pas par hasard, me semble-t-il, que Rabelais emploie, au sujet de cette docte assemblée, une formule qui apparaît déjà sous la plume d'Erasme dans ses *Supputationes Errorum in censuris Natalis Bedae* pour dénoncer les intrigues par lesquelles Béda asseoit sa tyrannie sur la Faculté de Théologie: «Deliguntur Deputati ad id idonei quos optant ii, quorum autoritas vel improbitas vincit in collegiis, in quibus frequenter, quod ait Livius, major pars vincit meliorem, nonnunquam minor sed importunior superat majorem et meliorem...»[80]: «*comme vous sçavez* (je souligne), que en toutes compaignies il y a plus de

---

[79] Cf. l'*Art de Rhétorique* attribué – par erreur sans doute – à Molinet, dans E. Langlois, *Recueil d'Arts de seconde Rhétorique*, p. 248: «Baguenaude de Jehan de Wissocq.»

[80] Les *Supputationes* datent de 1527. Le texte cité apparaît p. 4. Il est donné par P. Bayle dans son *Dictionnaire*, article «Erasme.» L'*Hist. Univ. Paris.* de du Boulay est, pour les années 1525–28, remplie du bruit de la polémique qui oppose Erasme à Béda et à Sutor. «Quis enim credat Sacrae Theologiae professorem, aut insignem veste religiosa, mentiri aut sycophantam agere?» écrit Erasme. Il publiera en 1532 ses *Declarationes Des. Erasmi Roterodami, ad censuras Lutetiae vulgatas sub nomine Facultatis Theologiae Parisiensis*, (Antverpiae, Apud Martinum Caesarem). Cf. mon étude sur *les Cloches de Notre-Dame*, déjà citée.

folz que de saiges, et la plus grande partie surmonte toujours la meilleure.» Pas un hasard non plus que Baisecul évoque le jour où l'on
«passa licientié Maistre Antithus des Cressonnières en toute lourderie,
comme disent les canonistes: *Beati lourdes, quoniam trebuchaverunt*» et
qu'il fasse allusion à la «vertuz guoy des privileges de l'université»
(dans une addition de 1534). On lit dans le tome VI de l'*Historia Universitatis Parisiensis* de Bulaeus («Ab anno 1500 ad annum 1600») cette
affirmation empruntée aux registres du Parlement: «Aussi dit que,
praecipue, entre toutes choses, les privilèges des Universitez doivent estre
gardez, et inviolablement entretenuz; car c'est la plus precieuse chose
du monde, et leur peut-on dire, *vos estis lux mundi*. Car à la vérité chacun
y vient allumer sa chandelle et prendre lumière et doctrine.»[81] Le problème est certainement d'actualité depuis la fondation du «College de
pierres vives.»

Mais Pantagruel n'est pas seulement devenu le champion de l'Humanisme par ses méthodes juridiques et par son respect de la vérité.
Ses actes révèlent eux aussi l'antisophiste. Dans le *Gorgias*, après avoir
dénoncé dans la rhétorique un moyen de conquête du pouvoir politique
et des honneurs, Socrate oppose deux genres de vie, deux attitudes contradictoires face à l'existence. Le sophiste, dit-il, est tourné vers la vie
publique. La rhétorique est pour lui le bien suprême, car elle lui donne «la liberté pour lui-même, et la domination sur les autres dans sa
patrie»;[82] elle est le moyen par lequel il assure l'assouvissement de ses
désirs, elle se donne pour l'art dont elle prend le masque (la justice),
«elle tend un piège à la sottise qu'elle abuse et gagne de la sorte la
considération.»[83] Platon souligne avec force le lien évident qui existe
entre l'usage que le Sophiste fait de la rhétorique et le cynisme le plus
immoral. Calliclès fait de la rhétorique un moyen de satisfaire ses passions et ses ambitions. «Il faut entretenir en soi-même, dit-il, les plus
fortes passions au lieu de les réprimer..., il faut se mettre en état de
leur donner satisfaction par son courage et par son intelligence.»[84]

---

[81] Bulaeus, p. 74 du t. VI.

[82] *Gorgias*, 452 d. Qu'entends tu par là? demande alors Socrate à Gorgias; j'entends par
là, répond celui-ci, «le pouvoir de persuader par le discours les juges au tribunal, les Séna-
teurs au Conseil, le peuple dans l'assemblée du peuple...» Avec ce pouvoir, tu feras ton
esclave de tout le monde affirme-t-il. Paroles qui permettent à Socrate (453a) de définir la
rhétorique comme une «ouvrière de persuasion.»

[83] *Ibid.*, 464c. La rhétorique, vient de dire Socrate (463a et b), est «une pratique qui exige
une âme douée d'imagination, de hardiesse, et naturellement apte au commerce des hommes.» C'est une «flatterie,» comme le sont la *cuisine*, la *toilette* et la *sophistique*.

[84] *Ibid.*, 491e–492a. L'intervention de Calliclès est capitale dans le dialogue. Calliclès
soutient la théorie du droit du plus fort. Pour lui, «la loi est faite par les faibles et par le plus
grand nombre.» La loi vise donc à empêcher le fort d'user de sa force, ce qui est contraire à la

Le but de l'existence est de jouir de tous les biens sans que personne ne fasse obstacle à cette jouissance. La vertu consiste à satisfaire ses passions par n'importe quel moyen. A cette attitude cynique, Socrate oppose celle du philosophe, dont la vie *privée* s'ordonne en fonction du *Bien*. Le Sage fuit les charges publiques (Montaigne s'en souviendra). Or, c'est exactement l'attitude de Pantagruel. Après son succès dans l'affaire Baisecul-Humevesne, on propose à Pantagruel de le faire «maistre des requestes et Président en la Court.» Il refuse, «car il y a (dist-il) trop grand servitude à ces offices, et à trop grand peine peuvent estre saulvez ceulx qui les exercent, veu la corruption des hommes.» On croirait entendre Socrate, s'affirmant «inepte à tous offices de la republicque.» Contrairement au Sophiste qui recherche le pouvoir politique et la participation à la vie de la cité, Pantagruel préfère un genre de vie qui laisse en repos sa conscience. Son attitude, désormais, sera toute de retrait. Il agit de mons en moins, il n'est plus participant, mais spectateur et juge. C'est pour lui que Thaumaste franchit la Manche, délaissant «pays, parens et maison,» «riens ne estimant la longueur du chemin, l'attédiation de la mer, la nouveaulté des contrées»: «pour seullement *te* veoir et conférer avecques *toy*,» dit-il à Pantagruel. Mais ce n'est pourtant pas avec Pantagruel qu'il dispute: c'est avec Panurge, petit disciple de son maître, et son substitut. Pantagruel est devenu le «cathédrant,» le juge qu'il ne cessera plus d'être. Avec lui, l'œuvre a trouvé son pôle positif et fixe. Pantagruel est désormais l'incarnation immobile et inaltérable du Bien.

Cette substitution inattendue de Panurge à Pantagruel dans la dispute contre Thaumaste est riche de signification et révélatrice des intentions de Rabelais. De toute évidence, Rabelais ne veut plus que son héros participe à la comédie sophistique. Pantagruel achève avec l'épisode Thaumaste sa métamorphose en porte-parole de l'Humanisme. Ce faisant, il laisse vacante la place du Sophiste, qu'il avait su jusque-là si bien remplir. Panurge, le *fourbe*, l'*apte à tout*, s'y installe à demeure. Et c'est bien pour qu'il puisse s'y installer que Rabelais l'a soudainement introduit au chapitre IX dans son univers romanesque. Que cette introduction soudaine se fasse au prix d'une rupture évidente dans la structure de l'œuvre ne doit pas laisser indifférent. Car Panurge est par sa nature même, l'agent du désordre, le trouble-fête de la création, sur

---

Nature, où règne et triomphe toujours celui qui est plus puissant que les autres: «Le droit selon la nature, d'après moi, c'est que le meilleur et le plus raisonnable commande aux médiocres et prenne la plus grosse part.» Le but de la vie, pour Calliclès est «de jouir de tous les biens sans que personne y fasse obstacle»(492b).

le plan moral comme sur le plan esthétique. Le nom de Panurge est en lui-même symbolique: le sophiste est bien ce *fourbe* qui, se mouvant dans le domaine miroitant et creux du paraître, assume tour à tour, suivant les besoins du moment, tous les masques et tous les personnages, *apte à tout,* c'est-à-dire dépourvu de richesse intérieure et de véritable personnalité, mais capable d'*imiter* toutes les personnalités, et de *simuler* toutes les richesses intérieures.[85] Cette faculté d'*imitation* et de *simulation* se manifeste chez Panurge dans ses rapports avec Pantagruel. Il ne le remplace pas seulement pour disputer contre Thaumaste. Il se substitue aussi à lui pour déconfire «bien subtilement» les six cent soixante chevaliers: «mais, au contraire, retirez-vous en la navire, et vous et les aultres: car *moy tout seul* les desconfiray icy,» dit-il. Panurge a besoin de s'affirmer sous le regard d'autrui, en particulier sous le regard du sage, du «bon Pantagruel.» C'est la raison pour laquelle, non content de se substituer à lui pour lui voler un peu de sa gloire, il ne cesse par ailleurs de l'imiter en toutes ses actions. C'est par ce biais psychologique que le chapitre XVII trouve sa plus profonde signification.[86] «Comment Pantagruel erigea un Trophée... et Panurge ung aultre... Et comment Pantagruel... Et comment Panurge...»: le titre à lui seul révèle l'aspect mimétique de Panurge, qui compose un dicton parodique «en *imitation* des vers et Trophée de Pantagruel,» et se fait l'écho obscène de ses déclarations martiales («Il n'est umbre que de cuysine. Il n'est fumée que de tétins, et n'est clyquetis que de couillons»). Et le déroulement de l'épisode, apparemment anodin, révèle en fait au lecteur diligent le but retors de Panurge. Son *imitation* ne vise à rien moins qu'à remplacer totalement celui qu'il imite, qu'à l'effacer du regard admiratif des autres pour lui substituer sa propre image à lui, Panurge. Au début du

---

[85] Cf. *Le Sophiste,* 234b: «l'homme qui se donne comme capable, par un art unique, de tout produire, nous savons, en somme, qu'il ne fabriquera que des *imitations* et des *homonymes des réalités.*» 235a: «c'est un magicien (le sophiste) qui ne sait qu'*imiter* les réalités... c'est donc comme *magicien* et comme *imitateur* qu'il faut le poser.» L'art du sophiste est essentiellement la *mimétique.* Le sophiste est un faiseur de *copies* et de *simulacres.* On ne peut s'empêcher de penser au fameux Neveu de Rameau, et à ses talents de mime, de mimétisme, à cette faculté qu'il possède de changer d'apparence et de personnalité, d'assumer toutes les apparences et toutes les personnalités: «Rien ne dissemble plus de lui que lui-même... Les passions se succédaient sur son visage. On y distinguait la tendresse, la colère, le plaisir, la douleur...» «Que le diable m'emporte si je sais au fond qui je suis,» finit par dire le Neveu. A force d'*imiter* tout le monde, il finit en effet par n'être plus personne: «Successivement furieux, radouci, impérieux, ricaneur. Ici, c'est une jeune fille qui pleure et il en rend toute la minauderie; là, il est prêtre, il est roi, il est tyran, il menace, il commande, il s'emporte; il est esclave, il obéit. Il s'apaise, il se désole, il se plaint, il rit... faisant lui seul, les danseurs, les danseuses, les chanteurs, les chanteuses, tout un orchestre, tout un théâtre lyrique...»

[86] V. L. Saulnier, éd. citée. p. xliii, voit dans les deux trophées «un exemple de surcharge complexe» dans une œuvre qualifiée de *baroque.* Le contenu idéologique du chapitre, sa raison d'être, sont totalement ignorés.

chapitre, c'est en effet Pantagruel qui possède l'initiative: «Devant que partons d'icy,» dit-il, «*je veulx* ériger en ce lieu ung beau Trophée.» Panurge imite alors son maître, jusqu'au moment où celui-ci, entraîné, veut l'imiter à son tour: «Ce que voyant, Pantagruel en voulut *autant faire*...» Panurge devient alors à son tour *maître* de la situation. C'est lui qui a le dernier mot, après sa démonstration des deux verres et du «fust» de javeline: «J'en sçay bien d'aultres. Allons seulement en asseurance.» C'est désormais lui qui conduit. Le retournement s'est opéré. Panurge est au pouvoir, et Pantagruel suit.[87]

Panurge est donc cet «*imitateur* du sage»[88] dont parle Platon dans le *Sophiste*. Platon reproche justement au Sophiste d'être «un magicien qui ne sait qu'*imiter* les réalités,»[89] et n'est tout juste capable que d'en proposer des *images* et des *copies*: un homme qui, incapable de posséder véritablement la science et d'être véritablement un sage, se borne à imiter la sagesse et à copier le sage. On voit à travers le personnage de Panurge que cette imitation a un but proprement *subversif*. Il s'agit d'*imiter* le sage pour se substituer à lui, et s'installer à sa place. Cette imitation est conquête insinuante du pouvoir.

---

[87] Ce n'est pas un des moindres paradoxes de l'œuvre rabelaisienne que de nous proposer pour héros des géants *philosophes* qui sont en même temps des *Rois*. A cet égard, l'œuvre entière est une Utopie. On s'en aperçoit à considérer le *Pantagruel*. De toute évidence l'attitude philosophique de Pantagruel le rend «inepte à tous offices de la République.» C'est un homme qui, bien que fils de Roi, partage les convictions de Socrate face au problème politique, et qui «fuit le cœur de la cité» comme Calliclès justement reproche à Socrate de le faire (*Gorgias*, 485d). Il n'est donc pas étonnant de voir Panurge, face à Pantagruel, réussir si facilement sa prise de pouvoir. Car Panurge est de la race de Calliclès et de Gorgias. Et le pouvoir ne peut être qu'aux mains d'un sophiste. Sur l'attitude de l'humaniste face au problème politique, Vivès est encore un précieux témoin. Voir son *De Vita et moribus eruditi* (éd. 1531, f° 135 r°; éd. 1785, pp. 419-420): «Non ingeret se vir doctus ad capessendam rempublicam, etsi optare debet prodesse quamplurimis nec arbitrari se uni sibi natum, quod priscus philosophus Platonem admonuit; unde est illud apostoli: *Qui episcopatum expetat, bonum opus expetere,* tum ut occupet bonus eum locum, quod non occuparet malus; sed non habet idem et gratiae et virium ingestus quod ascitus; si accersatur, contempletur diligenter prius animos suorum civium, sani ne sint, an sanabiles; ut si qua parte prodesse queat, non recuset laborem; sin vero inanem atque irritam sumpturus est operam, omnino abstineat, quod fecisse Platonem perhibent, qui populi sui mentes adduci ad sanitatem aliquam posse desperaret.» Voir aussi le *De Causis*, VII, 2: «*Principes* plura concedunt temporibus, amicitiis, inimicitiis, impotentiae motuum, ac perturbationem animi, quam *privati*, quod altius a fortuna erecti, et majores animos sumpserunt, et plus sibi judicant licere oportere; et in plura extendit se cura ac ratio illorum, quibus necessario habent obsequi; alia persuadent, alia ducunt, alia trahunt, impellunt, cogunt, quibus privati homines liberi, ac soluti, integrius possunt iudicium suum conservare.»

[88] *Le Sophiste*, 264c-268d. Certains, dit l'Etranger, parmi ceux qui imitent, le font en connaissant l'objet qu'ils imitent. D'autres le font sans le connaître. Le sophiste est celui qui imite la vertu sans véritablement la connaître, d'après l'idée qu'il s'en fait, la *mimant* le plus qu'il peut en actes et en paroles: «Le sophiste n'est point du nombre de ceux qui savent, mais de ceux qui se bornent à imiter.» (267e). C'est Théétète qui formule la définition définitive du Sophiste (268c): «*imitateur du sage*... voilà véritablement, dans son absolue réalité, notre fameux sophiste.»

[89] *Le Sophiste*, 235a. Cf. note 85, *supra*.

Cette conquête, Panurge n'attend pas la guerre contre les Dipsodes pour l'entreprendre et la mener à bien. Dès sa rencontre avec son maître, son unique désir, à part ceux de la table et du lit, semble être de vouloir s'imposer comme l'égal, voire même le supérieur, de Pantagruel, dont les succès répétés et éclatants le repoussent dans l'ombre de l'anonymat. Il souffre de se voir délaissé. Il a lui aussi soif de gloire et de réputation. Il ne vit que pour mobiliser l'attention et le regard d'autrui. Son attitude après le triomphe de Pantagruel dans le procès Baisecul – Humevesne est à cet égard caractéristique. Pantagruel est considéré comme un autre Salomon, son jugement, partout commenté, est accueilli et salué comme «un chef-d'œuvre de prudence» par les Parisiens émerveillés. Il y a banquet, où l'on boit le «bon poinsson de vin» que le sage a reçu des Parisiens en témoignage d'admiration et de gratitude. Pantagruel attire naturellement sur lui tous les regards. Toute l'activité de Panurge ne vise alors qu'à détourner l'attention de l'assistance sur sa propre personne. Il se fait remarquer par une «rage de humer,» qui s'oppose à la modération de Pantagruel (qui boit *assez* bien): «tant plus j'en boy, tant plus j'ay soif,» dit-il, «Je croy que l'umbre de Monseigneur Pantagruel engendre les altérez, comme la lune faict les catarrhes.» Le rire qui s'ensuit, et aussi le fait qu'il est nommé et indirectement pris à parti, attire l'attention de Pantagruel: «Panurge, qu'est ce que avez à rire?» Panurge n'attendait que cette ouverture pour se promouvoir centre et point de mire des regards. Au prix d'un mensonge («Seigneur (dist-il), je leur contoys, comment ces diables de Turcqs...»), il s'empare de l'auditoire et lui impose le récit – de toute évidence inventé – de ses exploits chez les Mahométans. Il est désormais doublement héros: héros de sa propre histoire, et héros du banquet. Sur le plan fictif, il opère un retournement de situation extraordinaire, puisque, de pauvre chrétien embroché et rôti, il devient à son tour, par ses ruses et la force de persuasion de sa parole, embrocheur et rôtisseur, voire même «combustor haereticorum,» agent exterminateur d'une race maudite (il fait brûler toute la ville turque, *comme Sodome et Gomorre*). Ce retournement de situation fictif, et proprement fabuleux («je ne vous en mentiray de mot... je n'en mens de mot,» dit il à deux reprises pour essayer de faire croire à l'incroyable), se double, sur le plan réel, d'un retournement identique. Panurge manie l'auditoire comme il manie son «vilain baschaz.» Il le mène à sa guise, et le tient sous le charme de son discours. «Mais or me dictes comment...» demande Pantagruel, «Et où sont-ilz?» interroge Epistémon, «Achève,» le supplie Pantagruel, «comment?», «Et que fys-tu, pouvret?» De sollicité, le sage est devenu solliciteur. Panurge révèle ici, comme partout ailleurs, la puissance d'envoûtement et les sortilèges qu'exerce sa parole. C'est par elle qu'il triomphe, usurpant une place qui revenait de droit à Pantagruel, captant en sa faveur l'attention d'un auditoire qui, jusque-là, s'était tourné exclusivement vers son maître.

Le véritable coup de génie de Rabelais dans le *Pantagruel* est ainsi d'avoir donné des racines psychologiques profondes à une substitution de personnages que lui imposaient nécessairement des considérations proprement idéologiques. Rabelais avait, idéologiquement parlant, besoin que Panurge remplaçât Pantagruel. Et Panurge, de son côté, a besoin, psychologiquement parlant, de remplacer Pantagruel, et de se substituer à lui, pour, de *dominé*, devenir *dominateur*.

La substitution de Panurge à Pantagruel dans la *disputatio* par signes a donc une signification à la fois psychologique et idéologique. Sur le plan psychologique, on voit Panurge proposer à son maître de disputer à sa place, et une fois dans la peau du sage, reprendre ses propos: «Seigneur, demande-t-il à Thaumaste, es-tu venu icy pour disputer contentieusement de ces propositions que tu as mis, ou bien pour apprendre et en sçavoir la vérité?» Question superflue et inutile, qui oblige Thaumaste à répéter ce qu'il avait déjà dit à Pantagruel: «Et au regard de disputer par contention, je ne le veulx faire: aussi est-ce chose trop vile, et la laisse à ces maraulx de sophistes.» Il avait précisé la veille qu'il ne voulait pas «disputer pro et contra, comme font ces folz sophistes de ceste ville et de ailleurs.» Mais Panurge a besoin, pour faire croire à sa sagesse, de *répéter* la scène dont son maître a été le centre, et de *redire* ce que celui-ci a si bien dit le jour précédent: «mais je te pry que entre nous n'y ait point de tumulte, et que ne cherchons point l'honneur ny applausement des hommes, mais la vérité seule.» Sur le plan idéologique, on voit se terminer la métamorphose de Pantagruel en antisophiste. En préférant la recherche de la *vérité seule* à «l'honneur» et «applausement des hommes,» Pantagruel se range du côté de Socrate contre Gorgias. Le sophiste est définitivement mort en lui.

V. PANTAGRUEL ET LA SORBONNE. BÉDA ET L'EVANGÉLISME. LE «RÉALISME» DE RABELAIS

On comprend alors que cette argumentation par signes entre Thaumaste et Panurge puisse être «une satire du formalisme creux des discussions scolastiques.» La satire peut viser Panurge. Elle n'aurait pu viser Pantagruel. Embarqué dans cette ridicule et bouffonne galère,

Pantagruel eût été définitivement compromis et perdu pour la cause des bonnes lettres et de l'évangélisme. Rabelais le sauve de la damnation en lui substituant Panurge, incarnation active et multiforme du Mal. Mais il ne le sauve que pour l'exposer à un autre péril plus immédiat: la Sorbonne.

Car Pantagruel, promu champion de l'Humanisme, ne peut pas ne pas se heurter à la Sorbonne. Il s'y est déjà frotté alors qu'il n'était encore que le produit de son éducation. Il a, on s'en souvient, «mis de cul» successivement «tous les régens, artiens et orateurs» de la Faculté des Arts, et les théologiens de la Sorbonne. La Faculté des Arts, c'est tout juste l'officine des *béjaunes*. Celle de Théologie, c'est tout autre chose. Pantagruel, en faisant «quinaulx» tous les théologiens sorbonicques «par l'espace de six sepmaines, depuis le matin quatre heures jusques à six du soir,» et ce, malgré leurs *ergotz* et *fallaces* de sophistes aguerris, réalise sur le plan fictif le rêve qui hante les nuits des Evangéliques et des Réformateurs. Ce que Gérard Roussel n'osait pas faire malgré les encouragements de Farel, soutenir une dispute contre la Sorbonne, «unicum theologorum asylum,» sur des thèses contraires aux siennes, Pantagruel le fait victorieusement pendant six semaines.[90] Cette victoire symbolique de son héros engage Rabelais dans une lutte – historique et romanesque à la fois – qui ne finira qu'avec sa mort. Toutes les forces du mal qui interviendront dans son œuvre, tous les monstres d'Antiphysie qui hanteront son imagination, tous ces «sarrabovittes, cagotz, escargotz, hypocrites, caffars, frappars, botineurs» et autres «ventres à poulaine» qui vont désormais lui servir de cible, seront toujours, peu ou prou, issus de et façonnés par la Camarine Sorbonicque. Ils auront tous le même profil et la même silhouette, de Thubal Holoferne à Homenaz, et de Janotus de Bragmardo aux suppôts de Manduce.

Or, au moment où Pantagruel part bravement à l'assaut, la Faculté de Théologie reste redoutable. Elle est alors sous la férule de son syndic, le très actif Noël Béda, grand extirpateur d'hérétiques, pourfendeur de zizanies, et «combusteur» de séditieux. L'envergure historique du personnage ne saurait être surestimée. Elle atteint les dimensions dy mythe. Béda fut le Mal incarné, le symbole vivant de Satan, le grand «Calumniateur» remonté de l'Enfer, la bête noire des Réformateurs et des Humanistes dans les années 1520–1535. Son attachement monolithique à une certaine conception de la vie religieuse et de la vérité du

---

[90] Voir Herminjard, *Correspondance*, t. I, 117 en 118, pp. 271–78: cf. *supra*, note 103 du chapitre III.

dogme, cette démarche entêtée et inflexible, fruit d'une sincérité de
fanatique, font de lui un Richard III en lyripipion théologal.[91] Il est
responsable de toutes les grandes décisions prises par la Sorbonne à
cette époque: la condamnation des écrits de Luther et d'Erasme, le
départ de Lefèvre d'Etaples et de Roussel pour Strasbourg en 1526, la
mort de Berquin, l'opposition au divorce d'Henri VIII. Rares sont
ceux qui osent affronter les «Beddaicae furiae.» Le 16 juin 1526, écrivant à François Ier pour le féliciter de son retour en France, Erasme
profite de l'occasion pour dresser un réquisitoire mordant contre les
adversaires des bonnes lettres et de la tranquillité publique. En tête de
liste de ces «inauspicata ingenia» apparaît N. Béda, *non tamen venerabilis*.[92] L'année suivante, dans ses *Supputationes Errorum in censuris Natalis
Bedae*, Erasme accuse le syndic de la faculté de théologie de 181 mensonges, 310 calomnies, et 87 blasphèmes: «Supputavimus in libro non
magno/Vana, sive mendacia, centum octoginta unum/Calumnias
trecentas et decem/Blasphemias quadraginta septem.»[93] En 1530, Jean
du Bellay, alors évêque de Bayonne, membre du Conseil privé du
Roi, et chargé des négociations avec Henri VIII, fait part à Anne de
Montmorency des «extremes insolences» de «Messrs de la Faculté,» et
de leur opposition têtue à la politique royale «a l'instigation et priere
dudict Beda et de ses complices.»[94] Ce personnage, que Bayle présente
comme «le plus grand clabaudeur, et l'esprit le plus mutin et le plus
factieux de son temps,»[95] s'était assuré par ses intrigues et son intransi-
geance, une sorte de souveraineté tyrannique au sein de la Sorbonne.

[91] Le personnage mériterait une étude approfondie. J'ai essayé, dans mon étude sur *R. et
les cloches de N.-D.*, de rassembler tout ce qu'on sait sur lui. C'est-à-dire, peu de chose.
[92] Herminjard, I, no 177, pp. 435–38: «Sunt Parisiis aliquot inauspicata ingenia, nata in
odium bonarum literarum, ac publicae tranquillitatis, quorum praecipui sunt Natalis Bedda,
et Petrus Sutor [...] Et isti sunt qui pronunciant de haeresi, ad quorum delationem boni
viri pertrahuntur in carcerem, et in ignem conjiciuntur... Si licebit illis tam manifeste
mentiri de nobis, idque libris editis, contra nobis non licebit depellere calumniam, quid
erit illa quondam celebris academia, nisi spelunca latronum? [...] Interim illud rogo, ut
Tuae Majestatis auctoritas aut coherceat furiosos Sutores et Beddas, ne talibus mendaciis
infament bonos, aut efficiat ut patiantur nostras defensiones excudi legique Parisiis. In-
iquissimum enim fuerit, illis licere venena sua spargere, nobis non licere admovere antido-
ta...»
[93] Sur la page de titre des *Supputationes*, on lit: «Errata Erasmi parva magnis litteris/Modo
Beda censor prodidit./Errata Bedae magna parvis litteris/Vicissim Erasmus prodidit.»
[94] *Correspondance du Cardinal Jean du Bellay*, publiée par R. Schreurer, Paris, Klincksieck,
1969, pp. 183–188 (lettre du 14 août 1530). Voir aussi la lettre suivante (no. 86, 15 août, à
Anne de Montmorency).
[95] Pierre Bayle, *Dictionnaire Historique et Critique*, cinquième édition revue... par Mr. des
Maizeaux (1734), p. 718. «Son esprit impétueux et charlatan, ses factions, ses déclamations
violentes contre les nouveautez de ce tems-là, et contre ceux qui n'étoient pas assez ardents à
les réprimer, lui donnaient une espèce de domination tyrannique [...] sur la Faculté de
Théologie [...] En général il n'y eut personne dans Paris qui témoignât plus de violence
que lui contre ceux qu'on appelloit Hérétiques.»

Le roi lui-même devait compter avec Béda: «par ses propres écrits comme par les censures qu'il dictait à sa Faculté, il semblait capable d'arrêter à nouveau le soleil.»[96] En 1533, il sera l'instigateur d'une violente campagne de prédications et de placards contre Gérard Roussel et Marguerite de Navarre.[97] Et la condamnation du *Miroir de l'âme pécheresse*, prononcée en même temps que celle du *Pantagruel*, montre bien l'audace et l'étendue des pouvoirs de la faculté de Théologie et de son syndic.[98]

De son vivant, le *venerabilis doctor theologus Beda*, comme l'appelle quelquefois, par antiphrase, Erasme, éveilla fort peu de sympathies. Les contemporains ne l'ont pas épargné. Ils le surnommaient *Belua*,[99] monstre, bête brute: produit d'Antiphysie, dira Rabelais, sous-produit d'*Amodunt* et *Discordance*, «monstre difforme et contrefaict en despit de Nature.»[100] Sa silhouette, de toute évidence, attirait les quolibets; les commentaires avaient peine à en faire le tour. Dolet consacrera un de ses *Carmina* aux gibbosités de Béda.[101] Rabelais fait allusion à sa panse énorme au chapitre VII de *Pantagruel: Beda, de optimitate triparum*. Il est probable que l'allusion de Baisecul à «Maistre Antithus de Cressonnières en toute *lourderie*» («Beati *lourdes*, quoniam trebuchaverunt») vise aussi Béda, comme cette importante addition qui apparaît dans l'édition de 1534 au chapitre XXIX de *Pantagruel*: Béda ne peut pas ne pas être l'un de ces «cagotz, escargotz, hypocrites, caffars, frappars...

---

[96] H. de Lubac, *Exég. Méd.*, t. IV, p. 426. «Son nom demeure comme une sorte d'épouvantail, ou d'injure» ajoute l'auteur (p. 427). En Béda s'incarne «un esprit de résistance et de négation malveillante... Quiconque pensait autrement que lui était un *criminel*, appliqué à répandre les erreurs *nouvelles*... Il régentait à Paris la science sacrée, décrétant, tel un satrape, le vrai et le faux, le bien et le mal»: Béda, «l'oracle de Lucece» (*Garg.* XVI, p. 112, l. 88).

[97] A ce sujet, voir essentiellement Herminjard, *Corresp.*, III, no 418, lettre de Pierre Siderander à Jacques Bédrot, de Paris. 28 mai 1533. Et Bulaeus, *Hist. Univ. Paris.*, t. VI, p. 238. Cf. *supra*, la note 10 de mon Chapitre I.

[98] Consulter Herminjard, *Corresp.*, III, no 438, pp. 106–111, lettre de J. Calvin, fin octobre 1533: «Alterum facinus ediderunt factiosi quidam theologi aequè malignum, etsi non usque adeò audax. Cum excuterent officinas bibliopolarum, libellum vernaculum, cujus inscriptio «*S*peculum animae peccatricis», retulerunt in numerum librorum à quorum lectione interdictum vellent.»

[99] Le surnom apparaît dans une lettre de Glareanus à Zwingli du 4 juillet 1521, au sujet de la condamnation de certaines thèses de Luther par les *Mataeologi nostri* de la Faculté de Théologie de Paris (Herminjard, *Corresp.*, I, no 38, pp. 69–71): «Damnarunt Triumviri: *Beda* (non tamen venerabilis), *Quercus* et quidam *Christophorus*. Nomina sunt horum monstrorum etiam vulgo nunc nota, *Belua*, *Stercus*, et *Christotomus*.»

[100] *Q.L.*, XXXII, p. 152. Il s'agit de la descendance d'Antiphysie, à laquelle appartient Quaresmeprenant, «Dictateur de Moustardois, fouetteur de petitz enfans, calcineur de cendres, pere et nourrisson des medicins, foisonnant en pardons, indulgences et stations, homme de bien, bon catholic, et de grande devotion.» Comme le principal du collège de Montaigu, que Ponocrates (*Garg.*, XXXVII) voudra faire brûler, avec ses régents.

[101] *Stephani Doleti Galli Aurelii Carminum libri quatuor*, Lugduni, anno M. D. XXXVIII, I, 56, p. 48: *In Bedam gibbosum, et strumosum, Exulem*.

qui se sont désguisez comme masques pour tromper le monde,» et qui font si bonne chère – *Et Curios simulant sed bacchanalia vivunt* – qu'on la découvre à «l'enluminure de leurs rouges muzeaulx» et à leurs «ventres à poulaine.» Le ventre à poulaine, c'est Béda.[102] Et c'est à l'usage du redoutable syndic que Rabelais, parallèlement à l'authentique et célèbre rubrique des Décrétales *De frigidis et maleficiatis*, a imaginé l'apologie de Murmault *De bossutis et contrefactis pro magistros nostros.*[103]

Il ne faut cependant pas exagérer l'audace de ces attaques précises et répétées. Car, au moment où Rabelais compose et publie son premier livre, La Sorbonne paraît perdre de son influence. Le vent paraît souffler en faveur des Evangélistes et des Humanistes. François Ier a fondé en 1530 le Collège des Lecteurs Royaux. Irrité par les résistances des théologiens de Paris à sa politique de rapprochement avec Henri VIII, il fait nommer en 1532 Jean du Bellay à l'évêché de Paris.[104] Il encourage les progrès des belles lettres et de l'Evangélisme. Les attaques que Rabelais se permet dans son *Pantagruel* sont donc calculées: *jusqu'au feu, exclusivement.* Elles ont cependant une signification certaine, une valeur d'engagement politique et religieux. On voit pourquoi Rabelais avait besoin dans son œuvre d'un porte-parole de l'Humanisme évangéliste.

Il est certain que ces traits satiriques décochés par Rabelais aux théologiens et à leur Faculté ont aujourd'hui perdu beaucoup de leur pouvoir. Le temps les a émoussés. Il leur manque, pour retrouver leur force originelle, un certain environnement historique, l'atmosphère des années 1530. Le lecteur moderne y voit tout au plus des plaisanteries joyeuses et inoffensives. Rabelais exagère, pense-t-on, et ses exagérations ôtent à ses propos toute portée polémique. Que Pantagruel, par exemple, dispute contre les théologiens pendant six semaines, voilà un

---

[102] *Dictionnaire* de Huguet, article «poulaine»: *soulier à poulaine*, cf. *Pant.*, I: «Genmagog, qui fut inventeur des souliers à poulaine»; *ventre à poulaine*: ventre proéminent, d'une grosseur excessive; *QL*, XXXI: «Le ventre à poulaine, boutonné scelon la mode antique...»; *Pantagrueline Prognostication certaine, veritable et infaillible pour Lan perpétuel*, ch. V: «A sol, comme beuveurs, Enlumineurs de museaulx, ventres à poulaine...» Cotgrave: «*Souliers à poulaine*: old fashioned shoues, held on the feet by single latchets running overthwart the instep, which otherwise were all open; also, those that had a fashion of long hooks sticking out at the end of their toes. *Ventre à la poulaine* [sic]: a gulching or huge belly; a belly as big as a tun.» Cf. Charles d'Orléans, *Poésies*, II (éd. Champion, p. 295), Rondeau no. 8: «Ils portent petiz soulers gras/A une poulaine embourrée.»

[103] *Pant.*, éd. Saulnier, XIV, p. 78, l. 100. Le sel de l'attaque s'apprécie davantage lorsqu'on lit chez Thurot (*De l'Organisation de l'enseignement dans l'université de Paris au Moyen âge*, p. 138) que pour être admis au titre de *Biblicius ordinarius* ou *cursor* à la Faculté de théologie, «il fallait avoir 6 ans d'études, être agé d'au moins 25 ans, et n'être ni bâtard *ni contrefait*» (je souligne). Thurot s'appuie sur d'Argentré, *Collectio judiciorum de novis erroribus*, 3 vol., 1725–1736, (t. II, p. 463, b. 14).

[104] Voir, à ce sujet, la *Correspondance* éditée par R. Scheurer.

détail qui relève de la plus haute fantaisie. Rabelais, donc, ne songerait qu'à faire rire.

Il est au contraire étonnant de découvrir l'exactitude avec laquelle Rabelais évoque le Paris universitaire de Pantagruel et de Panurge. L'intention comique est certes indubitable, mais elle n'enlève rien à la valeur du témoignage et à la volonté polémique. Un génie satirique comme Rabelais ne peut qu'être branché sur la réalité de son temps. Le *Pantagruel* apparaît ainsi comme l'illustration pittoresque du livre de Thurot sur *L'Organisation de l'enseignement dans l'Université de Paris au moyen âge*.[105] Thurot ne cesse de souligner l'importance prise depuis le XIIIe siècle par la dialectique et la dispute dans l'enseignement de toutes les Facultés. Dans celle des Arts, par exemple, les candidats à la licence doivent soutenir une *disputatio* appelée déterminance. Ils sont admis à cette épreuve après trois années d'études, pendant lesquelles ils auront assimilé Porphyre, Boèce, Aristote, Pierre d'Espagne, Donat et Priscien. La *determinatio*, précise Thurot, a lieu pendant le Carême, *tous les jours du Carême*, rue du Fouarre, dans les écoles de la Nation à laquelle appartient le candidat: «Les déterminances commençaient avec le Carême. Tous les candidats devaient avoir inauguré leur déterminance avant le mardi ou le mercredi qui suivait le premier dimanche du Carême... Le déterminant devait disputer tous les jours jusqu'à la fin du Carême.»[106] La déterminance donne le grade de bachelier. Il reste alors au candidat à affronter les épreuves de la *licentia docendi* elle-même, et l'*inceptio*, cérémonie où le licencié se fait agréer par les *Magistri* et reçoit le bonnet, insigne de la maîtrise. Ces épreuves ont évolué avec les siècles et les «réformes» successives. En 1366 et 1452, le *Graecismus* et le *Doctrinale* remplacent Priscien et Donat. Les disputes du Carême perdent peu à peu de leur importance, parce qu'elles sont devenues simple occasion de chahut dans un monde universitaire en perpétuelle ébullition: «l'indiscipline des écoliers tendait à les faire disparaître... il était fort difficile de maintenir l'ordre,» dit Thurot,[107] Le problème existait déjà du temps de Raymond Lulle, puisque celui-ci consacre un chapitre de sa *Dialectica seu logica nova*[108] à définir les

[105] Les pages sur les cours et les disputes (64–92), les pédagogies (92–104), et, d'une façon générale, les chapitres sur la Faculté des arts et celle se Théologie sont riches de renseignements précieux pour le *Pantagruel*. Thurot a su souligner avec justesse l'importance de l' *Organon* et de la *disputatio* dans l'enseignement médiéval. Voir les pp. 42, 44, 48, 72, 74, 78, etc. Consulter aussi le t. I de l'*Histoire de Sainte-Barbe*, de J. Quicherat, Paris, Hachette (1860), pp. 87–90 sur les disputes, et 112–122 sur «La Scolastique et les Espagnols – Jean de Celaya» (chap. XIII).
[106] Thurot, ouvr. cité, p. 44.
[107] *Ibid* p. 48.
[108] *Raymundi Lulli Opera*, Argentinae, Sumptibus Lazari Zetzneri, CIƆ IƆ XCIIX, p. 168

conditions de la dispute («De conditionibus disputationis»): «Disputans primo debet habere intentionem cognoscendi et amandi veritatem, et cognoscendi et odiendi falsitatem, et propter hoc verus disputator debet concedere vera cognita, et falsa negare.» Ce désir d'une dialectique orientée vers la recherche du vrai, et d'une dispute éloignée des clameurs est partagée par tous les humanistes. Vittorino de Feltre recommande ainsi que ses écoliers disputent *modeste et graviter, nec inepte et stolide*.[109] Malheureusement, l'Université de Paris a des mœurs guerrières. Dans sa préface à son *Traité de l'Eucharistie*, Antoine Marcourt critique vivement «noz maistres de Paris» qui se montrent «appertement ennemys de toutes bonnes lettres,» non seulement parce qu'ils ont défendu «que nul ne soit si hardy de alléguer en leurs actes le Grec ou Ebrieu,» mais encore parce que, «en leurs disputations publicques, ilz ont gens appostéz pour frapper et faire bruict, se il advient que le arguant suyve et presse le respondant, ce qui est une grande irrision et pure mocquerie.» Et, ajoute Marcourt, «et cela font ilz affin que vérité ne soit clairement entendue des assistans.»[110] C'est la critique que reprendra Vivès en 1538 dans son *Dialogisti Linguae Latinae Exercitatio*.[111] Pourquoi tant de cris? interroge dans le Dialogue XII le «béjaune» *Tiro* visitant son collège («quam elegans Gymnasium et magnificum!») sous la direction d'un «Artien» (Spudaeus). Les écoliers s'exercent, répond l'ancien: «Ad quidnam? – Ad discendum – Imo vero ad clamandum: videntur enim non disciplinam meditari, sed praeconium.»[112]

---

[109] D'après E. Garin, ouvr. cité, p. 109: «Platina dit de Vittorino: 'cum ipse modeste et graviter, nec inepte et stolide ut dialectici nostrorum temporum, argumenta afferret.' Sur les mœurs des dialecticiens pendant les disputes, voir Erasme ((*Stultitiae Laus*, LI, pp. 110-111: 'Adjugamus his dialecticos ac sophistas, hominum genus quovis aere Dodonaeo loquacius, ut quorum unusquivis cum vicenis dilectis mulieribus garrulitate decertare possit, feliciores tamen futuri, si tantum linguaces essent, non etiam rixosi, adeo ut de lana caprina pertinacissime digladientur, et nimium altercando plerumque veritatem amittant. Hos tamen sua philautia beatos reddit, dum tribus instructi syllogismis, incunctanter audent quamvis de re, cum quovis manum conserere. Caeterum pertinacia reddit invictos, etiamsi stentorem opponas.»

[110] Herminjard, *Corresp.*, III, no. 485: «Davantaige, je leur demanderoye voluntiers, de toutes leurs cryeries et disputations publicques par cy-avant faictes, quantes bonnes et chrestiennes resolutions en a-on veu? Certes jamais, Toutesfoys, ilz avoyent esté premierement ordonnez des Princes et Roys, pour simplement et purement declairer la saincte Parolle de Dieu, au lieu de laquelle ilz ont couru après leurs songes, après Aristote et autres payens philosophes, délaissans et abandonnans Jésus Christ.»

[111] Tome I des *Opera Omnia*, pp. 283–408. Le Dialogue *Schola* est à la page 334.

[112] Dialogue Schola, pp. 335–36: «*Tir*: Quoties in die docentur pueri? *Spud*: Aliquot horis, una pene antelucana, duabus matutinis, et duabus pomeridianis. *T*. Tandiu? *S*.: Ita fert mos et vetus Academiae institutum; quin et discipuli duabus horis, quae a Magistris acceperunt, retractant et recolunt, et quasi cibum ruminant. *T*. Tantis clamoribus? *S*.: Nunc se exercent. *T*.: Ad quidnam? *S*.: Ad discendum. *T*.: Immo vero ad clamandum: videntur enim non disciplinam meditari sed praeconium. Et ille alter plane furit; nam si haberet sanum cerebrum, nec ita vociferatur, nec gesticulatur, nec se torqueret...» Dans son

Rabelais condamne aussi cette coutume dans son *Pantagruel* par la bouche de son héros, juste avant la dispute entre Thaumaste et Panurge: «Et lors que Pantagruel et Panurge arrivèrent à la salle, tous ces grymaulx, artiens et intrans, commencèrent à frapper des mains, comme est leur badaude coustume. Mais Pantagruel s'escrya à haulte voix, comme si ce eust esté le son d'ung double canon, disant: Paix, de par le diable, paix!» Sans doute pour ces raisons, les statuts de la réforme du Cardinal d'Estouteville font apparaître que la dispute de quarante jours ne se situe plus en 1452 au moment de la déterminance, mais après l'*inceptio*. Craignant les troubles qui accompagnent toujours ce genre d'exercice, le Cardinal dispense même les candidats de cette épreuve. Celle-ci n'est plus obligatoire, mais elle continue d'exister. De telles traditions ont la vie dure, elles survivent à toutes les réformes et à tous les bouleversements.

A lire le *Pantagruel*, le lecteur a l'impression que le Paris intellectuel de Rutebeuf et de Villon survit en 1530, presque au cœur du XVIe siècle. On peut certes penser que Rabelais a vieilli volontairement son tableau, qu'il nous présente des mœurs d'un autre âge. Rien n'est moins sûr. Je ne sache pas que Rabelais ait eu besoin de consulter les archives universitaires pour savoir que certaines disputes peuvent durer six semaines, et que la «badaude coutume» des «grymaulx, artiens et intrans» qui assistent à ces joutes oratoires, est de frapper des mains pour en troubler le déroulement. Thurot précise par exemple qu'un candidat déterminant pouvait obtenir la permission de se faire remplacer par un «sous-déterminant»: comme lorsque Panurge prend la place de son maître pour arguer contre Thaumaste. Cette substitution, dont on a vu les raisons idéologiques et psychologiques, trouve donc aussi sa justification sur le plan pratique des réglements universitaires. Et, détail savoureux quand on songe que Panurge est affecté d'une maladie chronique appelée «faute d'argent, c'est douleur non-pareille»: «Pour être admis à sous-déterminer, il fallait affirmer par serment qu'on était hors d'état de payer les frais de réception.»[113] C'est bien en effet Pantagruel qui régale la compagnie après la victoire de Panurge: «Semblables actions de grâces rendit Pantagruel à toute l'assistance,

---

de *Tradendis Disciplinis*, III, 4 (Disputationes quando pueris permittendae; qui modus in iis servandus, tum circa quae versandae), Vivès écrit: «Non est statim puero ad scholam deducto disputandum; nam quid tandem dicet rudis omnium? Sed tacitus rationem scholae consideret, seduloque contempletur singula; postmodum incipiet aliquid ab aliis sciscitari magis, quam altercari, aut inquirere; hoc Pythagoras Samius reputans, annos aliquot jubeat puerum suum tacere, ne levibus se quaestiunculis iactare consuescerent.»
[113] Thurot, ouvr. cité, pp. 44–45.

et, de là partant, mena disner Thaumaste avecques luy, et croyez qu'ilz beurent à ventre déboutonné (car *en ce temps là* – je souligne – on fermoit les ventres à boutons, comme les collets *de présent*).» Cette opposition temporelle (*en ce temps-là* – *de présent*), d'autant plus significative qu'elle n'apparaît qu'en 1542, permet de suggérer que le jeu de Rabelais, dans cette évocation du Paris intellectuel et universitaire, consiste moins à introduire dans le présent les mœurs du passé qu'à affecter de reporter les mœurs du présent dans un passé gothique et indéterminé, afin de mieux en souligner le ridicule. Il est indéniable que la «restitution des bonnes lettres» ne fut pas le fait de la Sorbonne, de Montaigu, ou de la Faculté des Arts. Dans ce monde nouveau dont chacun salue la lumière, l'Université de Paris, dispensatrice de l'enseignement officiel, assure la permanence du passé et de la tradition. L'avenir se fait sans elle, en dehors d'elle, et contre elle. Elle se condamne ainsi à enfanter pendant longtemps encore des Thomas Diafoirus, des Jobelin Bridé et des Josse Bandouille, tandis que les «académies» ou les initiatives privées engendrent les Ponocrates et les Eudémon. Rabelais se fait le témoin de cette opposition entre deux univers, deux cultures, et deux conceptions de l'homme. Pour se discréditer, il suffit à Janotus d'apparaître et de débiter sa belle harangue. De la même façon, pour tourner en dérision le monde «ténébreux» et «calamiteux» de la Sorbonne, il suffit à Rabelais de le *décrire*. Rabelais n'invente pas. Le très utile Thurot nous apprend encore que les disputes de la Faculté de Théologie, hebdomadaires, réputées, et fort orageuses, sont rigoureusement réglementées. Tout y est prévu. Le disputant pris en flagrant délit de sophisme ou de mauvais raisonnement sur le *Liber Sententiarum* de Pierre Lombard, est condamné à une amende de «deux quartants de vin.»[114] Voilà sans doute la raison pour laquelle Pantagruel n'empêche pas «lesdictz theologiens Sorbonicques de chopiner, et se refraischir à leurs beuvettes accoutumées.» Si ce mot ne souffrait pas tant d'acceptions contradictoires et d'imprécision, je n'hésiterais pas, malgré Spitzer, à parler ici du réalisme de Rabelais. Les chapitres qu'il consacre à la description des mœurs intellectuelles parisiennes sont lourds de présences, de faits, et de problèmes réels.

---

[114] *Ibid.*, pp. 131–32; cf. A. Renaudet, *Préréforme et Humanisme*, p. 34: «Si les orateurs emblent rechercher les applaudissements plus que la vérité, il [le prieur] leur impose silence et les frappe au besoin d'une amende de deux quartauts de vin». Renaudet cite sa source: Bibliothèque Nationale, ms. latin 16574, f°s 14 r°–15 r°.

CHAPITRE V

PANURGE 'DIABOLOLOGICQUE'

«Autant vaut l'homme comme il s'estime.»

I. PANURGE SOPHISTE: USURPATEUR, MENEUR D'HOMMES, POSSESSEUR D'UN SAVOIR UNIVERSEL

Panurge sort tout armé de l'esprit de Rabelais. Il est d'abord porté et modelé par une très riche tradition littéraire et mythique, dont Rabelais reçoit l'héritage. Panurge n'est pas une création *ex nihilo*. En lui s'opère la synthèse de types et de figures variés (Renard, Cingar, Margutte, Till Eulenspiegel, Pierre Faifeu, Rutebeuf, Villon, le *clericus vagans*, l'érudit, le magicien, l'*uomo universale*) qui sont autant d'avatars de «l'archétype du Fripon divin, de l'esprit de désordre, de l'ennemi des limites, qui rend possible, à l'intérieur d'une ordre fixé, ce qui n'est pas permis par cet ordre et ainsi contribue à une vue totale du monde.»[1] Panurge est la personnification de la ruse et de l'astuce, le type du mauvais garçon aventurier et sympathique «jouant avec les hommes et la vie comme Hermès, le dieu du gratuit.»[2] Mais il est aussi, on l'a vu, destiné par son créateur a devenir l'incarnation parfaite du Sophiste, Gorgias ou Calliclès ressuscité. Il vient compléter, pour le fixer définitivement dans toute sa complexité, le profil de plus en plus précis que Rabelais dessine depuis le chapitre III du *Pantagruel*, et sur lequel il médite à travers tous ses personnages – Gargantua, l'Ecolier Limousin, Pantagruel, Thaumaste – tout au long de son livre. Après une série d'esquisses de plus en plus fouillées et approfondies, Rabelais, avec Panurge, nous offre enfin son chef-d'œuvre, le portrait en pied du Sophiste.

Panurge est donc un personnage infiniment complexe, le point de rencontre d'une tradition littéraire et d'une nécessité idéologique et romanesque. Il a d'ailleurs toujours dérouté et désarmé la critique. Cel-

---

[1] Leo Spitzer, «Rabelais et les 'rabelaisants'», *Studi Francesi*, 4, (1960), p. 411.
[2] *Ibid.*, p. 411.

le-ci ne sait pas par quel bout prendre ce personnage à métamorphoses. Elle lui reproche généralement de manquer d'«unité.» Elle ne peut accepter les différents «aspects» de Panurge: «il est d'opinion commune, écrit par exemple Mario Roques, que de 1532 à 1546, Panurge aurait bien changé: de chrétien médiocre devenu bigot, et de combattant appréciable couard et vil trembleur.»[3] Et que dire des différents rôles que Panurge assume dans le seul *Pantagruel*? Tour à tour vagabond en haillons et maître en tous langages, rôtisseur de baschaz et exterminateur d'hérétiques, architecte paillard et obsédé sexuel, conteur salace de fabliaux et de moralités ésopiques, auteur de canulars obscènes et graveleux, persécuteur de maîtres es arts et de théologiens, faiseur de «mille petites dyableries,» gagneur hétérodoxe de pardons, marieur de vieilles, de pets et de vesses, et du roi Anarche, fauteur de procès coûteux, dialecticien par signes, spécialiste des lettres non apparentes et des rébus, amant courtois, poète, stratège guerrier, préparateur en pharmacopées diurétiques, faiseur de miracles, enfin «malfaisant, pipeur, beuveur, bateur de pavez, ribleur s'il en estoit à Paris: au demourant le meilleur fils du monde,» Panurge échappe par nature à toute définition totalitaire.

Son intrusion brutale au chapitre IX a les allures d'une prise de pouvoir. Elle vient rompre l'unité d'une œuvre jusque-là centrée sur la personne de Pantagruel. Le livre a désormais deux héros, et deux pôles antithétiques. Et ce n'est pas seulement par la nature même de son apparition que Panurge est l'agent du désordre, le trouble-fête de la création, le principe actif et multiforme de l'univers rabelaisien. Surgi en usurpateur, Panurge s'installe dans l'œuvre en usurpateur: Pantagruel disparaît pour un temps de l'horizon du lecteur. Et quand il réapparaît, Panurge vient sans cesse le menacer dans sa suprématie politique et intellectuelle. Panurge, créé par Rabelais pour se substituer à Pantagruel dans un rôle que celui-ci ne peut plus jouer, accomplit non seulement cette tâche avec talent, mais encore, entraîné par la logique même de son personnage, s'efforce de supplanter et de dominer son maître promu désormais au rang de sage philosophe («Et Pantagruel prenoit à tout plaisir. Car je ose bien dire que c'estoit le meilleur homme qui fut d'icy au bout d'ung baston») et devenu le champion de l'Humanisme érasmien. Panurge le sophiste se pose fatalement en rival de son maître, il veut faire mentir le mot de l'Evangile *Non est discipulus supra magistrum* (Luc, VI, 40). Le but constant des

---

[3] Mario Roques, «Aspects de Panurge,» *F. Rab.*, *Quatrième centenaire* (1953), pp. 120–130. La citation du texte: p. 122.

actions de Panurge – on l'a vu en analysant l'épisode des trophées
(Ch. XVII) et celui des «turqueries» (Ch X.) – est de concentrer le
regard admiratif d'autrui sur sa personne, et de faire oublier la réputation et la supériorité de Pantagruel. Panurge ne vit que pour dominer
Pantagruel, pour renverser les rapports traditionnels du maître au disciple. Il a l'art de se rendre indispensable à son maître, et il semble
avoir pris sur lui un tel ascendant que le pauvre Pantagruel en perd
toute initiative. Il a y du Jacques en Panurge. C'est toujours lui qui
parle, et Pantagruel qui écoute, qui interroge, et qui est séduit.
«Vrayement,» lui dit Pantagruel après la fable de la besace (Ch. XI),
«tu es gentil compaignon, je te veulx habiller de ma livrée.» Non seulement Panurge dispute contre Thaumaste et se débarrasse des six cent
soixante chevaliers à la place de son maître, mais encore c'est vers lui
que celui-ci, subjugué, se tourne instinctivement dès qu'il a besoin de
secours ou d'explications. Sur le chemin de Paris à Rouen, alors qu'il
retourne en Utopie pour se battre contre les Dipsodes, Patagruel voyant «que les lieues de France estoient petites,» en demande «la cause et
raison à Panurge.» Et Panurge de raconter «une histoire que mect
Marotus du Lac, monachus, ès Gestes des Roys de Canarre»: «Les
aultres mettent d'aultres raisons: mais celle-là me semble la meilleure»
affirme Panurge. Et Pantagruel de «consentir voulentiers.» Lorsque,
sur le point d'embarquer à Hommefleur, Pantagruel reçoit d'une dame
de Paris une lettre adressée «*Au plus aymé des belles, et moins loyal des
preux,*» et ne trouve aucune «lettre apparente» à l'intérieur, mais seulement un anneau d'or, c'est encore son inséparable Panurge qu'il se
tourne, «esbahy»: «Et lors appella Panurge, et luy monstra le cas.»
C'est encore Panurge que Pantagruel appelle à son aide lorsque les
choses tournent un moment à son désavantage dans son combat contre
Loupgarou: «Ha, Panurge, où es-tu?» s'écrie-t-il. C'est enfin Panurge
qui réconforte Pantagruel et les autres, accablés par l'accident survenu
à Epistémon, et qui proprement ressuscite l'apostole décapité: Panurge
qui exerce sur autrui une fascination, un ascendant indéniables. «J'en
sçay bien d'aultres. Allons seulement en asseurance,» dit-il à ses compagnons, aprés sa démonstration des deux verres et du fût de javeline.
C'est Panurge le meneur d'hommes qui a *conduit* son maître au «lieu
constitué» pour la dispute avec Thaumaste.

Cette séduction et ces qualités de *leader* se révèlent dès son apparition
par l'impression qu'il produit sur Pantagruel. Malgré ses haillons, sa
maigreur, et ses blessures, Panurge est «beau de stature et élégant en
tous lineamens du corps,» et Pantagruel a proprement le coup de

foudre. Il décide soudainement que cet homme «n'est pauvre que par fortune» et affirme «à sa physionomie,» que «Nature l'a produyt de riche et noble lignée.» Et sans le connaître véritablement, après avoir démontré face à ses «barragouyns» une patience inattendue – très inattendue, si l'on songe à sa colère face à l'écolier limousin, lequel est pourtant bien moins coupable que Panurge – il lui déclare naïvement son *amour*: «par ma foy, lui dit-il, je vous ay jà prins en amour si grande que, si vous condescendez à mon vouloir, vous ne bougerez jamais de ma compaignie, et vous et moy ferons ung nouveau per d'amytié, telle que fut entre Enée et Achates.»

Les apparences jouent donc en faveur de Panurge. Et Panurge a l'art d'exploiter cet avantage qui lui donnent les apparences. Il est vraiment difficile, avec Spitzer, de voir en Panurge un «héros de l'action gratuite.» Panurge est tout au contraire le héros de l'acte intéressé.[4] Le fait est clair dès sa première rencontre avec Pantagruel. Ce n'est qu'au prix d'une inconséquence que Spitzer, sans doute entraîné par sa polémique contre les «rabelaisants,» peut soutenir que Panurge, «revenue de guerres lointaines, couvert de blessures, affamé, assoiffé, en loques,» demande paradoxalement le secours de Pantagruel à l'aide de barragouyns incompréhensibles «par désir de l'action gratuite qui n'aboutit à aucun but pratique.»[5] Car Panurge obtient non seulement la satisfaction de ses besoins les plus immédiats – force vivres et bon lit; mais encore sa comédie langagière lui a à jamais conquis le cœur et l'esprit de Pantagruel. Le géant ne peut qu'admirer ce savoir étalé avec autant d'habileté que d'ostentation. Le savoir n'est pas, de toute évidence, destiné chez Panurge à passer inaperçu. Il est fait pour être remarqué, il est un instrument de séduction et de domination. C'est pourquoi il se présente toujours chez Panurge sous un aspect quantitatif. Panurge est l'homme des accumulations: accumulation des langages (allemand, antipodien, arabique – *ringuam albaras, linguam ara(l)bas*[6] –, italien, écossais, basque, lanternois, hollandais, espagnol, danois, hébreu, grec, utopien, latin, tourangeau); accumulation des moyens employés pour lire les «lettres non apparentes» («Puis la mist dedans de l'eau... Puis la monstra à la chandelle... Puis en frotta une

---

[4] «Rab. et les 'rabelaisants'», pp. 411–412. L. Spitzer affirme que l'«esprit libre» de Panurge «joue *gratuitement* avec toutes les possibilités et tous les paradoxes»: Panurge, écrit-il encore, personnifie «l'acte gratuit,» il est l'ancêtre de Lafcadio; «ses actions n'ont jamais d'autre but que d'échapper à la nécessité d'un but rationnel.» Le contresens me paraît total. Spitzer retire à Panurge sa dimension *politique*.

[5] *Ibid.*, p. 411.

[6] D'après E. Pons, «Les 'jargons' de Panurge dans Rabelais,» *Revue de Littérature comparée*, 1931 (no. 11), pp. 185–218.

partie de huyle de noix... Puis en frotta une part de laict de femme
allaictant... Puis en frotta ung coing de cendres d'ung nic de arondel-
les... Puis en frotta ung aultre bout de la sanie des oreilles... Puis les
trempa en vinaigre... Puis les gressa d'axunge de souriz chauves...
Puis la mist tout doulcement dedans ung bassin d'eau fraische...»);
accumulation, enfin, des ustensiles de ses «petites diableries» (deaul de
plomb, petit cousteau, aigrest, glaterons empennés, pulses et poux,
haims et claveaux, fouzil garny d'esmorche, allumettes et pierre à feu,
mirouers ardans, fil et aguilles, alun de plume, guedoufle de vieille
huyle, euphorbe pulvérizé, daviet, pellican, crochet, ferremens,
goubeletz). Panurge semble posséder tout le savoir humain: «Je ay
employé, dit-il à son maître, pour congnoistre si rien y a icy escript,
une partie de ce que en met Messere Francesco di Nianto le Thuscan...
et ce que escript Zoroaster, *Peri Grammaton acriton*, et Calphurnius
Bassus, *De Literis illegibilibus*.» Sa science est d'autant plus impressionnante qu'elle paraît infuse. Là où Pantagruel, «transporté en pensée»
la nuit qui précède la dispute contre Thaumaste, «entre en la haulte
gamme» et étudie «le livre de Béda, *De Numeris et Signis*; le livre de
Plotin, *De Inenarrabilibus*; le livre de Proclus, *De Magia*; et les livres de
Artemidorus, *Peri onirocriton*; et de Anaxagoras, *Peri Semion*; Dynarius,
Peri Aphaton; et les livres de Philistion; et Hipponax, *Peri Anecphoneton*;
et ung tas d'aultres,» Panurge se contente de «chopiner avecques les
paiges et jouer toutes les aigueillettes de ses chaulses à *primus* et *secundus*,
ou à la vergette.» Et il tient sa promesse. Il fait «chier vinaigre» à
l'Anglais devant tout le monde. Panurge est l'homme qui a *argué*
contre les diables, et les a «mys de cul.» Il n'est donc pas étonnant que
Pantagruel, inconsciemment, reconnaisse sa supériorité intellectuelle,
qu'il devienne *de facto* le disciple de Panurge, qu'il se tourne vers lui
comme vers la source de tout savoir. Ce faisant, il se montre fidèle
à son personnage d'humaniste désireux d'apprendre et sachant seulement qu'il ne sait rien, comme Panurge, en apparence possesseur d'un
savoir universel, capable de répondre à toute question et de faire heureusement face à toute situation, remplit à merveille son rôle de sophiste, «vray puys et abysme de encyclopédie.»

II. LA DÉMARCHE OBSESSIONNELLE DE PANURGE: LA SUBVERSION. LE MAÎTRE DU LANGAGE. MIMÉTISME ET UBIQUITÉ. LE GOÛT DU TRIOMPHE ET DE L'HUMILIATION *PUBLIQUES: «DEVANT TOUT LE MONDE»*

On peut au contraire suivre Spitzer lorsqu'il affirme que Panurge se livre à son numéro d'homme savant en tous langages «par désir d'épater ses auditeurs, de jouir de sa propre force morale.»[7] C'est bien en effet de cela qu'il s'agit. Le lecteur, en même temps que Pantagruel, découvre symboliquement Panurge dans sa situation-type de vaincu misérable: il fait pitié (*grand* pitié), il est «*pitoyablement* navré en divers lieux,» il est «tant mal en ordre qu'il sembloit qu'il feust eschappé ès chiens,» il ressemble avec ses haillons à «ung cueilleur de pommes du pays du Perche.» Or, c'est dans un état semblable qu'il se présente à ses auditeurs chez les Turcs, *eximé*, «en broche et tout lardé comme ung connil,» réduit à la passivité absolue, appelant Dieu à son secours. C'est aussi dans cet état qu'on le découvre au banquet après le triomphe de Pantagruel dans l'affaire Baisecul – Humevesne, *pouvre*, «eximé comme ung harang soret» et «allant du pied comme ung chat maigre.» Toujours dans ce même état que le narrateur Alcofrybas le rencontre «ung jour» «quelque peu escorné et taciturne,» *malade* d'un «flux de bourse.» Panurge passe son temps à faire pitié, à exploiter les bons sentiments d'autrui. Dans la ville turque à laquelle il vient de mettre le feu, il trouve le moyen de se faire secourir par ses victimes: «Et me voyans ainsi à demy rousty, eurent *pitié* de moy *naturellement*, et me gettèrent toute leur eau sur moy, et me refraischirent joyeusement... puis me donnèrent quelque peu à repaistre...» Panurge est l'homme des situations desespérées. Quand le hasard ne l'y place pas, il les recherche, il les provoque, il se pose volontairement en victime inoffensive. C'est sous l'aspect d'un voyageur pacifique, conciliant, et désarmé, qu'il s'offre «franchement,» en compagnie d'Eusthènes et de Carpalim, aux coups des six cent soixante chevaliers. Par un stratagème identique, il se présente aux géants contrefaisant le vérolé, *tortant* la gueule, retirant les doigts et affirmant en «parolle enrouée»: «Je renye bieu, compaignons, nous ne faisons point la guerre.» Cette prédilection de Panurge pour l'état de victime est toute temporaire. Panurge aime les situations désespérées parce qu'elles sont pour lui

---

[7] L. Spitzer, *Ibid.*, p. 411. Comment peut-on, dans la même phrase, affirmer d'une part que Panurge est le héros de l'acte gratuit, et de l'autre, soutenir qu'il agit dans le but de jouir de sa supériorité morale?

l'occasion de se prouver et de prouver à autrui l'étendue de ses pouvoirs. La jouissance suprême de Panurge est en effet de retourner la situation désespérée dans laquelle il se trouve. Le vaincu apparent finit toujours par se retrouver dans la position du vainqueur. Dans le *Pantagruel*, Panurge est l'homme des retournements, le spécialiste de la subversion morale, intellectuelle, et politique. Le pauvre hère en guenilles devient l'Achate de Pantagruel-Enée, le vagabond affamé et épuisé trouve bonne table et bon lit, le martyr embroché de la foi se transforme en embrocheur et en rôtisseur d'hérétiques, le participant anonyme au banquet du triomphe pantagruélique finit par en être le triomphateur «gaillard et de hayt,» le pauvre taciturne manquant de «denare» se procure en un tour de main dix ou douze «bougettes» pleines d'argent et retrouve soudain sa faconde habituelle, l'inoffensif voyageur déconfit brutalement les six cent soixante ribauds puissamment armés, et le misérable vérolé égorge en fin de compte tous les géants abattus par Pantagruel. Les seuls rapports que Panurge consent à entretenir avec ses semblables sont des rapports de domination. Panurge éprouve constamment la nécessité de figurer dans une position de supériorité, d'où il puisse influer à son gré sur l'esprit et les actions d'autrui. Il le dira au *Tiers Livre*: sa jouissance la plus grande est de «jouer le Dieu de la passion de Saulmur, accompaigné de ses Anges et Cherubins.»[8] Et sa nature ne le pousse pas à se reposer sur ses lauriers et à savourer sa victoire. Il est l'homme du défi, et de la conquête. Et il n'est jamais autant lui-même que lorsqu'il a à vaincre et à conquérir.

Ce qui est remarquable, c'est que cette conquête et cette domination s'accomplissent surtout par les sortilèges de la parole. Panurge se présente d'abord à nous comme un maître du langage – des langages – et comme un «magicien de paroles.» Au chapitre IX son stratagème de comédien sophiste, destiné à éblouir et à conquérir Pantagruel, fait de lui un de ces «chasseurs intéressés de jeunes gens riches» que fustige Platon dans le *Sophiste*.[9] Comme chez l'écolier limousin, le langage est pour Panurge agent d'isolement, d'incompréhension, de non-communication, et de domination. «Mon amy, je n'*entends* point ce barragouyn; et pourtant, si voulez qu'on vous *entende*, parlez aultre langaige,» lui

---

[8] *Tiers Livre*, éd. Screech, III, p. 39.
[9] *Le Sophiste*, 222a–223b: «Donc, à récapituler notre raisonnement, il semble, Théétète – dit l'Etranger – que dans l'art d'appropriation, dans la chasse, dans la chasse au gibier de terre ferme, au gibier apprivoisé, à l'homme, au simple particulier, dans la chasse intéressée, qui n'est qu'échange contre argent et sous couleur d'enseignement, la chasse qui poursuit les jeunes gens riches et de condition est bien ce qu'il faut appeler, du nom même où le présent raisonnement nous fait aboutir, la sophistique.» Voir aussi 231d.

dit Pantagruel. Et plus loin: «*Entendez*-vous rien là?... Compère, je ne sçay si les murailles vous *entendront*, mais de nous nul n'y *entend* note.» Et encore: «Dea, mon amy, je ne fays doubte aulcun que ne sachez bien parler divers langaiges, mais dictes nous ce que vouldrez en quelque langue que puissions *entendre*.» On songe infailliblement à la réaction identique de Pantagruel devant l'écolier limousin: «Quel diable de langaige est cecy? Par Dieu, tu es quelque héréticque... Et bren, bren! qu'est ce que veult dire ce fol? Je croy qu'il nous forge icy quelque langaige diabolicque, et qu'il nous cherme comme enchanteur...» Mais ici, c'est Epistémon qui fait allusion au diable: «le diable n'y mordroit pas» dit-il, «Parlez-vous christian, mon amy?» Thaumaste aura lui aussi la même réaction face à Panurge: il évoquera Mercure, le «grand secret,» et s'écriera: «Hà, j'*entends* mais quoy?» La parole est pour Panurge l'arme suprême de séduction et de domination, Ce n'est qu'à regret qu'il se résout à la rendre à sa fonction naturelle: l'échange et la compréhension mutuelle. Son retour au «Françoys» s'opère stratégiquement et consciemment par l'intermédiaire de l'hébreu – que comprend Epistémon – du grec – que parle Carpalim – de l'utopien – langue maternelle de Pantagruel, et du latin – langue universelle de l'époque. Le géant voudrait revenir à ce temps béni de la Genèse où, avant Babel «toute la terre avait un même langage et un même parole.»[10] Panurge est au contraire l'homme de Babel, celui qui parle pour séduire et pour conquérir, non pas pour être compris. Et la perversion est d'autant plus grave que Panurge baragouinant est justement en train de prêcher à Pantagruel la grande loi de Charité paulinienne: «mes haillons vous décèlent assez ce que je souhaite, dit-il en hollandais. Soyez assez charitable pour me donner de quoi me restaurer.» Il le supplie de même en espagnol de considérer les «préceptes évangéliques,» et cite les *Proverbes* en hébreu («celui-là prête au Seigneur qui a pitié du pauvre»). Il devient alors difficile de ne pas évoquer la «trompette évangélique,» *I Corinth.*, XIII–XIV: «Quand même je

---

[10] *Genèse* XI, 1 et 5–9: «Erat autem terra labii unius, et sermonum eorumdem... Descendit autem Dominus, ut videret civitatem et turrim, quam aedificabant filii Adam; et dixit: Ecce unus est populus, et unum labium omnius; coeperuntque hoc facere, nec desistent a cogitationibus suis, donec eas opere compleant. Venit igitur, descendamus, et confundamus ibi linguam eorum, ut non audiat unusquisque vocem proximi sui. Atque ita divisit eos Dominus ex illo loco in universas terras, et cessaverunt aedificare civitatem. Et idcirco vocatum est nomen ejus Babel, quia ibi confusum est labium universae terrae...» Cette multiplicité des langues parlées par Panurge fait de lui l'homme d'après la Chute. Au contraire, l'humaniste chrétien garde la nostalgie d'un langage unique et commun à tout le genre humain, d'un langage transparent qui soit l'exact reflet des choses, et qui ne laisse aucune place à l'équivoque, à l'ambiguïté, et à la contingence. Voir à ce sujet le livre de Claude-Gilbert Dubois, *Mythe et langage au XVIe siècle*, éditions Ducros, 1970.

parlerais toutes les langues des hommes, et même des anges, si je n'ai
pas la charité, je ne suis que comme l'airain qui résonne ou comme une
cymbale qui retentit... Celui qui parle une langue inconnue ne parle
pas aux hommes... J'aimerais mieux prononcer dans l'Eglise cinq
paroles en me faisant entendre, afin d'instruire aussi les autres, que dix
mille paroles dans une langue inconnue.» Ce n'est pas la dernière fois
que Panurge est surpris ainsi à bafouer les préceptes et les conseils de
l'Apôtre. Dans le *Tiers Livre*, Panurge sera l'antithèse incarnée de la
Charité paulinienne.

Panurge n'est pas seulement Sophiste dans l'utilisation qu'il fait du
langage – où il voit un moyen de domination – mais aussi dans cette
faculté qu'il possède d'évoquer et de recréer le pays et la civilisation
dont il parle la langue. On retrouve ici cette qualité de *mimétisme* déjà
signalée chez lui. Chacun de ses discours est un véritable *exercice de style*
à la Queneau. Panurge n'est pas le tourangeau qui parle successivement quatorze langages, il est successivement chacun des hommes du
langage qu'il parle. Le Danois ne répète pas ce qu'a dit l'Ecossais,
l'Espagnol, ou l'Italien, c'est l'Hébreu qui cite les *Proverbes*, le Grec
qui fait allusion aux «lettrés» qui «reconnaissent que discours et paroles
sont de trop, quand les faits sont clairs pour tout le monde,» le Latin
qui conjure Pantagruel «per sacra, perque deos deasque omnis,» qui s'
abandonne à la rhétorique ronflante de l'invective à la Cicéron («Sinite,
queso, sinite, viri impii, quo me fata vocant abire...»), cite l'adage
ancien «ventre affamé n'a pas d'oreilles,» et s'il faut en croire E. Pons,
l'Arabe qui évoque le «breuvage au miel» le «lait de chamelle,» et
jure «par les reins et le sang et les flancs de Nimbroth.»[11] Un des talents
les plus étonnants de Panurge est sa disponibilité, sa souplesse à épouser
toutes les individualités. Panurge ne cesse de changer de peau et d'apparence. Il est l'individu en perpétuelle métamorphose, l'insaisissable
incarnation de Protée.

Cette multitude de masques dont il s'affuble tour à tour et à volonté
donne au lecteur l'impression de se trouver en face d'un personnage
possédant le don d'ubiquité. Panurge apparaît et disparaît comme une
vision infernale. Le feu s'allume partout où il passe. Il est attiré par la
danse satanique et enveloppante des flammes, image même de ses pouvoirs et de sa cruauté. Il se retourne sur la ville turque en flammes pour
contempler son œuvre, il fait brûler les chevaliers Dipsodes «comme
âmes damnées» dans un «cerne de cordes» qui rappelle les pratiques de

---

[11] E. Pons, article cité, p. 211.

conjuration satanique, il allume sous les pas du guet des traînées de poudre à canon, et «prend son passetemps à veoir la bonne grâce qu'ilz avoient en s'enfuyant.» Il apparaît dans Paris comme l'un de ces génies redoutables, insaisissables et malfaisants qui hantent les vieilles légendes celtiques et les consciences populaires. Il sait «toutes les rues, ruelles et traverses de Paris comme son *Deus det*.» Il est partout à la fois, s'attaquant à tous, sergens du guet, maistres ès ars, théologiens, bourgeois, bonnes gens, dames de la haute société, «sucrées damoiselles,» cordeliers, changeurs, n'épargnant personne, et surtout pas les femmes. Déployant une activité proprement magique, et ne l'exerçant jamais là où on l'attend: «A l'une foys... A l'aultre fois... Et au regard des pouvres maistres ès ars... Et ung jour...» Utilisant tour à tour «vingt et six petites bougettes et fasques, toujours pleines: l'une d'ung petit deaul de plomb, et d'ung petit cousteau, affilé comme une aguille de peletier... l'aultre de aigrest... l'aultre de glaterons empennés de petites plumes de oysons ou de chappons... En l'aultre, ung tas de cornetz tous plains de pulses et de poux... En l'aultre, force provisions de haims et claveaux... En l'autre, ung fouzil garny d'esmorche, d'allumettes, de pierre à feu... En l'aultre, deux ou trois mirouers ardans... En l'aultre avoit provision de fil et d'aguilles...» Jamais à court d'imagination et de cruauté, et ne vivant que pour faire triompher son imagination et exercer sa cruauté: «Item, il avoit une autre poche toute pleine d'alun de plume, dont il gettoit dedans le doz des femmes qu'il veoit les plus acrestées, et les faisoit despouiller devant tout le monde... Item, en ung aultre, il avoit une petite guedoufle pleine de vieille huylle, et, quand il trouvoit ou femme ou homme qui eust quelque belle robbe neufve, il leur engressoit et gastoit tous les plus beaulx endroictz... En ung aultre, il avoit tout plain de euphorbe pulvérizé bien subtillement... En l'aultre, ung daviet, ung pellican, ung crochet, et quelques aultres ferremens... En l'aultre, tout plain de petitz goubeletz...»

Dominer autrui par l'intelligence et par la parole ne suffit pas à Panurge. Il lui faut encore exalter son orgueil par l'humiliation et et l'avilissement de son semblable: Sophiste donc, là encore, jusqu'au bout des griffes. Triompher n'est rien, il faut de surcroît détruire la victime, lui faire sentir l'irrémédiable étendue de sa défaite et lui imposer le sentiment d'une déchéance indélibile. Les victimes de Panurge sont à jamais des victimes: «Et, ce disant, leurs mettoit la main sur le collet, et ensemble la malle tache y demouroit *perpétuellement*, si énormément angravée en l'âme, en corps et renommée, que le dyable

ne l'eust point ostée.» Ou encore: «et aulcune fois leur en faisoit de
belles cornes, qu'ilz portoient par toute la ville, aulcunesfois *toute
leur vie.*» C'est pourquoi les triomphes de Panurge sont tous des triomphes *publics*. Panurge ne peut se passer du public, il n'existe et ne triomphe que pour et par lui. La seule existence de Panurge est celle qu'autrui, subjugué, lui accorde. Il a d'abord, en démagogue flatteur, l'habileté de choisir ses souffre-douleurs: le guet, symbole de l'ordre policier
les maîtres es arts et théologiens, symboles de la science officielle,
«les plus succrées demoiselles,» les femmes qui «portent robbes de
tafetas armoisy» ou qu'il voit «*les plus* acrestées,» ceux ou celles qui ont
revêtu «quelque *belle* robbe *neufve*,» sans oublier le *roi* Anarche, la
haulte dame de Paris, et les six cent soixante *chevaliers*, tous personnages
remarquables à quelque degré par leur prétention, leur position ou leur
fonction sociale. Mais il a surtout celle de les accabler, de les humilier
et de les détruire sous le regard du public. Il fait rendre aux théologiens leurs gorges «*devant tout le monde.*»[12] C'est aussi en présence de toute
une assistance de fidèles scandalisés que le «povre frater» se rebrasse
jusqu'aux épaules, «monstrant son calibistris *à tout le monde,*»[13] et en-
freignant le commandement de l'*Exode* (XX, 26): «Non ascendes per
gradus ad altare meum, ne reveletur turpitudo tua.» C'est de même
«*devant tout le monde*»[14] que Panurge fait «despouiller» les femmes «les
plus acrestées» en leur jetant de l'alun de plume dans le dos, et «*devant tout le monde*»[15] qu'il fait tomber de leur mule les «gros enflés de
Conseilliers,» qui ainsi «aprestent à ryre pour plus de cent frans.»
Panurge ne peut pas prétendre fuir «l'honneur ny applausement des
hommes.» Il a le goût du triomphe personnel et retentissant. C'est la
raison pour laquelle il propose à Pantagruel de disputer à sa place contre Thaumaste: «Je vous pry, n'en parlez plus, et m'en laissez faire,»
dit-il: «soyez asseuré de cest Angloys, que je vous le feray demain
chier vinaigre *devant tout le monde.*»[16] Et c'est sous le regard de Pantagruel
et de ses compagnons que Panurge prépare le piège dans lequel vont se
précipiter les chevaliers et présente son numéro des deux verres et du
fût de javeline. Si le lecteur-spectateur n'observe jamais chez Panurge
une progression d'idées; si la formulation du stratagème lui est toujours
soigneusement célée, et si ce n'est que le résultat final, figé et immuable,
qui se déclare, c'est que ce ne sont pas les moyens qui comptent, chez

---

[12] *Pant.*, XII, p. 91, l. 51–52.
[13] *Pant.*, XII, p. 93, l. 100.
[14] *Pant.*, XII, p. 94, l. 127–28.
[15] *Pant.*, XII, p. 101, l. 320.
[16] *Pant.*, XIII, p. 107, l. 142–43.

Panurge, mais la fin. Plus le cheminement de la pensée panurgienne reste secret, plus l'impression produite sur le public par le résultat est grande. Panurge est le roi de la poudre aux yeux. C'est dire qu'il dépend du regard d'autrui, et que c'est à travers lui qu'il établit son empire.

III. PANURGE ET LA *HAULTE* DAME DE PARIS. LE SEXE: DOMINATION ET DÉGRADATION (*PANTAGRUEL*, CHAP. XIV)

C'est peut-être dans ses rapports avec les femmes que se révèlent le mieux ses talents de persécuteur sadique et son ambition de dominer. L'amour est pour lui une sorte de guerre, qui se termine comme la vraie, par la déconfiture et l'humiliation de l'adversaire. Parallélisme de langage révélateur: après la défaite des six cent soixante chevaliers, Pantagruel décide un banquet pour récompenser ses apostoles de leurs beaux faits d'armes. Carpalim ayant tué un chevreuil et des levrauts, on improvise un rôtissoire (Panurge y est passé maître), «Et après grand chère à force vinaigre!» Malheureusement, Panurge, qui veut jouer au sage, interrompt les réjouissances: «Mais, dit-il, il vault mieulx penser de nostre affaire ung peu, et par quel moyen nous pourrons venir *au dessus de* noz ennemys.»[17] En amour comme à la guerre: après sa victoire contre l'Anglais Thaumaste, Panurge devient «glorieux.» L'encens des louanges publiques («Et *le monde* le louoit *publicquement*») lui monte à la tête. Le voilà à son tour un nouveau Démosthène et un autre Salomon. Les parisiens le montrent du doigt quand il passe dans la rue, comme Maître Ortuinus Gratius à Cologne. Les femmes surtout lui font bon accueil, «si bien qu'il entreprint *venir au dessus* d'une des grandes dames de la ville.»[18]

Tout Panurge est là. L'amour est pour lui une «entreprise» où l'on choisit sa victime (une *grande* dame), une conquête guerrière dont la fin est plus équivoque qu'il n'y paraît d'abord. Il s'agit de *venir au dessus* de la grande dame. L'image érotique est précise. Il est certain que la femme apparaît aux yeux de Panurge comme un motif à escalade. S'il faut l'en croire, sa vigueur sexuelle est proprement inépuisable. Il se vante à Pantagruel «d'en avoir embourré quatre cens dix et sept» depuis son arrivée à Paris «et s'il n'y a que neuf jours.» Son interprétation personnelle de la fable de la besace exprime sa philosophie vis-à-vis des femmes: c'est celle de Jean de Meung et de la tradition gauloise

---

[17] *Pant.*, XVI, p. 136, l. 118.
[18] *Pant.*, XIII, p. 116, l. 9.

(«Toutes estes, serez ou fustes/De fait ou de volonté putes»). Et lorsque le Dipsode prisonnier précise que l'armée du roi Anarche comprend «quatre cens cinquante mille putains, belles comme déesses,» Panurge s'écrie «Voylà pour moy,» et il affirme: «Ma seule braguete espoussetera tous les hommes, et sainct Balletrou, qui dedans y repose, decrottera toutes les femmes.» Au total, comme le dit M. Roques, Panurge le «surmâle» est «un cas non exceptionnel de gloriole galante à forme statistique,»[19] et l'expression «venir au dessus» a certainement, venant de lui, une signification très claire.

Mais rien n'échappe à l'équivoque chez Panurge le sophiste. Panurge aime à jouer sur les mots. Ses contrepèteries célèbres («femme folle à la messe,» «A Beaumont le vicomte») font à jamais partie du trésor national pataphysique français. Ce goût de l'équivoque ne révèle pas seulement l'obscénité du personnage («Madame, donnez-vous garde de tumber, car il y a icy ung grant trou devant vous»), il lui permet aussi de justifier les actes les moins susceptibles de justification. On se souvient de l'aisance avec laquelle il excuse ses larcins dans les bassins des pardons: «Car les pardonnaires me le donnent, quand ilz me disent, en présentant les reliques à bayser: *Centuplum accipies*,» —que pour ung denier j'en prene cent: car *accipies* est dit selon la manière des Hébrieux, qui usent du futur en lieu de l'impératif: *Dominum deum tuum adorabis, et illi soli servies; diliges proximum tuum; et sic de aliis.* Ainsi quand le pardonnigère me dit: «*Centuplum accipies*,» il veult dire: «*Centuplum accipe*;» et ainsi l'expose Rabi Quimy et Rabi Aben Ezra, et tous les Massoretz.» Voilà à quoi est utilisée la culture chez le sophiste: à l'assouvissement et à la justification de tous ses désirs. Elle est un moyen de satisfaire ses passions. Calliclès, on s'en souvient, le dit dans le *Gorgias*: «il faut entretenir en soi-même les plus fortes passions au lieu de les réprimer... il faut se mettre en état de leur donner satisfaction par son courage et son intelligence.» Le but de la vie est de jouir de tous les biens sans que personne y fasse obstacle, et la vertu consiste à satisfaire ses passions par n'importe quel moyen. Dans cette optique, la parole prend des nuances sataniques. Elle devient, par les équivoques qu'elle entretient et qu'elle exploite, agent de dissolution et de destruction de toutes les valeurs morales. Pour Panurge, les plus beaux et les premiers des commandements de l'Evangile – «Dominum tuum adorabis, et illi soli servies: diliges proximum tuum» – ces commandements qui renferment tous les autres et qui servent de lumière et de guide à la vie de l'évangéliste

---

[19] «Aspects de Panurge,» p. 121.

sincère,[20] ne sont que des mots vidés de leur substance et devenus prétexte à «exposition» équivoque. Le sophiste ne retient des mots que leur enveloppe. Il est ce prestidigitateur verbal qui fait apparaître plusieurs signifiés dans un seul signifiant. Pour Panurge, un mot ne peut pas n'avoir qu'un sens. Il en a forcément plusieurs.

L'expression «venir au dessus» n'échappe pas à cette loi du discours panurgien. Il devient un effet très vite clair dans l'épisode de la *haulte dame* de Paris que Panurge recherche moins la possession de la belle bourgeoise que son humiliation et sa déroute. Son entrée en matière est pour le moins hétérodoxe: «Ma dame, ce seroit un bien fort utile à toute la republicque, délectable à vous, honneste à vostre lignée, et à moy nécessaire, que feussiez couverte de ma race.» Il est vrai qu'il n'est pas amoureux, et que sa décision de courtiser lui est dictée par sa seule vanité. Mais il voudrait échouer qu'il n'agirait pas autrement. Ce qu'il veut surtout, c'est faire descendre la haute dame de sa hauteur, la précipiter de son piédestal de déesse courtoise, rangée et respectable, pour se donner le plaisir de la voir patauger dans sa confusion et son hypocrisie. La dame le prend de haut: «Meschant fol, vous appertient-il de me tenir telz propos? Et à qui pensez vous parler?» L'attitude est facile et conventionnelle. Elle ne peut intimider Panurge, qui sait à quoi s'en tenir sur la sincérité de telles protestations, et qui n'entend nullement jouer le jeu courtois des «dolens contemplatifz, amoureux de Quaresme, lesquels poinct à la chair ne touchent.» Il ramène le débat à sa vraie hauteur, et le regard de la dame vers sa «longue braguette»: «voicy Maistre Jehan Jeudy...» Mais c'est aussitôt pour accepter soudainement de jouer le jeu dans les règles les plus traditionnelles. Le paillard se transforme en amant beau parleur: métamorphose déroutante (habituelle chez lui), changement concerté de tactique, destinés à troubler la dame et à lui faire perdre contenance. On retrouve alors dans le beau morceau d'éloquence amoureuse de Panurge les *couleurs* employées par Gargantua dans sa déploration: *repetitio* («Toutesfois la vostre est *tant* excellente, *tant* singulière, *tant* céleste... *Ce n'est que miel, ce n'est que* sucre, *ce n'est que* manne céleste... C'estoit à vous, à qui Paris debvoit adjuger la pomme d'or, *non* à Vénus, *non*, *ny* à Juno, *ny* à Minerve: car oncques n'y eut *tant* de magnificence en Juno, *tant* de prudence en Minerve, *tant* de élégance en Vénus comme il y a en vous.»),

---

[20] Témoin la réponse que fait, au *Tiers Livre*, Pantagruel à Panurge qui vient de faire son éloge des dettes (V, p. 54): «Rien, (dict le sainct Envoyé) à personne ne doibvez, fors amour et dilection mutuelle – Nemini quicquam debete: nisi mutuam dilectionem.» Ou la devise de Gargantua: «La charité ne cherche pas son propre avantage.» (*I Cor.*, XIII, 5).

apostrophe («O dieux et déesses célestes»), *superlation* (excellente, céleste, magnificence...); auxquelles le lettré frotté de grec ajoute des allusions mythologiques (le jugement de Pâris) et l'emploi de l'*adynaton*. On y retrouve aussi le passage brutal du haut style au style bas qui caractérisait déjà la composition de Gargantua veuf et rhéteur. Mais cette fois-ci, le glissement est conscient, il répond chez Panurge à une intention précise. Là où Gargantua se prenait au sérieux de son personnage, et trahissait malgré lui son affectation, Panurge joue et se meut en toute lucidité: «O dieux et déesses célestes, que heureux sera celluy à qui ferez ceste grâce/de vous accoller, de bayser bayser, et de frotter son lart avecques vous.» La chute est d'autant plus sensible qu'elle est préméditée. On pourrait appliquer à la tactique de Panurge ce que V. L. Saulnier dit de celle de Rabelais[21]: la dame est sans cesse déroutée; dès qu'elle saute sur une pierre, Panurge la lui dérobe.

L'attitude de Panurge face à la belle dévote est donc foncièrement ambiguë et équivoque, comme son langage («Voulez-vous mon cousteau?»). La braguette n'est pas ici seule en cause. Le lecteur a sans cesse l'impression que Panurge est maître de la situation, et qu'il ne tient qu'à lui de triompher quand il le voudra: «Ainsi s'en alla, sans grandement se soucier du reffus qu'il avoit eu.» Les défenses de la Dame s'effritent rapidement. A l'Eglise, elle ne proteste plus contre les précisions obscènes et les contrepèteries érotiques de son étrange poursuivant d'amour. Elle se laisse même prendre ses «patenostres,» et décide de mentir à son mari pour expliquer leur disparition. La tentation triomphe en elle peu à peu. Panurge est bien ici l'agent du démon: celui qui amène l'âme à accepter l'idée du mal et à s'y abandonner. Sa dernière tentative rappelle d'ailleurs étrangement la scène connue entre Eve et le Serpent. Panurge séducteur et tentateur a la partie belle. Toute politique, a dit justement Valéry, suppose une certaine idée de l'homme. Celle de Panurge, qui règne et persuade à l'aide de «fines turquoises» de «beauz topazes marchez, de fins grenatz,» de «beau balays à tout grosses marches de dyamens à vingt et huyt quarres,» ou de «pieces de veloux violet cramoysi tainct en grene» et autres «chainez, doreures, templettes, bagues,» n'échappe pas à la règle. Mais, plus spécifiquement, elle suppose une certaine idée de la femme. Et cette idée d'ailleurs se révèle juste. La haute dame est sensible au miroitement imaginé des étoffes et des bijoux, et au cliquetis prometteur des «gettons,» qu'elle prend pour d'authentiques espèces sonnantes

---

[21] Dans son Introduction au *Pantagruel*, p. xliv.

et trébuchantes. Le sophiste donne ici incore un exemple de ses pouvoirs sur autrui. Il est bien celui qui, par la seule vertu de sa parole, amène le non-être à l'être, ce créateur d'illusions et de mirages, ce faiseur de prestiges, ce magicien de paroles dont parle Socrate: «Jusques à cinquante mille ducatz, affirme-t-il, ce ne m'est riens cela.» Et la dame cède à ce «faux visage.» La «vertu» des paroles de Panurge lui fait venir «l'eau à la bouche.» Elle est prête à s'abandonner, ou presque. Lorsque Panurge «demande logis,» elle commence certes à protester et à crier, *toutesfoys non pas trop hault*, de peur sans doute d'être entendue. Il en faudrait désormais bien peu pour que la place fût prise.

Or, c'est justement à ce moment-là que Panurge «tourne» son faux visage, laisse tomber le masque pour s'enfuir, après avoir promis à la belle de la «faire chevaucher aux chiens.» La posséder ne serait pas assez. Il faut surtout l'avilir, la dégrader, la souiller; et il faut que la cérémonie soit publique. Panurge le sacrilège choisit justement le jour de la Fête-Dieu, jour où par ailleurs «toutes les femmes se mettent en leur *triomphe* de habillemens.» La démarche obsessionnelle de Panurge se retrouve ici. Panurge, on l'a vu, est l'homme de la subversion et des retournements. Il vit pour faire triompher sa *libido dominandi*, pour de dominé et de vaincu, devenir vainqueur et dominateur. Parallèlement, sa victime connaît nécessairement un destin inverse: elle passe du triomphe à la défaite, elle tombe de toute sa hauteur dans l'humiliation et dans la honte. La belle dévote bien habillée devient une femelle en chaleur, une «chienne chaulde» compissée. «Je croy que ceste dame là est en chaleur, ou bien que quelque lévrier l'a couverte fraischement,» dit Panurge en riant, Panurge qui observe «le déduit» et qui y invite son maître Pantagruel: «Petitz et grans, gros et menuz, tous y venoient, tirant le membre, et la sentant et pissant partout sur elle...» Tel est, depuis le début, le but de Panurge. Il s'agit moins pour lui de démontrer ses qualités de surmâle que d'humilier et de perdre à jamais de réputation une belle bourgeoise dévote et quelque peu hypocrite: «Et *tout le monde*[22] se arrestoit à ce spectacle, consydérans les contenances de ces chiens, qui lui montoient jusques au col, et luy gastèrent tous ces beaulx acoustremens...»

---

[22] *Pant.*, XIV, p. 125, l. 240. Cette reprise de la formule, cette insistance, ne peuvent être fortuites. Le pantagruélisme méprise les choses fortuites.

IV. LES MARIAGES DE PANURGE. PANURGE ET ANARCHE.
EPISTÉMON AUX ENFERS, OU L'UTOPIE HUMANISTE.
PANURGE – FAUST: «AUTANT VAUT L'HOMME COMME IL
S'ESTIME»

Le sexe est donc pour Panurge moyen de domination et d'humiliation plus que de jouissance. Car la plus extrême jouissance de Panurge
est dans la domination et dans l'humiliation de son semblable. Panurge
n'est pas un obsédé sexuel ordinaire. Il est vrai qu'il apporte à sa braguette les mêmes soins que Gargantua apporte à la sienne. Il la porte
«longue de troys pieds, et quarrée, non pas ronde.» Il voit dans la
grande braguette le remède à toutes les calamités, la cornucopie bénie:
«Dieu gard de mal, s'écrie-t-il en extase poétique, Dieu gard de mal
qui par sa longue braguette a saulvé toute une ville de mourir de
faim!» Il veut, quand il aura un peu plus de loisir, faire un livre *De la
commodité des longues braguettes*. Après sa victoire sur Thaumaste («Or
notez, que Panurge avoit mis au bout de sa longue braguette ung beau
floc de soye rouge, blanche, verte, et bleue, et dedans avoit mis une
belle pomme d'orange»), il «fait valoir» sa braguette, il la fait «esmoucheter de broderie à la Tudesque». Mais on sait aussi avec quelle
matière première il veut bâtir les murailles de Paris «en bonne sym-
métrie d'architecture» et «à bon marché.» Gargantua n'a pas ces visions
d'apocalypse. Et que dire de son obsession maladive du mariage et de
l'accouplement? Un des jeux favoris de Panurge est d'*accoupler* en
société les hommes et les femmes à l'aide de «haims» et de «claveaux.»
Il a employé une partie de l'argent rapporté de la croisade, où il a fait
«ses choux gras,» à marier de «grandes vieilles sempiternelles qui n'a-
voient dentz en gueulle» et qui étaient toutes «bien infames, détestables
et abhominables.»[23] Il marie les «belles savates d'hommes» et les belles
«vesses de femmes» engendrées par une incongruité sonore de Pantagruel.[24] Il marie aussi le roi Anarche avec une vieille lanternière
usagée: «et luy mesmes fist les noces,» nous précise le narrateur. Cet
homme qui, au *Tiers Livre*, ratera son mariage, passe son temps, dans le
Pantagruel, à marier autrui.

Et ces mariages sont tous plus ou moins monstrueux et contre nature.
A tout le moins, ils sont toujours source d'avilissement pour les intéressés. Le cas est net surtout chez le roi Anarche. Triste sort en effet pour

---

[23] *Pant.*, XII, p. 99, l. 251–52.
[24] *Pant.*, XVII, p. 163, l. 81–84.

un roi orgueilleux et puissant que d'avoir à se dépouiller de sa superbe
et de sa pourpre pour revêtir «un beau petit pourpoint de toille.. et de
belles chaulses à la marinière sans soulliers.» Triste livrée pour un roi
que celle d'un «rustre» promu au rang de «cryeur de saulce vert,» et
devant abandonner son sceptre pour un mortier à piler la sauce. Triste
fin que celle de ce «pouvre sot» battu comme plâtre, dans sa petite loge
de la basse rue, par sa lanternière acariâtre et entommée. Picrochole
connaîtra le même destin misérable. Il échouera à Lyon, pauvre
gagne-denier, attendant vainement le retour des coquecigrues, comme
d'autres attendent Godot. L'un et l'autre méritent leur sort. On ne
peut plaindre Anarche. Panurge, cette fois-ci, a donc une justification.
Il se présente en agent de la justice divine. Il traite Anarche comme sont
traités «les roys et les riches de ce monde par les Champs Elysées,»[25]
d'après le témoignage d'Epistémon. On sait quel est le sort des grands
de chair dans l'enfer pantagruélien: Alexandre le grand est rapetasseur
de vieilles chausses, Xercès est crieur de moutarde, Darius cureur de re-
traits, Pâris pauvre loqueteux, Jules César souillard de cuisine, Jules II
crieur de petits pâtés, le pape Sixte graisseur de vérole, Boniface VIII
écumeur de marmites, Urbain croquelardon. Inversement, les sages et
les pauvres y sont devenus puissants et riches. Diogène se prélasse «en
magnificence, avec une grande robbe de pourpre, et un sceptre,»
et il passe son temps à corriger Alexandre à grands coups de bâton.
Patelin fait baiser sa pantoufle «à tous ces pouvres roys et papes de ce
monde.» Epictète fait maintenant grande chère, «se rigolant, beuvant,
dansant,» avec «force damoiselles.» «En ceste façon, dit Rabelais,
ceulx qui avoient esté gros seigneurs en ce monde icy, gaingnoient leur
pouvre meschante et paillarde vie là bas. Et au contraire, les *philosophes*
(je souligne), et ceulx qui avoient été indigens en ce monde, de par delà
estoient gros seigneurs en leur tour.»[26]

Cette description d'un monde renversé est riche de signification. Il
faut y voir autre chose qu'une «évocation burlesque des héros dans l'autre monde,» qu'un lieu commun comique traditionnel inspiré du
Calendrier des Bergers ou de l'histoire de Lazare. Qu'on prenne garde à
ce que dit Rabelais et à l'espoir qu'il exprime. Son nouveau royaume de
Torelore n'est rien moins, avant la société thélémite de *Gargantua*, qu'
une première expression de l'Utopie Humaniste,[27] de ce rêve d'un

---

[25] *Pant.*, XXI p. 167, l. 38–39.
[26] *Pant.*, XX, p. 163, l. 122–126.
[27] Voir, à ce sujet, V. L. Saulnier, «Mythologies Pantagruéliques. L'Utopie en France:
Morus et Rabelais,» *Les Utopies de la Renaissance*, Bruxelles – Paris, 1963, pp. 137–162. L'éminent critique n'y parle que de Thélème. Les champs Elysées d'Epistémon sont pourtant bien,

monde meilleur et plus juste, enfin rendu à la Paix et à la loi d'Amour du Christ. Le cri d'espoir du *Gargantua* est ici contenue tout entier: heureuses les républiques où les rois seraient philosophes, et les philosophes rois. Avec son chapitre de la descente aux enfers, Rabelais, loin de prouver son «athéïsme,» exprime l'idéal politique de plusieurs générations d'Humanistes évangélistes. Il poursuit l'entreprise de l'adage *Sileni Alcibiadis* d'Erasme. Les Champs Elysées d'Epistémon voient enfin se réaliser le triomphe de l'être sur le paraître, des silènes *Christiani* sur les *Mundani*, des philosophes sur les sophistes: en un mot, de la sagesse sur son apparence. L'univers est enfin rendu à sa réalité et à des valeurs authentiques.

Est-ce à dire qu'il faille considérer Panurge comme un champion de l'humanisme militant? Pantagruel, qui affirme au Dipsode prisonnier que «sa fin n'est de piller ny ransonner les humains, mais de les enrichir et réformer en liberté totale,» ne peut certes rien trouver à redire à la condamnation que Panurge fait des «diables de roys,» de ces tyrans qui «ne sont que veaulx, et ne sçavent ny ne valent riens, sinon à faire des maulx ès pouvres subjectz, et à troubler tout le monde par guerre pour leur inique et détestable plaisir.» Il asquiesce au désir de Panurge de faire enfin «un homme de bien» de cet ancien roi *pervers*. C'est lui qui donne au nouveau ménage de «Monsieur du Roy de troys cuittes» «une petite loge, auprès de la basse rue, et ung mortier de pierre à piller la saulce.» Pour un temps, donc, Pantagruel et Panurge semblent partager le même idéal humaniste et évangéliste.

Mais cette harmonie n'est qu'apparente. Panurge ne peut dépasser l'apparence. Panurge, l'*apte à tout*, le Protée, est capable de toutes les métamorphoses. Il a un visage à porter tous les masques, y compris celui du Bien. N'oublions pas que le sophiste est justement celui qui possède une sagesse apparente et non réelle, celui qui règne par «un faux-semblant de science universelle»: *Sophista enim magis oppetit videri sapiens, et non esse, quam esse, et non videri.* Panurge est cet «imitateur du sage» condamné par Socrate. Il se pose en instrument de la justice divine et en porte-parole de l'humanisme pour des raisons qui n'ont rien à voir avec la justice divine et avec l'idéal humaniste. En faisant

---

eux aussi, «le contraire de quelque chose de réel,» «un contraire construit,» et «un mythe.» Et M. V. L. Saulnier fait pourtant bien remarquer (p. 155), que «tout le vocabulaire utopique se bloque en somme dans le premier livre, le *Pantagruel* de 1532.» «Dans cette création première, ajoute-t-il (p. 156), l'idée de Morus était assez déterminante: le nombre d'allusions se fait fondamental, il ne s'agit pas de menus caprices mais d'un leit-motiv.» Il y a en Rabelais, dès le *Pantagruel*, une volonté d'échapper. Et ce n'est pas seulement Thélème qui, dans le *Gargantua*, est une *Utopie*.

d'Anarche un crieur de sauce verte, il ne cherche pas à faire triompher le Bien, mais à exalter son orgueil par l'avilissement de son semblable. Il ne cherche pas à apporter plus de clarté et de charité dans un monde qui en est privé, il ne songe qu'à devenir roi lui-même, et tyran à son tour. Dans le *Tiers Livre*, au sage gouvernement de Pantagruel, qui fait «Justice à Vertus succéder,» et pour qui régner consiste à «bien tousjours faire, jamais mal,» à soulager les humains des «monstres, oppressions, exactions et tyrannies,» Rabelais opposera la férule tyrannique du châtelain de Salmiguondin, qui mange son blé en herbe, dilapide non en «fondations de monasteres, erections de temples, bastimens de collieges et hospitaulx» mais en «mille petitz bancquetz et festins joyeulx» le revenu certain et incertain de son domaine pour trois ans en quatorze jours, et nourrit la pusse qu'il a en l'oreille (*i.e.* sa concupiscence) «en la façon des tyrans et advocatz,» c'est-à-dire «de la sueur et du sang de ses subjectz.»[28]

L'opposition entre le maître et le disciple est d'ailleurs indubitable dès le *Pantagruel*. Le géant y apparaît déjà comme le champion de la cause divine, alors que Panurge s'y pare de tous les attributs et de toutes les séductions d'un suppôt de Satan. Les affinités de Panurge et du feu ont déjà été soulignées. Celles qui existent entre Panurge et les diables sont tout aussi évidentes. Par nature, Panurge sent le fagot, l'hérétique et l'infidèle. La croisade n'a été pour lui qu'une expédition commerciale, simple prétexte à courir la fortune et l'aventure. Il n'éprouve aucun respect pour les choses sacrées. Il pille sans vergogne les bassins des pardons, affirmant qu'il n'est rien tel que de se payer soimême sur le trésor ecclésiastique. Il ne cesse de pertuber le «service divin» dans les églises, persécutant tantôt l'officiant, tantôt les fidèles. Il choisit le jour de la procession de la Fête-Dieu pour faire chevaucher aux chiens la haute dame de Paris. Lorsque maître Alcofrybas lui prédit la fin qui attend tous les larrons («tu sera une foys pendu»), il rappelle sans apparence d'émotion que Jésus Christ fut, lui aussi, pendu en l'air. Il ne voit dans les plus beaux commandements de l'Evangile («Dominum deum tuum adorabis, et illi soli servies; diliges proximum tuum») que prétexte à équivoque et à exposition sophistique. Il n'invoque le nom de Dieu qu'à la dernière extrémité, lorsque les Turcs l'ont mis en broche tout lardé comme un «connil.» Et sa prière est vraiment de circonstance. Que ne ferait-il pas pour échapper au danger! Comme le Jacques de Diderot, il prie à tout hasard: «Seigneur Dieu,

---

[28] *Tiers Livre*, II et VII.

ayde-*moy*! Seigneur Dieu, saulve-*moy*! Seigneur Dieu, oste-*moy* de ce torment, auquel ces traistres chiens *me* detiennent, pour la mainte-nance de ta loy!» Fidélité de Panurge à soi-même: sa «contenance» annonce ici celle qu'il adoptera durant la tempête du *Quart Livre*, où, après avoir «du contenu en son estomach bien repeu les poissons sca-tophages,» il invoquera à son aide «tous les benoistz saincts et sainctes,» et fera voeu à Saint Nicolas et à Dieu, s'ils lui permettent de revoir le plancher des vaches – donnant donnant – de leur édifier «une belle grande petite chappelle ou deux.» Une fois le danger passé, il s'empres-sera d'oublier sa promesse: *Passato el pericolo, gabato el santo.*[29] Ici, Panurge échappe à son destin de rôti lardé «par le vouloir divin, ou bien de quelque *bon* Mercure.» Il n'est pas regardant sur la nature de l'aide. Il lui suffit d'être aidé.

Cette attitude désinvolte, cynique, voire même sacrilège vis-à-vis des choses de la religion ne fait cependant pas de lui un esprit fort. Comme les soldats de Picrochole qui ont peur des diables («*Agios ho Theos,*» crie Bon Joan à Gymnaste en tirant ses heures de sa braguette, Sy tu es de Dieu, sy parle! Sy tu es de l'Aultre, sy t'en va!»), et qui partent en escarmouche «tous bien aspergez d'eau beniste et chascun ayant pour leur signe une estolle en escharpe, à toutes adventures, s'ilz rencontroi-ent les diables, que par vertus tant de ceste eau Gringorienne que des estolles, les feissent disparoir et esvanouyr,» Panurge est une âme su-perstitieuse qui croit à l'existence du démon. Lorsque son vilain baschaz se donne à tous les diables, «appellant Grilgoth, Astaroth, et Rapallus par neuf foys,» Panurge fait le signe de la croix et crie, com-me le Bon Joan de Picrochole: *Agyos athanatos, ho Theos*! Mais il se vante par ailleurs, devant Pantagruel, d'avoir argué maintes fois victorieusement contre les diables. Panurge paraît en effet posséder plus de pouvoirs qu'un diable ordinaire. La «tartre bourbonnoyse» dont il *engresse et oint théologalement* un beau matin le «treilliz de Sor-bonne» est en son genre tellement parfaite, précise le narrateur, «*que le diable n'y eust pas duré.*»[30] Les taches qu'il laisse sur les belles robes neu-ves des bourgeois cossus et prétentieux y demeurent «perpétuelle-ment,» et «si énormément engravées en l'âme, en corps et renommée que *le dyable ne les eust poinct ostées.*»[31] Et au dire d'Epistémon, il parle un langage (l'Antipodien) *auquel le diable ne mordroit mie.*[32] Diabolique

---

[29] *Quart Livre*, XXIV, p. 126.
[30] *Pant.*, XII, p. 91, l. 50.
[31] *Pant.*, XII, p. 94, l. 143.
[32] *Pant.*, IX, p. 50, l. 48.

Panurge! Magicien et prestidigitateur, créateur d'illusions, faiseur de
mirages! Panurge est l'homme de tous les pouvoirs et de tous les savoirs.
Il a «les doigs faictz à la main comme Minerve ou Arachné.» Il prétend posséder la «pierre philosophale»: «Et si tu vouloys te raslier avecques moy, propose-t-il à Alcofrybas, *nous ferions diables*.»[33] C'est lui qui
ouvre à Thaumaste le «vray puys et abysme de encyclopédie,» con-
tentant ses doutes – jusque-là «inexpuysables» – dans les sciences
ésotériques et sataniques, *magie, alchimie, caballe, géomantie, astrologie*:
Panurge-Mercure,[34] Panurge-Faust, le maître du «grand secret,»
l'homme qui «sans grâce divine spéciale» en sait autant, sinon plus, que
les diables. La science de Panurge est proprement infernale: «le diable
ne me affineroit pas,» affirme-t-il.[35] Il n'a pas son pareil pour les drogues aphrodisiaques ou diurétiques. C'est lui qui donne à Pantagruel,
avant son assaut contre les Dipsodes «quelque *diable* de drogues, com-
posées de trochistz, d'alkekangi et de cantharides, et aultres espèces
diuréticques»[36]; lui qui proprement ressuscite Epistémon à l'aide de
«je ne sais quel oignement» et d'un «unguent qu'il appelloit ressuscita-
tif,» prouvant encore une fois l'étendue de ses pouvoirs surnaturels. Une
odeur de soufre flotte autour de Panurge. Avec Panurge, Rabelais
nous donne sa version du mythe de Faust.

A cet agent des puissances infernales, Rabelais oppose Pantagruel,
soldat de Dieu et de l'Evangile. Dans la «Conclusion» au *Pantagruel*,
où Rabelais en habile crieur de thériacle, éveille la curiosité de son lecteur en lui annonçant les futures et merveilleuses aventures de ses
héros, Pantagruel est symboliquement appelé à combattre contre les
diables, à faire brûler cinq chambres d'enfer, à mettre à sac la grande
chambre noire, à jeter Proserpine au feu, et à «rompre quatre dents à
Lucifer et une corne au cul.» Le programme annoncé ne sera certes pas
rempli à la lettre. Mais c'est bien face à Panurge-Satan que Pantagruel
l'Evangéliste se trouvera au *Tiers Livre*: face à un Panurge aveuglé par

---

[33] *Pant.*, XII, p. 101, l. 310.

[34] Je citerai ici pour mémoire le *Panurge und Hermes* de Ludwig Schrader (1958). Sur
Mercure, voir N. O. Brown, *Hermes the thief. The evolution of a myth*, Univ. of Wisconsin Press,
1947.

[35] *Pant.*, XV, p. 131, l. 159.

[36] *Pant.*, XVIII, p. 148, l. 99–101. Je ne veux pas quitter l'aspect diabolique de Panurge
sans mentionner cette histoire que cite R. L. Wagner dan son livre *Sorcier et Magicien* (pp.
113–114), et qu'il emprunte aux *Grandes Chroniques de France* (éd. J. Viard, t. VIII, ch. LIV,
pp. 229–33): histoire de l'apparition du diable (en 1503) à un maître et à son valet, menace
conjurée par le valet «qui se réfugie avec son maître *dans un grand cercle où il inscrit une croix*.»
Sans être expert en démonologie de Tolete, on peut faire un rapprochement avec le «cerne
des chordes» où Panurge fait trébucher et brûler ses 660 ribauds. Il y aurait alors, de la part
de Panurge, une parodie de conjuration satanique, parodie proprement diabolique puisqu'elle assure le triomphe du *Maling*, loin d'en consommer la défaite.

sa philautie et devenu la proie de l'*Esprit maling.* Et dès le *Pantagruel*, son rôle de *coadjuteur* à *Dieu* est définitivement fixé dans l'esprit de son créateur. Il acquiert la stature d'un Socrate chrétien. La belle prière qu'il adresse à Dieu avant son combat contre Loupgarou ne laisse planer aucun doute à ce sujet. En promettant à Dieu d'exterminer de son royaume d'Utopie tous les «papelars et faulx prophètes» et d'y faire prêcher partout son saint Evangile «purement, simplement, et entière-ment,» Pantagruel le sage philosophe se pose en champion de l'Evan-gélisme.[37] D'autre part, en implorant l'aide du Tout-puissant et en soulignant sa propre détresse et la faiblesse de l'homme réduit à ses seules ressources («en toy seul est ma totale confiance et espoir»), Pantagruel s'oppose par son humilité au méchant Loupgarou «es-prins de témérité et oultrecuydance,» c'est-à-dire comptant trop sur ses propres forces et sur sa masse d'acier «phéée» pour remporter la victoi-

---

[37] Les termes employés par Pantagruel sont en effet ceux-là même qu'emploient les Evangélistes. Cf. Herminjard, *Correspondance*, I, 69, pp. 132–138, «Epistre exhortatoire» de Lefèvre d'Etaples en tête de sa traduction française des Evangiles (Simon de Colines, 1523): «Quant sainct Paul estoit sur terre, preschant et annonceant la parolle de Dieu avec les autres apostres et disciples, il disoit:» «Ecce nunc tempus acceptabile: ecce nunc dies salu-tis.» (*II Corin.*, VI). Aussi maintenant le temps est venu que nostre Seigneur Jesu-Christ, seul salut, vérité, et vie, *veult que son évangile soit purement annoncée par tout le monde, affin que on ne se desvoye plus par autres doctrines des hommes* [...] en delaissant toute autre folle fiance en créature quelconque, et toutes autres traditions humaines, lesquelles ne peuvent saulver, et en suy-vant la seulle parolle de Dieu qui est esperit et vie [...] Sachons que les hommes et leurs doc-trines ne sont riens, sinon de autant que elles sont corroborées et confirmées de la parolle de Dieu.» I, 79, pp. 159–169, «Epistre exhortatoire» de Lefèvre d'Etaples du 6 nov. 1523 en tête de la seconde partie de sa traduction du *Nouveau Testament* (Simon de Colines, 1523): «Et telle est l'intention du débonnaire roy, tant de cœur que de nom très-chrestien, en la main duquel Dieu a mys si noble et excellent royaulme, *que la parolle de Dieu soit purement preschée par tout son royaulme.*» II, 198, pp. 22–28, lettre de G. Farel au Conseil de Berne (juin 1527): Farel y fait allusion au mandement du Conseil en date du 27 mai 1527, «qui déclare que *tout prédicateur doit annoncer la Parole de Dieu nettement clairement, ouvertement, libre-ment, et publiquement.*» A lire des textes, on voit combien peuvent se confondre l'attitude, d'un mystique comme Lefèvre d'Etaples, et celles d'un humaniste comme Jean-Louis Vivès. Lefèvre a, face au Savoir humain, la réaction commune à tous les humanistes, celle que Vivès définit dans son *De Vita et moribus Eruditi* (cf. *supra*, les notes 17 à 24 du chap. IV): «Doncques... si aulcun est touché de ce sainct souspir de desir céleste, et vient à aulcune intelligence de l'Escripture Saincte de la sapience divine, il n'en doit estre ingrat, mais con-tinuellement rendre grâce [...] à Celluy qui révèle ses secrets aux cueurs humbles. Et se garde sur toute chose de se enorgueillir ou de juger les aultres destituez de semblable grâce et intel-ligence. Car l'esperit de Dieu, par sainct Paul, le nous défend en plusieurs lieux, comme aux Corinthiens, disant : «Qeulle chose as-tu que tu n'aye receu, c'est-à-dire que ne te ait esté donnée? Et se tu l'as receu, pour quoy te enorgueillis-tu, comme se tu ne l'avoys point receu? (*I Corin*, IV). Et aux Romains: «Je dis à tous ceulx qui sont entre vous, par la grâce qui m'est donnée, que ilz ne vueillent non plus sçavoir qu'il leur appartient de sçavoir, mais sçavoir à sobriété.» (*Rom*, XII.)...» (Herminj., I, p. 162). Parfois, Pantagruel emploie le langage même de Lefèvre: «toute ma fiance est en Dieu,» dit le géant (*P.*, XVIII, p. 145, l. 33); et Lefèvre: «Sainct Paul... dit que 'toutes les choses qui sont escriptes sont escriptes à nostre doctrine, affin que par patience et consolation des Escriptures, nous ayons espérance,' c'est-à-dire, que instruictz par les sainctes Escriptures, *toute nostre fiance soit en Dieu*» (Herminj. I, p. 159). De tels parallélismes font indubitablement de Pantagruel le champion de l'Huma-nisme évangélique.

re.[38] Sans Dieu, toute l'attitude de Pantagruel le dit, l'homme n'est rien. Au contraire de Panurge, Pantagruel est celui qui ne se fie ni à son propre savoir, ni à ses propres forces. «Sachez, dira Parlamente – Marguerite de Navarre dans l'*Heptaméron* – que le premier pas que l' homme marche en la confiance de soy-mesmes, s'esloigne d'autant de la confiance de Dieu,»[39] et que «le Tout-puissant, jaloux de son honneur, rend plus insensez que les bestes enragées ceulx qui ont cuydé avoir plus de sens que tous les aultres hommes,» ceux qui, se fondant trop sur la raison humaine, «ne rendent poinct à Dieu la gloire qui lui appartient.»[40] C'est dans ce sens qu'il faut interpréter le conseil que Pantagruel donne au Dipsode prisonnier: «je ne te dys pas, comme les caphars, *Ayde-toi, Dieu te aydera*: car c'est, au rebours, *Ayde-toi, le diable te rompra le col*. Mais je te dys: metz tout ton espoir en Dieu, et il ne te délaissera point. Car de moy, encore que soye puissant, comme tu peuz veoir, et aye gens infiniz en armes, toutesfois je n'espère point en ma force, ny en mon industrie: mais toute ma fiance est en Dieu, mon protecteur, lequel jamais ne délaisse ceulx qui en luy ont mys leur espoir et pensée.» Panurge est l'homme qui n'espère qu'en sa force et en son industrie, et qui compte exclusivement sur son intelligence: «Autant vault l'homme comme il s'estime.» Panurge a oublié que «tout bien vient de luy de lassus.» Il s'est abandonné à l'orgueil, à l'arrogance, à la présomption, au vertige de sa propre puissance. Il a laissé triompher en lui cette source satanique de tous les maux et de toutes les perversions, la philautie. Mais c'est lui qui ouvre à l'homme la grande voie de l'aventure scientifique moderne, alors que Pantagruel est le témoin isolé d'un passé révolu que l'Humanisme chrétien n'a pas su faire revivre, le prince idéal d'une Utopie engloutie avant que d'être née.

---

[38] *Pant.*, XIX, pp. 152–53. L'attitude de Pantagruel, comme celle du géant, Loupgarou, me paraît riche en signification; comme d'ailleurs tout l'épisode, qu'il faut interpréter *spiritualiter*. Loupgarou a l'attitude de Panurge: une aveugle confiance en soi et en ses pouvoirs. «Je veulx que me laissez combatre seul,» dit-il (p. 152, l. 33). Et Panurge: «moy tout seul les desconfiray ici» (p. 133, l. 13–14). A Loupgarou qui s'approche *en grant fierté*, et sans avoir invoqué Dieu, Rabelais oppose l'attitude humble de Pantagruel, et sa prière militante. La guerre devient sacrée. Pantagruel combat pour l'Evangile. Dieu le protège (XIX, p. 155, l. 118).
[39] *Heptaméron*, N. 30, p. 233 (éd. Garnier de Michel François).
[40] *Ibid.*, N.51, p. 332. C'est encore Parlamente qui parle. Citons encore (p. 332): «nul n'est plus ignorant que celluy qui cuyde sçavoir.» Et ceci (p. 175, N. 21): «On ne peut faillyr d'estimer l'homme tel qu'il est; *car s'il y a du bien, on le doit attribuer à Celluy qui en est la source, et non à la creature.*»

V. PANTAGRUEL ET PANURGE; LA PARABOLE DE L'HUMANISME. SA GRANDEUR; SES FAIBLESSES ET SES INCERTITUDES; SON ÉCHEC. RABELAIS ET SON DILEMME

Ces deux chapitres IX de l'édition Claude Nourry constituent véritablement le cœur non seulement du *Pantagruel*, mais de l'œuvre dans sa totalité. A tous égards, leur importance est capitale et ne saurait être surestimée. Par je ne sais trop quel heureux concours de circonstances,[41] le lecteur y surprend la pensée de Rabelais en plein travail, à l'heure d'un choix qu'elle veut décisif. Rabelais soudain voit clair et voit loin, il prend possession de son œuvre, il la domine enfin. Celle-ci acquiert définitivement, et d'un coup, sa structure et sa raison d'être. Jusqu'au fameux chapitre VIII – la belle et combien émouvante épître ciceroniane de bon papa Gargantua – le récit se caractérise en effet par son essentielle linéarité, il se déroule suivant le schéma habitual du roman d'aventures chevaleresque ou de la chronique gigantale, mettant à l'œuvre une technique narrative de type picaresque. Rabelais, à ce point de vue, y reste prisonnier des lois du genre, telles qu'elles se découvrent par exemple dans ces *Grandes et inestimables Chronicques* dont il a été «plus vendu des imprimeurs en deux moys, qu'il ne sera achepté de Bibles de neuf ans.» C'est Pantagruel qui polarise l'attention du lecteur, et ce sont ses déplacements dans le temps – il naît, il brise son berceau, il grandit – et dans l'espace – il voyage d'université en université – qui assurent la progression de l'action. L'intrusion inattendue de Panurge apporte au récit la profondeur qui lui manquait. L'œuvre est désormais structuralement binaire, lieu de dialogue et de tension entre des forces contradictoires et complices.

Cette linéarité du récit à son début, remarquons-le encore, mène inexorablement le héros de l'aventure à assumer un rôle pour lequel même le moins averti des Pantagruélistes eût juré qu'il n'était pas fait. Pantagruel a toujours été vu uniquement comme le champion de l'Humanisme évangélique érasmien, le symbole de l'âge nouveau, le Sage par excellence, «l'idée et exemplaire de toute joyeuse perfection.»

---

[41] On ne pourra jamais, sur ce point, formuler autre chose que des hypothèses. Je pense pour ma part que Rabelais avait déjà commencé à rédiger son second chapitre IX et que, face à la possibilité satirique qu'offrait le procès Baisecul – Humevesne, il a soudainement décidé d'arracher Pantagruel à ses contradictions et à son passé sorbonique, et de confier à un nouveau venu le rôle de sophiste que son héros ne pouvait plus continuer à jouer sans courir les dangers les plus graves. Il aurait donc intercalé le premier chapitre IX, oubliant de corriger la numérotation du second. Et l'imprimeur aurait suivi. *Si melius quid habes, accerse, vel imperium fer,* dit Flacce en ses *Epîtres.*

Mais cette définition ne vaut que pour le *Tiers Livre*, où Rabelais résout enfin ses dilemmes et ses incertitudes, et où l'œuvre, échappant à l'ambiguïté, se fait profession de foi. Elle ne suffit plus pour le *Pantagruel*, où le géant traverse une très grave crise intellectuelle et morale qui se traduit par une métamorphose profonde de son personnage. Car ces qualités supérieures de charité et de sagesse que la critique reconnaît généralement à Pantagruel ne lui sont pas gratuitement offertes au départ par quelque bonne fée Morgane chargée de veiller sur son destin; elles sont le fruit d'une évolution et d'une conquête dont le lecteur attentif de *Pantagruel* est le témoin privilégié. Ce haut idéal humain qu'il finit par symboliser, et qu'on pourrait définir comme un socratisme chrétien, ne s'ébauche chez Pantagruel qu'à la suite d'un revirement difficilement explicable et justifiable sur le seul plan romanesque, puisqu'il est en fait le fruit d'une prise de conscience de Rabelais, soudain confronté par le propre jeu de sa création à une absurdité idéologique et à une impossibilité romanesque. Le déroulement naturel de l'action des huit premiers chapitres, le sens dans lequel Rabelais, consciemment ou non, oriente sa méditation à travers ces sophistes ridicules et inoffensifs que sont Gargantua et l'écolier limousin, et surtout peut-être une certaine fatalité de nature historique – dont Rabelais lui-même a pu sentir tout le poids lors de sa formation intellectuelle[42] – amènent en effet inéluctablement Pantagruel à endosser la défroque et le masque carnavalesques du *magister in artibus*, voire même le lyripipion théologal de Janotus ou de Thubal. Au terme de son périple universitaire, la fréquentation de l'université de Paris, cette alme et inclyte académie, fait de Pantagruel un «cerveau à bourlet» du temps honni des haultz bonnets, le pur produit d'un passé gothique et calamiteux. Comme en son temps maistre Jobelin, Pantagruel, certainement premier de sa licence, devient même le représentant le plus achevé de l'enseignement des «vieux tousseux» et des redoutables topiqueurs fallacieux et ergoteurs de la Sorbonne. C'est après avoir parcouru le *cursus* traditionnel de «tous les sept ars liberaulx» et avoir assimilé les chefs-d'œuvre de la librairie de Saint Victor, qu'il juge «fort magnificque» – ses Tartaretus, Bricot, Mair, Béda, Sutor, Scot, Occam, Bruslefer et autres *Badinatorium Sophistarum* de même farine –, que Pantagruel, désireux en fils obéissant et respectueux d' *essayer son sçavoir*, soutient ses sept cent soixante conclusions (qui en

---

[42] Il paraît en effet vraisemblable de penser que Rabelais a étudié quelque temps à Paris, aux environs de 1528–1530. Voir, par exemple, la très utile chronologie de Villey, pp. 398–403 de son *Rabelais* déjà cité.

1533, chez François Juste, se sont accrues comme locustes jusqu'au nombre méta-sophistique de *neuf mille* sept cens soixante *et quatre*) «en *tout* sçavoir, touchant en ycelles *les plus forts doubtes* qui feussent en *toutes* sciences,»[43] met *de cul* tous les régents, artiens et orateurs de la Faculté des Arts, puis fait *quinaulx* tous les théologiens de la Sorbonne «par l'espace de six sepmaines, despuis le matin quatre heures jusques à six du soir» devant le tout-Paris intellectuel et mondain rassemblé à son de trompe. Avant d'être l'incarnation idéale du Sage philosophe, Pantagruel est donc indubitablement celle du Sophiste possesseur d'un savoir universel, l'idée et exemplaire de l'omniscience, l'image de science et sapience rendue «corporelle et spectable es yeulx des humains,» «la personne en qui est dicte science avoir estably son temple et dépromer ses oracles.» Il commence incontestablement par être «ce grand personnaige» qu'évoque avec admiration Du Douhet devant l'auguste et solennelle assemblée des Parlements de France, du Grand Conseil, et des principaux régents des Universités d'Europe, ce *Maistre* «lequel on a congneu estre sçavant dessus la capacité du temps de maintenant, ès grandes disputations qu'il a tenues contre tous publicquement.»

C'est pour arracher Pantagruel à ce destin sophistique et à cet enlisement politique compromettant dans la Camarine sorbonicole que Rabelais lui fait abruptement rencontrer Panurge. Panurge est proprement le sauveur de Pantagruel, celui qui va allègrement et cyniquement se damner à sa place Lorsque Rabelais les met pour la première fois face à face, celui des deux qui a le plus besoin de l'autre n'est pas Panurge. Panurge cherche bonne table et bon lit, mais Pantagruel une échappatoire. Après l'écolier limousin, dont la fausse rencontre prépare sa venue, Panurge apparaît enfin pour assumer le premier personnage de Pantagruel, pour le libérer d'une partie de lui-même et de son passé, permettant du même coup à Rabelais de résoudre les contradictions dont son roman à peine ébauché risquait de périr. Avec les sympathies et les haines déclarées qui le caractérisent à l'époque où il compose son premier chef-d'œuvre et qui définissent sans équivoque son appartenance au clan des Evangélistes et des Réformateurs, il était impossible à Rabelais de continuer à suivre plus longtemps son héros dans la voie où il s'était – où il l'avait – imprudemment engagé. Pan-

---

[43] L'insistance de Rabelais est visible, surtout si l'on considère qu'il se répète: «ce que tu ne pourras mieulx faire que tenans conclusions en *tout* sçavoir, *publicquement,* envers *tous* et contre *tous*,» vient de conseiller Gargantua à son fils. Il y a là une définition parfaite de Gorgias ou de Protagoras. Rabelais sait ce qu'il fait. *Il n'est point ainsy painct sans cause.*

tagruel s'était compromis, il s'était fourvoyé. Il fallait le tirer d'affaire, ou renoncer à en faire un héros, et accepter qu'il connaisse le sort misérable d'un quelconque Jobelin Bridé. Le choix ainsi posé était clair, la décision s'imposait d'elle-même. Pantagruel ne pouvait pas finir ainsi dans les honneurs et le lyripipion de Janotus. Il devait être le juge et le liquidateur, non le symbole de ce présent gothique et sorbonique détesté de tous les humanistes. Sa vocation dernière, pour que tout rentrât dans l'ordre et que l'œuvre prît son sens le plus plein, était de devenir le héraut de la lumière retrouvée, l'annonciateur de ce nouvel âge d'or dont Erasme avait salué l'avènement. Mais pour accomplir cette tâche à laquelle tout le destinait, il fallait d'abord que Pantagruel se débarrassât du vieil homme que l'histoire avait fait de lui. Panurge le vieil homme est l'instrument de cette libération et de cette conversion En se substituant à son maître, il rend possible sa métamorphose.

Dans cette rencontre et cette substitution de personnages qui mérite pour son importance d'être interrogée, je vois personnellement écrite la parabole entière de ce qu'on appelle l'Humanisme, et sa signification profonde. Il est clair que le nouveau entend naître de l'ancien refusé et renié. Pantagruel veut en effet rompre avec ce passé médiéval qui se prolonge indûment dans le présent et qui demeure une force vive avec laquelle il faut compter. Car ce vieux monde que l'Humanisme veut enterrer résiste. Il a pour lui d'exister, de proposer sa tradition et ses structures, de continuer à se former ses fonctionnaires et ses suppôts, au contraire de ce monde neuf qu'on entrevoit à peine à travers les œuvres littéraires, les rêves et les correspondances des humanistes. Le royaume de Pantagruel est *Utopie*. Il est habité par les *Amaurotes*. On ne saurait mieux définir la nature du futur espéré. Tout le poids de la réalité, dans le *Pantagruel*, est du côté de la Sorbonne. Et ce poids pèse si lourdement sur les épaules de Pantagruel qu'il lui est impossible de s'en libérer seul. On ne se débarrasse pas de la fatalité historique aussi facilement que d'un berceau. C'est pourquoi la rupture de Pantagruel manque de franchise et de netteté. Elle ne s'accomplit que grâce à Panurge, elle serait impossible sans lui. Pour devenir l'homme de la Renaissance, Pantagruel a constamment besoin de s'appuyer sur Panurge. Il pense son avenir les yeux tournés vers son passé. Avatar de Pantagruel, Panurge incarne une force et une tentation avec lesquelles Pantagruel ne cesse de dialoguer. Le géant ne peut se couper de ses racines; c'est d'elles qu'il tire la sève qui le nourrit et qui l'élève. Là sans doute se trouve la raison pour laquelle, dès le premier regard, Pantagruel éprouve pour Panurge une «amour si grande» et si inexplicable. En accueillant Panurge à ses côtés, et en le revêtant de sa livrée, c'est en définitive une partie de lui-même que Pantagruel accueille, une part de son passé – celle-là même qu'il entend renier – qu'il retrouve, c'est tout un aspect de sa propre aventure intellectuelle qu'il continue d'interroger sans relâche. Ce faisant, il avoue ses incertitudes et ses dettes. Ses velléités d'affranchissement ne vont pas sans de révélateurs retours de tendresse. On a vu de quelle façon il ne cesse constamment de questionner Panurge, de se tourner vers lui comme vers la source de tout savoir et de toute expérience, de se réconforter de sa présence, voire même de l'appeler à son secours lorsqu'il se trouve en difficulté. *Ha, Panurge, où es-tu?* Face au vieil homme, si sûr de soi et si conscient de ses pouvoirs, le jeune géant humaniste tâtonne, encore indécis, à la recherche de son équilibre. Le dialogue Panurge-Pantagruel reste, en profondeur, un dialogue de soi à soi, l'expression exemplaire du dilemme d'une conscience d'humaniste, qui hésite entre la science et la sagesse, et qui ne peut encore se résoudre à totalement sacrifier l'un des termes de son alternative à l'autre.

A travers Pantagruel, l'humanisme n'avoue pas seulement ses dettes et ses incertitudes, il confesse aussi ses faiblesses et ses limites. Car Pantagruel a contre lui le sens même de l'Histoire, le devenir de la civilisation occidentale. Cette constatation, si elle nuit à son efficacité, n'enlève rien à sa grandeur. Les valeurs dont Pantagruel se fait le champion, qu'il essaie de restaurer et de promouvoir, ont échoué dans leur entreprise de transformation du monde. Le *Hoc fac et vinces*, cette promesse de Dieu à Pantagruel ne sera pas tenue. L'Evangile ne changera pas le monde; la «Renaissance» a fini dans les boues sanglantes de la guerre civile. On ne saurait concevoir de plus accablant constat d'échec.[44] Les seules réalisations positives qui peuvent être reconnues à l'Humanisme ne dépassent pas le domaine idéal de l'Utopie. L'Humanisme a souffert – en souffrira-t-il toujours? – d'un manque absolu de dimension proprement politique. Il s'offre encore à l'homme d'aujourd'hui sous les espèces d'un paradis perdu et impossible à reconquérir, mais auquel on s'interdit désespérément de ne plus croire, mot vague et sacré que l'on invoque en temps de crise pour réveiller les énergies vacillantes et conjurer les périls. Panurge, au contraire, tient ses promesses. Malgré les doutes de Pantagruel, son «auspice» des deux verres et du fût de javeline n'est pas «fallace.» Il ressuscite Epistémon. Il a

---

[44] Jean Paris affirme cependant (p. 121 de son *Rabelais au futur*) que la Renaissance entend en finir avec «un ordre totalitaire de la société.» Mais que faire alors de cette marche vers la monarchie absolue et vers cette littérature codifiée qui en est le produit?

pour lui la marche de l'Histoire. C'est lui qui a triomphé, lui qui a imposé sa confiance dans les pouvoirs de la raison humaine, qui a ouvert le chemin à l'esprit scientifique et à ses audaces. Lui aussi qui a modelé un monde sur lequel les valeurs morales sont plus que jamais sans prise. Ce n'est pas Pantagruel.

Envisagé à travers Pantagruel sous l'angle historique, l'humanisme apparaît ainsi comme un mouvement proprement *réactionnaire*, comme un ensemble d'aspirations assez confuses et souvent contradictoires dont le but est d'enrayer, voire même si possible de renverser la marche de l'Histoire. L'humanisme est un cri d'avertissement lancé à un monde qui va jouer à l'apprenti-sorcier – «Science sans conscience n'est que ruine de l'âme» –, une des plus belles tentatives jamais faites par le christianisme le plus authentique pour reprendre en main le destin d'un monde qui lui échappe définitivement mais qu'il veut malgré tout sauver de lui-même. La façon tout ensemble contestataire et docile dont Pantagruel accueille l'éducation sophistique qui lui est prodiguée est à cet égard très significative. De toute évidence, et malgré toutes les facilités qui lui sont offertes à Paris, Pantagruel ne parvient jamais à s'identifier totalement à l'homme que l'Histoire veut faire de lui. Il existe chez lui quelque chose du malaise de Gargantua, une tension sourde entre sa nature, sa vocation dernière, et cette culture que lui impose le monde de son temps et qui, en prétendant le former, le déforme, le dénature, l'empêche de devenir ce pour quoi il se sent confusément fait. Malaise et tension qui se retrouvent aussi bien dans la lettre de Gargantua, et qui expliquent sans doute les difficultés qu' éprouve le lecteur moderne à en donner une interprétation totalement satisfaisante. Car l'hésitation du rabelaisant devant l'épître de Gargantua n'est somme toute que le reflet de celle-là même qu'éprouva Rabelais face à ses dilemmes et à ceux de son temps. L'ambiguïté n'est d'ailleurs pas la marque du seul chapitre VIII. Elle s'étend en deçà et en delà, elle caractérise tout le début du livre. Avant même sa conversion en sage évangélique, le sophiste Pantagruel est en effet hanté par le personnage qu'il est appelé à devenir – comme après celle-ci, le sage qu'il sera devenu ne cessera de se tourner vers le sophiste dont il est issu, avec une ferveur et un désarroi qui en disent long. Dès le début de ses aventures, le tout jeune Pantagruel révèle face au monde une attitude critique et résolument contestataire. Il passe son temps à protester contre le sort que l'Histoire lui prépare, et le personnage qu'elle entend lui faire assumer. Encore végétatif et vagissant, à peine capable de parler, il est déjà Samson entre les Philistins,[45] redresseur de torts impénitent, et tellement remuant que son père le fait lier de quatre grosses chaînes de fer à son berceau, et fait consolider celui-ci d'énormes arcs-boutants. L'attitude de cet Hercule en langes[46] – destiné, lui aussi, à purger le monde de ses monstres et tyrans et à en nettoyer les écuries d'Augias – cette volonté d'indépendance aussi précocement affirmée – il brise son berceau «en plus de cinq cens mille pièces d'ung coup de poing qu'il frappa au millieu, avecques *protestation* de jamais y retourner» – invite naturellement à l'interprétation, tant elle paraît symbolique d'un certain moment de l'histoire du XVIe siècle. Pantagruel rompant son berceau marque d'un coup de poing la naissance de l'Humanisme. Cette réaction brutale n'est pas isolée. Elle est suivie et confirmée par des manifestations de même nature. Tout au long de son périple universitaire, Pantagruel observe le monde d'un regard constamment critique. Il refuse l'explication que lui offrent les chanoines de Maillezais au sujet de la colère de son ancêtre Geoffroy à la grand dent[47] («Mais il ne s'en contenta pas de leur responce, et dist: 'Il n'est point ainsi painct sans cause.'») Il quitte Toulouse parce qu'on y a la mauvaise habitude d'y faire brûler les régents. Il fuit Montpellier, malgré ses bons vins de Mirevaulx, parce que les médecins y «sentent les clystères comme vieulx diables.» A Bourges, il dénonce avec fermeté les gloses scolastiques aux *Pandectes*, dans un style qui pour être en partie indirect n'en annonce pas moins sa grande déclaration de guerre au début du procès Baisecul-Humevesne: «Et disoit aulcunefoys que les livres de loix luy sembloient une belle robbe d'or, triumphante et précieuse à merveilles, qui feust brodée de merde: 'car, disoit il, au monde n'y a livres tant beaulx, tant aornez, tans elegans comme sont les textes des *Pandectes*; mais la brodure d'iceulx, c'est assavoir la glose de Accursius, est tant salle, tant infame et punaise, que ce n'est que ordure et villenie.'»[48] Enfin, ce futur produit de l'enseignement parisien s'irrite du «langaige diabolicque» de l'écolier limousin, et prend à la gorge ce pédant de province qui écorche le latin et qui, voulant poser à l'orateur distingué, refuse de «parler naturellement.»

Au total, avant l'entrée en scène de Panurge, Pantagruel apparaît

---

[45] *Pant.*, IV, p. 25: «il se deffit desdictz cables aussi facilement comme Samson d'entre les Philistins...»

[46] *Pant.*, IV, p. 23: «Et n'estoit riens de Hercules, qui, estant au berseau...»

[47] Baudrier nous apprend, dans sa *Bibliographie lyonnaise* (10ème série), pp. 28 et ss., qu' Olivier Arnoullet a publié à Lyon, s.d., un in-4° gotique intitulé: *Sensuyt les faictz et gestes des nobles conquestes de Geoffroy a la grant dent Seigneur de Lusignan et sixieme fils de Raymondin conte dudict lieu et de Melusine.*

[48] *Pant.*, V, p. 30, 85–93.

comme un homme à la recherche de sa vérité, mécontent du monde
dans lequel il vit et désirant le changer, mais jouant en même temps le
jeu suivant les règles que le monde lui impose. Tiraillé par des aspirations contraires, en proie à des contradictions qu'il paraît incapable
de surmonter – comment concilier en effet un goût avoué pour les
Barbouillamenta Scoti avec une dénonciation indignée des glosses d'Accursius? – Pantagruel est un contestaire à qui la force manque pour aller jusqu'au bout de sa contestation, un révolutionnaire avorté, et que
son échec même place à contre-courant du mouvement de l'histoire.

Après le premier chapitre IX et l'intrusion de Panurge, les contradictions de Pantagruel ne sont résolues qu'en apparence. La structure
désormais binaire du roman permet certes à Rabelais de mieux poser les
termes de son alternative. A une tension intérieure au seul Pantagruel
succède l'établissement de rapports de tension entre deux personnages,
Pantagruel et Panurge. Mais on sait depuis Gargantua et son deuil
mémorable quelle distance souvent infranchissable sépare l'énoncé d'
un problème de sa solution. L'exemple du bon géant hésitant entre le rire et les larmes démontre même que la difficulté de résoudre un problème donné croît en fonction du degré de perfection avec lequel il est
posé. En apparence, Pantagruel se dédouble pour mieux se comprendre
et se dominer. En réalité, il ne fait qu'institutionnaliser son dilemme, le
rendant à jamais insoluble. On a vu en effet quelle force de séduction
Panurge exerce sur lui, et à quel point en définitive le maître dépend du
serviteur. Pantagruel ne cesse de se tourner vers Panurge comme vers
le paradis perdu. Comme, de son côté, Panurge vit les yeux rivés sur
son maître, toujours habité du désir de le surpasser et de lui en imposer,
et trahissant par là même une admiration secrète, il est clair que c'est
ici la dialectique classique du couple qui s'instaure, cadre où chacun
vit et ne prend sa signification que par rapport à l'autre, et non cette
opposition intransigeante qui serait chez Pantagruel la marque d'une
libération véritable. L'échec de l'Humanisme sur le plan politique vient
peut-être ainsi de ce qu'il n'a pas su rompre totalement avec son passé.
Pour que Rabelais se décide à condamner ouvertement Panurge au
Tiers Livre, il lui faudra faire du châtelain de Salmiguondin un suppôt
caphard et embigoté des «pauvres beatz peres» et des «Universités et
Parlement de Paris.»

Mais, de toute évidence, il ne va pas jusque-là dans le *Pantagruel*.
Son attitude reste équivoque, à tout le moins complexe. Car si le moraliste et le chrétien paraissent en lui devoir se prononcer pour Pantagruel, la nécessité de la grâce, et la sagesse de Dieu, face à laquelle la

science des hommes n'est que vent et folie, le poète créateur d'univers, l'artiste du langage et l'homme de savoir ne peuvent par ailleurs manquer d'admirer ouvertement Panurge, magicien de paroles, créateur de mirages et d'illusions, maître de tous les langages, et possesseur efficace d'une science universelle qu'il a cyniquement mise au service de sa volonté de puissance et de domination.

CONCLUSION

Non enim in sermone est regnum Dei, sed in virtute
St. Paul, *I Cor*, IV, 20

I. LES GÉANTS FACE AU PROBLÈME DU SAVOIR ET DE LA FOI: GRANDGOUSIER – PANTAGRUEL – GARGANTUA

Le *Pantagruel* est donc épanouissement d'une *structure* et d'une *pensée*. Rabelais y élabore et y fixe les lois et les thèmes esthétiques et idéologiques de son univers.

Mais cet épanouissement est conquête difficile, lutte contre la surabondance de matière et la luxuriance de détail, affrontement d'un désordre exubérant. Rabelais est sollicité par de motifs divergents, tiraillé entre plusieurs impératifs – comédie, parodie, satire. Car le comique est chez lui très rarement gratuit. Il s'accompagne presque toujours – et cela dès le *Pantagruel* – d'une «pensée de derrière.» La comédie est «chrétienne» chez Rabelais dès ses origines. D'où, sans doute, les tâtonnements, les approximations, les hésitations, les contradictions. Faire rire les honnêtes gens du XVIe siècle est aussi une étrange entreprise. Il s'agit de faire en sorte que le rire ne gêne pas la pensée, et que celle-ci ne fasse jamais oublier celui-là. Il s'agit aussi de donner à la pensée un cadre digne d'elle. De toute évidence en effet, Rabelais sait ce qu'il veut dire: son œuvre entière, et toute sa signification, est inscrite dans le chapitre III du *Pantagruel*. Mais ce qu'il a à dire, il ne sait trop comment le dire. Il possède ses thèmes, il lui reste à découvrir la façon de les orchestrer. Le *Pantagruel* est le lieu de cette recherche et de cette découverte, ensemble hâtif[1] et mal cousu de scènes à faire et de grands morceaux de bravoure comiques («O ma muse, ma Calliope, ma

---

[1] L'existence des deux chapitres IX est là pour le montrer. Voir les remarques de V. L. Saulnier dans son Introduction au *Pant.*, éd. citée, pp. xxviii – xxxii. Mais je n'irais pas jusqu' à souligner «le primat de la verve sur l'intention de pensée» (p. xxxii). Celle-ci me semble au contraire dominer celle-là, justement à partir des deux chapitres IX, qui témoignent d' une prise de conscience de Rabelais face à son œuvre et au sens qu'il veut lui donner. «Parti à l'aventure,» Rabelais, à partir de ce moment-là, gouverne sa barque.

Thalye, inspire moy à ceste heure...»), où Rabelais, qui tâtonne, qui
a tendance à se répéter, à reprendre deux fois la même scène, à user des
mêmes procédés, avance cependant lucidement d'esquisse en esquisse
vers l'incarnation parfaite de son dilemme.

Ce dilemme, c'est celui que pose la science, le savoir, la culture.
Problème capital pour tout humaniste chrétien. Quelle place accorder
au savoir? et quel rôle lui attribuer dans l'existence? et quel savoir?
Les réponses à ces questions mettent en jeu toute une conception de
l'homme et de l'univers. Le savoir offre à l'homme le pouvoir d'agir,
de façonner le monde, d'élargir son horizon. Mais il coupe l'homme de
Dieu et des valeurs chrétiennes. L'homme, s'il croit trop à sa raison et
à ses pouvoirs, finit par se passer de Dieu. Il faut choisir, de la sagesse
en Dieu, ou de l'action sur le monde.

Rabelais aborde ce problème central sous l'angle de la comédie de
caractère avec les personnages de Gargantua et de l'Ecolier Limousin.
Rien ne me semble plus erroné que de refuser à Rabelais des dons comparables à ceux de Molière dans le domaine de la création psychologique. Rabelais n'est pas seulement génial pour le croquis ou la carica-
ture de personnages épisodiques (Janotus de Bragmardo, par exemple,
ou Dindenault). Ses personnages de premier plan, quoi qu'on ait pu
dire, ne sont pas des utilités sans personnalité définie, se métamorpho-
sant d'un livre à l'autre au gré d'une inspiration capricieuse. Rabelais
ne démontre à leur égard aucune désinvolture. Il ne pourrait d'ailleurs
guère se le permettre. Car un personnage est d'abord pour lui l'incarnation d'une idée, d'une attitude fondamentale face à l'existence,
un type à la Balzac, qui renvoie toujours à autre chose qu'à lui-même.
Rabelais est un écrivain concret, comme Diderot. Il ne pense pas par
abstractions, mais à travers ses personnages. C'est ainsi que le bon grand
papa Grandgousier, qui, après souper, aime à se chauffer «les couiles à
un beau, clair et grand feu, et attendent graisler des chastaignes, escript on foyer avecq un baston bruslé d'un bout dont on escharbotte
le feu, faisant à sa femme et famille de beaux contes du temps jadys,»[2]
est différent de son fils Gargantua, lequel à son tour ne ressemble en
rien à Pantagruel. Il y a évolution de l'un à l'autre, mais pas en l'un
ou en l'autre. Evolution exemplaire, à la fois historique et symbolique,
d'une sagesse divine primitive à la tentation de la sagesse humaine,
puis de cette sagesse humaine, jugée et refusée, à une sagesse divine
élargie et librement choisie. Confronté aux pouvoirs humains, et en

---

[2] *G.*, XXVI, pp. 176–177 (éd. Screech).

particulier à ceux de la raison, le géant rabelaisien, un moment séduit, finit par rentrer au bercail évangélique. Grandgousier est l'évangéliste de l'Eglise primitive et de la «sancta simplicitas,» celui pour qui la Parole de Dieu constitue la seule règle morale et la seule sagesse possibles. Il ignore tout, ou presque tout, de la culture. Il voudrait voir son fils, qui l'a fait «quinault» à l'aide d'un syllogisme «torcheculatif,» devenir «docteur en Sorbonne,» tant il trouve que son esprit «agu, subtil, profond et serain» participe «de quelque divinité.» Le choix qu'il fait d'un précepteur pour «instituer» Gargantua et le faire parvenir à un «degré souverain de sapience»[3] se révèle désastreux. Sa conception de «l'homme sçavant» en est restée à Thubal Holoferne. Il n'aura recours à Ponocrates que sur les conseils du «Viceroy de Papelygosse.» Grandgousier, d'ailleurs, ne compte jamais sur la seule raison humaine pour résoudre ses problèmes. Il envoie à Picrochole, «pretendent et aspirant à l'empire univers,» son maître des requêtes, Ulrich Gallet, parler le langage de la raison («La chose est tant hors les mettes de *raison*, tant abhorrente de *sens commun*...»). Mais il n'oublie pas, de son côté, de prier Dieu «qu'il vouzist amollir la cholere de Picrochole, et le mettre au poinct de raison.»[4] Il est clair que pour Grandgousier, la raison humaine, réduite à ses seules ressources, ne peut que errer. Tout homme délaissé de Dieu est un «homme hors du sens.»[5] *Dieu* et *Raison* sont pour lui synonymes («rien n'est ny sainct, ny sacré à ceulx qui se sont emancipez de *Dieu* et *Raison* pour suyvre leurs affections perverses... Où est *foy*? Où est *loy*? Où est *raison*? Où est *humanité*? Où est *craincte de Dieu*?»[6]). Grandgousier tire de Dieu toute sa force et toute sa sagesse. Son triomphe sur Picrochole est dû autant au rayonnement de ses prières qu'à l'audace de Frère Jan ou de Gymnaste: «Mon Dieu, mon Saulveur, ayde moy, inspire moy, conseille moy à ce qu'est de faire!» s'écrie-t-il en apprenant l'invasion de son royaume. C'est dans cette perspective qu'il est un philosophe-roi et un roi-philosophe: sa sagesse n'est pas sagesse humaine, elle lui vient de l'Evangile et de Saint Paul. Il n'est que l'instrument de la volonté Divine. C'est Dieu qui lui a envoyé Picrochole «pour le contenir en office et reduyre à

---

[3] *G.*, XIII, p. 95.
[4] *G.*, XXX, p. 188. Cf. XLIII, p. 251 : «Grandgouzier, lequel en son lict prioyt Dieu pour leur salut et victoyre.»
[5] *G.* XXX, p. 188.
[6] *G.*, XXIX, pp. 185–186. Ce thème de l'homme délaissé de Dieu et devenue la proie de «l'esperit calumniateur» est souligné par Rabelais avec insistance. Cf. XXVII, p. 181. A rapprocher de l'attitude de Panurge affirmant que «Autant vault l'homme comme il s'estime.»

congnoissance.»[7] Grandgousier a la conviction des simples et des forts. Le monde est pour lui un monde de clarté, où le Bien et le Mal sont définis sans aucune équivoque. Le Bien est ce qui est conforme à la «profession de l'Evangile.»[8] L'homme bon est celui qui marche «au nom de Dieu le createur, lequel [lui est] en guide perpétuelle,»[9] et qui vit selon les préceptes du «bon Apostre Sainct Paoul.»[10] L'homme ennemi du Bien est celui que «Dieu éternel a laissé au gouvernail de son franc arbitre et propre sens, qui ne peut estre que meschant sy par grace divine n'est continuellement guydé,» celui que l'«esprit calumniateur» a tiré à mal par «fallaces especes et phantasmes ludificatoyres.»[11] Grandgousier vit, dans un monde signifiant, sous le regard de Dieu, son juge et son protecteur.

Pantagruel, avant de rejoindre Grandgousier en Dieu, connaît la tentation du savoir humain. Il devient un dialecticien subtil et réputé, le maître d'un savoir encyclopédique, l'abîme de science que souhaitait Gargantua. Son triomphe dans le procès Baisecul-Humesvesne lui ouvre les portes du pouvoir politique et des honneurs. Il les refuse pour se faire le champion de l'Evangélisme et de l'Humanisme, le défenseur de la Vérité et des valeurs chrétiennes. Le sage naît en lui du sophiste surmonté. Ce qui ne veut pas dire qu'il méprise le savoir. C'est lui qui, au *Tiers Livre*, réunira la «tetrade Pythagoricque» du Théologien (*nostre pere* Hippothadée), du médecin (*nostre maistre* Rondibilis), du philosophe (*le perfaict* Trouillogan), et du légiste (*nostre amy* Bridoye) pour résoudre la perplexité de Panurge: «Je croy qu'en toute la patrie vous ne eussiez mieulx choisy,» dira Epistemon.[12] Mais le savoir est un don de Dieu, et Dieu seul doit en être glorifié, non l'homme, Dieu «unicque dateur de tous biens.» En mettant, avant son combat contre Loupgarou, tout son espoir en Dieu, Pantagruel rend le savoir et le pouvoir humains à leur vraie vocation, celle de servants de la Foi et de la Charité, de servants qui ne tirent leur existence même que de la Foi et de la Charité: il nous déclare déjà «tous dépendre de sa benignité, rien sans luy n'estre, rien ne valoir, rien ne povoir, si sa saincte grace n'est sus nous infuse.»[13] Il pose aussi le problème théologique de la coopération

---

[7] *G.*, XXVII, p. 181. Cf. XXVI, p. 178: «Si par cas il estoyt devenu furieux et que, pour lui rehabiliter son cerveau, tu me l'eusse ycy envoyé, donne moy et povoir et sçavoir le rendre au jouc de ton sainct vouloir par bonne discipline.»
[8] *G.*, XLIV, p. 258, l. 15.
[9] *G.*, XLIII, p. 256, l. 94–95.
[10] *G.*, XLIII, p. 256, l. 99.
[11] *G.*, XXIX, p. 187.
[12] *TL*, XXIX, p. 206.
[13] Paroles d'Hippothadée, *TL*. XXX, p. 212.

de l'homme avec la grâce. Alors que Loupgarou fait confiance au pouvoir de sa masse phéée (équivalent du savoir ésotérique de Panurge), et pèche par «témérité et oultrecuydance,» et que Panurge se prend pour David,[14] se vante d'«en défaire une douzaine» («Autant vault l'homme comme il s'estime»), Pantagruel se confie d'abord au «Tout-puissant,» implore son aide, puis part *hardyement* au combat. Rabelais est partisan d'une théologie synergiste dès le *Pantagruel.* L'homme n'a de pouvoir qu'en tant que *coopérateur* avec Dieu. Il ne peut rien par lui-même et pour lui-même.

A Grandgousier, Pantagruel ajoute donc toute la grandeur d'une tentation surmontée: celle de se faire semblable à Dieu. Il est celui qui a goûté au savoir humain, et qui en a vu à la fois les grandeurs et les vanités. Gargantua, lui, n'en voit que les grandeurs. Le savoir acquiert en lui, comme en l'écolier limousin, une saveur nettement parodique et dérisoire. On ne peut imaginer *a priori* deux individus plus différents que Gargantua, patriarche géant d'Utopie, et que l'Ecolier Limousin, amalgame de Teste Creuse et de l'«écumeur» traditionnel. Ils sont pourtant tous deux l'incarnation d'une pensée comique et satirique tournée vers le problème des fins de la culture. Tous deux souffrent de la même affectation, du même pédantisme poseur. Ils sont cousins par le ridicule. Tous deux conçoivent la culture et son langage comme un moyen de paraître et d'en imposer, comme un habit que l'on endosse pour dissimuler sa nature. Et le ridicule naît, chez l'un comme chez l'autre, d'un même principe: de ce décalage qui existe entre le masque et le visage, entre la culture dont ils se parent, et leur nature, qu'ils essaient en vain de faire oublier. La tension comique qui existe chez l'écolier limousin entre sa nature de limousin lourdaud, épais, rustaud, benêt, sot, et sa culture d'écolier pindariseur et d'orateur parisien est identique à celle qui existe chez Gargantua entre sa nature charnelle, matérielle, puissante, de vieux paillard sénile, centrée sur les nourritures terrestres et les jouissances immédiates, et sa culture de poète courtois, rhéteur cicéronien, et dialecticien scolastique. La culture est pour l'un comme pour l'autre un moyen de dénaturation et d'artifice. Ce qu'elle sera aussi pour Janotus de Bragmardo.

II. LE SOPHISTE, MINISTRE DE SATAN

Cette parodie de culture n'est pas seulement comique. Elle présente un danger, que Rabelais dénonce. Gargantua et l'écolier font du sa-

14 *P.*, XIX, p. 151. A remarquer que Rabelais supprime dans son édition de 1542 l'allusion au «petit chiart» David. Rabelais corrige les audaces de l'esprit panurgien.

voir un instrument de mensonge et de dissimulation au service de leur philautie. Cette apparence de savoir, affichée avec une ostentation ridicule, introduit dans les rapports humains une profondeur équivoque et trouble, celle qui existe entre le masque et le visage. Et le langage qui l'accompagne est détourné de sa fonction naturelle d'échange et de compréhension. Il ne sert plus à nommer les choses, mais à en escamoter la réalité. Le signifiant sert désormais à masquer le signifié. La rhétorique de Gargantua et l'éloquence jargonnesque de l'écolier se proposent toutes deux de faire oublier une vérité – fâcheuse – que l'on refuse et d'imposer à sa place une image flatteuse et fallacieuse de soi.

C'est pourquoi la réflexion rabelaisienne se fait satirique et mordante. Car le pas est bref qui mène de la mystification gargantuine et limousine – maladroite, et par conséquent inoffensive – à la tyrannique volonté de puissance politique sorbonicole. La conception du savoir est fondamentalement identique. Seules les fins diffèrent. Gargantua et l'Ecolier se servent du savoir pour briller – à leurs propres yeux autant qu'à ceux d'autrui; les Sophistes de la Sorbonne pour asseoir leur domination intellectuelle, religieuse, et politique, au nom même de valeurs qu'ils sont les premiers à bafouer et à oublier. Et l'arme de leur triomphe et de leur suprématie est la raison humaine et ses pouvoirs dialectiques subversifs, dissolvants et corrupteurs. Le Savoir se tourne avec les sophistes exclusivement vers l'extérieur, il se fait moyen d'asservissement et d'avilissement d'autrui. Il n'est plus enrichissement et libération de l'être, mais instrument de conquête et d'humiliation.

Panurge symbolise dans l'œuvre les pouvoirs diaboliques de perversion qu'offre le savoir à la raison humaine quand elle s'est délibérement affranchie de l'aide divine. Il incarne le Sophiste, comme Pantagruel le Sage, «l'idée et exemplaire de toute joyeuse perfection.»[15] Tous les autres personnages mènent à Panurge: Gargantua, l'Ecolier, Pantagruel (avant sa conversion), Baisecul et Humevesne, Thaumaste, les Artiens et Orateurs de la Faculté des Arts, les Théologiens de la Sorbonne, les Juristes des Parlements et du Grand Conseil. Tous préparent l'avènement du Sophiste, ministre de Satan.

Il y a à cet égard une continuité remarquable de *Pantagruel* au *Tiers Livre*. Le Panurge si magistralement analysé et décrit par M. A. Screech dans son *Mariage rabelaisien* existe déjà tout entier en 1532 dans le *Pantagruel*. Prétendre que Panurge est «courageux» dans le

---

[15] *TL*, LI, p. 341; «je croy que personne de vous aultres, beuveurs, n'en doubte,» dit Rabelais.

premier livre, et couard ensuite, est une erreur.[16] Erreur aussi que de voir en lui d'abord un «chrétien médiocre,» puis un «bigot.»[17] Panurge est couard et bigot dès le début et le reste jusqu'à la fin. Son «courage» lors de l'expédition d'Utopie est tout relatif: Pantagruel est là, prêt à intervenir, et le désir de briller et de s'imposer est un motif si puissant! D'autre part, son attitude glorieuse est preuve d'outrecuidance et d'aveuglement plus que de vrai courage. Le vrai courage est celui de Pantagruel disant, pour répondre aux injonctions guerrières de son disciple: «de couraige j'en ay pour plus de cinquante francs. Mais quoy? Hercules ne osa jamais entreprendre contre deux.»[18] Le courage, chez Panurge, est un masque, comme sa bigoterie, évidente dès le début (il fréquente beaucoup les églises). Ce qui est réel chez lui, c'est la volonté de puissance, la *libido dominandi*, l'orgueil, l'exaltation de la philautie. Panurge ne vit que pour humilier ses semblables, les écraser, les anéantir. Le désir de vaincre – par n'importe quel moyen – et de jouir de son triomphe, de le savourer, est le seul motif des actions de Panurge dans le *Pantagruel*. Face aux femmes, aux bourgeois, aux théologiens, aux curés, aux étudiants, il éprouve toujours ce même désir de figurer dans une position de supériorité, où il puisse «jouer le Dieu de la Passion de Saumur, accompaigné de ses anges et chérubins.» C'est pourquoi il lui faut un public: pour accroître son orgueil et croire en sa puissance. Ce qu'il veut, c'est se distinguer à n'importe quel prix, même au prix de la Vérité et des valeurs morales. Il est celui qui pense toujours «au rebours»[19] des autres, le défenseur habile des mauvaises causes, qui tourne le blanc en noir et le noir en blanc par les prestiges équivoques et amphibologiques de sa parole.[20] L'usage panurgien du langage est foncièrement immoral et satanique. Car Panurge, séduit et aveuglé par l'esprit malin, faux prophète masqué (il abandonne sa «magnificcque braguette» et se déguise en moine, juste au moment où il a la puce à l'oreille!), emploie les paroles mêmes de l'Ecriture au moment où il en renverse la loi. L'éloge des dettes, par exemple,

---

[16] Sur ce point, voir M. Roques, «Aspects de Panurge,» et R. Lebègue, «Le personnage de Pantagruel dans les *Tiers* et *Quart Livres*,» articles déjà cités.

[17] Cf., V. L. Saulnier, Introduction à son *Pant.*, p. xlvii.

[18] *Pant.*, XIX, p. 151. Prudence qui est à rapprocher de celle qu'il manifeste au *TL* avant de s'embarquer avec Panurge, lequel fait encore preuve de la même outrecuidance (XLVII, p. 314).

[19] L'expression apparaît toujours chez lui. Panurge est l'esprit de contradiction incarné. Cf., *TL*, XII, 58; XII, 104; XII, 125; XIV, 57; XLV, 33; XLVII, 10. «Je ne sçaurois me tenir de parler/Tout au rebours,» dit le bon Marot (rondeau X).

[20] «Vous sçavez qu'il n'est si maulvaise cause qui ne trouve son advocat,» dit Epistémon, LXIIII, p. 300, l. 61–62.

n'est pas seulement un *encomium* burlesque,[21] où Rabelais condamnerait la rhétorique creuse de Panurge. C'est proprement un anti-sermon où Panurge opère, suivant les mots de Pascal contre les casuistes, un «renversement entier de la Loi de Dieu.» Car Dieu veut que l'on rende à chacun son dû: «redde proximo in tempore suo» dit l'Ecclésiaste (XXIX, 2); et Matthieu (XXII, 21): «Reddite quae sunt Caesaris, Caesari; et quae sunt Dei, Deo.»Et Paul (*Rom.* XIII, 7–10): «Reddite omnibus debita: cui tributum, tributum; cui vectigal, vectigal; cui timorem, timorem; cui honorem, honorem. Nemini quidquam debeatis, nisi ut invicem diligatis; qui enim diligit proximum, legem implevit... Diliges proximum tuum sicut teipsum. Dilectio proximi malum non operatur. Plenitudo ergo legis est dilectio.» Panurge est donc doublement coupable. D'abord, parce qu'il ne paie pas ses dettes; ensuite, parce qu'il n'accomplit pas le seul commandement qui renferme tous les autres: la charité, la dilection mutuelle. Panurge, qui s'est fait Dieu et centre de l'Univers, veut tout recevoir sans rien donner. Et il dissimule ce désir et cette concupiscence sous le langage même de Dieu. Il ose parler des quatre vertus principales et des trois vertus théologales, invoquer le bonheur céleste et décrire l'harmonie d'un monde régi par les dettes («entre les humains, amour, dilection, fidélité... charité seule règne.»), lui qui pèche et qui prêche contre tous les commandements de l'Ecriture. La subversion diabolique qu'il accomplit ainsi au moyen d'un langage fallacieux et des séductions d'une rhétorique habile éclate au grand jour cependant, lorsqu'on garde, comme Pantagruel, les yeux fixés sur la loi de Dieu. «Clamat justitia cuilibet homini, s'écrie par exemple Gerson dans l'un de ses sermons (*De reddendo debito*): *redde quod debes* Deo, quod proximo, quod spiritui tuo... Pater noster, qui es in coelis Reddamus igitur honorificentiam paternalem; si pater, inquit (*Malach.*, I. 6) ego sum, ubi est honor meus; proximo, dilectionem fraternalem, quia unus est pater noster, et ita fratres sumus; spiritui nostro coelestem imitationem seu conversationem ut conversatio nostra sit in Coelis sicut et Pater noster in coelis est.» Et plus loin: «Clamat omnis creatura adversus hominem: *redde quod debes*: sol quia illuminavi; ignis quia calefeci; aer quia foci; terra quia nutrivi...»[22]

C'est en cela que le Sophiste est Satan, trouble-fête de la Création,

---

[21] Comme le prétend C. A. Mayer «R. 's satirical eulogy, the Praise of Borrowing,» *F. R.*, *Quatrième centenaire*, pp. 147–155.

[22] *J. Gerson, œuvres complètes*, éd. de Mgr. Glorieux, Desclée et cie ,t. V (1963): *l'œuvre oratoire*, p. 487.

d'une création que Rabelais, comme Grandgousier, se représente comme le lieu de la transparence. Car le monde que Rabelais porte en lui, et qu'il exprime dans son œuvre, est un monde transparent. Il pourrait être, je crois, symboliquement figuré par un décor de mystère médiéval, où la gueule béante de l'Enfer, ses flammes, ses fourches et ses diables, voisine avec le trône de Dieu, ses anges et ses chérubins: décor où l'on passe sans transition d'un plan à l'autre, et où s'inscrit nécessairement le destin de l'homme, enjeu d'une lutte éternelle entre Dieu et Satan, tiraillé entre ces deux postulations contraires du Bien et du Mal symboliquement représentées. Un monde tout ensemble réalité et symbole, où l'ambiguïté n'a aucun rôle à jouer tant que Dieu est Dieu, et Satan Satan, sans équivoque possible, tant que chaque personnage – même le masque – marche à visage découvert, et occupe sa place dans la hiérarchie des êtres et des valeurs. Le Sophiste est celui qui introduit dans ce monde signifiant l'obstacle, la profondeur trouble de l'être et du paraître, celui qui règne par le masque des mots, par l'équivoque et par l'ambiguïté. Dieu a *créé* les choses. Puis il les a *nommées* en connaissance de cause. Il leur a forgé des noms «pour représenter leur naturel.»[23] Le mot est donc voulu par Dieu pour être propre à la chose, il est le prolongement de la chose, et en harmonie avec elle: *nomina sunt consequentia rerum.*[24] Dans ce monde qui a été créé «de Dieu comme un rond cercle très parfait et entier» («cum mundus ipse velut integerrimus aliquis perfectissimusque circulus a Deo creatus sit...»[25]), le langage est le lieu de l'univocité, du dévoilement et de la clarté, où chaque mot donne «plein et entier advertissement et connoissance de la nature des choses.»[26] Le sophiste est celui qui vient détruire ces correspondances sacrées, contester cette harmonie divine du signifiant et du signifié, creuser dans le langage une rupture, une profondeur où s'engloutissent toute vérité et toute certitude, remplacer le Verbe divin par les langages de Babel, afin de dominer autrui à l'aide de signes vidés de leur signification et réduits à la pure contingence («comme qui pain interpretoit pierre; poisson, serpent; œuf, scorpion,» «perversement et contre tout usaige de raison et de langaige commun»[27]).

---

[23] Affirmation de H. C. Agrippa, dans son *Traité/de lexcel-/lence de la/Femme. Faict françois du latin de H. C. Agrippe, par/Lois Vivant/ Angevin.* A Paris, Jean Poupy, 1578. Dieu ayant nommé les choses, et Adam signifiant *terre* et Eve *vie*, il s'ensuit que la femme est plus noble que l'homme, puisque la vie est plus noble que la terre. «Verba consona rebus, ac apte rerum significativa,» dit H. C. Agrippa.
[24] Citation d'Accurse, d'après E. Garin, *L'éducation de l'homme moderne*, p. 67.
[25] H. C. Agrippa, *Traité de l'Excellence de la Femme.*
[26] H. C. Agrippa, *Ibid.*
[27] *QL*, épître liminaire, pp. 7–8, l. 115–117.

Face au monde du sage, celui de l'être et des choses (*res*), le sophiste dresse ainsi l'empire séduisant du paraître et des mots (*verba*). Ce faisant, il définit lui-même les limites de ses pouvoirs. Panurge, tout-puissant sur autrui, triomphant et humiliant partout là où la parole et le masque entrent en jeu, démontre dans le *Tiers Livre* son impuissance fondamentale vis-à-vis de lui-même.

Avant *Gargantua*, le *Tiers* et le *Quart* livres, le *Pantagruel* est donc déjà fait d'une opposition manichéenne. Ce qui ne veut pas dire que la pensée de Rabelais soit, dès le départ, abruptement tranchée, binaire, distribuée avec certitude entre le Bien et le Mal, l'ombre et la lumière. Rabelais se voudrait certes l'homme des certitudes. Mais le choix est difficile. Ce n'est que dans le *Gargantua*, cette œuvre d'un évangélisme militant qui croit encore pouvoir changer le monde, que Rabelais pourra, à la faveur de l'absence de Panurge, présenter un tableau qui ignore la nuance, le dégradé, le clair-obscur ou la demi-teinte. Dans le *Pantagruel* il reste malgré lui l'homme du doute et de l'interrogation. Il semble avoir pris parti pour le bon géant («car je ose bien dire que c'estoit le meilleur homme qui fut d'icy au bout d'ung baston»[28]) contre Panurge que sa séduction naturelle – Pantagruel a, on s'en souvient, le coup de foudre en le voyant – ne rend que plus dangereux. Mais Panurge demeure la grande tentation, l'incarnation d'une possibilité qu'il rejette pour en avoir compris les dangers et les vanités, et qui pourtant ne cesse d'exercer sur lui une irrésistible fascination. Un moment interrompu par le *Gargantua*, le dialogue Panurge – Pantagruel se poursuivra jusqu'à la dernière page de l'œuvre, affrontement pathétique d'un jeune géant vaincu d'avoir voulu croire à l'impossible Renaissance et d'un vieil homme qui s'est affranchi de toute les valeurs morales et religieuses afin de mieux dominer le monde. Panurge séduit dans le *Pantagruel* parce qu'il éveille et flatte des sentiments généralement enfouis au fond de la conscience, parce qu'il a l'art d'apparaître inoffensif et de faire pitié, parce qu'il est un «beau parleur» comme Ulysse, et qu'il tend à l'homme, encore aujourd'hui, un miroir où celui-ci se reconnaît beaucoup plus qu'en Pantagruel, symbole de valeurs oubliées. Panurge est le grand tentateur.

---

[28] Contrairement à M. V. L. Saulnier qui voit (p. xlvii) dans cette formule appliquée à un géant quelque chose de «misérable» et de «burlesque,» je pense que *Pantagruel* est bien davantage qu'un «modèle d'Epicurisme bien entendu.» Rabelais parlera encore au *Tiers Livre* de son héros dans des termes semblables (II, p. 29) : «Je vous ay ja dict et encores rediz que c'estoit le meilleur petit et grand bonhommet que oncques ceignit espée.» Ce qui ne l'empêchera pas de faire de lui un véritable Socrate chrétien.

III. TRIOMPHE UTOPIQUE DU SAGE DANS LE *GARGANTUA*. RAMUS ET LE *TIERS LIVRE*. LE PANTAGRUÉLISME, SOIF DE CHARITÉ

Par rapport au *Pantagruel* qu'il systématise et dont il exploite les découvertes, le *Gargantua* constitue à la fois un progrès et un appauvrissement. Un progrès en ceci que tout en abordant les mêmes problèmes que dans le *Pantagruel*, il le fait sous un angle beaucoup plus vaste et plus ambitieux, et avec une volonté esthétique beaucoup plus affirmée. Un appauvrissement en ceci que cet élargissement et cet embellissement de la réflexion rabelaisienne naissent en quelque sorte d'une simplification des données. Le *Pantagruel* était essentiellement dialogue entre deux personnalités à la fois contradictoires et complices. Le *Gargantua* donne à cette confrontation et à cette tension une dimension plus explicitement politique. Ce sont désormais deux mondes qui se trouvent face à face, et non plus deux individus. Mais le dialogue est rompu, et la profondeur, l'incertitude, l'ambiguïté qu'il entretenait. Le *Gargantua* est donc tout autre chose, malgré les apparences, qu'un *Pantagruel* «refait»[29] (ce que sera davantage le *Tiers Livre*). D'un livre à l'autre, un changement d'optique et d'atmosphère prend place, fondamental. Le *Pantagruel* est interrogation, prise de conscience. Le *Gargantua* est action, appel à la lutte et à la persévérance.[30] Le *Pantagruel* est essentiellement négateur et satirique. Le poids de la réalité historique y est tellement considérable que, la belle prière de *Pantagruel* mise à part, le livre reste comme cloué au sol. Au contraire, le *Gargantua* s'élève jusqu'à la contemplation d'un futur espéré. La pensée de Rabelais, tout en restant foncièrement satirique, s'ajoute une dimension conquérante et constructive. Le *Gargantua* marque, dans l'œuvre, le temps de l'optimisme et de l'espoir, de la création heureuse et souveraine. Ce livre s'arrache à la réalité pour la nier, et pour édifier, dans l'espace le plus utopique, le monde nouveau de l'Evangile dont l'Humanisme attend la venue.

Le *Gargantua* est tout entier *joie céleste*, félicité de vision et d'inspiration. Tout y devient fondamentalement *jeu*. Rabelais y développe une opposition absolue, terme à terme, image à image, personnage à personnage, entre deux mondes aussi mythiques l'un que l'autre. Car le monde du passé, celui qu'il s'agit de détruire, est privé soudain de

---

[29] Selon l'avis de R. H. Armitage, «Is Gargantua a reworking of Pantagruel?» *PMLA*, LIX, 1944, pp. 944–951.

[30] Sur ce point, voir l'article de M. A. Screech, «The Sense of Rabelais's Enigme en Prophétie (*Gargantua*, LVII),» *BHR*, XVIII, 1956, pp. 392–404.

tous ses pouvoirs. Tous les sophistes de l'œuvre – maître Alcofrybas mis à part, pour d'évidentes raisons – Thubal Holoferne, Jobelin Bridé, Janotus de Bragmardo et Picrochole, ces tyrans intellectuels et politiques, n'apparaissent que pour sombrer misérablement les uns après les autres dans le ridicule et la déconfiture. Le *Gargantua* voit la déroute des forces du mal, il est le lieu de la liquidation du sophiste. Le rire rabelaisien le chasse à jamais de la cité Evangélique que bâtissent ensemble Grandgousier et Frère Jean, l'un par le rayonnement miraculeux de ses prières, l'autre par la force surhumaine que lui donne «le baston de la croix.»

Le *Gargantua* est à proprement parler la *République* de Rabelais, une vue de l'esprit qui s'épanouit dans l'oubli le plus total du vrai visage de la réalité. La véritable Sorbonne et la véritable tyrannie politique – celle, vraisemblablement, de Charles Quint[31] – survivront au *Gargantua*, et le monde du roi-philosophe et du philosophe-roi attend encore son avènement. Mais la liberté et l'ivresse de la certitude qui se respirent à pleins poumons dans le *Gargantua* font croire à l'impossible harmonie du Beau et du Bien. La République évangélique et platonicienne de Grandgousier est un mirage qui hantera encore la conscience politique des hommes du XVIIIe siècle. Rabelais écrira désormais pour sauvegarder dans son œuvre ce rêve heureux d'un monde d'Amour, de Raison et de Charité. Thélème larguera les amarres pour ne pas périr dans un monde chaotique plus que jamais «hors du sens» et «délaissé de Dieu.» Devenue Thalamege, elle sera le dernier refuge de l'Evangélisme vaincu.

Dans ce jeu constant d'oppositions et d'antithèses qui caractérise le *Gargantua* – «bien et mal, vertus et vice, froit et chauld, blanc et noir, volupté et douleur, dueil et tristesse» – et qui substitue les impératifs esthétiques de son propre fonctionnement à ceux de la réalité observée et décrite, chaque détail du tableau n'existe et n'acquiert une valeur que par rapport à son contraire. Dans cette perspective esthétique, il devient aventureux de vouloir cerner de trop près les idées de Rabelais. On remarquera cependant que si Frère Jean, symbole de la force conquérante de l'Evangile et soldat de Dieu, apparaît dans l'œuvre comme uniquement tourné vers l'action la plus efficace sur le monde des choses et des êtres, Thubal, Jobelin ou Janotus, incarnations carnava-

---

[31] Si Picrochole est d'abord Picrochole, les allusions très précises que renferme l'épisode de la guerre picrocholine à des événements contemporains permettent, comme le fait M. A. Screech dans sa récente édition de *Gargantua*, d'affirmer que Rabelais y «fait (entre autre choses) la satire des prétentions impérialistes de Charles Quint» (p. 164). Voir les commentaires aux chapitres XXXI, pp. 193–201, et XLVIII, p. 273.

lesques de la folie humaine, restent marqués par une culture démesurement livresque et verbale. La dialectique demeure dans le *Gargantua* la caractéristique majeure de l'Infâme. C'est après avoir bien ergoté *pro* et *contra* que la vénérable Sorbonne, scandalisée par la perte de ses cloches (à moins qu'elle ne le soit par l'exil de Béda et de ses acolytes), conclut «en *Baralipton* que l'on envoiroyt le plus vieulx et suffisant de la Faculté théologale vers Gargantua.» Et l'on sait quelles lumières nostre maistre Janotus emprunte à la dialectique pour matagraboliser sa belle harangue: «Ha, ha, ha! C'est parlé cela! Il est *in tertio prime, en Darii*, ou ailleurs. Par mon âme, j'ay veu le temps que je faisoys diables de arguer...»[32] Les *Parva Logicalia* n'ont plus de secret pour lui («*Panus pro quo supponit? – Confuse* (dist Bandouille) *et distributive* – Je ne te demande pas (dist Janotus), Baudet, *quomodo* supponit, *mais pro quo*...»[33]).

[32] Sur les modes et figures du syllogisme on consultera le *Tractatus quartus* des *Summulae Logicales*, édition citée, f°⁸ 117 et ss. Après avoir défini le syllogisme («S. est oratio, in qua quibusdam positis, et concessis, necesse est aliud evenire per ea quae posita sunt et concessa, ut omne animal est substantia, omnis homo est animal, ergo, omnis homo est substantia»), P. Hispanus distingue trois figures: «Figura est ordinatio trium terminorum secundum subiectionem, et praedicationem... Prima figura est quando medium subiicitur in una propositione, et praedicatur in alia, ut omne animal est substantia, omnis homo est animal, ergo omnis homo est substantia. Secunda figura est quando medium praedicatur in utraque, ut omnis homo est animal, nullus lapis est animal, ergo nullus lapis est homo. Tertia figura, est quando medium subiicitur in utraque, ut omnis homo est animal, omnis homo est substantia, ergo quaedam substantia est animal. Unde versus: Prima prius subiicit medium, post praedicat ipsum./Altera bis dicit, tertia bis subiicit ipsum.» Quant au mode, il le définit ainsi: «Modus est ordinatio duarum propositionum in debita qualitate, et quantitate. Debita qualitas est, quod, si una sit negativa, reliqua erit affirmativa. Debita quantitas est, quod, si una est particularis, reliqua erit universalis.» La première figure comporte neuf modes, «Quorum primi quatuor concludunt directe, reliqui vero quinque concludunt indirecte.» Ces modes sont: *Barbara, Celarent, Darii, Ferio, Baralipton, Celantes, Dabitis, Fapesmo,* et *Frisesmo*. La seconde figure comporte quatre modes, *Cesare, Camestre, Festino, Baroco,* la troisième six, *Darapti, Felapton, Disamis, Datisi, Bocardo, Ferison.* Unde versus:
«Barbara, Celarent, iDari, Ferio, Baralipet.
Celantes Dabitis, Fapesmo, Frisesmo, deinde.
Cesare, Camestres, Festino, Baroco, Darapti.
Felapton, Disamis, Datisi Bocardo, Ferison.»
On saisit donc l'erreur de Janotus disant: «Il est *in tertio prime*, en *Darii*, ou alleurs.» Car *Darii*, c'est justement le troisième mode de la première figure du syllogisme (*in tertio prime*). Du *Darii*, Pierre d'Espagne nous apprend que ce «tertius modus constat ex maiori, universali affirmativa, et minori particulari affirmativa, particularem affirmativam directe concludentibus ut Omne animal est substantia: Quidam homo est animal, ergo Quidam homo est substantia. Du *Baralipton*: «Quintus modus constat ex duabus universalibus affirmativis, particularemaffirmativamindirecte concludentibus ut: Omne animal est substantia, Omnius homo est animal, ergo Quaedam substantia est homo.» Rien ne permet de mieux comprendre la légitimité des sarcasmes de Vivès et de Ramus que ces distinguos jargonnesques et creux.
[33] Voir à ce sujet le *Septimus Tractatus Summularum magistri Petri Hispani*, «in quo determinatur de Parvis Logicalibus» (f° 207 r°). Le premier chapitre de ce traité est consacré au problème de la *Suppositio* (f°⁸ 207 r° – 215 v°): «Eorum quae dicuntur, quaedam dicunter cum complexione, ut *homo currit*, quaedam sine complexione, nt *homo*, quia est terminus incomplexus. Terminus ut hic sumitur est vox significans universale vel particulare, ut homo, vel Socrates, et sic de aliis. Terminorum autem incomplexorum, unusquisque aut significat substantiam, aut qualitatem, aut quantitatem, aut ad aliquid, aut agere, aut pati, aut ubi,

Il sait si bien conclure *in modo et figura* qu'il reste, comme Pathelin, maître de son drap. Rabelais soulignera lui-même le lien étroit qui unit à cet égard dans son esprit ses deux premières œuvres. Il y remplacera partout systématiquement le mot *théologien* par le mot *sophiste*.[34] Non qu'il cherche à se gagner les «diables censorins,» ou qu'il ait évolué dans ses prises de position religieuses[35] : mais pour faire tomber le masque de l'adversaire, en le *nommant*, et pour lancer l'accusation majeure, celle de lèse-divinité. En substituant partout dans le *Pantagru-*

---

aut quando, aut situm, aut habitum. Significatio, ut hic sumitur, est rei per vocem secundum placitum repraesentatio [...] Significationum, alia est rei substantivae, et haec fit per nomen substantivum, ut *homo*. Alia est rei adiectivae, et haec fit per nomen adiectivum vel per verbum, ut *currit* vel *albus*, quae non proprie est significatio substantiva vel adiectiva, sed significat aliquid substantive vel adiective [...] Nomina vero substantiva dicuntur *supponere*, sed nomina adiectiva vel verba dicuntur copulare (f° 208 r°). «Suppositio est acceptio termini substantivi pro aliquo. Differunt autem Suppositio, et Significatio, quia significatio fit per impositionem vocis ad significandum rem, suppositio est acceptio termini iam significantis rem pro aliquo, ut cum dicitur homo currit, iste terminus homo tenetur stare pro Socrate, Platone, et sic de aliis. Unde significatio prior est suppositione» (f° 209 r°). Il existe plusieurs sortes de *suppositiones*. D'abord, *communis* et *discreta*: «Suppositio communis est quae sit per terminum communem, ut *homo, animal*. Discreta est quae sit per terminum discretum ut *Socrates*, vel per terminum communem cum pronomine demonstrativo primitivae speciei ut *iste* homo est, qui est terminus discretus.» Les suppositions «communes» se divisent à leur tour en *naturalis* et *accidentalis*: les «accidentelles» en *simplex* et *personalis*; les «personnelles» en *determinata* et *confusa*. La supposition *confuse* est (f° 213 r°) «acceptio termini communis pro pluribus mediante signo universali, cum dicitur *omnis homo est animal*. Ibi iste terminus *homo* supponit pro pluribus («Panus pro quo supponit?» demande Janotus) mediante signo universali, quia supponit pro quolibet suo supposito.» Elle se divise en «confusa necessitate signi» et «confusa necessitate rei»: «Item confusarum suppositionum, alia est confusa necessitate signi vel modi, et alia necessitate rei, ut cum dicitur, *omnis homo est animal*. Ibi iste terminus *homo*, mediante signo universali confunditur sive distribuitur pro quolibet supposito. Et iste terminus *animal* a parte praedicati positus confunditur necessitate rei. Et cum unusquisque homo suam habeat essentiam, ideo hoc verbum est necessitate rei tenetur pro tot essentiis pro quot hominibus tenetur iste terminus homo. Et cum unicuique homini insit sua animalitas, ideo iste terminus animal, necessitate rei tenetur pro tot animalibus pro quot hominibus iste terminus homo, et pro quot essentii hoc verbum est. Unde iste terminus homo debet supponere confuse mobiliter, et *distributive*, sed *confuse et distributive* tenetur, quia tenetur pro omni homine, mobiliter vero, quia licet fieri descendum sub eo pro quolibet suo supposito, ut omnis homo est animal, ergo Socrates est animal.» Sur cette supposition «confuse» et «distributive,» voir Ph. Boehner, *Medieval Logic*, p. 47.

[34] La disparition des mots *Sorbonne, théologien, théologique*, etc., est plus systématique dans le *Gargantua* que dans le *Pantagruel*. On lit encore au chap. X de l'édition F. Juste, 1542, du *Pantagruel*: «Puis en Sorbonne tint contre tous les Theologiens par lespace de six sepmaines» (f° 40 v°, B.N. Rés. y² 2.135). Les corrections affectent surtout le chapitre XII (éd. V. L. Saulnier) p. 91 (l. 35, 43 et 49), p. 100 (l. 291 et 292), p. 107 (l. 152) p. 108 (l. 180, addition de 1534). Dans le *Gargantua* (éd. M. A. Screech), voir les chap. V, p. 50 (l. 73–80), VI p. 54 (l. 26), XII p. 92 (l. 115), XIII p. 95 (l. 33), XIV p. 102 (l. 63), XVI p. 112 (l. 87 et 92), p. 113 (l. 97), XVII p. 114 (l.6), p. 115 (l. 33), p. 116 (l. 36), XIX p. 124 (l. 2, 4 et 5), p. 128 (l. 72), XX p. 130 (l. 4 et 20). On remarquera que cette équivalence théologien = sophiste existe dès 1532, au chap. XIII du Pantagruel, dans l'épisode de la *disputatio* par signes.

[35] Sur ce point, on verra M. de Grève, «La condamnation de Rabelais par la Sorbonne et les variantes de Pantagruel et de Gargantua,» *Romaanse Filologie*, 1959, p. 165 et ss. L'auteur explique la disparition des mots «Sorbonne,» Théologien,» etc., par une «évolution» de la pensée religieuse d e Rabelais.

el et le *Gargantua sophiste* à *théologien,* Rabelais donne au débat ses vraies dimensions politiques, culturelles et religieuses.

Cette substitution importante – on pourrait y voir la preuve d'une prise de conscience définitive – mène naturellement aux *Tiers* et *Quart* livres, où se continue l'affrontement de Pantagruel, champion de l'humanisme évangéliste, et de Panurge, ministre de Satan, devenu *juriste,*[36] gradué de la faculté *diabolologicque* de Tolède,[37] suppôt inconditionnel «des Université et Parlement de Paris : lieux es quelz consiste la vraye source et vive Idée de Pantheologie,»[38] et admirateur des «tant beatz pères,» des «bons peres religieux,» des «pauvres beatz peres Jacobins,» des «paouvres gens qui n'ont que leur vie en ce monde»[39] Panurge est, au *Tiers Livre,* non pas la rhétorique incarnée – comme le dit M. A. Screech[40] – mais la *dialectique* incarnée. La différence est capitale,[41] car la dialectique met en cause les pouvoirs de la raison humaine. L'impuissance de Panurge à résoudre sa perplexité et à échapper aux «redictes contradictoires» («Les unes détruisent les aultres. Je ne sçay es-quelles me tenir») démontre les limites de l'entendement réduit à ses seules ressources, et non guidé par Dieu.

La dialectique est au cœur du *Tiers Livre.* Ce chef-d'œuvre, structuré esthétiquement (consultation et exposition du cas; arguments *pour* de Pantagruel; arguments «au rebours» de Panurge) et idéologiquement par la dialectique, lui doit peut-être aussi son existence même. le problème du mariage («an sit nubendum?») constituait, en effet, on l'a remarqué, l'un des débats favoris dans les écoles des sophistes. Il est cité en exemple dans les *Progymnasmata* d'Hermogène ou d'Aphthone.[42] Il apparaît aussi – et cela est moins connu – dans l'*Organon* d'Aristote, au livres des *Categoriae vel Praedicamenta,* [43] sous les espèces du dernier mode du «prédicament» *Avoir :*

[36] *TL,* XXXIV, p. 241. «Le fait qu'il est légiste, commente M. A. Screech, aide à expliquer l'importance de la rhétorique dans le rôle de ce personnage. Le Panurge du *TL* est un de ces avocats diaboliques qui tournent le noir en blanc.» C'est plutôt la dialectique qui est en cause ici. L'éloquence n'a jamais été condamnée par l'Humanisme. Elle constitue au contraire l'un des fondements de la Cité. Mise au service du Bien et de la Justice, elle assure la paix civile.
[37] *TL.,* XXIII, p. 167.
[38] *TL,* II, pp. 30–31. Voir aussi l'addition de 1552, XI, p. 90: «...vous diriez qu'on me pelaude en tentative de Sorbonne.»
[39] *TL,* XXII, p. 159, et XXIII, pp. 162 et 164.
[40] Dans son Introduction au *TL,* pp. xxi-xxii.
[41] Cf. *supra,* les notes 1 et 66 du Chap. III. L'importance de la *dialectique* n'a pas été jusqu'ici mise en valeur par la critique. Elle est l'arme de Satan, ce que n'est pas la rhétorique.
[42] Voir le *TL,* introduction de M. A. Screech, pp. xvi-xvii; et Ch. S. Baldwin, *Medieval Rhetoric and Poetic,* pp. 23–38 («The elementary exercises – ΠΡΟΓΥΜΝΑΣΜΑΤΑ – of Hermogenes»).
[43] *Aristoteles Latinus I I–5,* éd L. Minio Palluelo, Desclée de Brouwer, Bruges – Paris, 1961.

«De Habere – Habere secundum plures modos dicitur: aut enim ut habitum vel affectionem vel aliam aliquam qualitatem (dicimur enim scientiam habere et virtutem); aut ut quantitatem, ut quam quisque habet magnitudinem (dicitur enim bicubitam vel tricubitam habere magnitudinem); aut circa corpus vestitum aut tunicam; aut in parte (ut in manu anulum); aut partem (ut manum vel pedem); aut in vase (ut modius triticum vel dolium vinum; vinum enim dolium habere dicitur, et modius triticum; haec igitur habere dicuntur et in vase); vel ut possessionem (habere enim domum vel agrum dicimur). *Dicimur vero et habere uxorem et uxor virum; videtur autem alienissimus esse habendi modus qui nunc dictus est; nihil enim aliud habere uxorem significat quam cohabitare.*»[44]

Cette énumération des modes de l'*avoir* a reçu au cours des siècles des commentaires susceptibles d'éveiller l'attention d'un dialecticien concupiscent comme Panurge. Petrus Hispanus, par exemple, développe ses réflexions de la manière suivante au troisième traité de ses *Summulae Logicales* («De Praedicamentis»):

«Habere autem multis modis dicitur; primo modo dicitur aliquis habere aliquam qualitatem ut disciplinam aut virtutem. Secundo modo dicitur aliquis habere aliquam quantitatem quod convenit ei qui habet magnitudinem ut bicubitum, tricubitum. Tertio modo dicitur habere ea quae circa corpus sunt, ut vestitum vel tunicam, aut in membris, ut in manu anulum... Quarto modo dicitur habere membrum; ut manum vel pedem. Quinto modo dicitur habere ut continens contentum, ut lagena vinum, et modium grana tritici. Sexto modo dicitur habere possessionem, ut domos vel agros. *Septimo modo dicitur habere uxorem* (je souligne). *De hoc ultimo modo dicit Aristoteles quod iste modus est alienissimus in eo quod est habere, nam ille qui habet uxorem habetur ab ea.*»[45]

Ce passage des *Praedicamenta*, qui est certainement, avec Platon et Saint Paul, la source majeure du très important et significatif chapitre XXXV,[46] constitue peut-être aussi, grâce aux commentaires sarcastiques que Ramus en a donnés, le point de départ du livre tout entier.

---

[44] Texte de la *Translatio Boethii* du *De Decem Praedicamentis*, pp. 40–41 de l'éd. citée: «De Habere» (15b15 – 15b30).

[45] *Sum. Logicales*, f° 115 v°. Versor, dans son commentaire, propose les deux vers suivants: «Affectum, quantum, vestitum nunc velut aurum/Membrum, contentum, possessio, vir mulierem.» On pourra aussi consulter les commentaires d'Alcuin, *Excerpta ex Alcuini Dialectica*, dans l'*Aristoteles Latinus* cité, p. 191; et ceux d'Abélard dans son *Liber de Reliquis Praedicamentis* (*Dialectica*, éd, de Rijk, p. 108.)

[46] *TL*, XXXV, p. 244 (l. 50–54): «Je l'entends (dist Gargantua) en mon advis. La responce est semblable à ce que dist un ancien philosophe interrogé s'il avoit quelque femme qu'on luy nommoit: «Je l'ay (dist il) amie, mais elle ne me a mie; *je la possède, d'elle ne suis possédé.*» Le commentaire de Rondibilis renvoie pareillement à Pierre d'Espagne et à Aristote (*medium per participationem* et *medium per abnegationem*), à ce passage des *Catégories* qui traite des contraires *médiats* et *immédiats*. Cf. *supra*, la note 18 de mon Introduction.

S'il fallait en effet proposer une source au *Tiers Livre* (il peut, certes, s'en passer, mais on sait combien Rabelais, en général, a besoin d'une impulsion initiale pour créér), je la verrais dans les *Aristotelicae Animadversiones* de Pierre Ramus (1543). Ramus y attaque avec virulence la logique d'Aristote («nullam artem hic video: nullam artis cujusquam utilitatem, sed confusionem artium omnium incommodissimam...»[47]) et de ses sectateurs. Il dénonce l'*Archisophista* («dic librum istum Aristotelis, non de Interpretatione, sed de confusione appellari debere...»[48]) et ses suppôts («ô vos hebetes Aristotelei»[49]), ces petits voyous de sophistes («hi furunculi Sophistae»[50]) qui pervertissent l'enseignement, poussent les jeunes esprits à la barbarie, les éloignent de l'étude des bonnes lettres («publicis studiis insidias fieri; pueros liberaliter institutos in barbariem deduci; in oblivione bonarum literarum trahi...[51]).

Il propose comme modèle de syllogisme:

> «Omnes impostores sunt execrandi;
> Omnes Sophistae sunt impostores:
> Omnes igitur Sophistae sunt execrandi.»[52]

Rien de ce qui touche au Sophiste ne pouvait être étranger à Rabelais. Ces prises de position de Ramus ont certainement retenu son attention, d'autant plus qu'elles suscitèrent à l'époque de violentes réactions de la part de l'Université de Paris.[53] Et c'est peut-être Ramus qui a donné à Rabelais l'impulsion nécessaire pour mettre enfin Panurge aux prises avec le problème du mariage, pour réaliser ainsi le programme annoncé dès 1534. Qu'on en juge; Ramus décrit ainsi le Sophiste:

---

[47] *Arist. Animad.*, Faksimile – Neudruck der Ausgaben Paris 1543 mit einer Einleitung von Wilhelm Risse (Stuttgart – Bad Cannstat , 1964), f°14 v°.

[48] *Ibid.*, f° 37 v°: «omnia esse excepta contradictione (quae et hîc non esse, et non sic tradi debuit) contortis, et aculeatis sophismatis referta, ad fallendum, turbandum, impediendum ab improbissimo, nequissimoque sophista composita.»

[49] *Ibid.*, f° 37 r°: «Ô vos hebetes Àristotelei, et servi domino nimis obsequentes. haec confusio, haec sophismata, haec aenigmata, hae chimericae somniorum fascinationes rationem, judiciumque vobis eripuerunt: adhibete aliquando vos in consilium, si potestis, et vosmetipsos sic interrogate, quid me labor hic adiuvat? an quia de nomine, verboque, de pronunciatis finitis, infinitis, modalibus, discipulos meos mille argumentis perturbare, et meipsum in primis didici, ideo dignum homine quicquam didici? an his adiutus nugis potero vel amicis inconsideratis consilium dare: vel afflictos molestia levare: vel effrenatos reprimere? nihil minus, an in foro caussas agere, improborum nomina deferre, sceleribus explicandis iudices commovere, an innocentes tueri, et supplicio liberare? nihil simile. an in christianis concionibus populum docere: Sacras literas interpretari, malis erroribus obsistere? nihil hîc quoque...»

[50] *Ibid.*, f° 6 r°.

[51] *Ibid.*, f° 6 r°: «et in aculeatas Àristotelicae pastionis spinas praecipitari, ajoute Ramus: ut pabulis horum tribulorum pasti, omnem ingenuae cognitionis amorem abiiciant, et ex hominibus asini fiant.»

[52] *Ibid.*, f° 40 r°.

[53] Cf. *supra*, Chap. III, notes 45 à 47.

«Quid enim sophista, nisi qui magnam foris sapientiam ostentat, cum domi nullam prorsus habeat? Si quis Aristoteleorum (cum duos annos in dialectica consumpsisset) in patriam reversus populares convocaret, ut in publico conventu Aristoteleae Sapientiae specimen exhibiret, tum diceret: *Scio populares octo pulchros habendi modos, ut qualitatem, quantitatem, circa corpus, in parte, partem, in vase, possessionem, cohabitationem: exempla sunt omnium, habeo sophismata magna in manica, et in capite, et caput in ipsis, sicut vinum in vase, habeo propriam sophismatum possessionem, uxorem tamen non habeo proprie.*»[54]

Panurge est tout entier dans ces quelques lignes.

La dialectique, on le voit, est au centre de l'œuvre rabelaisienne. En la condamnant, Rabelais s'inscrit dans un courant humaniste très important à son époque, qui traverse tout le XVIe siècle, et dont Montaigne est peut-être le dernier et le plus illustre représentant. L'évangélisme de Rabelais, comme celui de S. Brandt, de H. C. Agrippa, d'Erasme, de Lefèvre d'Etaples, de Vivès, ou de Marguerite de Navarre, est méfiance envers les pouvoirs humains et la sagesse humaine, méfiance envers la science et ses audaces, foi en Dieu comme en la source de toute Vérité et de toute certitude. Chez S. Brandt, le bonnet doctoral voisine sur la tête du *magister* avec le capuchon à grelots du fou. Le savant est fou de se croire savant. «Celluy procede tous/dessert les nobles honneurs et luy est donnée ou ciel digne couronne qui se delecte en la sapience divine,» dit S. Brandt; et sont au contraire dignes d'entrer dans la nef «les folz pleins de inutile curiosité,» ceux qui «se confient en leur propre sapience et se complaisent en leurs faitz.» Ou encore: «Nenquiers point et ne demande point les choses plus grandes et plus fortes que toy. Mais pense seulement celles choses que dieu ta commandees et ne soyes point curieux en plusieurs des œuvres de luy.»[55] Le *Trésor de Sapience* consiste à ne pas s'abandonner à la présomption et à l'orgueil: «l'homme qui veult devenir saige doibt estre humble,» car seule l'humilité engendre la vraie connaissance. «C'est folie de soy glorifier en son sens et scavoir»: ils sont dons de Dieu, non conquête de la créature.[56] C'est pourquoi, dans sa ronde, la Folie d'Erasme fait un large place aux hommes de science et aux prétendus sages de ce

---

[54] *Ibid.*, f° 16 r°.

[55] *La grande nef des folz du monde,* 1530, François Juste, Lyon (Traduction de Jacques Locher), f°s XX v°, XXII r°, XLIV v°.

[56] *Le Tresor de Sapience et fleur de toute bonté* ,1539. On les vend à Paris en la rue Neufve Nostre Dame a l'enseigne de lescu de France, par Alain Lotrian, f° Aiii r°: «Tous orgueilleux se veullent à Dieu comparer en tant que ilz se glorifient en eulx mesmes et es biens que ilz ont. Desquelles choses la gloire est deue principalement à Dieu. Et est grand abusion quant la creature prend orgueil en soy mesmes pour les biens que Dieu luy envoye, pour lesquelz elle debvroit estre plus humble envers Dieu, et plus recongnoistre et servir plus devotement.»

monde. C'est pourquoi H. C. Agrippa conclut sa *Declamation sur l'incertitude, vanité et abus des sciences et sur l'excellence du verbe de Dieu* (*De Incertitudine et vanitate scientiarum et artium, atque excellentia verbi Dei, Declamatio*) par l'éloge de l'âne et de la «sancta simplicitas.» «Tant s'en faut que la science conduise l'homme à l'immortalité, affirme-t-il; mais la parole de Dieu demeure éternellement» («Solum autem verbum Dei manet in aeternum»). Seule compte la parole de Dieu: en Dieu seul est la fontaine de vérité; Dieu seul est véritable, et tout homme menteur («immo solus Deus verax, omnis homo mendax; Deus solus fontem veritatis continet»). La multitude des paroles et l'amas des sciences n'est pas félicité («non enim verborum accumulatio disciplinarumque multitudo beatitudo est»). La vraie béatitude ne réside pas dans la connaissance, mais dans l'accomplissement du bien («Vera enim beatitudo non consistit in bonorum cognitione, sed in vita bona, non in intelligere, sed in intellectu vivere»). Pareillement, Lefèvre d'Etaples oppose les «petis» qui reçoivent avec joie la parole de Dieu, aux «grans enflez» de la science de l'homme et du monde, qui résistent à cette parole, les «disciples, amateurs de vérité» et de Jesus-Christ aux «mondains, charnels, sages et puissants de ce monde.»[57] Et J. L. Vivès, après avoir vainement cherché la sagesse chez le grammairien, le poète, le dialecticien, le physicien, le philosophe, le rhétoricien, etc., la trouve chez le théologien qui affirme: *Initium Sapientiae est timor Domini.*[58] A la fin du siècle, Montaigne affirmera encore que la science est l'instrument de Satan, et refera après tant d'autres l'éloge de Socrate «le plus sage homme qui feut oncques» parce qu'il savait qu'il ne savait rien: «le soin de s'augmenter en sagesse et en science, ce fut la première ruine du genre humain; c'est la voye par où il s'est précipité à la damnation éternelle...»[59]

Le Pantagruélisme n'est pas soif de Science, mais de Charité. Il se nourrit de l'*Ecclesiaste*, des *Proverbes* et de Saint Paul, plus que des audaces de la raison.

Dans son œuvre, Rabelais oppose deux langages: «Celui de l'apparence, celui d'une foule... langage de l'éphémère. Et celui de la Vérité, langage de l'Eternel et du Sacré.»[60]

---

[57] *Epistres et Evangiles pour les cinquante et deux sepmaines de l'an*, s.l.n.d. [circa 1530], f° CLV r°. Texte cité par M. A. Screech, *BHR*, XVIII, 1956, p. 403.

[58] *Joannis Ludovici Vivis Valentini in suum sapientiem Praelectio*, pp. 20–30 du t. IV des *Opera Omnia*. La citation: p. 29.

[59] *Essais*, II, 12, p. 541.

[60] A. Malraux, *Antimémoires*, Gallimard, NRF, p. 52.

BIBLIOGRAPHIE

Je ne cite ici, parmi les ouvrages et les articles que j'ai consultés, que ceux qui m'ont été utiles. Je tiens à remercier encore le *Conseil des Arts du Canada*, le *Madge Miller Fund* et la *Ford Foundation for the Humanities* qui m'ont permis, à différents stades de ce travail, soit de pouvoir me rendre à la Bibliothèque Nationale, soit d'acquérir des photocopies indispensables.

I. OUVRAGES DE REFERENCE

Présid^t Baudrier: *Bibliographie lyonnaise. Recherches sur les Imprimeurs, Relieurs et Fondeurs de lettres à Lyon au XVIe siècle*... publiées et continuées par J. Baudrier; Douzième série; Paris, Réimpression exacte de l'éd. originale; F. de Nobele, 1964.

[Buisson, Ferdinand]: *Répertoire des ouvrages pédagogiques du XVIe siècle* (Bibliothèque de Paris et des départements), Paris, 1886.

[Calepino, Ambroise]: *Ambrosii Calepini Dictionarium Decem Linguarum... ubi Latinis dictionibus, Hebraee, Graecae, Gallicae, Italicae, Germanicae, et Hispanicae, itemque nunc primòque Poloniae, Ungaricae, atque Anglicae adiecta sunt*; Lugduni (Estienne Michel), M.D.LXXXV.

Du Cange: *Glossarium mediae et infimae latinitatis*, édit, nouvelle par L. Faure, Niort, 1883–87, 10 vol. in –4°.

Ciaronesco, Alexandre: *Bibliographie de la littérature française du seizième siècle*, Coll. et Préf. de V. L. Saulnier, Paris, 1959.

Estelrich, Juan: *J. L. Vivès. Exposition organisée à la Bibliothèque Nationale*, Paris, 1941.

Ferrater Mora, José M. *Diccionario de Filosofía*, Editorial sudamericana, Buenos Aires, 5ème éd. revue, 1965.

[Jean Gerhard]: *Ioannis Gerhardi Theologi quondam jenensis celleberrimi Loci Theologi cum pro adstruenda veritate cum pro destruenda quorumvis contradicentium falsitate per theses nervose solide et copiose explicati*. Denuo edidit... Io. Fridericus Cotta, Tubingae, 1772-1789 (21 volumes).

[Grente G.]: *Dictionnaire des Lettres Françaises*, publié sous la direction du cardinal G. Grente, Paris. *Le Moyen Age* (1964).

Ong, W. J.: *Ramus and Talon inventory*, Cambridge, Mass., 1958.

Risse, Wilhelm: *Bibliographica Logica. Verzeichnis der Druckschriften zur Logik mit Angabe ihrer Fundorte. Band I: 1472–1800*, Hildesheim, 1965.

Saffroy, Gaston: *Bibliographie généalogique, héraldique et nobiliaire de la France des origines à nos jours*, 2 tomes, Paris, 1968 et 1970.

II. SOURCES DIRECTES

Abélard, Pierre: *Dialectica*, first complete edition... by L. M. de Rijk, Assen, 1956 (2nd. revised edition: 1970).

Agricola, Rudolph: *De Inventione Dialectica Lucubrationes*, Facsimile of the edition Cologne 1539, Nieuwkoop – B. de Graaf, 1967.

Agrippa, Henri C.: *H.C.A. de Nobilitate et praecellentia foeminei sexus*, Antverpiae (M. Hillenium), 1529, in-8° (B.N. Z.17.290); 1532 (B.N. Z.18042 (2)).

—, *Traité de l'excellence de la Femme, faict françois du latin de H.C.A.*, par Lois Vivant, Paris (J. Poupy), 1578, in-16° (B.N. Rés. Y² 2134).

—, *H.C.A. ab Nettesheym De incertitudine et vanitate scientiarum et artium atque excellentia verbi Dei declamatio*, s.l., 1530, in-8° (B.N. R 26101 et Z 19071).

—, *Declamation sur l'incertitude, vanité, et abus des sciences*, traduite en français du latin de *H.C.A.* par Louis de Mayerne-Turquet, Paris (J. Durand), 1582, in-8° (B.N. Z. 19077).

Andreae Alciati: *Emblematum libellus*, Parisiis, excudebat C. Wechelus, 1534, in –8° (B.N. Rés. Z 2511).

—, *Emblemata D. A. Alciati denuo ab ipso autore recognita, ac, desiderabantur imaginibus locupleta*, Lugduni, Apud Mathiam Bonhomme, 1551, (Bryn Mawr Rare Book Room).

—, *Livret des Emblemes de maistre André Alciat mis en rime françoyse et presente a monseigneur Ladmiral de France*, Paris, Chrestien Wechel, 1536 m traduction de Jehan Lefevre. (B.N. Rés. Z 2521 et Z 2522).

Andreae Alciati I. V. C. *Emblemata*. Elucidata doctissimis Claudii Minois Commentariis, Lugduni, aput Haeredes Gulielmi Rouillii, M. DC.XIIII.

Alliaco, Petrus de: *Destructiones modorum significandi. Conceptus et Insolubilia secundum viam nominalium magistri P. de A.*, Lyon ou Paris, circa 1495 (Hain 833). Bryn Mawr Rare Book Room, A423a.

Andeli, Henri d', et de Garlande, Jean: *Two medieval satires in the university of Paris La Bataille des VII ars of Henri d'Andeli and the Morale Scolarium of John of Garland* edited... by L. J. Paetow, Berkeley, 1927.

Aphthone: *Progymnasmata cum scholiis A. Loricii*, Londres, 1956.

Aristote: *Organon*, trad. de J. Tricot, Paris (Vrin), 1936–39, (6 vol.).

—, *Aristoteles Latinus I 1–5: Categoriae vel Praedicamenta*, edidit. L. Minio Palluelo, Bruges – Paris, 1961.

—, *Rhétorique*, édit. de M. Dufour, Paris, 1960 (2 vol).

Athénée de Naucratis: *Les Deipnosophistes*, éd. A. M. Desrousseaux, Paris, 1956.

Augustin (Saint): *Œuvres Complètes*, Paris, 1872–1878; Tome VI (1873): *De Doctrina christiana libri quatuor*, pp. 439–592.

Bara, Jérôme de: *Le Blason des Amoiries*, Lyon, 1581 (B.N. Rés. V. 626).

Bartole: *De insigniis et armis*, in Jones Evan John, *Medieval heraldry*, Cardiff, 1943 (appendix I: pp. 221–252).

Beda, Noël: *Annotationum Natalis Bede, doctoris theologi Parisiensis, in Iacobum Fabrum Stapulensem libri duo, et in Desiderium Erasmum Roterodamum liber unus...*, Coloniae, 1526, in-4° (B.N. Rés. A 4433 (1)).

—, *Apologia Natalis Bedae, theologi, adversus clandestinos Lutheranos*, Parisiis, Imprimebat Iodocus Badius, 1529, in-4° (B.N. Rés. p. D. 35).

—, *La doctrine et instruction necessaire aux chrestiens et chrestiennes*, Paris, s.d., in-8° (BN.. Rés. D. 54034).

[A. Marcourt?]: *La cofessio et raison de la foy de Maistre Noel Beda Docteur en theologie et sindique de la sacree universite a Paris: envoyee au treschrestien Roy de France...*, s.l.n.d., [1533], in-8° (B.N. Rés. D² 15957).

Biblia Sacra juxta Vulgatam Clementinam, Typis Societatis S. Joannis Evang., Desclée et Socii, Rome-Tournai-Paris, 1956.

Brant, Sebastien: *La Grant Nef des Folz*, Lyon, F. Juste, 1529, in-4° (B.N. Rés. p. y² 281).

Bonaventure des Periers: *Cymbalum Mundi*, édit. P. H. Nurse, Manchester-Paris, 1957.

Guillaume Budé: *G. Budaei Parisiensis consiliarii Regii supplicumque libellorum in Regia magistri... De transitu Hellenismi ad Christianismum, Libri tres*, Parisiis, ex officina R. Stephani, M.D. XXXV, in-fol. (B.N. Z 425 (1)).

—, *De Philologia libri II...*, Paris Excudebat Iodocus Badius Ascensius, M.D. XXXII, in-fol. (B.N. Z 425 (2)).

—, *De Studio Literarum recte et commode instituendo...*, Paris, J. B. Ascensius, 1532, in-fol. (B.N. Z 225 (3)).

—, *Omnia Opera*, Basilae, 1557, 4 vol. (*reprint*), The Gregg Press, Farnborough, 1966.

Burgersdicii, Fr.: *Institutionum Logicarum Libri duo*, Cantabrigiae, 1666.

P. Champion: *La danse macabre. Reproduction en facsimilé de l'édition de Guy Marchant, Paris, 1436*; Paris, 1925.

Cicéron, M. T.: *Caton l'Ancien. De la vieillesse*, édit. de P. Wuilleumier, Paris, 1940.

—, *Divisions de l'art oratoire. Topiques*, éd. de H. Bornecque, Paris, 1960.

—, *De l'Invention*, éd. de H. Bornecque, Paris, 1932.

—, *De l'Orateur*, éd. de E. Courbaud, Paris, 1957, (3 vol.).

Rhétorique à Herennius, éd. de H. Bornecque, Paris, 1932.

Diderot, Denis: *Le Neveu de Rameau; Jacques le Fataliste.*

Droz, Eugénie: *Le Recueil Trepperel. Les Sotties*, Droz, Paris, 1935.

Erasme de Rotterdam: *Opus Epistolarum Des. Erasmi Roterodami*, édit. de P. S. Allen, Oxonii, in Typographeo Clarendoniano, 12 vol., 1906–1962.

—, *La Correspondance d'Erasme et de Guillaume Budé*; traduction intégrale... par M. M. de la Garanderie, Paris, 1967.

—, *Declamatio de Pueris statim ac liberaliter instituendis*, Etude critique, traduction et commentaires par J. C. Margolin, Genève, 1966.

—, *ΜΩΡΙΑΣ ΕΓΚΩΜΙΟΝ, STVLTITIAE LAVS Des. Erasmi Rot. Declamatio*, recognovit et adnotavit I. B. Kan, Hagae-Com., apud M. Nijhoff, 1898.

—, *De la Declamation des louenges de follie*, Paris, Galliot du Pré, 1520, in-4° (B.N. Rés, y² 949).

—, *Eloge de la Folie*, trad. Pierre de Nolhac, Paris, Garnier-Flammarion.

—, *Quae toto volumine continentur. Pacis Querela. De regno administrando. Institutio Principis Christiani. Panegyricus ad Philippum et carmen. Item ex Plutarcho. De discrimine adulatoris et amici. De utilitate capienda ex inimicis. De doctrina principum. Principi cum Philosopho semper esse disputandum. Item. Declamatio super mortuo puero*, Venetiis, in aedibus Aldi et Andreae Soceri, 1518, in-8° (B.N. Rés. Z 3723: exemplaire relié aux armes de François 1er).

—, *Enchiridion Militis Christiani*, Louvain, 1515, in-4° (B.N. Rés. D. 7533); Bâle (Froben), 1518, in-4° (Rés. D. 7534); Paris (S. de Colines), 1523, in-8° (D. 85549); Lyon (S. Gryphe), 1541,in -8° (D. 33.753).

—, *Enchiridion (ou manuel) du Chevalier Chrestien: aorne de comandemes tres salutaires...*, [trad. L. de Berquin], s.l.n.d. [Lyon, 1532] (B.N. Rés. D. 67969).

—, *Paraclesis, id est, adhortatio ad sanctissimum ac saluberrimum Christianae philosophiae studium...*, Paris (R. Estienne), 1529 (B.N. A 7268).

—, *Institutio Principis Christiani*, Louvain, 1516, in-4° (B.N. Rés. *E 685).

—, *Brief recueil du Livre d'Erasme qu'il a composé, de l'enseignement du Prince Chrestien*, trad. de Gilles d'Aurigny, Paris, 1546, in-8° (B.N. Rés. *E 637).

—, *Epistolae duae recens conditae et aeditae. Una contra quosdam qui se falso iactant Evangelicos. Altera ad quosdam impudentissimos Graeculos*, Cologne, 1530, in-8° (B.N. Z 13844).

—, *Adversus Petri Sutoris debacchationem Apologia Erasmi*, Bâle (Froben), 1525, in-8° (B.N. R. 35.186).

—, *Prologus Erasmi... in supputationem calumniarum Natalis Bedae*, Basilae, Froben, 1516, in-8° (B.N. D.55.195(2)).

—, *Supputationes errorum in censuris Natalis Bedae*, Basilae, Froben, 1527, in-8° (B.N. A. 8693).

—, *Declarationes des. Erasmi... ad Censuras Lutetiae vulgatas sub nomine Facultatis Theologiae parisiensis*, Basilae, 1532, in-8° (B.N. D. 54.934).

—, *Il Ciceroniano o Dello stile migliore*, Testo latino critico, traduzione italiana... a cura di Angiolo Gambaro, Brescia, 1965.

—, *Adagia, id est: Proverbiorum, paroemiarum et parabolarum omnium, quae apud Graecos, Latinos, Hebraeos, Arabas, etc. in usu fuerunt, Collectio absolutissima in locos communes digesta...* Typis Wechelianis, Sumptibus Clementis Schleichii, et Petri de Zetter, M.DC. XXIX (Outre les Adages d'Erasme, cette compilation contient des oeuvres de Henri Estienne, Polydore Virgile, A. Turnèbe. A. Muret, etc.).

—, *The 'Adages' of Erasmus, A Study with translations*, by Margaret Mann Philipps. Cambridge, Mass., 1964.

Epistolae Obscurorum Virorum: The latin text with an English rendering, notes, and an historical introduction by Francis G. Stokes, New-Haven – Londres, MDCCCC XXV.

Fabri, Pierre: *Le Grand et vrai art de pleine Rhétorique*, publié par A. Héron, Rouen, MDCCCLXXXIX, 2 vol.

Folengo T.: *Opus Merlini Cocaii... macaronicum*, Tusculani, 1521, in-12° (B.N. Rés. P. Yc.952).

—, *Histoire macaronique de Merlin Coccaie, prototype de Rabelais...*, Paris, P. Pautonnier, 1606, in-12° (B.N. Rés. p. Yc. 955).

Roberti Gaguini *Epistolae et Orationes*, texte publié sur les éditions originales de 1498... par Louis Thuasne, [Paris], 1903, 2 vol. in-12°.

Gauthier de saint Victor: *Contra quattuor labyrinthos Franciae*, Ed. Mgr. Glorieux, *Archives d'Histoire Doctrin. et litt. du M.A.*, XIX, 1952, pp. 187–335.

Gerson, Jean: *Œuvres Complètes*, Introd., texte et notes par Mgr. Glorieux, Paris-Tournai-Rome-New York, 1961–1968, 7 volumes.

Herminjard, A. L.: *Correspondance des Réformateurs dans les pays de langue française*, Genève – Paris, 1866–97, 9 vol. in-8° (*reprint* Nieuwkoop – B. de Graaf, 1965).

Hugonis de Sancto Victore: *Didascalion. De Studio legendi*, a critical text, by C. H. Buttimer, Washington, D.C., 1939.

Jones, E. J., (édit.): *Medieval Heraldry. Some fourteenth century heraldic works*, Cardiff, 1943.

Langlois E.: *Recueil d'Arts de seconde Rhétorique*, Paris, 1902.

la Marche, Olivier de: *Mémoires*, publiés par H. Beaune et J. d'Arbaumont, Paris, 1883–88, 4 vol.

La Ramée, Pierre de: *Dialectica institutiones. Aristotelicae Animadversiones*, Faksimile-Neudruck der Ausgaben Paris 1543 mit einer Einleitung von Wilhelm Risse, Stuttgart-Bad Cannstatt, 1964.

—, *Scholae in tres primas liberales artes, videlicet 1. Grammaticae... 2. Rhetoricae... 3. Dialecticae... Recens emendatae par Joan. Piscatorem., Francofurti, M.D.LXXXI.*, Minerva G.M.B.H., Frankfurt a. M., 1965.

—, *Dialectique (1555)*, édit. de M. Dassonville, Genève, Droz, 1964.

Lefèvre d'Etaples, J.: *Epistres et Evangiles pour les cinquante et deux sepmaines*, édit. facsimilé de M. A. Screech, Genève, Droz, 1964.

—, *Quincuplex psalterium. Gallicum. Romanum. Hebraicum. Vetus. Conciliatum.*, H. Estienne, Paris, 1509, in-fol. (B.N. A 499 et Rés. A. 500).

—, *Epistolae divi Pauli Apostoli*, Paris, 1512, in-fol. (B.N. vélins 89).

—, *Commentarii initiatorii in quatuor Evangelia*, s.l., 1521, in-4° (B.N. A 3964); Meaux, S. de Colines, juin 1522, in-fol. (B.N. A 1606 et Rés. A. 1162).

—, [*Traduction des Evangiles*], Paris, S. de Colines, 1523, in-8° (B.N. Rés. A. 6414, A. 6480, A 6481).

—, [*Traduction du Nouveau Testament*], Paris, S. de Colines, 1523-24, 2 vol. in-8° (B.N. Rés. A 6415 et A 10456).

—, *La Saincte Bible en francoys translatee selon la pure et entiere traduction de sainct hierome*, Anvers, M. Lempereur, 1530 (B.N. Rés. A 283).

Le Grand, Jacques: *Le Trésor de Sapience et fleur de toute bonté*, Paris, A. Lotrian, 1539, in-8° (B.N. Rés. D.80273).

Raymundi Lullii *Opera ea quae ad adinventam ab ipso artem universalem, scientiarum Artiumque omnium brevi compendio, firmaque memoria apprehendendarum, locupletissimaque vel oratione ex tempore pertractandarum, pertinent*, Argentinae, Sumptibus Lazari Zetzneri CIƆIƆXCIIX.

Mair, Jean: *Quaestiones Logicales Magistri Ioannis Maioris Hadyngthonani Theologi, ac Philosophi Parisiensis*, Parisiis, 1528, in-fol. (B.N. D.2027(4)).

Margerite de Navarre: *L'Heptaméron*, éd. M. François, Paris, 1960.

Mexia, Fernando: *Nobilario*, Seville, 1492 (Bryn Mawr Rare Book Room).

Molinet, Jean: *Chroniques*, publiées par G. Doutrepont et O. Jodogne, Bruxelles, 1937, 3 vol.

Montaigne, Michel de: *Essais*, éd. du Club Français du livre, Paris, 1962.

Ockham, Guillaume d': *Summa Logicae*, éd. de Ph. Boehner, New York, vol. 1: 1951; vol. 2: 1962.

des Orbeaux, Nicolas: *Summule philosophie rationalis: seu logica: excellentissimi artium et theologie professoris Magistri Nicolai Dorbelli: secundum doctrinam doctoris Subtil Scoti*, Basel (M. Furter), 1493, in-4°, 62 ff. (Bryn Mawr Rare Book Room).

Pascal, Blaise: *Les Provinciales*, éd. L. Cognet, Paris, 1965.

Pasquier, Etienne: *Les Recherches de la France*, Paris, Toussaint Quinet, MDCXXXIII.

Pausanias: *Description of Greece*, translated by J. G. Frazer, in 6 vol., Londres, 1898.

Platon: *Œuvres complètes*: «Les Belles Lettres,» Paris 1) Tome I: *Apologie de Socrate*, éd. M. Croiset, 1920. 2) Tome III – 1ère partie: *Protagoras*, éd. A. Croiset, 1923; 3) Tome III – 2ème partie: *Gorgias*, éd. A. Croiset, 1923; 4) Tomes VI et VII (1 et 2): *La République*, éd. de E. Chambry et A. Diès, 1932–34; 5) Tome VIII – 3ème partie: *Le Sophiste*, éd. de A. Diès, 1925.

Plutarque: *Moralia*, in fifteen volumes, with an English translation by Ph. H. de Lacy and B. Einarson, Cambridge Mass. (Loeb. classical Library), vol. 7 (MCM LIX).

Petri Hispani: *Summulae Logicales cum Versorii parisiensis clarissima expositione. Parvorum item Logicalium eidem Petro Hispano ascriptum opus nuper in partes ac capita distinctum...* Venetiis, Apud F. Sansovinum, MDLXVIII (Bryn Mawr Rare Book Room).

—, *Summulae Logicales*, éd. de I. M. Bocheński, Turin, 1947.

[Prinsault, Clément]: *Le Blason des armes avec les Armes des Princes et Seigneurs de France, auquel est de nouveau adjouté les armes des empereurs et roys chrestiens*, Lyon, Claude Nourry dict le Prince, s.d., in-8° (B.N. Rés. V. 3199).

—, *Le blason des armes avec les armes des Princes et Seigneurs de France...* Imprimé à Lyon sur le rosne par Claude Nourry: dit le Prince Lan de grace Mil. CCCCC.XXVII (Bibliothèque municipale d'Amiens, no 4295).

Quintilien, M.Fab.: *Institutionum oratorium libri duodecim*, Lugduni, Apud S. Gryphium 1531, in-8° (B.N. x. 30914).

—, *L'institution oratoire*, éd. de H. Bornecque, Paris, 1933, 4 vol.

de Rijk, L. M.: *Logica Modernorum. A contribution to the History of early terminist Logic*, 3 vol.; Assen, 1962 et 1967.

Sadoleto: *Iacobi Sadoleti de Laudibus Philosophiae libri duo*, Lyon (S. Gryphe), 1538, in-4° (B.N. R. 1789); 1543, in-8° (R 49 760).

—, *L'attaque et la défense de la Philosophie par le Cardinal Sadolet*, première traduction française... par P. Charpenne, Paris Hachette, 1864, in-12 (B.N. R. 49755).

—, *Elogio della Sapienza (De laudibus Philosophiae)*, édit. de Antonio Altamura et Guiseppe Toffanin, Naples, 1950.

Ioannis Saresberiensis Episcopi Carnotensis *Metalogicon libri III*, recognovit et Prolegomenis, apparatus critico, commentario indicibus instruxit Clemens C. I. Webb, Oxonii, e typographeo Clarendoniano, MCMXXIX.

—, *The Metalogicon of John of Salisbury. A twelfth-century defense of the verbal and logical Arts of the Trivium*, éd. de Daniel D. McGarry, Berkeley – Los Angeles, 1955.

Scheurer, Rémy, (édit.): *Correspondance du Cardinal Jean du Bellay, Tome I: 1529–35*, Paris, 1969.

Sicille: *Le blason de toutes armes et escutz tres necessaire utile et pronfittable a tous nobles seigneurs et pscheurs pour icelles blasŏner figure en sept sortes de manieres*, Paris, Pierre le Caron, 1495 (Ste Geneviève, OE XVᵉ s. 8° 394).

Sicille (et Carroset): *Le blason des couleurs en armes livrees et devises. Livre tresutille et subtil pour scavoir et congnoistre dune et chascune couleur la vertu et proprieté. Ensemble la maniere de blasŏner lesdictes couleurs en plusieurs choses pour apprendre à faire livrees devises et leur blason. nouvellement imprimé*. On les vend à Lyon cheulx Germain Rouze. Et cheulx Olivier Arnoullet (17 juin 1528), (B.N. Rés. v. 3198).

Ioan. Ravisii Textoris... *Officina*, Parisiis, imprimebat Petrus Vidoveus, MDXXXII, in – fol. (B.N. X. 1124).

Thomas a Kempis: *De Imitatione Christi libri quatuor*, Londini, apud MacMillan et Soc., MDCCCLXVII.

Andreae Tiraquelli Regii in curia parisiensi Senatoris, *Commentarii De Nobilitate et jure primigeniorum*, Lugduni, apud Gulielm. Rouillium, M.D.LIX (B.N. F. 1231).

Tory, Geoffroy: *Champ fleury*, reproduction phototypique de l'édition *princeps* de Paris, 1529, éd. de G. Cohen, Paris, 1931.

Ugino (?): *Iconologia di Cesare Ripa* per Ugino cavalier di ss. Mauritio et Lazara, Divisa in tre libri, Venise, MDCXLV (Bryn Mawr Rare Book Room).

Ioannis Ludovici Vivis... *de disciplinis libri XX*, Antverpiae, Michael Hillenius in Raps, 1531, in-fol. (B.N. R 1293).

Ioannis Ludovici Vivis Valentini *De Disciplinis libri XX, in tres tomos distincti*, Coloniae, Apud Ioan. Gymnicum, 1536, in-8° (B.N. Z. 19084).

—, *Opera in duos distincta tomos*, Basilae, N. Episcopius, 1555, 2 vol. in-fol. (B.N. Z 627–628).

—, *Opera Omnia*... distributa et ordinata in argumentorum classes praecipuas A Gregorio Majansio, Valence, 7 vol. in-fol., 1782–88 (B.N. Z 629–635).

—, *Dialogisti Linguae Latinae exercitatio*, Saragosse, 1704.

Juan Luis Vives: *Obras Completas*, primera translacioń castellana íntegra y directa... por Lorenzo Riber, 2 vol., Madrid, 1947–48.

Wright, W. C. (édit.): *Philostratus and Eunapius, The Lives of the Sophists*, with an English translation, Londres et New York, 1922.

Ziegler, Donald J. (édit.): *Great debates of the Reformation*, New York, 1969.

III. OUVRAGES HISTORIQUES ET CRITIQUES

Arts libéraux et Philosophie au Moyen Age. Actes du quatrième congrès international de Philosophie Mediévale, Université de Montréal, 1967, Paris, Vrin, 1969.

Baldwin, Charles S.: *Ancient Rhetoric and Poetic*, New York, 1924.

—, *Medieval Rhetoric and Poetic (to 1400)*, New York, 1928.

—, *Renaissance literary theory and practice*, Columbia U.P., 1939.

Baldwin, John W.: *Masters, Princes and Merchants. The social view of Peter the Chanter and his Circle*, Princeton, 1970, 2 vol.

Barthes, Roland «L'ancienne rhétorique. Aide mémoire», *Communications, 1970*, (16).

Baudry, Léon: *Lexique philosophique de Guillaume d'Ockham*, Paris, 1958.

Béné, Charles: *Erasme et Saint Augustin, ou influence de Saint Augustin sur l'Humanisme d'Erasme*, Genève, Droz, 1969.

Boehner, Philotheus B.: *Medieval Logic: An outline of its development from 1250 to 1400*, Manchester, 1952.

Bompaire, J.: *Lucien écrivain. Imitation et création*, Paris, 1958.

Bourilly V. L., et Weiss, N.: *Jean du Bellay, les Protestants et la Sorbonne (1529-35)*, BSHPF (tirage à part), 1904, no. 2.

Bruyne, Edgar de: *Etudes d'esthétique médiévale*, Bruges, 1946 (3 vol.).

Bulaeus, Caesar E. (Du Boulay): *Historia Universitatis parisiensis*, 6 vol in-fol., Paris, 1665–1673.

Busson, Henri: *Le Rationalisme dans la littérature française de la Renaissance*, 2ème éd., Paris, Vrin, 1957.

Catach, Nina: *L'orthographe française à l'époque de la Renaissance (Auteurs. Imprimeurs. Ateliers d'Imprimerie)*, Genève, 1968.

Catalogue des Actes de François Ier, Tome II; 1er janvier 1531–31 décembre 1534, Paris, Imprimerie Nationale, 1888.

Chevalier, Jean-Claude: *Histoire de la Syntaxe: Naissance de la notion de complément dans la grammaire française*, Genève, 1968.

Curtius, Ernst R.: *La littérature européenne et le Moyen âge latin*, trad. de J.Bréjoux, Paris, 1956.

Dubois, Claude Gilbert: *Mythe et langage au XVIe siècle*, édit. Ducros, Bordeaux, 1970.

Féret, P.: *Histoire de la Faculté de Théologie de Paris et de ses docteurs les plus célèbres*, Paris, 1895–1906 (7 vol.).

Foucault, Michel: *Histoire de la folie à l'âge classique*, Paris, 1961.

—, *Les Mots et les Choses; une archéologie des sciences humaines*, Paris, 1969.

Garin, Eugenio: *L'éducation de l'homme moderne – La Pédagogie de la Renaissance (1400–1600)*; traduit de l'italien par J. Humbert, Paris, 1968.

Gilson, Etienne: *La Philosophie au Moyen Age, des origines patristiques à la fin du XIVe siècle*, Paris, 1944.

Guthrie, William C. K.: *A History of Greek Philosophy. Vol. III: The Fifth century enlightenment*, Cambridge U.P., 1969.

Huizinga, J.: *Le déclin du Moyen Age*, Paris, 1961.

Hyrvoix, A.: «Noël Bédier, d'après des renseignements inédits,» *Revue des Questions historiques*, t. 37, 1902, pp. 578– et ss.

Lubac, Henri de: *Exégèse médiévale. Les quatre sens de l'Ecriture*, Paris, 1959–64 (4 vol.).

Marrou, Henri I.: *Saint Augustin et la fin de la culture antique*, Paris, 1937.

—, *Histoire de l'éducation dans l'antiquité*, 6ème édit., Paris, 1965.

Mullaly, Joseph P. *The Summulae Logicales of Peter of Spain*, Notre Dame, Indiana, 1945.

Muñoz Delgado, Vicente: *La lógica nominalista en la universidad de Salamanca (1510–1530)*, Monastère de Poyo, 1964.

Nauert, Charles G., Jr.: *Agrippa and the crisis of Renaissance thought*, Urbana (Illinois), 1965.

Noreña, Carlos G.: *Juan Luis Vives*, Martinus Nijhoff, La Haye, 1970 (Archives internationales d'histoire des idées).

Nurse, P. H.: «Erasme et des Periers,» BHR, 1968, pp. 53–64.

O'Mahony, B. E.: «A medieval semantic. The scholastic 'Tractatus de Modis significandi'», *Laurentianum*, V (1964), pp. 448–486.

Ong, Walter J.: *Ramus, Method, and the Decay of Dialogue*, Cambridge (Mass.), 1958.

Paetow L.: *The Arts course at medieval universities with special reference to grammar and rhetoric*, Champaign (Illinois), 1910.

Paradin de Cuyseaulx, Guillaume: *Mémoires de l'Histoire de Lyon*, Lyon, Ant. Gryphius 1573 (B.N. Fol. LK7 4296).

Paré, G.: *Les Idées et les lettres au XIIIe siècle. Le Roman de la Rose*, Montréal, 1947.

Paré – Brunet – Tremblay: *La Renaissance du XIIe siècle: Les écoles et l'enseignement*, Ottawa, 1933.

Penham, D. F.: *De Transitu Hellenismi ad Christianisnum: a study of a little known treatise of Guillaume Budé, followed by a translation into English*, thèse, Columbia University, 1954 (*Diss. Abst.*, XV, 1955, p. 2193).

Pierrepont, Graves F.: *Peter Ramus and the educational reformation of the sixteenth century*, New York, 1912.

Poirion, Daniel: *Le Poète et le Prince. L'évolution du lyrisme courtois de Guillaume de Machaut à Charles d'Orléans*, Paris, PUF, 1965.

Popkin, Richard H.: *The History of Scepticism from Erasmus to Descartes*, revised edition, Assen, 1964.

Porteau, Paul: *Montaigne et la vie pédagogique de son temps*, Paris, 1935.

Prévost, André: *Thomas More (1477–1535) et la crise de la conscience européenne*, Paris, Mame, 1969.

Radouant, René: «L'union de l'éloquence et de la philosophie au temps de Ramus,» *RHLF*, XXXI (1924), pp. 161–192.

Rashdall, Hastings: *The universities of Europe in the Middle Ages*, Oxford, 1936 (3 vol.).

Reardon, Brian P.: *Courants littéraires grecs des IIe et IIIe siècles après J.C.*, Paris, 1971.

Renaudet, Augustin: *Préréforme et Humanisme à Paris pendant les premières guerres d'Italie (1494–1517)*, 2ème édit., Paris, 1953.

Renucci, Paul: *L'aventure de l'Humanisme européen au Moyen Age (IVe – XIVe siècle)*, Paris, 1953.

Rice, Eugene F., Jr.: *The Renaissance Idea of Wisdom*, Cambridge (Mass.), Harvard U.P., 1958.

Risse, Wilhelm: *Die Logik der Neuzeit, 1. Band 1500–1640*, Stuttgart – Bad Cannstatt, 1964.

Schütz, Ludwig: *Thomas-Lexicon*, Sammlung, Übersetzung and Erklärung der in sämtlichen Werken des h. Thomas von Aquin vorkommenden Kunstausdrücke und wissenschaftlichen Aussprüche, New York, s.d.

Thurot, Charles: *De l'Organisation de l'enseignement dans l'université de Paris au moyen âge*, Paris – Besançon, 1850.

Untersteiner, Mario: *Sofisti. Testimonianze e frammenti*, Firenze, 1949, 2 fasc.

Vasoli, Cesare: *La dialettica e la retorica dell'Umanesimo, Invenzione e metodo nella cultura del XV e XVI secolo.*, Milan, 1968.

Villoslada, P.: *La Universidad de París durante los estudios de Francisco de Vitoria, O.P. (1507–1522)*, Rome, 1938.

Waddington, Charles: *Ramus, sa vie, ses écrits et ses opinions*, Paris, 1855.

Walton, Craig: «Ramus and Socrates,» *Proceedings of the American Philosophical Society*, vol. 114, no 2, April 1970, pp. 119–139.

Wulf, Maurice de: *Histoire de la philosophie médiévale*, 6ème édition, Paris, 1935–36 (2 vol.).

IV. RABELAIS

Armitage, R. H.: «Is Gargantua a reworking of Pantagruel?», *PMLA*, LIX (1944), pp. 944–951.

Auerbach, Erich: «The world in Pantagruel's Mouth,» in *Mimesis, The Represen-*

tation of Reality in Western Literature, trad. de W. Trask, New York, pp. 229–249.

Babeau, P., Boulenger, J., Patry, H., édit.: *Pantagruel (édition de Lyon, Juste, 1533)*, Paris, 1904.

Béné, Charles A.: «Erasme et le chapitre VIII du premier Pantagruel (Nov. 1532),» *Paedagogica Historica*, 1961 (1), pp. 39–66.

—, «Contribution à l'histoire du *Pantagruel*. L'édition lyonnaise de 1533,» *ER*, V (1964), pp. 11–18.

Berthoud, Gabrielle: «La confession de Maître Noël Béda et le problème de son auteur,» *BHR*, XXIX (1967), pp. 373–397.

Boulenger, Jacques: «Etude critique sur les rédactions de Pantagruel,» *RSS*, VI (1919), pp. 201–275.

—, «Valeur critique des textes de Gargantua,» *RER*, VI (1908), pp. 97–123.

Brault, G. J.: «The comic design of Rabelais' *Pantagruel*,» *Studies in Philology*, LXV, no. 2 (April, 1968), pp. 140–146).

—, «'Ung abysme de science': On the interpretation of Gargantua's letter to Pantagruel,» *BHR*, XXVIII (1966), pp. 615–632.

Busson, Henri: «Rabelaesiana. 'Science sans conscience', *Pantagruel*, Ch. VIII,» *H et R.*, VII (1940), pp. 238–40.

Defaux, Gérard: «Rabelais et les cloches de Notre Dame,» *ER* IX (1971), pp. 1–28.

Febvre, Lucien: *Le Problème de l'incroyance au XVIe siècle. La Religion de Rabelais*, éd. revue, Paris, 1947.

Gilson, Etienne: «Rabelais franciscain,» in *Les Idées et les Lettres*, Paris, 1932.

Gray, Floyd: «Ambiguity and point of view in the prologue to Gargantua,» *The Romanic Review*, LVI (1965), pp. 12–21.

Grève, Marcel de: «La condamnation de Rabelais par la Sorbonne et les variantes de Pantagruel et de Gargantua,» *Romaanse Filologie*, 1959, pp. 162–169.

Catalogue de la Bibliothèque de l'abbaye de Saint Victor au XVIe siècle, rédigé par F. Rabelais, commenté par le bibliophile Jacob, Paris, 1862.

Jourda, Pierre: *Le Gargantua de Rabelais*, Paris, 1969.

Krailsheimer, A. J.: *Rabelais and the Franciscans*, Oxford, 1963.

Kraiser, Walter: *Praisers of folly: Erasmus, Rabelais, Shakespeare*, Cambridge (Mass.), 1963.

Larmat, Jean: «Picrochole est-il Noël Béda?,» *ER* VIII (1969), pp. 13–25.

Lebègue, Raymond: «L'écolier limousin,» *RCC*, mai 1939, pp. 303–314.

—, «Rabelais, the last of the French Erasmians,» *Journal of the Wartburg and Courtauld Institute*, XII (1949, pp. 91–100).

—, «Rabelais et la parodie,» *BHR*, XIV (1952), pp. 193–204.

—, «Le personnage de Pantagruel dans les *Tiers* et *Quart Livres*,» in *François Rabelais, Ouvrage publié pour le quatrième centenaire de sa mort (1553–1953)*, Genève, 1953, pp. 164–170.

—, «La pensée de Rabelais dans le Gargantua,» *Mercure de France* I–IV-1954, pp. 630–644.

Lefranc, Abel: *Rabelais. Etudes sur Pantagruel, Gargantua, le Tiers Livre*, Paris, 1953 (R. Marichal, édit.).

Lote, Georges: *La Vie et l'œuvre de François Rabelais*, Paris, 1938.

Marichal, Robert: *Pantagruel*, texte de l'édition princeps établi par R. Marichal. Introduction d'A. Lefranc, Lyon, 1935.

—, *Le Quart Livre*, édition critique, Genève – Lille, 1947.

—, «L'attitude de Rabelais devant le Neoplatonisme et l'Italianisme,» *F.R.*, Quatrième centenaire, Genève – Lille, 1953, pp. 181–209.

—, «*Quart Livre*: Commentaires,» *ER*, I (1956), pp. 151–202, et V (1964), pp. 65–162.

—, «De l'archaïsme de Rabelais. La place du sujet dans la phrase,» *ER*, VI (1965), pp. 107–112.

—, «Preface,» *ER*, VI (1965), pp. viii – xiv.

Paris, Jean: *Rabelais au futur*, Paris, s.d. [1970].

Plan, Pierre-Paul: *Bibliographie rabelaisienne, Les éditions de Rabelais de 1532 à 1711*, Paris, 1904; *reprint* Nieuwkoop, 1965.

Plattard, Jean: *L'œuvre de Rabelais (Sources, Invention et Composition)*, Paris, 1910.

—, «L'écriture sainte et la littérature scripturaire dans l'œuvre de Rabelais,» *RER*, VIII, pp. 257–330, et IX, pp. 423–436.

Pons, Emile: «Les 'jargons de Panurge' dans Rabelais,» *Revue de Littérature Comparée*, XI (1931), pp. 185–218.

Porcher, Jean: *Rabelais. Exposition organisée à l'occasion du quatrième centenaire de la publication de Pantagruel*, Paris, 1933.

Rigolot, François: *Les Langages de Rabelais*, sous presse (à paraître chez Droz): *ER*, tome X, 1972.

Roques, Mario: «Aspects de Panurge,» *F. Rabelais, Quatrième centenaire*, Genève – Lille, 1953, pp. 120–130.

Saulnier, Verdun-Louis: *Pantagruel, édition critique sur le texte original*, Genève – Paris, 1946 (rééditions 1959 et 1965).

—, «Rabelais devant l'écolier limousin,» *Mercure de France*, 1-X-1948, pp. 269–275.

—, «Rabelais et le populaire. Essai d'une présentation synthétique de Pantagruel,» *Lettres d'Humanité*, VIII (1949), pp. 149–179.

—, «Le silence de Rabelais et le mythe des paroles gelées,» *F.R., Quatrième centenaire*, 1953, pp. 233–247.

—, «Pantagruel au large de Ganabin ou la peur de Panurge,» *BHR*, XVI (1954), p. 58–81.

—, «Le festin devant Chaneph ou la confiance dernière de Rabelais,» *Mercure de France*, I-IV-1954, pp. 649–665.

—, «L'Enigme du Pantagruelion: ou du Tiers au Quart Livres,» *ER*, I (1956), pp. 48–72.

—, *Le dessein de Rabelais*, Paris, 1957.

—, «Pantagruel et sa famille de mots,» *L'Information littéraire*, mars-avril 1960, no 2. pp. 47–57.

—, «Mythologies pantagruéliques. L'Utopie en France: Morus et Rabelais,» *Les Utopies de la Renaissance*, Bruxelles – Paris, 1963.

—, «Aspects et motifs de la pensée rabelaisienne,» *Studi in onore di Carlo Pellegrini*, Vol II, Turin, 1963, pp. 119–131.

Screech, M. A.: *F. R. Le Tiers Livre*, édition critique, Genève – Paris, 1964.

—, *F. R. Gargantua*, Première édition critique faite sur l'*Editio princeps*. Texte établi par Ruth Calder, Préface par V. L. Saulnier, Genève – Minard, 1970.

—, *The Rabelaisian marriage. Aspects of Rabelais's Religion, Ethics and comic Philosophy.* Londres, 1958.

—, *L'Evangélisme de Rabelais: Aspects de la satire religieuse au XVIe siècle*, Genève, 1959.

—, «The Sense of Rabelais's *Enigme en Prophétie*,» *BHR*, XVIII (1956), pp. 392–404.

—, «The meaning of Thaumaste,» *BHR*, XXII (1960), pp. 62–72.

—, «Aspects of Rabelais's Christian comedy,» University College London, 1968.

—, «Eleven-month Pregnancies: A legal and medical quarrel. A propos of *Gargantua*, chapter three, Rabelais, Alciati, and Tiraqueau,» *ER*, VIII (1969), pp. 93–106.

—, «Some reflexions on the *Abbey of Thelema*,» *ER*, VIII (1969), pp. 107–114.

—, «Emblems and colours. The controversy over Gargantua's colours and devices (*Gargantua*, 8, 9, 10),» in *Mélanges d'Histoire du XVIe siècle offerts à H. Meylan*, Genève, 1970.

Seiver, G. O.: «Cicero's *De Oratore* and Rabelais,» *PMLA*, LIX, 1944, pp. 655–671.

Spitzer, Leo: «Le prétendu réalisme de Rabelais,» *Modern Philology*, Nov. 1939, pp. 139–150.

—, «Rabelais et les Rabelaisants,» *Studi Francesi* 4, (1960), pp. 401–423.

Starobinski, Jean: «Note sur Rabelais et le langage,» *Tel Quel*, XV (1963), pp. 79–81

Telle, Emile V.: «L'île des Alliances (*Quart Livre*, Chap. IX) ou l'anti-Thélème,» *BHR*, XIV (1952), pp. 159–175.

—, «A propos de la lettre de Gargantua à son fils (*Pantagruel*, Chap. VIII),» *BHR*, XIX (1957), pp. 208–233.

Villey, Pierre: *Marot et Rabelais*, Paris, 1923.

INDEX VERBORUM ET RERUM

INDEX NOMINUM